GENOCIDE ——————— 학살과 은폐의 역사

제노사이드

제노사이드

학살과 은폐의 역사

초판 1쇄 발행   2005년 7월 20일
개정 1판 1쇄 발행   2022년 5월 20일
개정 1판 3쇄 발행   2022년 11월 30일

지은이   최호근

펴낸이   김현태
펴낸곳   책세상
등록   1975년 5월 21일 제2017-000226호
주소   서울시 마포구 잔다리로 62-1, 3층 (04031)
전화   02-704-1251
팩스   02-719-1258
이메일   editor@chaeksesang.com
광고·제휴 문의   creator@chaeksesang.com
홈페이지   chaeksesang.com
페이스북   /chaeksesang   **트위터**   @chaeksesang
인스타그램   @chaeksesang   **네이버포스트**   bkworldpub

ISBN   979-11-5931-847-4 03900

GENOCIDE ──────── 학살과 은폐의 역사

제노사이드

최호근 지음

책세상

| **들어가는 말** | 왜 지금 제노사이드인가

나치 독일이 소련을 전격 침공한 지 두 달이 지난 1941년 8월, 영국의 수상 처칠Winston Churchill은 런던에서 행한 생방송 연설에서 나치스가 소련 지역에서 저지른 만행을 다음과 같은 말로 성토했다.

침략자는……아주 끔찍하고 잔인한 행동으로 앙갚음을 하고 있습니다. 침략자의 군대가 진격함에 따라 모든 지역이 파괴되었습니다. 자기 땅을 지키던 러시아의 애국자들에게 독일의 경찰부대[살인특무부대 Einsatzgruppe를 의미한다]는 냉혈한처럼 수만 건의, 문자 그대로 수만 건의 학살을 저지르고 있습니다. 16세기에 몽골이 유럽을 침략한 이래 이와 같거나 비슷한 규모에서 이처럼 조직적이고 잔혹한 방식으로 살육이 벌어진 적은 없었습니다.

이것은 시작에 불과합니다. 굶주림과 질병이 히틀러의 탱크들이 남긴 피 묻은 바퀴 자국 뒤를 따르게 될 것입니다.

우리는 지금 이름 없는 범죄에 직면해 있습니다.[1]

나치 독일이 소련을 비롯한 동유럽 점령 지역에서 민간인들을 다룬 방식은 확실히 역사에서 유례를 찾아볼 수 없는 것이었다. 후방 지역의 빨치산을 소탕한다는 미명 아래 민간인 학살을 위해 창설된 살인특무부대[2]나, 유럽 각지에서 체포된 유대인들이 폴란드 지역에 세워진 여러 절멸 수용소에서 한 줌의 재로 변하기까지 한 치의 오차도 없이 움직인 거대한 관료 기구는 과거의 그 어느 시대, 그 어떤 민족에서도 찾아볼 수 없는 것이었다. 그러므로 나치 독일이 저지른 유럽 유대인의 학살을 "이름 없는 범죄"라고 부를 수밖에 없었던 처칠의 황망한 심경을 우리는 충분히 이해할 수 있다.

2차 대전이 나치 독일과 그 동맹국들의 패망으로 끝난 뒤 연합국 수뇌부는 이런 끔찍한 범죄가 다시 일어나서는 안 된다는 데 공감하고, 나치스의 본산이었던 뉘른베르크에서 1945년에 역사적인 전범 재판을 시작했다. 그로부터 3년이 지난 후 파리에서 열린 유엔 총회는 '제노사이드genocide 협약'을 만장일치로 통과시켜, 나치스의 유대인 학살과 같은 야만적 범죄가 재발할 수 없도록 막겠다는 의지를 강력하게 표명했다.

---

1) James T. Fussell, "'A Crime without a Name'. Winston Churchill, Raphael Lemkin and the World War II. Origins of the Word 'Genocide'", *http://www. preventgenocide.org/* 강조는 인용자가 했다.
2) 살인특무부대에 관해서는 이 책의 제3부 제2장을 보라.

그러나 이와 같은 국제 사회의 노력에도 불구하고, 그 뒤에도 민간인 학살은 세계 각지에서 끊임없이 일어났다. 아시아의 한반도 · 대만 · 캄보디아 · 동티모르에서, 아프리카의 수단과 르완다에서, 남유럽의 구 유고슬라비아 지역에서 집단 학살은 연속해서 일어났고, 그 끔찍함도 날로 심해지고 있다. 백색의 세계 지도를 펴놓고 지난 20세기에 민간인 학살이 일어난 나라들을 모두 붉은색으로 칠한다면, 흰 바탕으로 남아 있을 곳은 아마도 북유럽과 서유럽 정도일 것이다. 그러나 '어디에서 학살이 일어났는가'에 이어 '누가 가해자였는가'에 의거해 붉은색을 덧칠한다면, 온전하게 흰색으로 남아 있을 나라는 거의 없을 것임에 틀림없다. 영국은 아프리카와 인도에서, 프랑스는 알제리에서 자국민들에게는 저지르기 어려운 반인도적 범죄들을 여러 차례 저질렀기 때문이다. 집단 학살 방지를 위해 설립된 비정부 기구인 '제노사이드 감시Genocide Watch'는 지난 100년 동안 집단 학살의 희생자가 된 사람들을 모두 1억 7,500만 명으로 파악하고 있다.[3] '전쟁의 세기'라고 불리는 20세기의 모든 전쟁에서 발생한 사망자의 수가 오히려 이보다 적은 셈이므로, 이는 충분히 놀랄 만한 숫자다.

우리가 제노사이드에 관심을 가져야 하는 첫 번째 이유가 바로 여기에 있다. 자기 방어 수단을 갖지 못한 민간인들에 대한 집단 학살은 특정한 지역에서만 일어나는 풍토병이 아니라 세계 도처에서

---

3) Gregory H. Stanton, "How We Can Prevent Genocide?"('제노사이드 감시 Genocide Watch'의 회장인 스탠턴이 2000년 10월 18일 영국 런던에서 열린 렘킨 Raphael Lemkin 탄생 100주년 기념 국제 학술대회에서 발표한 글).

발견되는 인류의 보편적 질병이며, 어느 한 지역에서 발생하면 곧 인접 지역으로 퍼지는 전염병과 같은 무서운 존재다. 한 집단에 대한 학살은 그보다 더한 피의 보복을 불러일으킨다는 사실을 우리는 아프리카의 종족 분쟁들을 통해 잘 알고 있다. 우리가 제노사이드에 대해 주의와 관심을 기울여야 하는 우선적 이유는 이 야만의 질병을 막는 데 필요한 백신을 얻는 데 있다. 언젠가 어디에선가 나도 그런 끔찍한 사건의 피해자가 될 수 있다는 것을 예감하는 사람은 르완다와 코소보에서 벌어진 일들을 쉽게 남의 일로 단정하지 않는다. 나도 어쩌면 학살의 가해자가 될지도 모른다고 생각해본 사람과 그런 생각을 아예 해보지 않은 사람이, 실제로 그런 상황에 처하게 되었을 때 똑같은 행동을 취하지는 않을 것이다. 우리는 제노사이드에 대한 관심을 통해 내 안에, 우리 안에 본원적인 악이 자리 잡고 있음을 의식하고, 그것을 통제할 수 있는 힘을 길러야 한다. 전쟁에 대한 교육을 통해 역설적인 방식으로 평화의 소중함을 일깨우듯, 우리는 제노사이드에 대한 교육을 통해 악몽 같은 집단 학살의 재발을 막아야만 한다.

그렇지만 이런 주장에 공감하는 사람도 제노사이드를 자신과 직접 관련된 문제로 받아들이기는 쉽지 않다. '세계의 제국'의 시민으로서 다른 나라에서 벌어지는 사건도 곧 자기들 일이 되어버리는 입장에 놓여 있는 미국 시민이나 자국의 이익 때문에 중동이나 남유럽에서 발생하는 사건에 거의 자동적으로 개입해야 하는 서유럽 국가의 시민과는 달리, 이 땅에 살고 있는 우리에게는 코소보의 '인종 청소'와 르완다의 '종족 학살'이 강 건너 일로 받아들여지기 쉬운 것이 사실이다. 하지만 해외 도처에서 벌어지고 있는 제노사이드가 우리의 이해 관계와 직결되지 않는다고 해서 그 사건들이 우리에게 시사하는 바를 도외시해서는 안 된다. 제노사이드의 여러 사례들을 살펴볼 때 공통적으로 발견되는 것은, 문화적 동질성을 기준으로 우리가 '우리'와 '그들' 사이에 긋는 차가운 경계선이 엄청난 비극의 출발점이 된다는 사실이다. 이 선에서 한 발 더 나아가 나를 포함한 우리는 숭고한 공동체로 미화하고 그들은 인간 이하의 존재로 규정하는 순간, 제노사이드는 가능성에서 현실로 바뀐다. 한 지역 안에 살고 있는 사람들을 우리와 그들로 가르는 경계선에서부터 공존을 가능하게 해주었던 따스한 유대감은 사라지고 차가운 증오가 시작된다. 중심 만들기와 경계선 긋기, 배제와 축출로 이어지는 생각의 패턴은 이 땅에 사는 우리의 경험 속에서도 쉽게 발견된다. 일제 지배하의 농촌 사회에서도 사라질 줄 몰랐던 신분 간의 간극, 해방 공간에서 좌익과 우익 사이에 만들어진 이데올로기의 단층선, 4·3 당시 육지와 제주도 사이에 놓여 있었던 중앙과 변경의 구분선, 영남과 호남 사이에 구축되어온 지역 장벽은 모두 음습한 환경을 조성하며, 우발적인 작은 사건 하나만 터져도 엄청난 사건으로 비화되는, 비극의 출발점이 될 소지를 안고 있었다. 제노사이드 연구와 교육은 우리의 삶과 의식 속에 '자연스럽게' 깃들어 있는 구별의 정서가 차별의 사고로 자라가지 않도록, 차별의 사고가 다시 축출과 절멸의 논리로 전화되지 않도록 하는 데 도움을 준다. 우리에게 홀로코스트Holocaust에 버금가는 대참사가 일어나지 않았던 것은, 단순화해서 말하자면, 우리 민족이 유달리 평화를 사랑해서라기보다는 우리가 다른 문화를 지닌 민족이나 종족과 한 땅에서 오랫동안 함께 살아온 경험이 없기 때문이다. 제노사이드의 가능성은 우리와 타자 사이에 경계를 긋는 모든 곳에 존재한다. 외국인 노동자들에 대한 문화적 편견이 그 이상의 것으로 자라가지 않으리라고 그 누가 장담할 수 있을까? 우리와는 다른 그들, 다수와는 다른 소수를 관대하게 받아들이고, 차별의 충동이 집단적으로 일어나려 하는 순간 개인의 양심에 힘입어 그 충동을 가라앉히게 하는 것이 제노사이드 교육의 두 번째 목적이다. 이는 우리에게 특히 절실한 부분이기도 하다.

솔직하게 말하자면, 제노사이드에 관한 한 우리는 전혀 편하게 말할 입장에 있지 못하다. 한국전쟁 전후에 전국 각지에서 일어난 집단 학살의 상처가 아직도 우리 사회 안에 아물지 않은 상태로 남아 있기 때문이다. 그동안 우리에게 제노사이드가 해외 토픽이나 강 건너 불처럼 여겨져왔다면, 그것은 우리의 비극과 불행이 작았기 때문이 아니라, 제도적 억압이 엄청나고 지식인들의 직무 유기가 심각했기 때문이라고 봐야 한다. 유가족들의 한 맺힌 호소와 일부 학자, 언론인들의 뒤늦은 노력으로 그 진상 가운데 일부가 밝혀졌지만, 이 땅에서 불과 반세기 전에 일어났던 수많은 집단 학살 사건의 대다수는 아직도 제대로 규명되지 않은 상태에 있다. 20세기가 전쟁의 세기요 야만의 시대였다면 우리는 모두 그 범죄의 가해자거나 희생자거나 협력자거나 방조자거나 목격자며, 그것도 아니라면 관련자들의 자손 가운데 한 사람일 수도 있고, 이 범죄에 대한 이야기를 풍문으로 전해 들었을 수도 있다. 이렇게 따져보면, 이 땅에서 일어났던 집단 학살과 오늘을 살고 있는 우리 한 사람 한 사람 사이의 거리는 그렇게 멀지 않다. 집단적으로 이루어진 민간인 학살은, 나와 내 집의 일은 아닐지 몰라도 우리의 일인 것만은 틀림없다. 그러므로 영화배우 출신의 미국 대통령의 죽음에 우리가 보였던 만큼의 관심을 이 땅에서 일어났던 민간인 집단 학살에 기울이는 것을 어두운 과거사에 대한 과도한 집착으로 생각할 필요는 없다. 자학 사관이라는 말은 더욱더 어울리지 않는다. 집단 학살에 대한 관심은 같은 사회에 속해 있는 사람들 사이의 뿌리 깊은 원한과 불신을 해소하여 서로에 대한 믿음과 의사소통이 가능한 건강한 사회를 만들기 위해 필요한 발걸음이다. 투명한 역사, 아름다운 사회, 자랑스러운 나라를 세워가기 위해 우리는 먼저 도대체 어떤 이유에서, 누가, 누구를, 어디서, 어떻게 죽였는지를 밝혀야 한다.

근대 이후에 세계 각지에서 일어난 제노사이드에 대한 연구는 평화로운 미래를 만들어가기 위해 필요한 하나의 수단이다. 이 땅에서 일어난 집단 학살들의 성격을 규명하고, 사후 처리를 어떻게 해야 할지 고민하는 우리에게 다른 나라에서 일어난 학살 사례들을 검토하는 작업은 큰 도움이 될 수 있다. 세계인의 시각에서 우리의 경험을 성찰하고, 성찰된 경험을 바탕으로 미래를 건설하려는 꿈은 결코 소모적이거나 불순한 것이 아니다. 민생이 문제인 이때에 왜 자꾸 과거사를 들추어내느냐고 힐난하는 이가 있다면, 그는 독일의 전 대통령 바이츠제커Richard von Weitzsäcker의 말에 한번 귀를 기울여봐야 하리라.

중요한 것은 과거의 극복이 아닙니다.

그것은 우리가 할 수 있는 일이 아닙니다.

이미 사건이 일어난 뒤에 과거를 바꾸거나 사건이 발생하지 않은 것으로 만들 수는 없습니다.

그러나 과거에 대해 눈을 감는 사람은 현재에 대해서도 맹목이 되어버립니다.

과거의 비인도적인 행위를 기억하지 않으려고 하는 사람은
새로운 감염의 위협에 다시 쉽게 노출됩니다.[4]

우리는 해마다 3월이 되면, 그리고 8월이 되면 이웃 일본의 정치인들을 향해 바이츠제커의 모습을 본받으라고 힐난해왔다. 이 꾸지람은 여전히 유효하다. 그러나 우리가 잊어서는 안 될 사실이 있다. 바이체커의 훈계는 독일의 지도자가 독일인을 대상으로 한 것이라는 점이다. 그가 진정으로 말하고 싶어 한 것은 자기 성찰의 책임이었다. 그의 가르침이 "과거가 미래의 발목을 잡아서는 안 된다"고 주장하는 자기 국민들을 상대로 한 것이었다는 점에 우리는 주의를 기울여야 한다.

과거에 대한 진정한 성찰은 양날을 지닌 칼과도 같다. 이제 우리는 성찰의 요구를 바깥을 향해서뿐만 아니라 우리 내부를 향해서도 본격적으로 제기해야 한다. 우리 후손의 미래를 과거에 저당 잡히지 않기 위해서라도, 과거의 비극은 그 비극의 당사자들이 모두

---

4) 강조는 인용자가 했다.

세상을 뜨기 전에 제대로 진상이 밝혀져야 한다. 진상 규명과 사죄 없이는 용서가 있을 수 없고, 용서 없이는 화해가 있을 수 없으며, 화해 없이는 평화롭게 공존할 수 있는 미래가 없을 것이기 때문이다.

이 땅에서 민간인 학살이 일어나고 10여 년이 지났을 때 사람들은, 진상을 이야기하기에는 아직 너무 이르다고 말했었다. 20년이 경과했을 때도 똑같은 주장이 반복되었다. 그 주장이 너무나 확고해서, 그럴 만한 충분한 이유가 있는 것처럼 보였다. 그런데 50년이 넘게 지난 지금에 와서는 이미 다 지난 일을, 좋지도 않은 일을 무엇 때문에 다시 들추어내느냐고 불평한다. 어쩌면, 우리가 잘 모르는 그럴 만한 이유가 있는지도 모른다. 그런데 바로 그 사람들이 60년이나 지나버린 일본 제국주의의 침략과 지배에 관해서는 결코 잊지 말아야 한다고 여전히 목소리를 높이고 있는 것은 어떻게 된 일일까?

이제는 일반적인 상식에도 어긋나고 '글로벌 스탠더드'에도 맞지 않는 이 이중의 잣대를 조용히, 그러나 황급히 내려놓아야 할 때다. '선택적 기억'의 달콤한 유혹에 넘어가버린 사람이 다른 누구를, 다른 민족을 어떻게 탓할 수 있으랴?

제 1 부

제노사이드란
무엇인가

제 1 장

제노사이드 개념의 발명 :
라파엘 렘킨

1. 제노사이드 개념의 발명

1941년 8월 24일 영국의 수상 처칠이 BBC 방송을 통해 독일 정규군과 살인특무부대가 소련 지역에서 저지르고 있던 대규모의 민간인 학살을 "이름 없는 범죄"라고 부르며 성토하고 있을 때, 미국 땅에서는 폴란드 출신의 유대인 법학자 한 명이 라디오에서 흘러나오는 그의 연설에 귀를 기울이고 있었다. 그의 이름은 렘킨 Raphael Lemkin(1900~1959). 온 가족을 폴란드 땅에 남겨둔 채 홀로 탈출에 성공한 렘킨은 중립국 스웨덴에 잠시 머물다가 1941년 4월에 미국으로 망명했다. 그로부터 3년 반이 지난 뒤인 1944년 11월, 그는 《점령된 유럽에서의 추축국 통치*Axis Rule in Occupied Europe*》[1]라는 두툼한 책을 출간했다. 바로 이 책에서 그는 처칠이

---

1) Raphael Lemkin, *Axis Rule in Occupied Europe : Laws of Occupation—Analysis of Government—Proposals for Redress*(Washington D.C. : Carnegie

"이름 없는 범죄"라고 부를 수밖에 없었던 엄청난 규모의 인종 학살에 '제노사이드' 라는 생소한 이름을 부여했다.

제노사이드라는 말은 인종이나 종족을 뜻하는 고대 그리스어 genos에 살인을 의미하는 라틴어 cide를 결합하여 만든 합성어로, 렘킨은 이 말을 통해 "한 국민이나 한 민족 집단ethnic group에 대한 파괴"를 개념화하고자 했다.[2] 제노사이드라는 개념어를 만들어 낼 때 그가 특히 주목한 것은 나치 독일이 동유럽 지역에서 유대인, 폴란드인, 러시아인과 그 밖의 슬라브인들을 다루던 독특한 방식이었다. 여러 경로를 통해 입수한 나치스의 점령 지역 통치 법령들과 그 밖의 나치스 공식 문헌들을 면밀히 검토한 끝에 렘킨은 나치 독일이 유럽 국가들을 상대로 일으킨 전쟁은 전통적인 군대 간 전쟁이 아니라 "인민에 대한 전쟁a war against peoples"이라고 규정했다. 살인특무부대나 절멸 수용소에 관한 구체적 증거들을 확보하지 못한 상태에서도[3] 나치스가 발간한 공개 자료들에 대한 분석만으로 그는 이미 나치 독일의 궁극적인 목표가 전 유럽을 대상으로 한 전면적인 인구 재조정에 있다는 확신에 이르렀다. 그 결과 그는 한동안의 고민 끝에, 나치 독일의 유례없는 절멸 정책을 설명하기 위해 과거의 경험에 바탕을 둔 고전적 표현들을 포기하고, 전혀 새로운 차원의 개념을 모색하지 않을 수 없었다.

Endowment for International Peace, 1944).

2) Raphael Lemkin, *Axis Rule in Occupied Europe*, 80쪽.

3) 렘킨이 이 책을 탈고한 것은 1943년 11월 15일이었다. 이때까지는 미국 행정부의 고위 인사들 중에서도 나치스의 살인특무부대와 절멸 수용소에 관해 종합적이고 체계적인 정보를 갖고 있는 사람이 없었다.

렘킨이 보기에, 사람들이 흔히 사용하는 '집단 학살mass murder' 이라는 말은 나치 독일이 저지른 국가 범죄를 설명하기에는 매우 부정확한 것이었다. 왜냐하면 이 말은 새롭게 나타난 20세기형 조직적 범죄의 양상들 가운데 일부는 설명해주지만, 그 범죄의 근본적 동기와 전모를 해명하는 데는 불충분하기 때문이었다.[4] 집단 학살은 렘킨이 제노사이드라는 개념으로 설명하려 한 현상들 가운데 가장 중요한 요소이기는 하지만 전부는 아니었다.

2. 제노사이드 개념의 기원

렘킨이 제노사이드라는 표현을 처음 사용한 것은 1943년이었지만, 이 말 속에 담겨 있는 핵심적인 내용에 대한 이해는 이미 10년 전에 나타난 바 있다. 1933년 국제연맹의 주관 아래 스페인 마드리드에서 열린 '형법 통일을 위한 제5회 국제 학술대회Conference for the Unification of Penal Law' 에 폴란드 대표단의 일원으로 참가한 렘킨은 두 가지 행위를 국제법상의 범죄로 규정하고, 모든 회원국이 해당 행위를 국내 형법상의 범죄로 명문화해야 한다고 주장했다. 두 가지 행위란 '야만barbarity의 범죄' 와 '반달리즘vandalism 범죄' 를 가리켰다. 야만의 범죄는 동기에 상관없이 특정한 민족ethnic · 종교 · 사회 집단에 대한 파괴를 도모하는 행위를 말하고, 반달리즘 범죄는 문화와 예술 작품을 파괴하는 행위

---

4) Raphael Lemkin, "Genocide", *American Scholar* 15-2(1946), 228~229쪽.

를 가리킨다. 렘킨은 이때 야만의 범죄를 한 집단의 구성원들에 대한 크고 작은 학살에 국한시키지 않고, 생존에 필요한 경제적 토대를 파괴하거나 자긍심을 파괴하는 행위까지 그 안에 포함시켰다. 이런 행위들이 국제법상의 규제를 받아야 하는 것은 그것을 그대로 방치하면 무엇보다 인류의 보편적인 도덕 기준이 심각하게 훼손될 수밖에 없기 때문이다. 또한 소수 집단에 대한 박해와 학살은 현실적으로 대량 이민이나 난민을 발생시켜 주변국들과의 심각한 충돌을 초래하기 때문이다.[5]

국제연맹에 수용을 권고할 목적으로 만든 새로운 국제법 시안의 제1조에서 렘킨은 "민족·종교·사회 집단에 대한 증오심이나 그 집단을 절멸하려는 목적에서 그 집단에 속한 구성원들의 생명, 신체상의 온전한 상태, 자유, 존엄성, 경제적 생존에 위해를 가하는 범죄 행위를 기도하는 사람은 누구든지 야만의 위해 행위를 이유로 처벌받을 수 있다"고 명시했다. 이 시안의 제6조와 제7조는 이런 야만적 행위는 국제법상의 범죄delicta juris gentium에 해당되기 때문에, 해당 범죄를 저지른 사람은 국적과 범행 장소에 관계없이 체포된 나라에서 재판을 받아야 한다고 규정했다.

---

5) Raphael Lemkin, "Les actes constituant un danger général(interétatique) considérés comme délites des droit des gens", Explications additionelles au Rapport spécial présenté à la Vme Conférence pour l'Unification du Droit Pénal à Madrid 14-20. X. 1933〔영역본은 (trans.) James T. Fussell, *Acts Consituting a General Danger considered as Crimes under International Law*〕. 이 글은 같은 해 11월 빈에서 간행된《국제 변호사 회보*Anwaltsblatt Internationales*》19-6(1933), 117~119쪽에 '국제법상 범죄로서의 야만과 반달리즘 행위Akte der Barbarei und des Vandalismus als delicta juris gentium' 라는 제목으로 다시 게재되었다.

훗날 렘킨은 자신이 이런 제안을 한 것은 국제 사회의 이름으로 나치 독일을 제재하기 위해서였다고 고백했다. 1933년 1월 히틀러의 집권 이후 본격화되기 시작한 나치스의 유대인 박해는 이미 엄청난 규모의 이민과 망명을 초래해서 서구 사회 전체에 큰 문제를 불러일으키고 있었기 때문이다. 그러나 그의 제안은 결국 국제연맹에 받아들여지지 않았다. 이에 따른 피해는 예상보다 훨씬 더 컸다. 2차 대전이 끝난 후 국제 사회가 대대적인 전범 재판을 시도했지만, 전쟁 발발 전인 1939년 8월까지 자행된 나치스의 범죄에 대해서는 속수무책일 수밖에 없었기 때문이다.

3. 제노사이드의 기술

1933년 마드리드 회의에서 처음으로 문제 제기를 한 후 2차 대전 기간 동안 나치스가 점령 지역에서 자행한 범죄적 사건들을 추적하면서, 렘킨은 자신의 생각을 보다 분명하고 정교하게 표현해야 할 필요성을 절감했다. 이러한 의식이 집약적으로 반영된 것이 바로 1944년에 출판된 《점령된 유럽에서의 추축국 통치》의 제9장이다. '제노사이드'라는 소제목이 붙은 이 장에서 렘킨은 제노사이드가 반드시 한 민족에 대한 즉각적 파괴를 의미하는 것은 아니라고 강조했다. 그에 따르면, 제노사이드는 "어떤 집단을 절멸할 목적에서 그 집단 구성원들의 생활에서 본질적인 역할을 담당하는 토대들을 파괴하기 위해 기도되는 다양한 행위들로 이루어진 공조 가능한 계획"을 뜻한다. 이 계획의 목표는 "한 집단의 정치 제도와 사회 제도, 문화, 언어, 민족 감정, 종교, 경제적 생존 기반을 해체하고 개인적 안전 · 자유 · 건강 · 존엄성을 파괴할 뿐만 아니라 심지어는 그 집단에 속한 개인들의 생명까지 파괴"하는 데 있다.[6]

제노사이드를 이렇게 규정할 경우, 우리는 한 집단의 구성원 전체에 대해 계획적이고 조직적인 물리적 절멸을 시도하는 강경한 사례들을 포함하면서도, 그 집단의 존재 기반 자체를 서서히 와해해가는 방식의 '부드러운' 절멸의 사례도 놓치지 않을 수 있게 된다. 제노사이드 현상의 다양성과 복합성을 설명하기 위해 렘킨은 제노사이드를 실행하는 데 동원될 수 있는 기술들을 나치 독일의 사례에 근거해서 다음과 같이 여덟 개 분야로 나누어 제시했다.

① 정치 : 창씨 개명, 모든 정당의 해산, 자국민의 점령 지역 이주, 점령 지역에 살고 있는 자국민들에게 특권을 부여하고 그들을 통치의 앞잡이로 활용

② 사회 : 저항의 구심점이 될 수 있는 지식인들과 성직자 제거, 점령국의 법 체계 이식

③ 문화 : 모국어 사용 금지, 초등 교육과 직업 교육에 바탕을 둔 우민화 정책, 자국민 교사를 통해 점령국의 이데올로기 주입, 일체의 문화 활동 통제, 민족적 전통을 상기시키는 모든 기념비의 파괴와 문화 기관 폐쇄

④ 경제 : 경제적 생존의 토대를 파괴하기 위해 토지와 기업 몰수, 일

---

6) Raphael Lemkin, *Axis Rule in Occupied Europe*, 80쪽.

체의 상업 활동 금지, 은행 장악

⑤ 종교 : 민족 정신을 함양하는 종교 기관 탄압, 성직자 제거, 청소년들에게 점령국의 대체 종교(이데올로기) 보급

⑥ 도덕 : 포르노 책자와 영화 유포, 주류의 염가 보급, 도박 시설 조성[7]

⑦ 물리 : 식량 배급상의 차별,[8] 의복 · 담요 · 난방 연료 · 의약품 공급의 엄격한 제한, 게토와 강제 수용소 건설을 통해 거주 이전의 자유 박탈, 강제 이송과 집단 학살[9]

⑧ 생물 : 혼인 허가제 도입, 노동 능력과 생식 능력을 갖고 있는 남성들의 타 지역 강제 이송, 강제 불임 수술 시행[10]

⑥번까지를 간접적이고 '부드러운' 제노사이드라고 한다면, ⑦번과 ⑧번은 직접적이고 '강경한' 제노사이드에 해당한다. 이와 같이 다양한 기술을 통해 실행에 옮겨진 나치스의 제노사이드 정책은 끔찍한 결과를 가져왔다. 아마도 나치 독일이 2차 대전에서

---

7) Raphael Lemkin, *Axis Rule in Occupied Europe*, 80~90쪽.

8) 예컨대 전쟁 발발 전의 식량 소비량을 100으로 했을 때, 전쟁 기간 동안 독일인에게 분배된 식량이 93이었다면 폴란드인에게는 66, 유대인에게는 20이 지급되었다. 육류의 경우, 독일인이 100을 지급받았다면 유대인은 0을 지급받았다.

9) Raphael Lemkin, *Axis Rule in Occupied Europe*, 88~90쪽. 렘킨 자신은 살인 특무부대나 절멸 수용소에 관한 자세한 자료를 갖고 있지 못했기 때문에 이런 식의 대략적 표현을 사용할 수밖에 없었다. 이 책의 집필을 완료했던 1943년 당시 그는 미국유대인회의American Jewish Congress 산하의 유대문제연구소Institute of Jewish Affairs 자료에 의존해, 조직적으로 학살당한 유대인이 170만 명가량이었을 것으로 추정했다.

10) Raphael Lemkin, *Axis Rule in Occupied Europe*, 87쪽.

승리했다면, 그 결과는 훨씬 더 파국적이었을 것이다.

4. 렘킨의 1인 십자군 운동

《점령된 유럽에서의 추축국 통치》를 통해 미국 학계와 일반인들의 주목을 끄는 데 성공한 렘킨은 대통령과 부통령을 비롯한 고위 정책 입안자들을 직접 설득하는 한편, 언론 기고를 통해 여론을 환기하는 데 힘썼다.[11] 그는 현실의 변화에 따라 개념이 수정되어야 하는 것처럼 범죄의 양상이 바뀌면 법도 바뀌어야 한다고 강조하면서, 전시의 민간인 집단 학살에 대한 처벌 조항조차 마련하지 않았던 헤이그 조약을 신랄하게 비판했다.[12] 렘킨은 민족과 종교 집단을 비롯한 소수 집단을 보호하기 위해서는 구속력 있는 국제법적 장치를 마련해야 한다고 여론에 호소했다. 그는 자신이 이미 1933년 10월 마드리드에서 국제연맹에 제안했던 내용을 상기시키면서, 전시와 평시에 일어나는 제노사이드를 위폐 제조, 마약 거래, 음란물 유통, 해적 행위, 어린이와 부녀자 매매, 노예제처럼 국제법상의 범죄로 규정하지 않고는 유사 사건의 재발을 피할 길이 없음을 재차 강조했다.

종전이 임박한 1945년 4월, 일반인들을 대상으로 쓴 〈제노사이드—근대의 범죄Genocide—A Modern Crime〉[13]라는 글에서 렘킨

---

11) Samantha Power, *"A Problem from Hell", America and the Age of Genocide* (New York : Basic Books, 2002), 27~29쪽.

12) Raphael Lemkin, *Axis Rule in Occupied Europe*, 81~82쪽.

은 나치 독일이 저지른 것과 같은 엄청난 만행을 예방하기 위해서는 무엇보다 제노사이드를 국제법상의 범죄로 규정하고, 각국이 국내 형법을 통해 그 내용을 재확인해야 한다고 강조했다. 이와 더불어 그는 제노사이드의 가해자는 국가나 조직화된 정치 집단, 또는 강력한 사회 집단의 대표자들이기 때문에 국내법의 보호를 받지 못하도록 해당 국가의 법정이 아니라 국제 법정에서 다루어야 하며, 제노사이드를 명령한 사람과 그 명령을 집행한 사람들이 조직 논리 속에 숨지 못하도록 개인에 대해 직접 책임을 물어야 한다고 역설했다.

미국의 정치인들로 하여금 이런 주장을 받아들이게 하려면 여론을 움직여야 했고, 여론을 움직이려면 미국이 왜 제노사이드를 방관해서는 안 되는지를 납득시킬 논리가 필요했다. 렘킨은 제노사이드가 국제적인 관심사가 될 수밖에 없는 이유를 다섯 가지로 요약했다. 첫째, 국제 사회가 반문명적인 제노사이드를 용인하면 한 국가가 인종적 우월성을 내세워 다른 국가를 침략하는 결과를 가져와, 결국 인류의 미래에 크고 작은 전쟁이 끊이지 않게 된다. 둘째, 어느 나라에나 소수 집단들이 있게 마련인데, 이들에 대한 탄압을 용인하게 되면 입헌 국가의 법적 토대뿐만 아니라 도덕적 기반마저 붕괴되는 결과가 빚어질 수 있다. 셋째, 나치 독일이 저질렀던 불법적인 재산 몰수 같은 조치들을 국제 사회가 내정상의 문제라고 방치하게 되면, 그 연장선 위에 있는 자유 무역의 토대도 훼손되

---

13) Raphael Lemkin, "Genocide—A Modern Crime", *Free World* 9-4(1945), 39~43쪽.

고 만다. 넷째, 한 나라가 자기 영토 안에 살고 있는 소수 집단을 강제로 추방하면 이웃 나라들과의 분쟁을 피할 수 없게 된다. 다섯째, 인류의 문화는 여러 민족들의 공헌으로 이루어진 것이기 때문에, 한 민족의 절멸은 그 민족만의 불행으로 끝나지 않는다. 성경을 만들고 아인슈타인Albert Einstein과 스피노자Benedict de Spinoza를 배출한 유대 민족, 코페르니쿠스Nicolaus Copernicus와 쇼팽 Fryderyk Franciszek Szopen과 퀴리 부인Marie Curie을 길러낸 폴란드 민족, 후스Jan Hus와 드보르자크Antonín Dvořák를 배출한 체코 민족, 톨스토이Lev Nikolayevich Tolstoy와 쇼스타코비치Dmitry Shostakovich를 길러낸 러시아 민족이 없었다면 인류가 현재 누리고 있는 풍요로운 문화는 몹시 빈약해졌을 것임에 틀림없다.

이렇게 제노사이드의 여파가 국제적인 성격을 띤다면 미국인의 삶도 그 여파에서 자유로울 수 없기 때문에, 제노사이드를 방지하기 위한 국제적 조치를 강구하는 데도 미국이 앞장서야 한다는 것이 렘킨의 논리였다. 렘킨은 나치 독일이 저지른 것과 같은 가공할 제노사이드를 예방하기 위해서는 산발적인 조약과 법률이 아니라, 국제 사회의 전폭적인 협조를 바탕으로 한 강력한 처벌 장치가 마련되어야 한다고 주장했다. 이를 위해 그는 국제사법재판소Inter-national Court of Justice(ICJ) 내에 특별 법정을 설치할 것을 강력하게 요구했다.

렘킨의 집요한 노력은 전쟁 종식과 더불어 시작된 뉘른베르크 주요 전범 재판에서 부분적인 결실을 보았다. 비록 재판부가 받아들이지는 않았지만, "피고들은 특정 점령 지역에서 특정 인종과 계급, 그리고 민족·인종·종교 집단들 가운데 특히 유대인, 폴란드인, 집시와 그 밖의 민족에 대해 주도면밀하고 체계적인 제노사이드를 저질렀다"는 내용이 검사의 기소장에 포함되었기 때문이다.[14] 이를 통해 제노사이드는 단순한 전쟁 범죄의 일종이 아니라 명백한 반인도적 범죄로 자리 잡았다.

5. 국제 사회의 호응 : 유엔 총회의 1946년 제노사이드 결의안

렘킨의 다음 목표는 유엔이었다. 1946년 10월 유엔 총회가 열리기에 앞서, 그는 제노사이드를 국제법상의 범죄로 만들기 위해 미국의 여론을 움직이는 데 주력했다. 그는 만약 2차 대전 동안 국제적십자사와 같이 공신력 있는 기관이 국제법상의 구속력을 가지고 점령 지역들을 방문해서 민간인들에 대한 가혹 행위를 조사할 수만 있었다면 제노사이드의 규모는 크게 축소되었으리라는 것을 환기시켰다. 제네바 협약이 국제적십자사에 전쟁 포로에 대한 처우를 감독하고 통제할 수 있는 권리만 부여했기 때문에, 죽을 줄 알고 전장에 나갔던 사람들은 살아남고 안전하다고 생각했던 후방의 가족들은 절멸되는 역설적인 상황이 벌어졌다고 렘킨은 지적했다.[15] 그는 시종일관 '처벌을 통한 예방'의 원칙을 주장했다. 유엔과 국제법의 틀 속에서 제노사이드 범죄의 반

---

14) Raphael Lemkin, "Genocide", 230쪽.

인도성을 확인하고, 그 범죄를 명령하고 집행한 사람뿐만 아니라 그 범죄를 조장하는 '철학'을 수립하고 가르친 사람까지 처벌할 수 있는 법률적 근거를 마련하며, 제노사이드를 자행한 나라에 대해서는 유엔의 안전보장이사회가 집단 책임까지도 물어야만 제노사이드의 재발을 막을 수 있다는 것이었다.[16]

렘킨의 전방위적 로비는 곧 결실을 보았다. 1946년 10월 석세스 호수에서 열린 유엔 총회에서 미국 대표단의 강력한 후원과 쿠바, 인도, 파나마 대표단의 전폭적 지지에 힘입어 렘킨의 주장이 주요 의제로 상정된 것이다. 총회의 결의에 따라 법률 위원회가 작성한 결의안 초안은 살인이 개인의 생존권을 부정하는 것임과 마찬가지로 제노사이드는 전체 인간 집단의 권리를 부정하는 것이라고 규정함으로써, 제노사이드가 유엔이 추구하는 목적에 위배된다는 사실을 명시했다. 11월 22일부터 열린 총회에서 영국의 법무장관 쇼크로스Hartley Shawcross 경은 지난날 제노사이드에 관한 제안을 즉각적으로 수용하지 않은 탓에 나치 전범 재판에서도 심각한 범죄들 가운데 일부를 처벌할 수 없었다는 점을 환기시키며, 회원국 대표들에게 초안의 원안 통과를 강력하게 요구했다. 그 결과 유엔 총회는 12월 11일 다음과 같은 내용의 제노사이드 결의안을 만장일치로 채택했다.

유엔 총회는,

---

15) Raphael Lemkin, "Genocide", 231쪽.
16) Raphael Lemkin, "Genocide", 232쪽.

쇼크로스

제노사이드가 문명 세계가 정죄하는 국제법상의 범죄라는 것을 확인한
다.

그리고 범죄의 주체가 사적 개인이든 공적 관료이든 혹은 정치인이든,

또 그 범죄가 종교적 · 인종적 · 정치적 이유 혹은 다른 어떤 이유에서 저질러
졌든,

주범들과 공범들은 처벌받을 수 있다는 것을 확인한다.

회원국들이 이 범죄의 예방과 처벌에 필요한 법을 제정하기를 권유한
다.[17]

---

17) Raphael Lemkin, "Genocide as a Crime under International Law", *American
Journal of International Law* 41-1(1947), 147~148쪽. 강조는 인용자가 했다.

이로써, 절멸의 위협에 몰린 소수 집단을 구하기 위해 국제 사회가 개입할 수 있는 근거가 처음으로 마련되었다. 1933년 국제연맹에서 야만의 범죄로, 1941년 처칠의 연설에서 이름 없는 범죄로 거론되었던 제노사이드가 국제법상의 범죄로 공인되기까지 결국 13년의 시간이 걸린 것이다. 렘킨의 헌신적인 노력이 없었다면 이 시간은 훨씬 더 길어졌을 것이다.[18] 그러므로 제노사이드 결의안의 채택은 렘킨이 펼쳤던 1인 십자군 운동의 결과라고 해도 과언이 아니다.

---

18) John Hohenberg, "The Crusade that Changed the UN", *Saturday Review* 9 (1968년 7월), 86~87쪽.

제2장

제노사이드의 정치학 :
제노사이드 협약의 성립 과정

1. 유엔의 1948년 제노사이드 협약

1948년 12월 9일 파리에서 열린 유엔 총회는 1946년의 제노사이드 결의안을 바탕으로 모두 19개 조항으로 이루어진 '제노사이드 범죄의 방지와 처벌에 관한 협약Convention on the Prevention and Punishment of the Crime of Genocide' (이하 '제노사이드 협약')을 92개국의 찬성으로 체결하는 데 성공했다. 제노사이드 협약 제2조는 제노사이드를 "국민·인종·민족·종교 집단 전체 또는 부분을 파괴할 의도를 가지고 실행된 행위"[19]로 규정하면서, 다음과 같은 행위를 제노사이드 범죄라고 적시했다.

① 집단 구성원을 살해하는 것

---

19) 강조는 인용자가 했다.

② 집단 구성원에 대해 중대한 육체적·정신적 위해를 가하는 것

③ 전부 또는 부분적으로 육체적 파괴를 초래할 목적으로 의도된 생활 조건을 집단에게 고의로 부과하는 것

④ 집단 내의 출생을 방지하기 위해 의도된 조치를 부과하는 것

⑤ 집단의 아동을 강제적으로 타 집단에 이동시키는 것

이 가운데 뒤에서 쟁점으로 다루어질 내용과 관련되어 있는 몇 가지 용어들의 의미를 먼저 확인해보자. 가장 중요한 것은 제노사이드 협약에서 가장 논란이 되고 있는 보호 집단에 대한 규정이다. '국민 집단'이 국적이나 출신 국가를 공유하는 구성원들로 이루어진 집단이라고 한다면, '민족 집단'은 공통의 문화적 전통과 언어, 혹은 유산을 갖고 있는 집단을 의미한다. '인종 집단'은 신체적 특성이 같은 집단을 말하며, '종교 집단'은 공통의 종교적 신조와 신념, 교의, 실천, 혹은 예배 의식을 공유하는 집단을 뜻한다. 그 다음, "출생을 방지하기 위해 의도된 조치"는 강제적 불임 수술 시행이나 인위적인 격리 같은 조치를 뜻한다. 나치스가 혼혈 유대인이나 혼혈 집시 가운데 일부를 살려주는 조건으로 단종을 강요한 것이 전형적인 사례다. 마지막으로, '아동'은 유엔의 아동 권리 협약이 규정하고 있는 것처럼, 만 18세 미만을 의미한다. 이 조항을 삽입한 것은, 2차 대전 당시 나치스가 인종학적 판단 기준에 따라 폴란드 어린이 가운데 외모가 독일인과 흡사한 어린이들을 선별해 독일로 강제 이송한 뒤 독일식 교육을 통해 완전히 '독일화'하는 정책을 추진했던 사실을 의식했기 때문이었다. 이런 식의 강제 격

리와 정체성 말살 교육은 북아메리카 대륙에서도 인디언들을 대상으로 대대적으로 행해진 바 있다.

제노사이드 협약은 제노사이드 범죄에 해당하는 행위들을 명시한 후 제3조에서 제노사이드 범죄와 관련해 처벌받아야 할 대상을 다음과 같이 밝혔다.

① 제노사이드 범죄를 저지른 자
② 제노사이드 범죄를 저지르기 위해 공모한 자
③ 제노사이드 범죄를 저지르기 위해 직접적으로 또는 공공연하게 교사한 자
④ 제노사이드 범죄의 미수자
⑤ 제노사이드 범죄의 공범

가장 핵심이 되는 이 두 개의 조항을 통해 알 수 있는 것처럼, 제노사이드 협약은 제노사이드 범죄자의 범주를 매우 포괄적으로 규정하면서 반인도적 범죄를 척결하겠다는 국제 사회의 도덕적 의지를 강력하게 표명하는 데는 성공했지만, 그 의지를 실현하는 데 필요한 개념적 완결성과 제도적 장치를 충분하게 마련하는 데는 실패했다. 제노사이드 방지를 위한 정치적 의지의 결핍은 불충분한 제노사이드 정의 속에 여실히 드러나 있다. 제노사이드 협약은 이해 관계를 달리하는 수많은 유엔 회원국들 간의 막후 협상을 통해 이루어진, 정치적 거래와 타협의 산물이었다. 그 결과 도출된 공통분모는 여러 가지 문제점을 안고 있었다. 이제는 무엇이, 왜 문제가

될 수밖에 없었는지를 제노사이드 협약의 작성 과정을 통해 확인해보자.

1946년 총회에서 결의안을 통과시킨 유엔은 제노사이드 협약의 초안 작성 작업을 사무국의 경제사회이사회Economic and Social Council에 맡겼다. 경제사회이사회는 사안의 중요성을 감안해 별도로 구성된 전문 위원회Ad Hoc Committee에 2차 초안의 작성 작업을 맡겼고, 여기서 마련된 초안은 다시 법률 위원회Legal Committee에서 마지막 검토를 받았다. 1948년 12월 9일 총회에서 최종안이 채택되기까지의 2년이라는 기간은 강대국들의 힘의 논리와 주요 회원국들의 역사적 경험, 그리고 법 논리가 서로 충돌하고 타협하는 논쟁의 시간이었다.[20] 이 과정에서 특히 쟁점으로 부각된 것은 ① 보호 집단의 규정, ② 제노사이드의 범위, ③ 의도의 판별 가능성, ④ 파괴의 정도, ⑤ 개입과 처벌이라는 문제들이었다. 이제 이 문제들을 하나씩 살펴보기로 하자.

2. 쟁점 1 : 보호 집단

제노사이드 협약이 어떤 집단을 보호할 것인가 하는 문제인데, 여기서 마지막까지 가장 논란이 되었던 부분은 정치 집단을 이 협약이 보호하는 집단에 포함할 것인지의 여부였다. 1946년의 결의안에서는 '인종, 종교, 정치 집단과 그 밖의 집단' 이 보호 대상에 포함되어

---

20) Leo Kuper, *Genocide. Its political Use in the Twentieth Century*(New Heaven · London : Yale Univ. Press, 1981), 23~24쪽.

있었지만, 1948년 봄에 구성된 전문 위원회에서 소련 대표는 정치 집단의 배제를 강력하게 주장했다. 폴란드와 이란을 비롯한 여러 나라도 소련의 입장을 적극적으로 지지했다. 이들은 정치 집단이 다른 집단들과는 달리 항구성과 불가피성을 결여하고 있는데다가, 구성원들의 자발적 의사에 따라 쉽게 구성될 수도 있고 해체될 수도 있다는 점에서 가변성을 너무 많이 갖고 있다고 주장했다. 이에 대해 프랑스 대표는 소련이 인종주의와 민족주의 이데올로기를 기치로 내걸었던 나치즘의 사례를 지나치게 의식하고 있다고 비판하면서, 제노사이드 협약은 나치즘 등장 이전에 발생했던 제노사이드 사례들은 물론 앞으로 일어날지도 모를 새로운 양상의 제노사이드들까지 포괄할 수 있어야 한다고 반박했다. 앞으로 제노사이드는 주로 정치적 이유에서 발생할 것으로 예견되기 때문에 정치 집단을 보호 대상에 반드시 포함해야 한다는 프랑스의 주장에 볼리비아, 아이티, 쿠바 대표가 적극적인 지지를 표명했다. 미국과 영국 대표는 프랑스의 입장에 소극적으로 동조했다. 이 과정에서, 제노사이드 범죄자들은 인종 집단과 종교 집단을 절멸하고 나서도 정치적 견해차를 핑계 삼아 법망을 빠져나가려 할 것이라는 아이티 대표의 논리는 참가국들 사이에서 큰 공감을 얻었다. 그래서 결국 정치 집단은 전문 위원회 초안에서도 보호 대상으로서 살아남게 되었다.

그러나 1948년 11월 29일에 열린 법률 위원회에서 이란, 이집트, 우루과이 대표가 다시 부정적인 견해를 제시하면서, 정치 집단의 포함 여부를 놓고 치열한 설전이 오고갔다. 최종 방침은 막후 협상을 통해 결정되었다. '실세들' 간에 이루어진 막후 협상에서 미국 대표가 소련 대표에게 양보함으로써, 최종적으로는 정치 집단이 배제되는 방향으로 가닥이 잡혔던 것이다. 제노사이드 협약의 필요성을 처음부터 강력하게 제기했던 미국의 입장이 이렇게 갑자기 선회한 이유는 어디에 있었을까?

미국은 전략적으로 보호 대상의 포괄성보다는 강제 조치의 효율성에 우선 순위를 두고 있었다. 미국은 제노사이드 협약의 보호 집단에 정치 집단을 포함시킬 경우, 자국이 역점을 두고 추진하려 했던 국제 법정 설립안이 소련의 반대로 좌절될 것을 크게 우려했다. 그렇다면 소련이 정치 집단의 포함에 그토록 반대한 이유는 무엇이었을까? 소련은 제노사이드 협약으로 인해 스탈린Iosif Vissario-novich Stalin 치하에서 일어난 대규모의 정치적 학살이 국제 사회에서 쟁점으로 부각되는 것을 결코 받아들이려고 하지 않았다. 그 밖의 다른 여러 나라들도 감추고 싶은 과거의 '상처'가 국제 법정에서 다루어지는 것을 용납하려 하지 않았다. 이런 분위기가 전해지면서, 많은 국가들이 외세의 내정 간섭과 국제 법정의 소환을 두려워해 협약의 비준 자체를 반대할 것이라는 우려가 법률 위원회를 지배했다.[21] 결국 최종 표결에서 정치 집단은 배제되었고, 국제법상의 보호 대상은 국민·민족·인종·종교 집단에 한정되고 말았다.[22] 정치 집단은 제노사이드 협약이 아니라 유엔 인권 위원회

---

21) Herbert Hirsch, *Genocide and the Politics of Memory. Studying Death to Preserve Life*(London : Univ. of North Carolina Press, 1995), 198~199쪽.

22) Leo Kuper, *Genocide. Its political Use in the Twentieth Century*, 26~29쪽.

Human Rights Commission의 헌장과 각 회원국의 국내법을 통해 보호하는 것으로 결론지어졌다.

3. 쟁점 2 : 제노사이드의 범위

제노사이드 협약에 이론적 토대를 제공한 렘킨은 본래 제노사이드를 정치, 경제, 사회, 문화, 종교, 도덕, 물리, 생물이라는 여덟 개 분야에서 일어나는 다면적 현상으로 설명했다. 그러나 경제사회이사회의 초안 작성 과정에서 그 범위는 물리, 생물, 문화 영역으로 축소되었다. 초안 작업이 전문 위원회로 넘어온 뒤에는 생물학적 제노사이드의 범위가 많이 축소되었고, 문화적 제노사이드도 논란의 소지를 줄이기 위해 보다 세밀하게 규정되었다.

이 과정에서도 의견 충돌을 피할 수 없었다. 특히 문화적 제노사이드의 포함 여부를 놓고 벌어진 논쟁에서는, 정치 집단을 협약의 보호 대상에 포함시킬 것인지에 대한 논쟁에서와는 달리, 소련을 위시한 동유럽 국가들이 문화적 제노사이드를 포함시킬 것을 주장한 데 반해 서유럽 국가들은 배제를 요구했다. 쟁점은 문화 보호 항목을 제노사이드 협약에 넣을 것인가, 아니면 인권과 소수 민족의 권리에 관한 다른 협약에 넣을 것인가의 문제로 구체화되었다. 이 과정에서 문화적 제노사이드와 관련된 내용은 과거에 식민지 모국으로서 점령 지역의 문화적 전통 파괴와 문화 유산 수탈에 앞장섰던 서유럽 국가들의 강력한 반대에 부딪혀 거의 삭제되고 말았다. 단지 체계적인 집단 절멸에 수반되는 몇 가지 경우가 '흔적' 처럼 남앞을 뿐이다. 제노사이드 협약은 결국 사무국 초안에서 문화적 제노사이드에 포함되었던 아동의 강제 이송을 별도로 취급하고, 보호 대상 집단에 '민족 집단'을 추가하는 방식을 택해, 문화적 전통과 자존을 보호해야 한다는 요구를 선언적으로 반영하는 정도로 마감되었다. [23)]

4. 쟁점 3 : 의도의 판별 기준

세 번째 쟁점은 '의도를 가지고'라는 문구의 삽입과 관련되어 있었다. 우발적으로 발생한 학살까지 제노사이드에 포함시키기는 무리라는 것은 누구나 공감할 수 있는 상식이었다. 그러나 이 상식을 법적으로 표현해야 하는 법률 위원회에서는 두 가지 점이 문제가 되었다. 첫째, 제노사이드의 가해자들은 사법적 소추를 의식해서 자신들이 갖고 있었던 절멸 의도를 입증할 만한 증거를 남기지 않는 것이 보통이기 때문에, '의도'라는 문구를 삽입하게 되면 제노사이드 협약 자체의 구속력이 크게 약화되리라는 것이었다. 둘째, '……을 이유로'라는 동기에 관한 문구도 의도의 개재 여부를 해석하는 과정에서 가해자들에게 빠져나갈 구멍을 마련해주리라는 것이었다.

이와 같은 문제 제기에도 불구하고, 의도된 과실과 의도되지 않은 과실은 명확하게 구분되어야 한다는 법 논리에 따라 의도의 개

---

23) Leo Kuper, *Genocide. Its political Use in the Twentieth Century*, 30~31쪽.

재 여부는 제노사이드를 판별하는 핵심적 기준으로 남게 되었다. 변명거리로 악용될 수 있는 '……을 이유로'라는 문구를 처음부터 배제해야 한다는 영국 대표단의 요구도 묵살되었다.[24] 이 결정은 이후에 두고두고 문제를 일으켰다. 제노사이드가 일어날 때마다, 의도성을 따지는 이 협약은 우발성을 강조하는 가해자 집단 앞에서 무력함을 보일 수밖에 없었다. 희생자와 가해자가 명백하게 존재하는 상황에서도 가해자가 의도가 없었다고 우기기만 하면 제노사이드는 없었던 일이 되어버릴 수 있다는 경험적 사실이 모든 제노사이드 가해자들에게 요령으로서 학습되고 공유되었다.

제노사이드 협약의 작성에 참여했던 사람들이 의도를 강조한 데는 물론 이유가 없지 않았다. 일단 시작되면 엄청난 인명 손실을 가져오는 제노사이드의 특성을 고려할 때, 사건이 본격화되기 전, 선전선동과 법령들을 통해 절멸의 의도가 드러나는 시점에서부터 국제 사회가 개입해야 참사의 확대를 막을 수 있다는 논리는 상당한 설득력을 갖고 있었다. 그러나 결과적으로는 초기 단계에서부터 국제 사회가 개입한 제노사이드 사례가 하나도 없다. 의도성에 대한 지나친 강조는 결국 제노사이드 협약이 사후약방문에도 미치지 못하는 문서로 전락하는 데 크게 기여했다.

---

24) United Nations, *Legal Committee. Session* 3(1948년 10월 15일), 118~121쪽.

5. 쟁점 4 : 파괴의 정도

사무국이 작성한 초안에 포함되어 있던 "전체 또는 부분in whole or in part"이라는 표현은 전문 위원회의 초안에서 삭제되었다가 총회에서 통과된 최종안에는 다시 들어갈 정도로 치열한 논쟁을 불러일으켰다. 핵심적인 쟁점은 '부분'의 의미를 어떻게 해석해야 하는가에 있었다. 집단 전체의 절멸만을 문구에 삽입하게 되면 수많은 제노사이드가 이 협약의 적용에서 배제될 것이라는 주장에 이의를 제기하는 사람은 없었다. 그러나 한 집단의 구성원들 가운데 몇 퍼센트가 희생되어야 의미 있는 '부분'이 되는 것인지에 대해서는 누구도 뚜렷한 견해를 제시할 수 없었다. 최악의 상황을 가정해본다면, 구성원 가운데 20퍼센트 이상이 희생되었을 때 '부분'으로 간주한다고 명시할 경우, 제노사이드의 가해자들은 19.9퍼센트까지만 죽이고서 학살을 멈출 수도 있기 때문이다. 그러므로 법률위원회로서는 제노사이드 협약의 구속력을 약화시키지 않는 한에서 상당한 또는 두드러진 희생자 수가 어느 정도인지를 판별할 수 있는 구체적 기준을 마련하기가 쉽지 않았다.[25]

6. 쟁점 5 : 개입과 처벌

1946년 유엔 결의안에서 확인된 '처벌을 통한 예방'의 원칙에 바탕을 두고 체결된 1948년의 제노사이드 협약이 실효를 거두기 위해

---

25) Leo Kuper, *Genocide. Its political Use in the Twentieth Century*, 32쪽.

서는 무엇보다도 재판 관할권의 소재를 결정하는 문제가 중요했다. 사무국이 작성한 초안에는 후에 '보편적 재판 관할권' 개념으로 정착된 '보편적 강제'의 원칙이 구현되어 있었다. 그러나 최종 문안을 작성하는 과정에서, 제노사이드 범죄자에 대해서는 국적과 체포 장소에 상관없이 체포한 국가가 관할권을 행사해야 한다는 보편타당성의 원칙이 삭제되고 말았다. 제노사이드 범죄를 전담하는 국제형사재판소International Criminal Tribunal를 설립한다는 조항을 넣는 문제도 난항을 겪었다. 보편적인 형사 재판 관할권과 독립적인 국제형사재판소는 국가의 주권을 침해하기 때문에 허용할 수 없다는 반론이 격렬하게 제기되었기 때문이다.[26] 국제형사재판소를 지지하는 측은 제노사이드에서 국가가 행사하는 절대적 역할을 강조했지만,[27] 법률 위원회는 표결 끝에 근소한 차이로 국제형사재판소 조항을 배제하기로 결정했다. 법률 위원회는 다만 제노사이드 범죄자를 처벌하기 위해 국제형사재판소를 설립하는 방안의 타당성과 가능성은 검토해볼 필요가 있다고 부언함으로써 재론의 여지를 남겨두었다. 그 결과 제노사이드 협약 제6조에는 "범죄가 저질러진 지역이 소속된 국가에서의 재판 역량을 갖춘 법정이나 국제형사재판소의 재판 관할권을 인정하는 체약국들의 의사를 존중하는 국제형사재판소에 의한 재판"이라는 내용이 삽입되었다.

---

26) Herbert Hirsch, *Genocide and the Politics of Memory. Studying Death to Preserve Life*, 198~199쪽.

27) Leo Kuper, *Genocide. Its political Use in the Twentieth Century*, 36~37쪽.

7. 제노사이드의 정치학

이제까지 살펴본 것처럼, 제노사이드 협약은 인류의 평화를 위해 내디뎌진 어려운 발걸음이었지만, 여러 국가들의 이해 관계가 개입되고 서로 충돌하는 가운데 얻어진 정치적 타협의 산물이었기 때문에, 처음부터 여러 가지 문제점을 안고 있었다. 그러므로 이 협약은 제노사이드에 관한 최종 결론이 아니라, 새로운 논의를 위한 출발점으로 자리 매김되어야 한다. 우리가 어떤 법의 현실 적합성에 관해 이야기할 때, 우선 그 법을 처음 만든 사람들의 '정신'을 확인한 다음에 그 법의 여러 조항과 그 법이 만들어진 후에 변화된 현실 사이의 간격을 검토하는 것처럼, 제노사이드 협약에 있어서도 그것의 탄생을 가능케 했던 정신을 기억하고 나서, 협약 체결 이후 세계 각지에서 일어난 수많은 집단 학살들에 비추어 이 협약의 타당성을 면밀하게 검토하는 작업이 필요하다.

그렇다면 제노사이드 협약의 정신은 무엇이었을까? 그것은 바로, 20세기에 들어오면서 유난히 거세게 일기 시작한 학살의 야만적 물결을, 인류의 이름을 걸고 이성의 보편적인 잣대에 따라 저지함으로써 세계의 평화를 도모하는 것이었다. 이 정신을 기억한다면, 협약의 보호 대상이 너무 협소하게 규정돼 있어 문제가 될 경우에는 그 대상의 폭을 다시 넓혀야 한다. 우리는 제노사이드 협약의 산파 역할을 했던 렘킨이 1933년에 '야만의 범죄'의 희생자로서 민족 및 종교 집단과 아울러 사회 집단을 지목했던 사실에 주의를 기울여야 한다. 또한, 1946년 유엔 총회에서 만장일치로 통과된 결의안이 제노사이드 범죄의 동기를 "종교적 · 인종적 · 정치적 이유

혹은 다른 어떤 이유"라고 폭넓고 유연하게 규정했던 사실도 주목해야 한다. 이 협약에서 특히 정치 집단에 대한 보호 조항이 배제된 이후 불행하게도 제노사이드에 관한 논의의 방향이 "집단 학살의 상황을 방지하기 위해 구체적으로 무엇을 해야 하는가?"에서 "어떤 상황이 '법적으로' 제노사이드인가(또는 아닌가)?"로 전환되고 말았다. 그 결과, 집단 학살이 예견되거나 실제로 발생할 때마다 국제 사회의 논의는 소모적인 논쟁에서 헤어나지 못하는 경우가 적지 않았다.[28]

그러므로 제노사이드 협약을 탄생시킨 인류의 정신을 구현하기 위해서 이 협약은 보호 대상을 확대하고, 예방과 처벌을 위해 필요한 수단과 방법을 확충하는 방향으로 개정되어야 한다. 1948년의 협약은 일점일획도 바꿀 수 없는 신과의 약속이 아니라, 인간들 사이의 약속이다. 신의 약속의 대명사인 〈구약성서〉도 때가 되자 〈신약성서〉로 바뀐 것을 본다면, 변화된 현실 속에서 이미 치명적인 문제점을 드러낸 제노사이드 협약 역시 개정하는 것이 당연하다.

그러나 개정은 결코 수월한 일이 아니다. 왜냐하면 제노사이드는 단순히 학술적 차원에 국한된 문제가 아니라, 수많은 집단들의 이해 관계가 얽혀 있는 현실의 문제이기 때문이다. 일본이나 인도네시아가 왜 아직까지도 '그깟' 협약에 가입하지 않고 있으며,[29]

---

28) David Hawk, "Institute of the International Conference on the Holocaust and Genocide", *Internet on the Holocaust and Genocide* 8(Jerusalem, 1987년 1월), 6쪽.

29) 일본은 2차 대전 동안 자행했던 민간인 학살 경험을 부담스러워하고 있으며, 인도네시아는 식민지배에서 해방된 후 벌어졌던 공산주의자들에 대한 학살 등에

집단 학살이 일어난 국가들의 권력자들이 왜 한사코 자기 통치 영역 내에서 일어난 학살들이 정치적 이유나 사회적 동기에서 비롯된 것이라고 강변하겠는가. 설혹 제노사이드 협약의 개정 작업이 순탄하게 이루어진다 하더라도, 각국이 비준을 거부하거나 준수할 의사가 없음을 노골적으로 드러낸다면 협약은 여전히 무력한 선언에 그칠 수 있다. 우리는 애초에 제노사이드 협약의 체결을 강력하게 요구했던 미국이 협약 비준 과정에서 보여준 이율배반적인 태도를 통해 이 협약을 실현하는 길이 멀고도 험난할 것임을 뼈저리게 느끼고 있다.

초강대국 미국이 제노사이드 협약을 비준하는 데는 무려 38년의 세월이 필요했다. 1949년 트루먼Harry Shippe Truman 대통령이 상원에 제노사이드 협약의 승인을 요청했을 때는, 다음 해에 열린 일련의 청문회에서 제노사이드 협약이 공산주의자들과의 타협이며 시민의 자유에 대한 공격이라는 주장이 거세게 제기되었다. 이와 더불어, 과거에 인디언과 흑인들을 탄압했던 일이 제노사이드 범죄로 고발되고 말 것이라는 우려도 많은 상원 의원들의 태도를 반대쪽으로 기울게 만들었다.[30] 이런 주장이 사회 일각에서 연이어 제기되자 향후 20년 동안은 청문회조차 열리지 못했다. 아이젠하워Dwight David Eisenhower 대통령은 제노사이드 협약을 지지하

대한 책임이 제노사이드 협약을 통해 제기될 것을 두려워하고 있다.

30) Roger Smith, "Exploring the United States' Thirty-Five-Year Reluctance to Ratify the Genocide Convention", *Harvard Human Rights Journal* 5(1992), 229~230쪽.

지 않았으며, 케네디John Fitzgerald Wilson Kennedy 대통령과 존 슨Lyndon Baines Johnson 대통령도 소극적인 자세로 일관했다. 닉 슨Richard Milhous Nixon 대통령은 제노사이드 협약의 필요성을 인정했지만, 1970년 그의 요청에 의해 열린 상원 청문회는 결국 무위로 끝나고 말았다. 1984년 레이건Ronald Wilson Reagan 대통령이 상원에 비준을 요구하고 1986년 미 상원이 마침내 이 요구를 수락하기까지의 과정에서는 온갖 종류의 반론이 제기되고 거부를 위한 실력 행사가 줄을 이었다.

이런 우여곡절 끝에 1986년 제노사이드 협약이 마침내 상원을 통과했지만, 이 과정에서 두 개의 유보 조항과 다섯 개의 조건, 그리고 한 개의 선언이 첨부되었다. 가장 중요한 조건은 국제사법재판소의 강제적 재판 관할권을 미국이 거부한다는 내용이었다. 이 조항은 미국이 제노사이드 협약의 구속을 받을 의사가 전혀 없음을 명시적으로 드러내는 것이었다. 더구나 상원은 국내법이 발효되기 전에는 대통령이 이 협약을 집행할 수 없도록 못 박았는데, 1988년에 발효된 미국의 형법은 제노사이드 범죄가 미국 영토 내에서 일어나거나 미국 시민이 그 범죄의 대상이 되는 경우에 한해 정해진 형량이 부과될 수 있다고 규정했다.[31] 이런 식의 유보 조건과 수정 조항을 통해 미국은 제노사이드 협약을, 제노사이드가 결코 용납될 수 없는 행위라는 것을 도덕적 차원에서 확인하는 상징적 문서 이상으로 받아들일 의사가 전혀 없음을 분명하게 표명했다. 미국

---

31) Herbert Hirsch, *Genocide and the Politics of Memory. Studying Death to Preserve Life*, 199~202쪽.

의 이런 확고한 입장은 이 협약에 부담을 느끼고 있던 많은 나라들에게 사법 소추의 칼날을 피하기 위한 행동 지침으로 작용했다.

　이렇게만 보면, 제노사이드 협약의 수정과 준수를 요구하는 학자들과 활동가들의 목소리가 공허한 외침에 지나지 않는 것으로 생각될 수도 있다. 그러나 전문가들의 주장이 학계와 언론계에서 동조자를 발견하고, 시민 사회 내에서 일정한 반향을 얻게 될 때, 그들의 주장은 정치가들의 생각과 정책을 바꾸는 힘이 된다. 1986년 미국의 《월 스트리트 저널 _Wall Street Journal_》이, 정치 집단과 사회 집단을 보호 대상에서 배제한 탓에 제노사이드 협약의 실효성이 현저하게 떨어졌다는 점을 예리하게 지적한 기사를 게재한 뒤에 의회에 대한 여론의 압력이 거세졌던 사실을 대표적인 사례로 지적할 수 있다. 여론의 동향에 민감할 수밖에 없는 상원은 결국 83 대 11로 제노사이드 협약의 비준안을 통과시켰을 뿐만 아니라, 정치적 동기에서 비롯된 집단 학살도 제노사이드에 포함시키는 방향으로 유엔의 제노사이드 협약을 수정하기 위해 미국 행정부가 노력해야 한다는 내용의, 대통령에게 보내는 권고안을 93 대 1로 통과시켰다.

　2004년 2월 기준으로 제노사이드 협약을 비준한 나라는 모두 135개국에 이른다. 그러나 52개 국가는 아직도 비준 자체를 거부하거나 비준 절차를 지연시키고 있다. 인도네시아, 나이지리아와 더불어 일본도 아직 이 협약을 받아들이지 않은 나라에 속한다. 한편, 135개 체약국 가운데 70개 이상의 국가가 국내 형법에 제노사이드 처벌을 위한 조항을 만들어놓은 상태다. 그러나 몇몇 국가는 이 과정에서 제노사이드의 법적 정의를 현저하게 완화시킴으로써, 법률적인 실효성을 기대할 수 없게 만들었다.

지금까지의 경험들이 말해주는 것처럼, 제노사이드 협약의 제정에서부터 협약의 구속력을 강화하는 일에 이르기까지 각 단계마다 대립과 갈등이 불가피했다. 때로는 국가들 사이에 신경전이 벌어졌고, 때로는 개별 국가 내의 정치 세력들 간에, 사회 집단들 간에 치열한 논리 싸움이 전개되기도 했다. 그리고 앞으로도 제노사이드와 제노사이드 협약을 둘러싼 논의는, 국제적 수준에서뿐만 아니라 국내적 수준에서도, 현실 정치와 맞물리면서 치열한 논쟁을 낳게 될 것이 틀림없다.

제 3 장

제노사이드 협약에 대한 비판과 대안

　　제노사이드는 학술적 개념인 동시에 가해자/희생자 문제의 처리
와 직결되어 있는 법적 개념이자 도덕적·정치적 개념이기 때문
에, 처벌과 예방 대책에 관한 논의는 물론 개념 규정에서부터 이미
많은 논쟁의 소지를 안고 있다. 국가 간의 논의에서 제노사이드 가
해 경험이 있는 국가는 제노사이드를 가능한 한 협소하게 해석하
는 데 반해, 희생자 입장에 있었던 국가는 될 수 있으면 그 범주를
넓게 잡으려는 경향을 보인다. 한 국가 안에서도 가해자였던 사람
은 제노사이드를 '국제적 표준'에 따라 엄밀하게 해석하려고 하는
데 반해, 피해자였던 사람은 '국제적 표준'을 뜯어고쳐서라도 자신
들의 경험을 제노사이드의 '반열'에 올려놓으려는 모습을 보인다.
전문가들의 경우에도, 법적 판단을 내려야 하는 법률가는 제노사
이드를 축소 지향적으로 엄밀하게 규정하는 데 반해, 일선의 활동
가와 학자는 확대 지향적, 포괄적으로 파악하려는 경향을 보인

다.[32] 학자들 사이에서도 그가 속한 나라가 식민지를 소유했던 국가인가 아니면 식민 지배를 받았다가 탈식민화 과정을 겪은 국가인가에 따라, 또한 내적 식민지를 소유한 다인종 다문화 국가인가 아니면 단일민족 국가인가에 따라 어느 정도 해석의 차이가 나타난다. 이런 집단적 차원뿐만 아니라 개인적 차원에서의 정치적 지향과 문제 의식의 차이도 제노사이드를 정의하는 데 상당한 영향을 준다. 이런 점들을 고려하면서, 1950년대 이후 제노사이드 협약의 문제점을 지적하며 대안을 제시해온 여러 전문가들의 견해를 네 개의 쟁점으로 나누어 정리해보자.

1. 쟁점 1 : 절멸의 의도

(1) 의도의 존재 여부

유엔의 제노사이드 협약은 한 집단에 대한 가해자의 파괴 의도와 행위 모두가 현저하게 발견되어야 제노사이드로 인정할 수 있다고 규정하고 있다. 정통파 유대인들의 입장을 대변하는 홀로코스트 전문가 카츠Steven Katz는 제노사이드 협약의 규정에서 한 걸음 더 나아가, "제노사이드라는 개념은 한 집단 '전체' (그 집단은 가해자에 의해 규정된다)를 '물리적' 으로 파괴하려는 '의도' 가 실현되었

---

32) Henry. R. Huttenbach, "Locating the Holocaust on the Genocide Spectrum : Towards a Methodology of Definition and Categorization", *Holocaust and Genocide Studies* 3-3(1988), 293쪽.

을 경우에만, 그것도 성공적으로 '완수' 되었을 경우에만 사용될 수 있다. 여기에 제시된 정의를 충족시키지 못하는 모든 형태의 집단학살은……제노사이드와 동일시될 수 없다"[33]라고 단정한다. 그러나 이렇게까지 의도의 중요성을 강조할 경우, 유대인 학자들이 주도해온 현재까지의 제노사이드 연구가 그랬던 것처럼, 희생자들의 죽음을 위계 서열화하는 잘못을 저지를 수 있다. 이들의 기준에 따르면, 제노사이드의 범주에 들어갈 수 있는 사례는 나치스의 유대인 학살과 터키인의 아르메니아인 학살(터키인의 아르메니아인 학살에 대해서는 제3부 제3장에서 설명할 것이다) 정도밖에 없기 때문이다.

이렇게 의도의 중요성을 지나치게 강조하면 여러 가지 문제점이 생겨날 수 있다. 첫째, 소수의 지배 엘리트에 의해 움직이던 전근대 사회와 달리, 시장의 논리나 비선(秘線)의 위원회 조직 같은 크고 작은 익명의 구조들에 의해 작동되는 근대 사회에서는 가시적인 의도를 너무 강조할 경우 제노사이드를 제노사이드로 판정하지 못하는 일이 생겨날 수도 있다.[34] 절멸 작업이 중앙의 통제에 따라 매우 체계적이고 조직적으로 이루어질 경우, 그 작업에 참여하는 대부분의 집행인들은 학살의 특정 국면에서, 일상적으로 해오던 일

---

33) Steven Katz, *The Holocaust in Historical Context, Vol. 1 : The Holocaust and Mass Death Before the Modern Age*(New York : Oxford Univ. Press 1994), 128~ 129쪽.

34) Isidor Wallimann · Michael N. Dobkowski, "Introduction" , *Genocide and the Modern Age : Etiology and Case Studies of Mass Death*(New York : Syracuse Univ. Press, 2000), xxiii쪽.

만을 담당하게 되며, 따라서 윤리적으로 고민하거나 자기 행동이 초래할 결과에 대해 깊이 생각하지 않아도 될 정도로 파괴 과정은 매우 '정상적인' 절차에 따라 진행되는 것처럼 보이게 된다. 실제로 '책상 앞의 살인자들'이라고 불리는 나치 체제의 관료들은, 자신들은 손에 피 한 방울 묻혀본 적이 없기 때문에 유대인 학살에 대해 전혀 책임이 없다고 주장했다. 아무런 감정의 동요 없이 강제 이송 대상자 명단을 작성하거나, 철도 운행 계획을 짜거나, 동맹국 관리들과 함께 유대인 인수인계 협상을 추진했던 이들의 역할이 없었다면 유대인 학살은 불가능했을 것임에 틀림없지만, 이들에게서 절멸의 의도를 직접적으로 확인하기는 어렵다. 이것은 비단 유대인 학살에만 국한되는 문제가 아니다. 식민화 정책이 오스트레일리아 원주민들에게 미친 파괴적 영향을 오랫동안 연구해온 역사가 바타Tony Barta는 자신의 사례 연구 경험을 토대로, 제노사이드는 매우 구분하기 어려운 복합적인 원인들이 상호 작용하는 가운데 발생하는 일이기 때문에, 의도를 지나치게 강조하면 사태의 본질이 왜곡될 수 있다고 경계심을 표명한 바 있다.[35] 그러므로 우리는 가시적인 절멸의 의도뿐만 아니라 절멸을 불러일으키는 구조적 폭력, 체제 내의 조건들, 정치사회적 구조들에 대해서도 마찬가지로 주의를 기울여야 한다.

둘째, 의도를 절대적 기준으로 보게 되면, 제노사이드 가해자들

---

35) Tony Barta, "Relations of Genocide : Land and Lives in the Colonization of Austrailia", (ed.) Isidor Wallimann · Michael N. Dobkowski, *Genocide and the Modern Age : Etiology and Case Studies of Mass Death*, 238쪽.

에게 쉽게 면죄부를 주는 부작용이 생길 수도 있다. 1974년에 국제
인권연맹International League for Rights of Man이 구아야키Guayaki
인디언 학살에 개입한 혐의로 파라과이 정부를 유엔에 고발했을
때, 파라과이 정부는 도로 건설과 택지 조성이라는 목적을 수행하
는 과정에서 우발적인 학살이 일어났을 뿐 학살의 의도는 전혀 없
었다고 변명했는데,[36] 이런 식의 일이 반복해서 일어나고 있다.

그럼에도 제노사이드를 판별할 때 의도의 문제를 도외시할 수는
없다. 터키인과 나치스, 그리고 크메르 루주Khmer Rouge[37]가 자행
했던 제노사이드는 완벽한 유토피아를 상정하는 이데올로기가 없
었다면 결코 일어나지 않았을 것이기 때문이다. 이데올로기적 동
기는 정치적 결정권자들로 하여금 확고한 신념과 의도를 갖게 하
고, 학살에 가담한 관료들과 협력자들에게서 양심을 마비시키며,
일반인들로부터 심정적 지지를 이끌어내는 방식으로 제노사이드
의 실현을 돕는다. 그러므로 의도가 결여된 제노사이드를 상상하
기는 어렵다. 어떤 사건이 제노사이드에 해당하는지를 판별할 때
의도가 실제로 존재했는지를 살펴보는 작업이 모든 일의 출발점을
이루는 것은 어쩌면 당연한 일이라고 할 수 있다.

---

36) Leo Kuper, *Genocide. Its political Use in the Twentieth Century*, 34쪽.

37) 크메르 루주는 폴 포트Pol Pot가 이끌었던 캄보디아의 반군 조직으로서, 1975
년 4월 미국의 후원을 받고 있던 론 놀Lon Nol 정권을 무너뜨리고 민주 캄푸치아
공화국을 수립한 후 반대파와 소수민족들에 대한 학살을 대대적으로 자행하였다.
이에 관해서는 이 책의 제3부 제4장을 보라.

(2) 의도의 판별 기준

중요한 것은 의도가 있었는지 여부를 어떻게 판별할 수 있는가 하는 점이다. 나치스의 유대인 학살은 공식 문서나 가해자와 생존 자들의 증언이 있어서 의도의 개재를 확인하는 데 특별한 어려움 이 없다. 그러나 대부분의 집단 학살에서는 생존자들의 증언만 있 을 뿐, 직접적 증거들은 발견되지 않는다. 가해자들의 절멸 의도를 입증할 수 있는 모든 증거들이 이미 은닉되었거나 아예 폐기되어 버렸기 때문이다. 그러므로 집단 학살에 관해 조사할 때는 학살의 체계성을 기준으로 의도의 개입 여부를 추론해야 한다. 여기서 중 요한 것은 학살 과정에 참여한 가해자들의 동기가 다양했다고 해 서 그것을 제노사이드를 위한 통일적이고 일관된 의도가 존재하지 않았다는 증거로 해석해서는 안 된다는 점이다. 범죄의 동기는 다 양할 수 있다. 어떤 사람은 토지를 수탈하기 위해, 어떤 사람은 자 기 민족의 안전을 지키기 위해, 어떤 사람은 영토를 수호하기 위해 다른 집단을 파괴하는 범죄를 저지를 수 있다. 그러나 동기가 무엇 이었든 한 집단이 체계적·조직적으로 파괴되었다면, 거기에는 가 해자들 사이의 긴밀한 의사소통과 협조, 그리고 이해 관계의 공유 가 전제돼 있었을 것이므로 의도가 개재되었다고 봐야 한다. 말하 자면, 명시적 의도만큼이나 암시적 의도도 고려되어야 한다.

2. 쟁점 2 : 희생자 집단

제노사이드 협약은 보호해야 할 집 단에 국민·인종·민족·종교 집단만을 포함하는 소극적 방식을 채택했다. 그러나 이 때문에 생겨난 부작용은 전문가들이 애초에 예상했던 수준을 훨씬 뛰어넘었다. 이 규정은 무엇보다 제노사이드 가해자들에 의해 철저하게 악용될 소지를 안고 있었다. 나치스는 집시 민족을 학살한 뒤에 그들이 '반사회적 집단'이어서 법에 의해 처벌받았다고 주장했고, 크메르 루주는 동족을 대량 절멸시킨 뒤에 그들이 '반혁명분자'여서 제거되었다고 변명했다. 이런 식의 강변은 거의 모든 제노사이드에서 공통적으로 발견된다. 이런 이유에서 오랫동안 집단 학살 문제를 공동으로 연구해온 하프Barbara Harff와 거Ted R. Gurr는 제노사이드 협약이 규정하고 있는 제노사이드 범주를 존중하면서도, 그것과 비슷한 수준에서 정치적 집단 학살(폴리티사이드politicide)이라는 새로운 범주를 도입했다.[38] 하프와 거처럼 한때는 정치적 집단 학살을 제노사이드 규정에 포함시켜야 한다고 믿었던 러멜Rudolf J. Rummel은 고민을 거듭한 끝에, 다른 성격의 희생자 집단까지 포함할 수 있는 인민 학살(데모사이드democide)이라는 새로

---

38) Barbara Harff · Ted R. Gurr, "Toward Empirical Theory of Genocides and Politicides", *International Studies Quarterly* 32-3(1988), 360쪽. "우리 정의에 의하면, 제노사이드와 정치적 집단 학살politicide은 한 국가나 그 대리인들에 의해 이루어지는 정책들의 조장과 집행으로서, 그 결과는 한 집단 구성원들 가운데 상당한 부분의 죽음으로 나타난다. 제노사이드와 정치적 집단 학살의 차이는 국가가 집단 구성원들의 정체성을 결정하는 데 사용하는 특성들 속에 존재한다. 제노사이드에서는 희생당한 집단이 일차적으로 그 구성원들이 갖고 있는 공통의 특성, 즉 민족, 종교, 국민성nationality의 측면에서 규정된다. 정치적 집단 학살에서는 희생 집단이 일차적으로 체제와 지배적 집단에 대한 정치적 반대나 위계 서열적인 지위에 따라 규정된다."

운 개념을 만들어냈다.[39] 그의 이론 체계 속에서 '인민 학살'은 제노사이드와 정치적 학살 모두를 하위 개념으로 포함하는 총칭 개념이다.[40] 차니Israel W. Charny는 모든 집단 학살을 제노사이드로 보아야 한다는 매우 급진적인 주장을 펼치고 있다.[41]

거의 모든 전문가들이 이구동성으로 제노사이드 협약 속에 보호 집단으로서 포함시켜야 한다고 주장하는 것은 정치 집단이다. 이미 1959년에 네덜란드의 법학자 드로스트Pieter Drost는 제노사이드 협약이 특정 집단만을 보호 대상으로 규정하면, 실제로는 그 집단조차도 보호할 수 없게 될 것이라고 경고했다.[42] 1973년에는 국

---

39) Rudolf J. Rummel, "The New Concept of Democide", *Encyclopedia of Genocide*, Vol. 1(Santa Barbara : ABC-Clio, 1999), 20~21쪽. "그러므로 나는 공적인 살인에 비유될 수 있는 개념으로 데모사이드democide 또는 권위를 가지고 활동하는 정부의 대리인에 의한 살인이라는 개념을 제안한다……데모사이드의 필요 충분한 의미는 무장하지 않은 사람들이나 인민에 대한 정부의 의도적 살인이다. 제노사이드 개념과 달리 데모사이드는 인민에 대한 의도적 살인에 국한되며, 다른 수단에 의해 문화, 인종 또는 민족을 제거하려는 시도로까지 확장되지는 않는다. 더 나아가 데모사이드는 제노사이드의 살인이나 정치적 집단 학살, 집단 학살 또는 테러에 국한되지 않는다. 데모사이드는, 살인이 정부 기구에 의해 의도적으로 이루어진 활동, 정책, 과정인 경우에는 이 모두를 포함한다."

40) Rudolf J. Rummel, "The New Concept of Democide", 18~34쪽. 러멜은 인류 역사에서 나타난 집단적 사망의 원인을 의도적인 원인과 비의도적인 원인으로 크게 나누고, 의도적인 원인을 국제전과 내전을 포함한 전쟁, 데모사이드로 구분한다. 데모사이드에는 제노사이드, 정치적 학살, 집단 학살, 테러가 포함된다.

41) Israel W. Charny, "Classification of Genocide in Multiple Categories", *Encyclopedia of Genocide*, Vol. 1, 4~5쪽. "모든 집단 학살 사건은 제노사이드로 취급되어야 한다. 그러나 이때에도 필요하고 정당한 만큼 제노사이드를 법률적·학술적으로 상이한 하위 유형으로 구분할 수 있기 위해 모든 유형이나 특성의 분류는 더 세분되어야 한다."

제 법률가 위원회가 제노사이드의 보호 대상 범주에 정치 집단까지 포함시킬 것을 유엔에 공개적으로 권고했다. 1981년에는 쿠퍼 Leo Kuper가 "인종·국민·민족·종교 집단에 대해 자행되는 제노사이드도 일반적으로는 정치적 갈등의 결과이거나 그것과 직결되어 있기 때문에, 보호해야 할 집단에서 정치 집단을 뺀 것은 최대의 문제"라고 밝혔다.[43] 1985년에는 유엔 인권 위원회의 위임을 받아 《제노사이드 범죄의 방지와 처벌 문제에 관한 최신 개정 보고서 Revised and Updated Report on the Question of the Prevention and Punishment of the Crime of Genocide》[44]를 작성한 휘터커 Benjamin Whitaker도 정치 집단은 물론 경제와 사회 집단까지 보호 대상에 포함되도록 제노사이드 협약을 개정해야 한다고 주장했다.

나는 여기에다 성(性)과 건강, 지역 범주도 추가로 포함되어야 한다고 생각한다. 성과 건강은 이미 나치스의 동족 학살 가운데 동성애자 학살과 장애인 학살을 통해 하나의 범주로 채택될 필요성을 확인받았고, 지역은 보다 상세한 검토와 논의가 필요하겠지만 제

---

42) Pieter Drost, *The Crime of Genocide*, Vol. 2, *Genocide*(Leyden : A. W. Sythoff, 1959), 29~30쪽·60~63쪽·125쪽.

43) Leo Kuper, *Genocide. Its political Use in the Twentieth Century*, 39쪽. 그렇지만 쿠퍼는 국제적으로 공인받은 제노사이드 협약이 효과적인 행동을 강구할 수 있게 해주는 최소한의 토대이자 출발점이라고 믿었기 때문에, 이 협약을 무조건적으로 개정해야 한다는 주장에는 반대했다.

44) Benjamin Whitaker, *Revised and Updated Report on the Question of the Prevention and Punishment of the Crime of Genocide*(1985년 7월 2일) (E/CN.4/Sub.2/1985).

무장대 관련자인지를 심문받기 위해 대기중인 수용자들.《제주 4 · 3사건 진상조사보고서》

주 4·3학살 발생 과정에서 중요한 요소로 작용한 경험이 있다.[45]
제노사이드에 관한 모든 논의의 핵심이 예방에 있다면, 수많은 집
단 학살에서 동기로 작용했던 모든 요소들이 포괄적으로 비교되고
검토되어야 한다. 그런 맥락에서 보호 집단에 관해서는 제노사이
드 협약의 개정이 보다 개방적으로 이루어질 필요가 있다. 제노사
이드 협약이 본래 명시했던 4대 범주 외에 정치 집단과 사회 집단
을 우선적으로 포함시켜야 하며, 경제, 성, 건강, 지역은 사안에 따
라 고려되는 보조 범주로 포함시킬 수 있을 것이다.

3. 쟁점 3 : 제노사이드의 가해자는 누구인가

제노사이드를 저지를 수 있는 가장 유력한 용의자는 언제나 국가다. 근대 국가는 경찰
력과 상비군을 보유하고 있다는 점에서 영토 안에 거주하는 주민
들에 대한 지배력이 과거의 왕조 국가와는 비교할 수 없을 정도로
강력한데다가, 단시간에 많은 사람들을 살해할 수 있는 막강한 무
기 체계까지 보유하고 있기 때문이다. 또한 국가는 국민의 이름을
빌리면 자국 내의 구성원들을 '합법적으로' 살해할 정당성까지 확
보하게 된다는 점에서, 표면적으로는 과거 지배자들의 자의적 집
단 학살과는 성격이 다르다. 국가에 적대적이고 위협적인 것으로
상정된 어떤 집단을 절멸하려는 계획을 실행에 옮기기 위해서는

---

45) 이 점에 관해서는 이 책 제4부 제2장을 참조하라.

희생자들의 저항을 방지하거나 극복하고, 이들을 잠재적인 후원 세력에게서 고립시키며, 도주 가능성을 차단하고, 나머지 국민들에게서 협력이나 묵인, 최소한 외면이라도 얻어내야만 하는데, 근대 국가는 이 모든 것을 완수할 수 있는 위치에 있다.[46]

그러나 국가만이 아니라 여타의 권력체도 얼마든지 제노사이드의 가해자가 될 수 있다.[47] 특히 남아메리카 지역에서 쉽게 볼 수 있는 것처럼, 상대적으로 고립된 소규모의 토착 집단이 개발을 위해 이 지역에 진출한 농부, 농장주, 광산 노동자, 땅 투기꾼 등 개인 자격으로 활동하는 사람들에 의해 파괴되는 경우, 제노사이드 협약은 이를 제노사이드라고 판정할 수 없다. 그러나 이와 같은 집단 학살과 파괴 행위가 국가의 허가나 묵인 없이, 혹은 사후 승인에 대한 확고한 기대감 없이 이루어질 수 있다고는 생각하기 어렵다. 그러므로 국가가 주도하거나 간여하지 않았다고 하더라도, 국가가 사적 집단에 의한 집단 학살을 예방하거나 처벌하는 데 등한했다면 이것까지도 제노사이드로 보아야 한다는 주장도 제기되고 있다. 사실 사적 권력 집단에 의한 집단 학살은 결코 라틴 아메리카 지역에 국한된 현상이 아니다. 개발 도모 세력에 의한 원주민 학살과 국가의 방조는 19세기 초에 인디언들을 집단 학살했던 서부 개

---

46) Herbert Hirsch, *Genocide and the Politics of Memory. Studying Death to Preserve Life*, 203~204쪽.

47) Frank Chalk · Kurt Jonassohn, *The History and Sociology of Genocide : Analyses and Case Studies*(New Heaven · London : Yale Univ. Press, 1990), 23쪽. "제노사이드는 한 국가나 여타의 권력체가 한 집단의 파괴를 기도하는 일방적인 집단 학살의 양식으로서, 그 집단과 함께 그 집단에 속하는 사람이 누구인가는 가해자에 의해 규정된다."

척자들과 그 배후에 있던 미국 정부에서 원형을 찾을 수 있다.[48] 또한 국민국가 형성이 뒤늦게 이루어진 지역에서는 오늘날에도 이런 일이 드물지 않게 발견된다. 한국전쟁 전후에 서북청년회를 비롯한 사적 집단이 공권력에 의해 비호되거나 묵인되는 가운데 민간인들을 집단 학살했던 것도 전 세계적으로 발견되는 보편적 현상이다.[49] 아프리카의 종족 분쟁에서도 중앙 정부나 국제 사회가 개입하기 전에 충분히 제노사이드가 일어날 수 있다. 그러므로 제노사이드의 가해자를 규정함에 있어서 일차적으로 국가가 지목되는 것은 당연하지만, 국가가 제노사이드의 필수 조건이 되는 것은 아니다.[50] 국가와 경쟁 관계에 있는 혁명 집단이나 테러 조직, 교회나 사교 종파, 또는 그 밖의 어떤 집단이라도 제노사이드의 가해자가 될 수 있다.

그러므로 처벌의 대상이 제노사이드를 계획하고 집행하는 명령 계통에 직접 서 있는 사람들에 국한되어서는 안 된다. 제노사이드를 가능하게 만든 이데올로기를 수립하거나 실제로 제노사이드를 계획하고 실행한 지배 엘리트들과, 이들의 명령에 복종해 집행 과

---

48) Frank Chalk, "Definitions of Genocide and their Implications for Prediction and Prevention", *Holocaust and Genocide Studies* 4-2(1989), 153쪽.

49) 김동춘, 《전쟁과 사회》(돌베개, 2000), 204~205쪽. 이 책에서 저자는 학살 가해자와 관련하여 다음과 같이 말하고 있다. "학살을 자행하는 주체는 반드시 군과 경찰과 같은 국가 기관이 아닐 수도 있으나, 민간 단체나 특정 폭력 집단이 적대 관계에 있는 인사나 집단에 대해 학살을 했다 하더라도, 대체로 그것은 그들의 행동을 정당화해주는 공권력의 비호 아래에서 이루어지는 것이므로 순수한 민간 집단 차원의 대량 학살은 있을 수 없는 것이다."

50) Henry R. Huttenbach, "Locating the Holocaust on the Genocide Spectrum : Towards a Methodology of Definition and Categorization", 296~297쪽.

정에 참여한 사람들을 넘어, 경우에 따라서는 묵종적인 방조자들까지도 가해자 범주에 포함시킬 수 있다.[51]

4. 쟁점 4 : 파괴의 범위

제노사이드는 보통 한 집단 구성원들의 '절멸'로 이해되고 있지만, 이 말을 문자 그대로 '멸종'이라는 의미로 받아들인다면 나치 독일의 유대인 학살도 제노사이드에 포함시키기 어렵게 된다. 왜냐하면 실제로 홀로코스트 기간 동안에 희생된 유대인은 유럽 유대인들 가운데 절반, 전 세계 유대인들 가운데 3분의 1에 '불과'하기 때문이다. 바로 이런 이유에서 몇 차례의 진통 끝에 제노사이드 협약에 "전체 또는 부분"이라는 구절이 첨가되었다. 이 구절은 보스니아에서 세르비아인들이 자행한 제노사이드를 처벌하기 위해 1993년에 유엔 안전보장이사회의의 결의에 따라 구 유고슬라비아 국제형사법정International Criminal Tribunal for the Former Yugoslavia(ICTY)이 설립된 이래 논쟁의 현안으로 부상했다. 문제의 초점은 '부분'에 대한 해석에 있었다. '부분'이 법률적 효력을 발휘할 수 있는 '상당한'의 의미로 수용될 수 있으려면 전체 집단 가운데 도대체 몇 퍼센트가 살해되어야 하는 것일까? 분명히 말하는데, 절대적인 양적 기준은 도출되기 어렵다.

그러므로 법률가들과 학자들은 원칙적으로 '부분'의 의미를 질

---

51) Herbert Hirsch, *Genocide and the Politics of Memory. Studying Death to Preserve Life*, 205쪽.

구 유고슬라비아 국제형사법정(ICTY)

적인 면에서 해석해야 한다고 주장한다. 예를 들어 1939년 나치 독일이 폴란드를 침공한 직후에 폴란드 엘리트들을 학살한 것이나, 1915년 터키인들이 콘스탄티노플에 집중적으로 거주하고 있던 아르메니아인 지도자들을 학살한 것은 분명 제노사이드의 사례에 속한다. 이 일로 인해 폴란드 민족과 아르메니아 민족은 저항의 구심점을 순식간에 상실했기 때문이다. 가해 주체였던 나치스와 통일진보 위원회Ittihad ve Terakki Jemiyeti가 의도했던 것도 바로 이런 효과였다. 엘리트 제거는 절멸의 의도와 계획을 파악할 수 있게 해주는 가장 명확한 기준이기 때문에, 희생자가 전체 구성원의 1퍼센트밖에 안 된다 해도 제노사이드로 해석될 수 있다. 반대로, 희생자 비율이 이보다 훨씬 높다 하더라도, 집단 학살이 가해자들이 통제하고 있는 지역 가운데 극히 일부에서 일어났거나 산발적으로 일어났다면 제노사이드라고 단언하기 어렵다. 이 경우 많은 학자들은 제노사이드보다는 '제노사이드성 집단 학살genocidal massacre'이라고 명명한다.

제 4 장

제노사이드란 무엇인가

1. 제노사이드의 다양한 정의

지금까지 제노사이드 협약의 내용과 문제점, 그리고 그 문제점을 극복하기 위해 여러 학자들이 제시해온 대안들을 살펴보았다. 대안의 스펙트럼은 홀로코스트만을 진정한 의미의 제노사이드로 고집하는 입장에서 모든 학살을 제노사이드에 포함시키는 입장에 이르기까지 폭이 매우 넓다. 조금 과장하면, 제노사이드에 대한 정의는 제노사이드를 연구하는 학자들의 수만큼이나 다양하다고 할 수 있다. 현재로서는 이렇게 수많은 정의들 가운데 어느 것 하나도 압도적 다수의 지지를 받고 있지 못하다. 아마도 제노사이드 연구가 본격적으로 시작된 지 얼마 되지 않은 것이 커다란 원인이리라 생각된다. 또 다른 원인은 한두 마디의 문장 속에 담기에는 제노사이드 현상들이 너무 다양하고 복합적이며, 그 현실적 의미가 너무 무겁다는 데 있다.

이런 제약 조건들에도 불구하고, 혹은 바로 이런 제약 조건들 때문에 더욱더, 우리는 제노사이드에 대한 보다 나은 정의를 모색해야 한다. "한 집단의 존재 자체를 위험 속에 몰아넣는 모든 행위"[52]나 "모든 집단 학살 사건"[53]을 제노사이드로 인정하게 되면, 독단의 함정이야 피할 수 있겠지만, 그 기준을 너무 '하향평준화' 해서 결국에는 제노사이드에 관해 아무것도 설명할 수 없는 결과가 빚어질 수 있다. 반대로 절멸의 의도와 계획, 조직과 체계, 이데올로기, (국민, 민족, 인종, 종교 가운데 최소한 하나 이상에 분명하게 해당되는) 희생자 집단의 성격, 전면적인 파괴의 결과 같은 여러 가지 구성 요소를 모두 충족시키는 사건들만을 제노사이드로 파악하게 되면, 제노사이드 범주에 포함될 수 있는 사건은 거의 없어져버린다. 이 두 개의 극단적 입장 사이에 펼쳐진 넓은 영역 가운데 과연 어느 지점에 우리의 닻을 내려야 할까?

이 문제는 한국 현대사의 경험들을 해석하는 데도 중요한 의미를 갖는다. 왜 그럴까? 이유는 두 가지다. 첫째, 제노사이드 개념은 우리 땅에서 일어났던 민간인 학살 사례들을 다른 지역에서 일어났던 집단 학살 사례들과 비교·검토해서 세계 현대사의 전체 맥락 속에 자리 매김하는 데 필수불가결한 코드이기 때문이다. 제노사이드 개념에 대한 충분한 검토와 논의를 통해 우리는 모든 민간인 학살 사례들을 제노사이드로 지칭하는 '과감한' 태도나, 혹은 정반

---

52) Herbert Hirsch, *Genocide and the Politics of Memory. Studying Death to Preserve Life*, 297쪽.

53) Israel W. Charny, "Classification of Genocide Multiple Categories", 4~5쪽.

대로 제노사이드 협약의 조항에 지나치게 구속되어 어떤 민간인 학살 사례도 제노사이드라고 부르지 못하는 '소심한' 태도에서 모두 벗어날 수 있을 것이다. 이 책에서는 제노사이드 개념의 자의적 사용과 교리적 사용 모두에 대해 거리를 유지하면서, 우리의 현실을 반영하면서도 국제적으로 호환 가능한 제노사이드의 정의를 모색해보려 한다.

제노사이드 개념의 정의를 확실히 하는 것이 한국 현대사의 경험들을 해석하는 데 중요한 두 번째 이유는, 일제의 강점이라는 역사적 사실이 제노사이드 개념과 맞닿아 있는 것처럼 보이기 때문이다. 현재 우리 사회에서 발견되고 있는, 제노사이드를 둘러싼 오해 가운데 하나는 제노사이드와 집단 학살을 같은 것으로 보는 것이다. 집단 학살이 제노사이드의 핵심을 차지하는 것은 틀림없지만, 그렇다고 해서 제노사이드의 모든 것을 의미하는 것은 아니다. 우리의 경험과 관련지어 말하자면, 제노사이드를 집단 학살로 축소해서 생각할 경우 일제 강점기의 경험들이 제노사이드 논의에서 배제되는 결과가 빚어질 수 있다. 일제 강점기 전체를 제노사이드로 해석하는 것은 무리지만, 그 시대의 성격을 조명하는 데 있어서 제노사이드 이론이 유용한 것은 물론이다. 이 두 가지 이유에서 제노사이드의 정의를 둘러싼 국제 학계의 논의는 우리의 현대사 전체를 해석하는 작업과 결코 무관하지 않다고 말할 수 있다.

제노사이드 전문가인 허시Herbert Hirsch는 소수 집단에 대한 탄압과 관련해서 암살과 제노사이드를 각각 출발점과 종점으로 삼는 분석의 스펙트럼을 제시했다. 두 지점 사이에 존재하는 광범위한 중간 지대에는 수많은 집단 학살이 자리 잡게 되는데, 허시는 집단 학살을 다시 단순한 집단 학살, 대량 학살에 가까운 집단 학살, 제노사이드성 집단 학살로 나누었다.[54] 그러나 그는 이 세 범주를 구분하는 데 필요한 자세한 기준은 따로 제시하고 있지 않다. 사실 그런 기준을 마련하는 것은 불가능에 가깝다고 봐야 한다. 다만 네덜란드에 있는 PIOOM(인권 침해의 근원을 연구하는 학제 간 프로그램) 재단이 "무장하지 않았거나 무장이 해제된 사람들임에도 불구하고 특정한 시간에 특정한 장소에서 열 명에서 1만 명 사이의 그런 사람들에 대해 무차별적으로 이루어진 살해"[55]을 대량 집단 학살로 정의한 것은 참조할 만한 가치가 있다. 이 정의에 따르면, 그 수 이상의 사람들이 그 같은 조건 속에서 살해되었을 경우라면 암묵적으로 제노사이드로 볼 수 있게 된다. 그러나 이러한 언급은 어디까지나 참고 요건 이상으로 받아들여져서는 안 된다. 학자들은 종종 어떤 사건을 제노사이드로 판정하는 데 필요한 객관적인 수적 기준을 제시하라는 요구를 받는다. 그러나 그 기준을 구체적으로 제시하는 순간, 제노사이드에 관한 모든 정의는 오히려 현실 적합성을 잃어버리게 된다. 이런 이유에서 대부분의 학자들은 계량적 기준을 구체적으로 제시하기를 꺼린다.

　이런 난점들을 누구보다도 잘 의식했던 차니는, 제노사이드란

---

54) Herbert Hirsch, *Genocide and the Politics of Memory. Studying Death to Preserve Life*, 205쪽.

55) Alex P. Schmid · A. J. Jongman, "Contemporary Massacres", *Internet on the Holocaust and Genocide* 41(1992), 12쪽.

"희생자들이 본질적으로 방어 능력이 없고 무력한 조건 속에 있는 가운데 이루어지는 상당수의 사람들에 대한 집단 학살"[56]이라고 총괄적인 방식으로 정의했다. 파인Helen Fein의 제노사이드 정의도 포괄성과 엄밀성이라는 두 가지 요건을 충족시키는 데 어느 정도 성공한 것으로 보인다. 그녀는 "직접적 또는 간접적으로 한 집단을 물리적으로 파괴하기 위해 가해자가 기도하는 지속적이고 목적 의식적인 행위"를 제노사이드로 규정하면서, 제노사이드는 "집단 구성원들의 생물학적·사회적 재생산에 대한 금령을 통해 이루어지며, 희생자가 위협을 가할 능력을 결여하고 있거나 항복을 해도 이에 상관없이 지속된다"고 밝혔다.[57]

2. 이 책에서의 제노사이드 정의

1948년에 체결된 유엔의 제노사이드 협약에서부터 2000년에 작성된 국제형사재판소 준비 위원회 보고서[58]에 이르기까지, 제노사이드 범죄의 구성 요소에 관해서는 특별한 이견이 존재하지 않는다. 대다수의 학자들은 특정 집단의 구성원들을 상

---

56) Israel W. Charny, "Toward a Generic Definition of Genocide", (ed.) George Andreopolous, *Genocide : Conceptual and Historical Dimensions*(Philadelphia : Univ. of Pennsylvania Press, 1994), 64~94쪽.

57) Helen Fein, "Genocide : A Sociological Perspective", *Current Sociology*(1990년 봄), 24쪽.

58) *Report of the Preparatory Commission for the International Criminal Court*(2000년 7월 6일).

대로 살해, 고문·강탈·성폭력과 같이 심각한 육체적·정신적 손상을 초래하는 행위, 식료품 및 의료 서비스의 박탈과 강제적 소개 같은 비인간적 생활 조건의 부과, 출생을 막기 위한 조치, 어린이들의 강제 이송, 물리적 폭력, 폭력의 위협과 강압 같은 현상이 중첩적이고 포괄적으로 이루어질 때 제노사이드로 판단하고 있다.

그러나 구체적인 사례를 놓고 그것이 단순한 집단 학살인가 아니면 제노사이드인가를 판정해야 하는 상황에서는 이견이 속출한다. 단순한 집단 학살과 제노사이드 사이에는 어슴푸레한 지대가 워낙 넓게 존재하기 때문이다. 그래서 '제노사이드성 집단 학살'과 '집단 학살성 제노사이드'라는 하위 개념까지 등장하고 있다. 이와 같은 어려움에도 불구하고 그동안 축적되어온 논의와 비교 연구의 성과에 의지할 때, 우리는 원칙적인 선에서 제노사이드를 국가나 그에 준하는 권력체의 대리인들이 국민, 민족, 인종, 종교의 차이나 정치적·사회적 이해 관계, 또는 경제적 이해 관계나 성, 건강, 지역상의 차이를 이유로 특정 집단을 절멸하려는 의도에서 그 구성원 가운데 상당 부분 이상을 계획적·조직적으로 파괴하는 행위라고 정의할 수 있다.

제 2 부

전쟁 범죄,
반인도 범죄,
제노사이드 범죄

1999년 5월 24일, 세르비아의 대통령 밀로셰비치Slobodan Milo-šević가 코소보에서 벌어진 '인종 청소'에 대한 책임 때문에 구 유고슬라비아 국제형사법정에 전격 기소되었다. 그가 받은 혐의는 제노사이드 범죄와 관련된 것이 아니라 반인도 범죄 및 전쟁 범죄와 관련된 것이었다. 전 세계는 한 나라의 국가 원수가 전쟁 기간 동안 국제법을 위반했다는 이유로 기소된 사실에 놀랐지만(그것은 역사상 처음 있는 일이었다), 상당수의 법률가들과 제노사이드 전문가들은 큰 불만을 터뜨렸다. 왜냐하면 그들은 밀로셰비치가 저지른 범죄야말로 제노사이드 범죄라고 확신했기 때문이었다.

그렇다면 유엔 측 대표 검사였던 아버Louise Arbour는 왜 밀로셰비치를 제노사이드 범죄 혐의로 기소하지 않은 것일까? 못한 것일까? 안 한 것일까? 그런데 정작 중요한 것은 그로부터 얼마 지나지 않아 검사 측이 밀로셰비치의 기소 범위를 제노사이드 범죄로까지 확대했다는 사실이다. 이것은 또 무슨 일인가? 정치적 상황이 변해서였을까? 아니면 그사이에 밀로셰비치가 제노사이드 범죄를 새로 저질렀기 때문일까? 그것도 아니라면 제노사이드 범죄를 입증할 증거가 새로 발견되었기 때문일까?

밀로셰비치를 제노사이드 범죄 혐의로 기소하려는 움직임은 처음부터 없지 않았다. 서방 연합국은 코소보에서 일어난 사건들에 관한 여러 증언과 보고서를 축적하는 과정에서 밀로셰비치가 제노사이드 협약을 위반했다고 판단했고, 이를 입증하는 데 필요한 방대한 자료를 수집하는 데 착수했다. 그럼에도 불구하고 연합국은 그를 제노사이드 혐의로 기소하지는 못했다. 연합국은 밀로셰비치 5인방(밀로셰비치 및 세르비아 대통령, 유고슬라비아 총리서리, 유고슬라비아 총사령관, 세르비아 내무장관)을 코소보에서 일어난 박해, 강제 이송, 학살 명령·계획·고무·실행·원조·조장의 책임을 물어 단지 반인도 범죄와 전쟁 범죄로만 기소했다.

이런 일이 왜 일어났을까? 여러 가지 설명이 있을 수 있지만, 반인도 범죄와 전쟁 범죄로 기소하는 것만으로도 밀로셰비치가 저지른 행위의 대부분을 처벌할 수 있었다는 것이 한 가지 이유가 될 수 있다. 사실, 전쟁 범죄, 반인도 범죄, 제노사이드 범죄는 결코 배타적인 개념이 아니다.[1] 그러나 그 후에 검사 측이 밀로셰비치를 제노사이드 범죄 혐의로 추가 기소했다는 사실은 앞의 두 범죄와는 구분되는 어떤 내용이 제노사이드 범죄에 담겨 있다는 것을 확인

---

1) Leo Kuper, "Genocide and the Technological Tiger", *Internet on the Holocaust and Genocide* 32(1992), 1쪽.

범죄자가 되어 구 유고슬라비아 국제형사법정에 출두한 밀로셰비치. ⓒ 연합뉴스

해준다. 그러므로 우리는 이 세 가지 범죄가 어디까지 중첩되고, 어디서부터 독자적인 내용을 담고 있는지를 확인해봐야 하겠다.

제 1 장

뉘른베르크 국제군사법정 헌장

앞에서 등장한 세 가지 범죄 개념 가운데 가장 뿌리가 깊은 것은 전쟁 범죄다.[2] 전쟁 범죄에 대한 인식의 출발점이 전투원과 비전투원의 엄격한 구분에 있는 만큼, 전쟁 범죄를 국제법적인 문제로 삼은 것은 이미 수세기 전부터였다. 그에 비해 반인도 범죄 개념이 등장한 것은 그리 오래된 일이 아니다. 반인도 범죄 개념은 1차 대전이 한창이던 1915년 5월, 서방 연합국들이 터키의 아르메니아인 학살에 대해 경고하는 선언을 발표하는 자리에서 처음 등장했다. 그러나 국제법에서 전쟁 범죄와 반인도 범죄의 지위는 아직 확고한 상태가 아니었다. 이 두 개념이 명백하게 정의되고 법적인 구속력을 확보한 것은 1945년 8월 8일에 미국, 소련, 영국, 프랑스 사이에 체결된 런던 협정을 통해서였다. 런던 협정에 따라 나치 지도자들

---

2) 전쟁 범죄에 관한 국제법상의 논의에 대해서는 Manfred Lachs, *War Crimes. An Attempt to Define the Issues*(London : Stevens, 1945), 5~8쪽을 참조하라.

뉘른베르크에서 열린 주요 전범재판에 출석한 나치 체제의 핵심 인사들

을 사법 처리하기 위해 국제군사법정International Military Tribunal (IMT)이 설립되었다. 이 법정의 정신을 담고 있는 '국제군사법정 헌장Charter of the IMT'은 "평화에 반하는 범죄", "전쟁 범죄", "인도에 반하는 범죄"라는 세 가지 범죄를 심리 대상으로 삼고, 각 범죄의 내용을 명확하게 정의했다. 반평화 범죄는 침략적 성격의 전쟁이나 국제 조약을 침해하는 전쟁을 시작하고 수행하는 경우에 해당된다. 전쟁 범죄는 전쟁법이나 관습에 위반되는 행위들을 포

함한다. 반인도 범죄는 전쟁과 관련된 이전의 국제법이 포괄하지 못하는 행위를 담기 위해 새로 고안된 장치였다.[3] 전쟁과 집단 학살에 직접적으로 기여한 민간인들이 바로 반인도 범죄와 관련 있다. 뉘른베르크 국제군사법정에는 군 관계 인사들뿐만 아니라 당과 내각, 그리고 점령 지역 행정 기구의 책임자들도 기소되었다.[4]

국제군사법정 헌장에 담겨 있는 국제법의 원리는 1945년 이후 국제 사회에서 광범위한 동의를 얻었다. 그 결과 유엔 총회는 1946년 12월 11일, 헌장에 의해 인정된 국제법 원리들이 타당하다는 사실을 만장일치로 확인했다. 또한 뉘른베르크 국제군사법정이 범행을 저지르는 주체는 추상적 실체가 아니라 개인이라는 점을 지적하면서 국가가 아닌 개인도 처벌 대상이 된다는 것을 명확하게 밝힌 것 역시 많은 사람들의 공감을 얻었다.[5] 뉘른베르크 헌장과 그 구성 원리는 1946년 5월 3일에 시작된 도쿄 국제군사법정에도 그대로 반영되었다. 이 원리들은 1993년에 설립된 구 유고슬라비아 국제형사법정을 비롯한 국제 법정의 본보기로 존중되면서, 오늘날 관습적 국제법의 구성 요소로 받아들여지고 있다.[6]

그럼에도 불구하고 뉘른베르크 국제군사법정은 전쟁 기간 동안

---

3) Eric Markusen, "Genocide and Warfare", (ed.) Charles B. Strozier · Michael Flynn, *Genocide, War, and Human Survival*(London : Rowman & Littlefield Publishers, 1996), 82쪽.

4) Raul Hilberg, *Die Vernichtung der europäischen Juden*, Vol. 3(Frankfurt a. M. : Fischer Verlag, 1999), 1,138쪽.

5) Herbert Hirsch, "Nuremberg Tribunals and Other Post-World War II Trials", *Encyclopedia of Genocide*, Vol. 2(Santa Barbara : ABC-Clio, 1999), 553~554쪽.

6) Michael J. Mazyler, "The Nuremberg Charter", *Encyclopedia of Genocide*,

나치 독일이 저지른 주요 범죄를 모두 처벌하지는 못하는 중대한
문제점을 드러냈다. 예를 들어 민간인들을 인질로 잡은 행위와 민
간인들에게 보복한 행위는 반인도 범죄 항목만으로 처벌하기가 어
려웠다. 따라서 국제 사회는 국제군사법정이 다루었던 것보다 한
단계 높은 범주의 범죄 개념을 필요로 했으며, 그 결과 유엔의 틀
안에서 만들어진 것이 바로 1948년의 제노사이드 협약이다.[7]

Vol. 2, 549쪽.
  7) Eric Markusen, "Genocide and Warfare", 82쪽.

제 2 장

전쟁 범죄

    뉘른베르크 헌장과 법정의 판결을 통해 확인된 국제법 원리들은 1950년 6월에서 7월 사이에 국제법 위원회에 의해 보다 구체적으로 정의되었다. 이 정의에 따르면, 전쟁 범죄란 "점령 지역의 민간인들 또는 점령 지역 내의 민간인들을 살해하거나 학대하거나 노예 노동 또는 다른 목적을 위해 강제 이송하는 것, 전쟁 포로나 선원들을 살해하거나 학대하는 것, 인질을 살해하는 것, 공공의 재산이나 사유 재산을 탈취하는 것, 크고 작은 도시와 농촌들을 무자비하게 파괴하는 것, 또는 군사적 필요성으로 정당화될 수 없는 유린 행위를 포함하지만 그렇다고 해서 꼭 그것에만 국한되지는 않는, 전쟁법과 관습을 침해하는 행위"를 의미한다.

    이러한 정의로도 논란을 피할 수 없는 행위들을 포함하면서 전쟁 범죄의 개념을 더욱 명확하게 하기 위해, 1998년과 1999년에 마련된 '국제형사재판소에 관한 로마 규약Rome Statute of the International Criminal Court'은 전쟁 범죄에 포함될 수 있는 행위를 더욱더 상세하게 규정했다. 이 규약에 따르면, 전쟁 범죄에는 우선 1949년 8월 12일에 체결된 제네바 협약을 위반하는 모든 사항들이 포함된다. 의도적 살인, 고문이나 생물학적 실험을 포함한 비인간적 처우, 의도적으로 큰 고통을 가하는 행위, 신체나 건강에 대한 심각한 위해, 군사적 필요성과 관계없이 불법적으로 행하는 재산의 전면적 파괴나 강탈, 전쟁 포로나 구금된 사람을 그들의 적대 세력의 군에 복무하게 하거나 그들에게서 공정한 재판 기회를 박탈하는 행위, 불법적인 강제 이송이나 구금, 인질을 잡는 행위가 바로 그것이다.

다음으로는 국제법상의 전쟁법과 관습을 침해하는 행위가 전쟁 범죄에 포함된다. 의도적·직접적으로 민간인을 공격하는 것, 유엔 헌장에 따라 인도주의적 업무나 평화 유지 활동에 임하는 사람과 수송 수단을 공격하는 것, 비군사적 목표를 폭격하는 것, 항복하기 위해 무기를 내려놓은 전투원이나 방어 수단이 없는 전투원을 공격하는 것, 위장을 목적으로 휴전을 표시하는 깃발을 사용하거나 적군 및 유엔군 복장을 착용하는 것, 민간인을 강제로 이송하는 것, 문화적 목적으로 사용되는 건물이나 역사 유적이나 병원 등의 장소를 공격하는 것, 사람을 불구로 만들거나 사람을 대상으로 의학 실험을 하는 것(독가스 사용도 이에 포함된다), 교전 상대국이 공격하려는 지점에 민간인을 인질로 배치하는 것, 민간인들이 굶어 죽도록 식량이나 구호품을 박탈하는 것, 15세 이하의 어린이를 전투에 투입하는 것 역시 명확한 전쟁 범죄에 속한다.

르완다 국제형사법정에 기소된 제노사이드 주범들의 현상 수배 포스터

주목할 만한 것은, 로마 규약이 반인도 범죄의 구성 요소에 포함되는 강간, 성노예, 강제 매춘, 강제 임신, 강제 단종 등을 전쟁 범죄에도 포함시키고 있다는 점이다. 이러한 것들 외에도 전쟁 범죄에 해당되는 여러 가지가 동시에 반인도 범죄로 해석될 수 있다. 이점을 확인하기 위해 이제 반인도 범죄의 내용을 확인해보자.

제 3 장

반인도 범죄

　뉘른베르크 국제군사법정 헌장 제6조 c항은 "가해를 받은 나라의 국내법 침해 여부에 관계없이 전쟁 전이나 전쟁 동안에 민간인들을 대상으로 자행된 살인, 절멸, 노예화, 강제 이송과 그 밖의 다른 비인도적 행위, 또는 본 법정의 재판 관할권 내에 있는 범죄(평화에 반하는 범죄와 전쟁 범죄를 의미)를 행한 것 또는 그 범죄와 연계되어 정치적 · 인종적 · 종교적 이유에서 가한 박해"는 반인도 범죄에 해당된다고 명시하고 있다.[8]

　여기서 우리가 확인할 수 있는 사실은 반인도 범죄가 매우 포괄적으로 규정되어 있다는 것이다. 민간인들을 대상으로 한 살인과 노예화, 강제 이송 행위는 반인도 범죄와 전쟁 범죄가 중첩되는 대표적인 지점이다. 그 때문에 뉘른베르크 법정에 기소된 나치스는

---

　8) Michael J. Mazyler, "Crimes against Humanity", *Encyclopedia of Genocide*, Vol. 1, 153~154쪽.

두 범죄 모두에 대해 유죄를 선고받았다. 이처럼 중첩 지대가 폭넓게 존재하기 때문에 일부 학자들은 "인도에 대한 전쟁 범죄" 같은 개념을 제안하기도 했다.[9]

이러한 문제점에도 불구하고 반인도 범죄는 2차 대전 이후 국제법뿐만 아니라 국내법에서도 범죄로서의 구속력을 계속 유지했다. 프랑스가 1987년에 '리옹의 사냥꾼'이라는 별명을 지닌 전직 나치 당원 바비Klaus Barbie를 기소하고 처벌할 때도 이 죄목을 활용했다. 1994년에 지난날 나치스에 부역했던 프랑스인 투비에Paul Touvier를 법정에 세운 것도 반인도 범죄 혐의였다. 미국과 캐나다도 마찬가지였다. 이 범죄에는 공소시효도 없었다. 관습적인 국제법과 더불어 1974년에 체결된 '반인도 범죄와 전쟁 범죄에 대한 공소시효 비적용에 관한 유럽 협약European Convention on the Non-Application of Statutory Limitations to Crimes against Humanity and War Crimes'에서도 반인도 범죄를 저지른 사람을 기소하는 데는 공소시효가 존재하지 않는다는 합의가 확고하게 이루어졌다. 반인도 범죄의 의미는 최근에 열린 구 유고슬라비아 국제형사법정에서 재확인되었다. 이 법정의 토대가 된 헌장 제5조는 뉘른베르크 헌장 제6조 c항과 동일하게 반인도 범죄를 정의했고, 이 정의에 따라 법정에는 '인종 청소' 과정에서 민간인들에 대한 살인과 강간에 참여했던 보스니아의 세르비아계 장교들과 하급 군인들이 기소되었다. 이를 계기로 반인도 범죄에 관한 특별 협약을

---

9) Michael J. Mazyler, "Crimes against Humanity", 154쪽.

체결해야 한다는 주장과 반인도 범죄 재판을 위한 상설 국제 법정에 대한 요구도 더 강하게 제기되었다.

이와 같은 흐름이 반영되어 결실을 맺은 로마 규약은 반인도 범죄에 관한 항목에서 이에 해당되는 행위를 자세하게 명시했다. 여기에는 가해자가 의식적으로 민간인에 대해 전면적·체계적 공격을 가하는 과정에서 발생한 살인, 절멸(음식과 의약품을 차단함으로써 집단 학살을 도모함을 의미), 노예화, 강제 이송이나 강제 이주가 포함된다. 이 내용들은 앞에서 말했던 것처럼 전쟁 범죄의 내용과 중복된다. 로마 규약의 의미는 초보적 규정을 넘어서서 '민간인을 대상으로 자행되는 비인간적 행위'에 관해 자세한 예증을 하고 있다는 데 있다. 여기서 비인간적 행위란 구금이나 고문과 같은 심각한 수준의 물리적 자유의 박탈, 강간·성노예·강제 매춘·강제 임신·강제 단종과 같은 무거운 수준의 성폭력, 정치·인종·국민·민족·문화·종교·성별 집단에 대한 박해, 강제적으로 발생한 실종, 인종 격리 정책(아파르트헤이트) 등을 말한다.

위에 열거된 행위 가운데 제노사이드 범죄와의 중요한 공통분모로 부각되는 것은 인종·국민·민족·종교 집단에 대한 박해와 민간인에 대한 살인, 절멸, 강제 이송, 그리고 강제 단종이다. 특히 민간인에 대한 살인, 절멸, 강제 이송은 제노사이드 범죄와 반인도 범죄뿐만 아니라 전쟁 범죄와도 겹치는 내용이다. 이렇게 중복되는 부분이 많음에도 1948년에 유엔에서 제노사이드 협약이 따로 만들어진 이유는 무엇이며, 지금 우리가 제노사이드 범죄를 따로 이야기할 때 얻을 수 있는 이점은 무엇일까?

제 4 장

제노사이드 범죄

전쟁 범죄와 반인도 범죄 개념이 뉘른베르크 헌장 이후 계속해서 보완되고 구체화된 것과 달리, 제노사이드 범죄는 적어도 유엔과 관련된 공식적 차원의 논의에서는 개념의 수정이나 보충이 이루어지지 않았다. 국제 학계에서나 비정부 기구들 사이에서 제노사이드 협약의 개정 필요성과 개정 방향에 관한 논의가 꾸준하게 있어 왔지만, 아직 유엔 틀 내에서는 특별한 변화의 조짐이 보이지 않고 있다. 앞 장에서 이미 살펴본 것처럼, 학계와 시민 단체의 논의에서도 제노사이드 범죄에 해당하는 행위의 종류는 쟁점으로 부각되지 않았다. 이는 제노사이드 범죄를 전쟁 범죄 및 반인도 범죄와 구분해야 하는 주된 이유가 그것이 포괄하는 내용에 있지 않다는 사실을 확인해준다.

1998/1999년의 로마 규약은 관할 범죄를 규정하는 가운데 반인도 범죄(제7조)와 전쟁 범죄(제8조)에 관해서는 매우 자세하게 부

연 설명을 하고 있지만, 제노사이드 범죄(제6조)에 관해서는 다음과 같이 1948년에 만들어진 제노사이드 협약 제2조의 내용을 그대로 옮겨놓고 있을 뿐이다.

① 집단 구성원을 살해하는 것
② 집단 구성원에 대해 중대한 육체적 · 정신적 위해를 가하는 것
③ 전부 또는 부분적으로 육체적 파괴를 초래할 목적으로 의도된 생활 조건을 집단에게 고의로 부과하는 것
④ 집단 내의 출생을 방지하기 위해 의도된 조치를 부과하는 것
⑤ 집단의 아동을 강제적으로 타 집단에 이동시키는 것

여기에 제시된 살인, 육체적 · 정신적 위해, 절멸, 강제 단종, 강제 이송 같은 범죄 항목 자체만으로는 제노사이드 범죄의 특징이 선명하게 나타나지 않는다. 굳이 다른 범죄와의 차이를 말하자면, 제노사이드 범죄에서는 강제 이송 일반이 아니라 아동의 강제 이송이라고 되어 있다는 것 정도다. 이 항목은 나치스가 폴란드 어린이들을 독일로 데려가 독일식 교육을 통해 독일인의 정체성을 지닌 '독일 어린이'로 개조하려고 했던 역사적 사실이 반영된 것이다. 그러나 이 조항도 그 자체만으로는 제노사이드 범죄의 특수성을 명백하게 드러내주지 않는다.

제노사이드 범죄의 특성은 집단에 대한 범죄라는 것이다. 좀더 정확하게 말하자면, 제노사이드 범죄는 국가와 같은 막강한 물리력을 지닌 조직과 그 대리인이 자신이 공존하기 원하지 않는 집단

을 체계적이고 조직적인 방식으로 말살하기 위해 저지르는 20세기형 범죄다. 렘킨이 기존의 모든 개념들을 포기하고 제노사이드라는 신조어를 만들어내고 제노사이드 협약을 구상한 이유가 바로 여기에 있다.

이 사실은 유엔 안전보장이사회의 결의에 따라 세워진 구 유고슬라비아와 르완다 국제형사법정의 관할 범위 규정을 통해 잘 드러난다. 양 법정은 제네바 협약의 침해, 전쟁 범죄, 제노사이드 범죄, 반인도 범죄에 관해 재판하겠다는 계획을 밝히면서, '인종 청소' 라는 세목을 제노사이드 범죄 항목이 아니라 반인도 범죄 항목에 포함시켰다.[10] '인종 청소' 는 말 그대로 같은 지역에 살고 있는 인종적 소수 집단을 절멸시키는 것이 아니라, 그 집단을 다른 곳으로 내모는 것을 뜻한다. 이 과정에서 살인이나 강간, 각종 인권 유린과 재산 침탈이 발생하기는 하지만, 이런 일들이 그 집단의 존망까지 좌우하지는 못한다. 보스니아와 코소보에서 일어난, 인종 청소로 통칭되는 사건들은 그 가해자들을 국제 법정에 세우기에 충분한 증거가 될 수 있었다. 그만큼 반인도 범죄는 기소하기도 수월하고 공소를 유지하기도 유리하다. 그러나 다수의 학자들은 인종 청소라는 말이 초래할 수 있는 부정적 결과에 대해 진작부터 우려를 표해왔다. 왜냐하면 구 유고슬라비아 지역에서 자행된 모든 범죄는 인종 청소라는 표현을 가지고는 충분하게 설명할 수 없는, 훨씬 더 무거운 죄질을 갖고 있기 때문이다. 구 유고슬라비아 법정에서 가

---

10) Michael J. Mazyler, "United Nations War Crimes Tribunal for the Former Yugoslavia and Rwanda", *Encyclopedia of Genocide*, Vol. 2, 556쪽.

장 큰 쟁점이 밀로셰비치와 핵심 측근들을 반인도 범죄로만 처벌하느냐, 아니면 반인도 범죄와 제노사이드 범죄로 처벌하느냐에 있었다는 것을 우리는 기억해야 한다.

　이를 통해서 우리가 확인할 수 있는 것은, 제노사이드 범죄에서 중요한 것은 특정 소수 집단을 절멸하려는 국가나 그에 준하는 권력체 대표자들의 의도가 확고하게 존재했고, 그 의도가 잘 짜인 계획에 따라, 군·경찰과 그 밖의 관료 기구들 사이의 유기적 협조가 이루어지는 가운데, 그 소수 집단 전체 혹은 상당한 부분 이상의 파괴를 가져왔는지 여부에 있다는 점이다. 피해자의 집단 대표성, 의

르완다 국제형사법정

도의 근본성, 계획의 철저성, 범죄 참여자의 포괄성, 결과의 심각성
이야말로 제노사이드 범죄를 반인도 범죄는 물론 전쟁 범죄와도
구분해주는 결정적인 지표들이라고 하겠다.

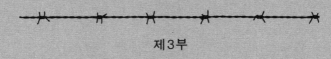

제3부

세계사의
제노사이드

지난 한 세기 동안 전 세계에서 일어난 집단 학살의 희생자는 적게는 6,000만 명[1]에서 많게는 1억 7,000만 명이 넘는 것으로 추산된다.[2] 20세기 이전에 일어난 집단 학살의 희생자까지 합하면 그 수는 훨씬 많아질 것이다. 제노사이드로 일컬을 수 있는 집단 학살만 해도 희생자 수를 다 파악하기가 어렵다. 여기서는 세계의 역사에서 일어났던 수많은 제노사이드 가운데 열세 건의 사례를 선택해 다섯 개 유형[3]으로 나누고, 각 사례의 전개 과정과 결과, 동기와

---

　1) Roger Smith, "Human Destructiveness and Politics : The Twentieth Century as an Age of Genocide", (eds.) Isidor Wallimann · Michael N. Dobkowski, *Genocide and the Modern Age : Etiology and Case Studies of Mass Death*, 21쪽.

　2) Rudolf J. Rummel, "Power kills, absolute Power kills absolutely", (ed.) Israel W. Charny, *Encyclopedia of Genocide*, Vol. 1, 25쪽. 러멜은 1900년부터 1987년까지 전쟁이 아닌 상황에서 살해된 민간인이 모두 1억 6,920만 2,000명이라고 추산했다. 그러므로 그 이후의 13년의 시간을 감안하면 희생자 수는 이보다 훨씬 더 늘어나게 된다.

특징을 파악해보고자 한다. 열세 건의 제노사이드를 선별하는 데에는 발생 시기와 지역, 국내외의 정치 상황과 조건, 희생자 집단의 특성을 종합적으로 고려했다. 각 사례들을 살펴볼 때는 '언제, 어디서, 누가, 누구를, 왜, 어떻게, 얼마만큼 죽였는가?'라는 물음을 관찰의 축으로 삼았다.

---

3) 엄밀하게 말하면 모두 여섯 개의 유형이다. 5장에서 다룬 다섯 번째 유형 속에 '식민지 지배 기간 동안 일어난 제노사이드'와 '탈식민화 과정에서 일어난 제노사이드'가 함께 포함돼 있기 때문이다.

제 1 장

프런티어 제노사이드

'프런티어 제노사이드frontier genocide' 란 유럽인들이 아시아와 아프리카, 그리고 아메리카 대륙에서 식민지를 개척하는 중에 발생한 제노사이드를 일컫는다.[4] 그렇지만 식민지에서 일어난 모든 제노사이드를 프런티어 제노사이드라고 부르지는 않는다. 식민지 모국이 식민지를 산업 발전에 필요한 원료를 공급해주는 곳, 상품을 소비해주는 곳, 자본을 투자하기에 적합한 곳으로 판단한 경우에는 전형적인 의미의 제노사이드가 거의 발생하지 않았다. 그럼에도 불구하고 원료 공급지, 상품 시장, 자본 투자처의 기능을 담당하던 식민지에서 제노사이드가 일어났다면, 그것이 대부분 정치적 저항과 군사적 봉기를 진압하는 과정에서 발생했다고 보면 된다.

---

4) Benjamin Madley, "Patterns of Frontier Genocide 1803~1910 : the Aboriginal Tasmanians, the Yuki of California, and the Herero of Namibia", *Journal of Genocide Research* 6-2(2004), 167쪽.

그러나 식민지 모국이 식민지에 대해 기대하는 바가 백인 이주민들의 정착에 필요한 토지뿐인 경우에는 사정이 크게 달랐다. 시장지향적인 목축과 농경에 필요한 광활한 대지 외에는 식민지에 기대하는 것이 전혀 없을 경우에, 백인들은 자신들이 정착하려는 지역에 거주하고 있던 원주민들을 대대적으로 학살하는 길을 택했다. 백인들에게 이들 원주민은 짜증나는 경쟁자요 불편한 장애물일 뿐이기 때문이었다. 바로 이런 조건 속에서 체계적으로 자행된 집단 학살을 '프런티어 제노사이드'라고 부른다. 프런티어 제노사이드는 영토의 침탈을 주목적으로 삼았다는 점에서 "개척지의 제노사이드antipodean genocide"[5]라고도 불린다.

전형적인 프런티어 제노사이드는 오스트레일리아, 북아메리카, 아프리카에서 주로 일어났다. 그 가운데서 대표적인 사례가 오스트레일리아 태즈메이니아의 원주민, 북아메리카 대륙 캘리포니아 지역의 유키 인디언 부족, 아프리카 나미비아의 헤레로 부족을 상대로 한 절멸이다. 가해자는 각각 영국인, 미국인, 독일인이었다 (여기서는 태즈메이니아 원주민과 유키 부족의 사례만을 살펴볼 것이다).

영토 침탈 과정에서 일어난 프런티어 제노사이드는 대개 3단계로 진행되었다.

첫 번째 단계는 유럽 출신의 식민지 개척자들의 침입과 더불어

---

5) A. Dirk Moses, "An Antipodean Genocide? The Origins of the Genocidal Moment in the Colonization of Australia", *Journal of Genocide Research* 2-1(2000), 89쪽.

시작되었다. 초기의 탐험 과정이 끝나고 개척자들의 본격적인 정착이 이루어지면서, 제한된 자연 자원들을 놓고 백인 정착민과 원주민 사이에 지속되던 갈등은 충돌로 바뀌어갔다. 두 집단이 공존할 수 있는 가능성은 충분했지만, 백인 정착민은 원주민을 동등한 상대로 여기지 않았기 때문에 그들의 권리를 전혀 인정하지 않았다. 여기에는 백인들의 문화적 편견과 인종주의가 결정적인 작용을 했다.

두 번째 단계는 생산 기술이나 무기 면에서 백인들을 도저히 당해낼 수 없었던 원주민들이 그럼에도 불구하고 저항에 나서면서 시작되었다. 생활 터전에 대한 근본적인 위협과 인내할 수 없을 정도의 모욕적인 대우만 아니었다면 원주민들의 저항은 결코 일어나지 않았을 것이다. 저항은 처음에는 백인 정착민 소유 재산에 대한 공격으로 시작되어, 점차 고립된 지역에 분산되어 살고 있던 백인 정착민들에 대한 습격으로 확대되었다. 원주민들의 공격은 당연히 백인 정착민들로부터 엄청난 보복 행동을 불러일으켰다. 정착민들의 배후에는 백인들의 식민지 정부가 있었다. 식민지 정부는 처음에는 유럽에서와 같이 정규적인 군사 작전을 통해 원주민들을 진압하려 했지만, 여러 차례의 실패를 통해 주변 지리에 밝은 원주민들을 효과적으로 제압하기가 어렵다는 사실을 깨닫게 되었다. 그 결과 식민지 정부는 불안과 공포에 시달리던 백인 정착민들의 강력한 요구를 받아들여, 원주민들과 백인들이 물리적으로 충돌할 소지를 근본적으로 없애기 위해 원주민 절멸 작전에 나서게 되었다.

마지막 단계에서는 백인 식민지 정부가 대대적인 절멸 작전에서 살아남은 소수의 원주민들을 '보호 구역'이라고 명명된 수용소로 강제 이주시켰다. 그러나 이름과는 다르게, 이 구역에 수용된 원주민들은 인간에게는 물론 자연에게도 보호받지 못했다. 원주민들의 원래 거주지보다 환경이 훨씬 더 열악한 곳에 보호 구역을 마련한 식민지 정부는 처음부터 그들에게 필요한 주택과 의복을 충분하게 공급하지 않았고, 식량과 의료 서비스도 필요한 만큼 제공하지 않았다. 과로와 백인 정착민들의 상습적 폭력도 원주민들을 끊임없이 괴롭혔다. 그 결과, 쇠약해질 대로 쇠약해진 원주민들 사이에서 사망자가 급속하게 늘어났다. 식민지 정부는 이들의 죽음이 자연사라고 주장했지만, 그것은 어디까지나 자연사를 가장한 살인일 뿐이었다. 보호 구역에서 일어난 원주민들의 집단적 죽음은 백인 식민지 정부의 제노사이드 정책에 따른 간접 학살이었다.[6]

1. 북아메리카 대륙의 인디언 학살(17~19세기)

　　"누워서 골짜기를 내려다보고 있는데, 많은 여인들이 울면서 위로 올라오고 있었다. 이 여인들과 소녀들, 그리고 어린 여자 아이들이 올라오고 있는 모습이 보였고, 계곡 양쪽에서 이들이 모두 죽을 때까지 사격하는 군인들이 보였다." 홀로코스트 생존자들의 증언이냐고? 그렇다. 그

---

6) Benjamin Madley, "Patterns of Frontier Genocide 1803~1910 : the Aboriginal Tasmanians, the Yuki of California, and the Herero of Namibia", 167~168쪽.

아메리카 인디언과 백인의 만남. 이들의 만남은 백인들의 영토욕 때문에 곧 충돌과 학살로
바뀌어갔다.

러나 이것은 (유대인들의 홀로코스트가 아닌) 또 다른 홀로코스트에 관
한 보고다. 이것은 미국의 군대가 부상당한 수족 인디언들에게 저지른
학살에 관한 증언이다.[7]

---

7) David Stannard, "I Saw a Lot of Women Crying", *Encyclopedia of Genocide*,
Vol. 2, 436쪽.

콜럼버스가 아메리카 대륙을 발견한 지 채 몇십 년도 지나지 않아서 카리브 해 일대의 인디언들이 절멸되기 시작했다. 유럽인들의 탐사가 본격적으로 이루어지면서 파괴의 물결은 북아메리카 대륙 전체를 휩쓸었다. 많은 사람들은 신세계의 발견을 이야기하고, 그곳에 살고 있던 원주민들의 '문명화'에 관해 말하지만, 유럽의 탐험가들과 식민지 개척자들이 아메리카 대륙에 가지고 온 문명의 보따리 속에는 절대로 넣어 오지 말았어야 할 구세계의 유산들이 가득 담겨 있었다. 인간에 대한 편견과 증오, 악마와 같은 잔인함, 왜곡된 인간성, 살인의 쾌락이 바로 그것이었다. 유럽 출신의 개척민들이 탐사와 정착이라는 이름으로 행한 많은 일들은 훗날 유럽 대륙의 한복판에서 일어난 '최종 해결Endlösung'의 선구적인 모델이었다.[8]

(1) 잊힌 홀로코스트, 또 다른 홀로코스트

1992년, 전 세계인들의 관심 속에 신대륙 발견 500주년 기념 행사가 미국 각지에서 성대하게 치러지고 있을 때, 그곳에는 전혀 기뻐할 이유를 찾을 수 없는 소수의 사람들이 섞여 있었다. 그들은 바로 인디언의 후예들이었다. 행사를 알리는 축포에 침묵해야만 했던 그들의 울분은 바로 그 다음 해에 미국의 수도 워싱턴 한복판에 유럽 유대인의 학살을 추념하는 홀로코스트 기념관The U. S. Holocaust Memorial Museum이 완공되었을 때 마침내 폭발하고야 말았

---

8) Simon Wiesenthal, "Genocide of the Indians", *Encyclopedia of Genocide*, Vol. 2, 435쪽.

다. 미국 땅이 아닌 곳에서 미국인도 아닌 사람들이 학살당한 사건을 기억하기 위해 막대한 국고를 투입하고, 대통령이 직접 나서서 미국 국민 모두에게 기억의 의무를 요구하는 것을, 선조들의 학살에 대한 집합 기억을 간직하고 있는 인디언들이 이해하는 것은 불가능했다. 대통령의 연설처럼 생명의 고귀함, 인권의 소중함, 인종주의의 해독을 널리 교육하는 것이 홀로코스트 기념관 건립의 목적이었다면, 왜 미국의 백인들은 미국 땅에서 일어났던 토착 미국인들의 비극을 이야기하지 않고 대서양 건너 유럽의 역사를 이야기하는가?

스태너드David Stannard를 비롯한 여러 학자들이 북아메리카 인디언의 죽음을 연구한 것은 바로 이런 현실적 배경과 문제 의식에서 비롯되었다. 이들은 지난 수백 년 동안 백인들이 미국 땅에서 인디언에게 저지른 만행을 '잊힌 홀로코스트', 혹은 '또 다른 홀로코스트'라고 불렀다. 이와 관련해 많은 유대인 학자들은 이들이 유대인만의 비극인 홀로코스트를 도둑질하고 있다고 비난했지만,[9] 문제의 본질은 홀로코스트라는 명칭 자체에 있지 않았다. 인디언 문제 연구자들이 이렇게 도발적인 방식으로 문제를 제기하지 않을 수 없었던 것은, 그만큼 미국에서 인디언 절멸에 관한 기억이 사회적으로 강력하게 억압되어왔기 때문이었다. 인디언 인권 운동 전문가들은 오늘날 미국인들이 유럽 유대인의 죽음에 대해 보이는

---

9) Gabriel D. Rosenfeld, "The Politics of Uniqueness : Reflections on the Recent Polemical Turn in Holocaust and Genocide Scholarship", *Holocaust and Genocide Studies* 13-1(1999), 46쪽.

아메리카 인디언의 생활 모습. 1890년경에 찍은 쇼쇼네 부족의 촌락

지나친 관심의 배후에는, 도덕적 채무 의식을 가질 필요가 전혀 없
는 타자의 경험(유대인의 홀로코스트)을 가지고 들추어내기 부담
스러운 자신들의 경험을 덮어버리려는 계산이 자리 잡고 있다고
비난한다. 사실, 이런 비난은 전적으로 옳다. 그렇지만 백인들이
홀로코스트를 지나치게 부각시키는 동기가 도덕적인 데만 있는 것
은 아니다. 오히려 경제적인 동기 때문에 인디언 학살의 과거를 더
욱 외면하고 있는 것인지도 모른다. 지금도 인디언의 후예들이 정
부를 상대로 진행하고 있는 여러 건의 대규모 토지 소송들이 보여

주는 것처럼, 미국인들에게 인디언 문제는 과거사인 동시에 현재의 문제이기도 하기 때문이다.

  인디언 절멸을 연구하는 학자들의 도발적인 문제 제기에 대해 가장 민감하게 반응하고 있는 사람들은 유대인들, 혹은 유대인의 입장에서 홀로코스트를 연구하는 학자들이다. 이 두 진영(비록 인디언 문제를 연구하는 학자들은 하나의 진영으로 불리기에는 그 수가 너무 적지만)은 기억의 사회적 인정을 둘러싸고 치열한 논쟁을 전개해왔다. 홀로코스트 기념관의 관장으로서 이 논쟁에 적극적으로 가담한 카츠Steven T. Katz는 방대한 분량의 연구를 통해, 인디언의 불행을 유대인의 고난에 비견하는 것은 무리라고 역설했다. 그의 주장에 따르면, 인디언들의 집단적 죽음이 수적으로는 홀로코스트보다 대단해 보일지 모르지만, 그 죽음은 의도적인 인종 학살의 결과가 아니라 전염병의 결과였다는 것이 카츠의 핵심적인 논지다.[10] 그의 논리에 따르면, 인디언들은 살해된 것이 아니라 죽은 것이다. 그러므로 그의 주장 속에는 인디언의 비극이 홀로코스트와 비견될 수 없음은 물론이고(상당수의 유대인들은 홀로코스트를 제노사이드의 한 사례로 보는 것에 대해서도 불쾌해한다는 점을 생각해야 한다), 제노사이드의 구성 요건조차도 완전하게 충족시킬 수 없다는 암시가 담겨 있다.

  유대인 학자들의 이러한 공세에 맞서 스태너드는, 홀로코스트가

---

10) Steven T. Katz, "Essay : Quantity and Interpretation—Issues in the Comparative Historical Analysis of the Holocaust", *Holocaust and Genocide Studies* 4-2(1989), 134~135쪽.

다른 집단 학살과 비교될 수 없는 유일무이한 사건이라고 주장하는 태도는 유대인들의 죽음을 마치 순교자의 죽음인 것처럼 신비화하는 가운데 다른 집단 구성원들의 죽음을 사소한 것으로 만들어버리기 때문에, 결과적으로 다른 제노사이드들의 의미를 부정하는 결과를 가져온다고 비판했다.[11] 그는 유대인들이 어느덧 사람들의 죽음을 '가치 있는 죽음'과 '무가치한 죽음'으로 양분하는 오만한 태도를 보이고 있다고 비난하면서,[12] 토착 미국인들이 겪어야 했던 학살의 무게와 의미를 규명하는 데 혼신의 힘을 기울였다. 죽은 사람의 숫자와 비율로만 본다면 아메리카 인디언의 학살, 즉 '미국인의 홀로코스트American Holocaust'가 유대인의 홀로코스트보다 더 극심했다고 그는 주장했다. 또한 그는, 숫자로는 5,000만 내지 1억 명, 비율로는 전체 인구의 90 내지 95퍼센트에 달하는 인디언이 지금의 미국 땅에서 자기 의사와 상관없이 죽음을 당했으며, 인디언 학살에 동원된 방법도 유대인 학살 때와 크게 다르지 않았다고 역설했다.

우리는 여기서 "한 집단의 구성원 전체에 대한 살해를 시도했지만 결국 실패한 사례(유대인 학살)와 가해자의 입장에서 볼 때 절멸의 이데올로기는 없었지만 궁극적으로 집단 전체를 절멸하는 데 성공한 사례(인디언 학살) 가운데 어느 것이 더 참혹한가?"[13]라는

---

11) David Stannard, "Uniqueness as Denial : The Politics of Genocide Scholarship", (ed.) Alan Rosenbaum, *Is the Holocaust Unique?*(Boulder : Westview Press, 1996), 167쪽.

12) David Stannard, *American Holocaust : Columbus and the Conquest of the New World*(New York : Oxford Univ. Press, 1992), 256쪽.

스태너드의 항변에 귀 기울일 필요가 있다. 어떤 집단이 겪은 비극을 그 후손들의 목소리의 크기에 따라서가 아니라 사건 자체의 크기와 무게에 따라서 파악하고 그 의미를 가늠하는 것이 공정한 태도라고 생각되기 때문이다.

(2) 식민지 시절의 '인종 전쟁'

1607년 영국의 식민지 개척자들이 정착을 위해 오늘날의 미국 버지니아 지역에 도착했을 때, 그곳에는 이미 많은 인디언이 살고 있었다. 그러나 개척자들은 그곳을 임자 있는 땅이라고 결코 생각하지 않았다. 그들의 눈에는 버지니아를 비롯한 북아메리카의 모든 땅이 비어 있는 땅vacuum domicilium으로만 보였다.[14] 영국인들이 정착한 지 채 100년도 되지 않아 버지니아의 포와타 부족 연맹Powhattan Confederation 인디언의 수는 3,000명 정도로 급격히 줄어들었다. 몇 차례 일어난 백인들과의 전쟁 때문이었다. 말이 전쟁이었지, 실제로는 일방적인 학살에 가까웠다. 캐롤라이나와 조지아 지역에 살고 있던 카토바 부족과 야마시 부족도 같은 운명에 처했다. 정도의 차이는 있었지만, 영국인들이 정착한 다른 지역의 부족들도 심각한 타격을 입기는 마찬가지였다. 영국인들은 가는 곳마다 '청소한 뒤에 정착하는clear and settle' 전략을 철저하게 구사했다.

---

13) David Stannard, "Uniqueness as Denial : The Politics of Genocide Scholarship", 185쪽.

14) David Stannard, *American Holocaust : Columbus and the Conquest of the New World*, 234~235쪽.

상업에 주력했던 프랑스인들은 영국인들과는 사뭇 다른 전략을 갖고 있었다. 그러나 결과는 크게 다르지 않았다. 1729년에 일어난 나체스 부족 학살과 그 다음 해에 일어난 폭스 부족 학살이 말해주는 것처럼, 프랑스인들도 몇 차례에 걸쳐 대대적인 학살을 감행했다. 프랑스인들은 특히 영국인들과의 경쟁심 때문에 대대적인 인디언 학살 원정을 시도했다. 1649년에 오대호 부근에 살고 있던 휴런 부족이 거의 절멸된 것도 이 과정에서 일어난 참사였다.

스페인인들의 식민지 개척 양식은 또 달랐다. 그들은 일차적으로 인디언을 기독교도로 개종시키는 데 관심을 두고 있었으며, 이 목적을 위해서는 방법을 가리지 않았다. 그러나 스페인 사람들이 의도한 개종은 지금 우리가 생각하는 개종과는 크게 달랐다. 개종을 통해 '기독교인'이 된 인디언들은 스페인 군대의 강압에 못 이겨 교회 주변에 모여 살면서 스페인 정착민들의 노예가 되었으며, 죽을 때까지 이들에게 노동력을 착취당했다. 1690년부터 1845년까지 북아메리카 대륙에 존속했던 이 '미션 체제mission system'는 특히 플로리다에서 캘리포니아에 이르는 남부 지역에 널리 확산되었다. 그 결과 이 지역의 인디언 인구는 같은 기간 동안 90퍼센트 이상 감소했다.

네덜란드인들도 짧은 원정 기간 동안에 지금의 뉴욕에 해당하는 지역에서 라리탄 부족을 비롯해 몇 개의 인디언 부족을 섬멸해버렸다. 이들은 인디언을 절멸하는 데 보조금 지급 제도bounty system라는 매우 효과적인 방법을 동원했다. 1641년 네덜란드 총독 키프트Willem Kieft가 도입한 이 제도는 부족이나 성별, 나이에 관계없이 인디언의 머리 가죽을 벗겨 오는 사람에게 일정한 돈을 지급하는 것으로서, 엄청난 인디언 살상을 불러왔다.

　네덜란드인들에게 자극받아 영국인들도 곧바로 보조금 제도를 도입했다. 그러나 영국인들은 이 제도를 그대로 받아들인 것이 아니라, 더욱더 '세련된' 방식으로 발전시켰다. 영국인들은 인디언 가운데서 성인 남성의 머리 가죽에 가장 많은 보조금을 걸었고, 성인 여성의 것에는 그보다 적은 돈을 걸었다. 놀라운 사실은 인디언 어린이들도 학살 대상에서 제외되지 않았다는 것이다. 12세 이하의 어린이를 살해해도, 성인을 죽인 것만큼은 안 되지만 어느 정도의 돈을 받을 수 있었다. 영국인들은 "서캐가 자라면 이가 된다"라는 표어를 내걸면서, 인디언 어린이들을 살해하는 데 주저하지 말라고 설득했다. 이러한 원칙이 오랫동안의 교육을 통해 사람들 마음속에 심성처럼 자리 잡았고, 지급되는 보조금 액수가 상당한 정도에 이르렀기 때문에, 1600년대 말에 와서는 직업적인 '인디언 사냥꾼'까지 다수 출현하게 되었다. 이와 더불어 공식적인 '유격부대'가 창설되어, 인디언을 살해하고 머리 가죽을 벗기는 데 동원되기도 했다.[15]

(3) 독립전쟁 이후의 제노사이드 : 물리적 절멸

　독립전쟁이 끝나고 영국 군대가 물러간 뒤에도 북아메리카에서는 인디언 학살이 끝나지 않았다. 미국인들은 식민지 시절에 영국

---

15) Ward Churchill, "Genocide of the Native Populations in the United States", *Encyclopedia of Genocide*, Vol. 2, 434~436쪽.

인들이 발전시켰던 보조금 지급 제도를 그대로 받아들여 모든 주에서 시행했다. 특히 텍사스에서는 살해해야 할 인디언이 단 한 명도 남지 않게 될 때까지 이 제도가 그대로 유지되었다. 캘리포니아에서는 보조금 지급 제도가 공식적으로 폐지된 뒤에도, 재력을 갖춘 사당(私黨)들이 인디언을 죽이는 사람들에게 여전히 보조금을 지급했다. 그 여파로, 1850년에만 해도 30만 명을 넘었던 캘리포니아의 인디언 인구는 1885년에 3만 명 이하로 크게 줄어들었다.

인디언을 절멸하기 위해 영국인들이 고안해낸 '생물학적 전쟁'의 방법도 독립전쟁 이후에 그대로 동원되었다. 생물학적 전쟁이 처음 도입된 것은 1763년이었다. 바로 이해에 애머스트Jeffrey Amherst 경은 '저주받은 인종'을 괴멸하기 위해 천연두에 감염된 물건들을 오타와 부족에게 나눠줄 것을 지시했다. 그 결과 오하이오 강을 따라 퍼진 전염병 때문에 최소한 10만 명 이상의 인디언이 목숨을 잃었다. 독립전쟁이 끝난 뒤에도 미국인들은 영국인들이 남긴 이 잔인한 유산을 폐기하지 않았다. 그 때문에 1836년에는 미주리 상부 지역에 살고 있던 10만 명의 만단 부족 인디언이 생물학적 공격에 희생되었다. 피해 규모는 이보다 작았지만, 캘리포니아를 비롯한 여러 지역에서도 이와 비슷한 일들이 연이어 일어났다.

1830년대 초 미국은 미시시피 강 동쪽 지역에 살고 있던 모든 인디언들을 다른 지역으로 강제 이주시키는 정책을 수립했다. 이 계획에 따라 구금되었던 인디언들은 백인들의 감시와 통제 속에 수천 마일에 이르는 행진에 나서야 했고, 이 과정에서 많은 인디언이 희생되었다. 체로키 인디언들이 치러야 했던 '눈물의 행진Trail of

인디언들에 대한 '생물학적 전쟁'을 주도한 애머스트 경

Tears'은 그 가운데서도 가장 대표적인 사건이었다. 이 계획에 따라, 1837년 봄부터 1838년 가을까지 1만 6,000명의 체로키 인디언들이 정든 고향을 떠나 오클라호마까지 걸어가야 했다. 이 '행진'은 9개 주에 걸쳐 1,800마일을 걸어가야 하는 대장정이었다. 목적지에 도착하기까지는 약 200일이 걸렸다. 억수같이 쏟아지는 비, 살을 에는 듯이 차가운 바람, 굶주림, 질병, 정신분열증 때문에 목

숨을 잃은 사람만 4,000명이 넘었다. 날로 늘어나는 백인들에게 '생활 공간'을 마련해주기 위해 고향에서 추방된 체로키 인디언들에게 북아메리카 대륙은 '죽음의 공간' 그 자체였다. 전직 노스캐롤라이나 주지사 마틴James G. Martin은 이 눈물의 행진을 "인간이 인간에게 행한 일들 가운데 가장 기념비적인 비인도적 처사"라고 평가하면서, 영원히 지워지지 않을 미국사의 오점이라고 비난한 바 있다.[16)]

40여 차례에 걸쳐 일어난 기묘한 성격의 '인디언 전쟁'도 아메리카 인디언이 절멸되는 데 크게 기여했다. 1814년부터 1870년까지 대규모로 이루어진 이 '전쟁들'은 이름과는 달리 일방적인 학살을 의미했다. 인디언 학살은 직접적인 방식뿐만 아니라 간접적인 방식에 의해서도 이루어졌다. 그중 대표적인 것이 바로 대대적인 버펄로 사냥이었다. 수천 년간 인디언들의 생존에 필수적이었던 버펄로를 절멸시킨 것은 인디언들의 삶의 기반을 붕괴시킨 것이나 마찬가지였다.

이렇게 다양한 방법이 동원된 절멸 전쟁을 통해, 최대치로 추산할 경우, 1500년경 1,500만 명에 이르렀던 북아메리카 인디언은 1890년에는 25만 명 이하로 줄어들어 있었다. 97.5퍼센트가 사라져버린 것이었다. 최소치로 추산한다 해도 90퍼센트였다. 이 참사는 유럽인들이 아메리카 대륙에 들어오기 전에는 상상조차 할 수 없는 일이었다. 가해자인 백인들은 이 모든 것을 운명의 탓으로 돌

---

16) Press Report, "Trail of Tears March", *Encyclopedia of Genocide*, Vol. 2, 437쪽.

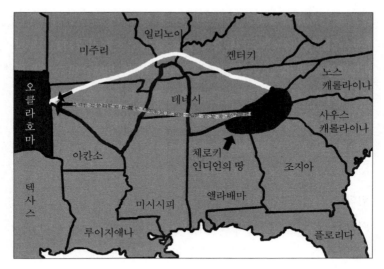

1,800마일이 넘는 눈물의 행진 여정

렸지만, 이 비극은 천재(天災)가 아닌 인재(人災)였다. 이 비극 속에는 백인들의 의도와 목적과 계획이 내재되어 있었다. 백인들의 목적은 무엇보다도 백인만의 '생활 공간'을 확보하는 데 있었다. 1890년경에 이미 백인들의 이런 꿈은 완전히 이루어졌다. 이 시기에 이르러 전체 미국 영토에서 인디언들이 차지한 지역이 2.5퍼센트 이하로 떨어졌기 때문이다.

(4) 1890년 이후의 제노사이드 : 물리적 절멸에서 문화적 제노사이드로

이렇게 소기의 목적을 달성한 후, 미국 정부의 제노사이드 정책에는 커다란 변화가 일어났다. 이제 물리적 방식이 아니라 문화적 방식의 제노사이드가 전면적으로 도입되었다. 인디언들의 삶에서 절대적으로 중요한 종교적 의례가 가장 먼저 금지되었다. 곧이어 인디언 어린이들은 부모의 품을 떠나 정부가 지정한 기숙 학교에 입학해서 철저하게 백인식 교육을 받아야 했다. 이렇게 해서 어린이들은 인디언의 전통에서 격리되어 철저하게 백인 사회에 동화되었다. 물론 이 과정에서 부모의 동의는 전혀 필요 없었다. 모든 것이 강제로 이루어졌다. 그렇지만 인디언들을 위해 마련된 보호 구역에 남는다고 해도 부족의 정체성을 유지할 수 없기는 마찬가지였다. 미국 정부가 보호 구역에 수용된 인디언들에게도 전면적으로 백인의 통치 방식을 강요했기 때문이다.[17]

제노사이드를 연구하는 학자들 가운데 많은 사람들은 인디언들이 겪은 고난을 제노사이드로 정의하는 데 상당히 주저하고 있다. 왜냐하면 인디언이 절멸되었다는 결과만큼은 분명하지만, 그들이 절멸되는 데 걸린 시간이 무척 길었기 때문에 그 책임을 미국이라는 국가나 특정 대리인에게 곧바로 귀속시키기가 어렵기 때문이다. 무엇보다 미국을 이끌었던 연방 지도자들 가운데 인디언의 절멸을 원한다고 공개적으로 표명한 사람이 거의 없었다는 점이 인

---

17) Ward Churchill, "Genocide of the Native Populations in the United States", 436~437쪽.

디언들의 집단적 죽음을 제노사이드라고 부르기 어렵게 한다. 또한 1948년의 유엔 협약이 규정한 것처럼 "전체나 부분을 절멸하려는 의도를 가지고", '평화적 입장을 고수하는 인디언들'을 국가가 조직적으로 학살한 경우가 드물다는 점도 이를 제노사이드로 정의하는 데 걸림돌이 된다. 이 때문에 제노사이드 연구에서 중요한 축을 이루고 있는 학자인 초크Frank Chalk와 조너선Kurt Jonassohn은 북아메리카 인디언이 겪어야 했던 고난의 의미를 규정하는 작업이 제노사이드 역사 연구에서 가장 까다로운 일이라고 밝힌 바 있다.[18] 그러나 시종일관 신중한 태도를 견지하는 초크와 조너선도 19세기에 미국 정부가 인디언을 상대로 추진했던 강제적 동화와 '문명화' 정책을 제노사이드라고 이름 붙이는 데는 조금도 주저하지 않았다. 초크와 조너선은 '문화적 제노사이드(에스노사이드 ethnocide)'라는 개념을 통해 미국 연방 정부가 취했던 입장을 설명한다. 그들의 주장에 따르면, 미국 정부는 인디언들이 문화적 제노사이드에 저항하거나 무장 투쟁을 도모할 경우에는 언제라도 물리적 방식의 제노사이드를 실행에 옮길 준비가 되어 있었다.[19]

그렇지만 1890년 이후의 미국 정부의 인디언 정책을 '문화적 제노사이드'라는 개념만으로 설명한다면 이는 사태의 진상을 왜곡할 위험을 안고 있다. 왜냐하면 이 시기에 미국 정부는 인디언들에게

---

18) Frank Chalk · Kurt Jonassohn, *The History and Sociology of Genocide : Analyses and Case Studies*, 195쪽.

19) Frank Chalk · Kurt Jonassohn, *The History and Sociology of Genocide : Analyses and Case Studies*, 203쪽.

보장된 최후의 경제적 근거마저 체계적으로 파괴했기 때문이다. 1887년에 통과된 도스 단독토지보유법안Dawes Act은 보호 구역 내의 토지에 대해 인디언 부족 공동체가 가지고 있던 소유권을 박탈하기 위한 시도였다. 이 법에 따라, 부족 공동체의 소유로 남아 있던 토지 가운데 일부는 각 부족 가정의 대표자에게 분배되었지만, 대부분의 알짜배기 땅은 몰수되어 자유 경쟁에 의해 매각되거나 백인들에게 무상으로 분배되었다.[20)]

(5) 캘리포니아의 유키 인디언 절멸(1851~1910)

북아메리카에서 일어난 프런티어 제노사이드의 전형을 보여주는 사례는 캘리포니아에 살았던 유키 부족의 절멸이다. 1848년 2월 2일, 미국 정부는 멕시코로부터 캘리포니아를 빼앗는 데 성공했다. 그로부터 열 달 후, 캘리포니아의 서터스밀에서 금이 대량으로 채굴되었다. 이 소식이 알려지자 미국 전역에서 수많은 사람들이 노다지를 캐기 위해 캘리포니아로 몰려들었다. 이 골드러시로 1849년에서 1851년 사이에만 25만 명 이상이 캘리포니아에 새로 정착했다.

문제는 여기서 시작되었다. 기하급수적으로 늘어난 정착민들에게 필요한 식량을 공급하기 위해서는 무엇보다 많은 땅이 필요했다. 그렇지만 농사를 지을 수 있는 비옥한 땅에는 이미 인디언들이 살고 있었다. 이 때문에 백인 정착민과 인디언 사이에 땅을 둘러싼

---

20) 에릭 프라이, 《정복의 역사, USA》, 추기옥 옮김(들녘, 2005), 42쪽.

수 인디언 처형 장면

갈등이 끊이지 않았다. 갈등은 오로지 백인들이 인디언들의 토지를 약탈하는 방향으로만 해결되었다.

백인들이 유키 부족의 생활을 위협하기 시작한 것은 1851년부터였다. 바로 이해에 한 무리의 백인들이 탐사를 위해 캘리포니아 북부에 살고 있던 유키 부족의 촌락을 처음으로 방문한 것이었다. 탐사는 곧 정착으로 이어졌다. 1854년이 되자 많은 백인들이 농장이나 목장을 만들기 위해 유키 부족이 집중적으로 살고 있던 비옥한 계곡 지대로 몰려들었다. 이들이 도착하기 전에 유키 부족 주민의 수는 최소 5,000명에서 최대 2만 명이었던 것으로 추정된다. 그러나 그로부터 10년이 지난 뒤, 이 수는 300명으로 줄어들고 말았다. 85명의 남자와 215명의 여자가 전부였다.[21]

그 10년 동안 유키 부족의 고향에서는 도대체 무슨 일이 일어났던 것일까?

1854년, 이곳에 도착한 백인들은 곳곳에 목장을 만들기 시작했다. 많은 초지가 목장으로 바뀌면서, 그동안 사냥과 채집에 의존해 살아왔던 유키 부족의 생활은 크게 위협받게 되었다. 유키 부족은 전통적으로 사슴과 새 사냥, 연어 낚시, 열매 채집으로 생활해왔기 때문에 백인들의 정착지가 확대되는 것을 매우 경계했다. 그러나 백인들로서도, 유키 부족이 집중적으로 거주하고 있던 초원과 강 계곡은 집을 짓고 경작하고 가축을 기르기에 가장 적합한 장소였기 때문에, 양보하기가 어려웠다.

백인들과의 경쟁에서 밀려난 유키 부족은 생존을 위해 생활 방식 자체를 바꿔야만 했다. 그들은 이제껏 살아온 비옥한 지대를 백인들에게 내주고 산간 지대로 물러나거나, 다른 비옥한 지대를 찾아야 했다. 그러나 다른 땅에는 이미 유키 부족보다 전투에 능한 다른 인디언 부족들이 살고 있었다. 진퇴양난에 처하게 된 유키 부족은

---

21) Benjamin Madley, "Patterns of Frontier Genocide 1803~1910 : the Aboriginal Tasmanians, the Yuki of California, and the Herero of Namibia", 176쪽.

결국 살아남기 위해 백인 정착민들을 공격하는 길을 택하게 되었다.

유키 부족은 처음에는 가축만을 공격했다. 그러나 백인들의 보복 공격이 잇따르자, 가축뿐만 아니라 일부 정착민들을 공격하기도 했다. 유키 부족이 백인들을 공격한 것은 단지 경제적인 이유에서만은 아니었다. 유키 부족의 어린이와 부녀자들을 납치해서 강간한 뒤 노예로 삼는 일부 백인들 때문에 보복 행동에 나서지 않을 수 없었던 것이다.

이렇게 두 집단 사이에 갈등이 격화되고 있을 때, 국가와 법은 인디언에게 아무런 도움도 되지 못했다. 법은 철저하게 백인의 편이었다. 1850년부터 1863년까지 캘리포니아에서는 인디언을 강제로 붙잡아다가 노예처럼 부리는 것이 전혀 위법이 아니었다. 그것은 적법한 행위였다. 왜냐하면 이미 1850년 4월 22일에 캘리포니아 주 의회가 인디언들을 '도제'로 고용하는 것을 보장하는 '인디언 통치와 보호를 위한 법An Act for Government and Protection of Indians'을 통과시켰기 때문이었다. 이 법을 악용한 일부 백인들은 유키 부족 여성들과 어린이들을 서슴지 않고 납치했다.[22] 백인들에게도 그들 나름의 이유는 있었다. 골드러시 때 캘리포니아로 이주해온 백인들 가운데 여성은 거의 없었기 때문에, 성욕 해소와 가사 노동력 확보를 위해 인디언 여성을 납치하는 일이 광범위하게 이루어졌던

---

22) Benjamin Madley, "Patterns of Frontier Genocide 1803~1910 : the Aboriginal Tasmanians, the Yuki of California, and the Herero of Namibia", 177~178쪽.

것이다. 이러한 납치는 비단 유키 부족에만 해당되는 일이 아니었다.[23]

　백인 정착민 집단과 유키 부족이 충돌했을 때 발생한 피해는 완전히 비대칭적이었다. 주법에 따라 캘리포니아 내의 인디언은 총기를 소지할 수 없었고, 따라서 유키 부족은 주로 활에 의존해 공격했기 때문이었다. 화력에서 압도적 우위에 있던 백인들은 사소한 피해를 입어도 대대적인 학살로 보복했다. 1857년에서 1858년 사이에 유키 부족이 죽인 백인은 모두 네 명이었다. 그러나 그 대가로 그들이 입은 피해는 회복 불가능할 정도로 컸다. 당시 캘리포니아에서 발행되고 있던 한 신문의 보도처럼, "유키 부족은 유월의 산에서 눈이 녹듯이 사라져버렸다".[24] 1859년 5월에는 백인들이 키우던 종마 한 마리가 살해된 데 대한 보복으로 240명의 유키 인디언이 학살될 정도로, 전세는 일방적이었다.

　주 정부는 백인들의 인디언 학살을 방관하거나 묵인하는 수준을 넘어, 격려하고 조장했다. 1859년 9월 6일, 캘리포니아 주지사 웰러John Weller는 인디언 사냥꾼으로 악명 높은 자보Walter Jarboe에게 인디언 문제의 해결을 맡겼다. 자보가 이끄는 엘 리버 유격대Eel River Rangers는 이미 그해에만 62명의 유키 인디언을 살해한

---

23) Frank Chalk · Kurt Jonassohn, *The History and Sociology of Genocide : Analyses and Case Studies*, 197쪽.

24) 1859년 8월 22일 《새크라멘토 연합*Sacramento Union*》에 실린 편집인의 글. Benjamin Madley, "Patterns of Frontier Genocide 1803~1910 : the Aboriginal Tasmanians, the Yuki of California, and the Herero of Namibia", 178쪽에서 재인용.

터였다. 주지사는 인디언들의 폭력 행사를 예방하기 위해서는 절멸이 가장 신속하고 값싼 처방이라고 믿는 백인 주민들의 요구를 받아들여, 본래는 '인디언과의 전쟁'에 정규군을 투입하려고 했다. 정규군이 이 계획에 완강하게 반대하자, 그는 어쩔 수 없이 자보와 그의 사병(私兵)들을 선택했다. 자보의 부대는 1859년 9월 20일부터 다음 해 1월 24일까지 4개월 동안 23회의 '전투'를 치러 283명의 인디언 '전사'를 죽이고, 292명을 사로잡아 보호 구역으로 강제 이주시켰다. 그가 제출한 보고서에는 남성의 수만 기록되었기 때문에, 유키 부족의 실제 피해는 기록에 남은 것보다 훨씬 더 컸을 것이다. 주지사는 '작전'에 소요된 모든 경비를 주의 예산으로 지불해주었다.[25]

학살과 병행해서 인디언들을 보호 구역에 강제로 수용하는 정책도 대대적으로 시행되었다. 1854년 라운드밸리에 마련된 보호 구역에는, 1857년에 이르러 유키 부족을 비롯해 캘리포니아 북부에 살고 있던 인디언 3,000명이 수용돼 있었다. 그러나 턱없이 부족한 식량, 인접 지역에 살고 있던 백인 정착민들의 공격과 어린이나 여성에 대한 약취 · 강간으로 그 수는 급격하게 줄어들었다. 성병을 비롯한 온갖 종류의 질병도 사망률을 크게 끌어올린 원인이 되었다.

인디언들을 보호하기 위해 군대가 경비를 서기는 했지만, 백인이 보호 구역 내에서 유키 인디언을 살해했더라도 그가 일단 그 구역

25) Benjamin Madley, "Patterns of Frontier Genocide 1803~1910 : the Aboriginal Tasmanians, the Yuki of California, and the Herero of Namibia", 179쪽.

을 재빨리 벗어나기만 하면 체포할 권한이 없었다. 게다가 캘리포니아 주의 사법 제도는 인디언에게 백인의 범죄에 대해 증언할 권리를 부여하지 않았기 때문에, 인디언들은 피해를 당하고도 전혀 고소할 수가 없었다. 따라서 백인들은 마음대로 범행을 저지를 수 있었다. 결국 1873년부터 1910년 사이에 보호 구역 내에 살고 있던 유키 인디언 중 80퍼센트가 목숨을 잃었다. 보호 구역은 결코 인디언을 안전하게 보호할 수 없는 구역이었다.

유키 부족의 절멸은 확실히 제노사이드였다. 가장 큰 책임은 보호 구역 시스템을 엉성하게 만들고 성의 없이 운영한 연방 정부와 주 정부에 귀속될 수밖에 없다. 당시에 연방 정부와 캘리포니아 주 정부는 양식 있는 백인들의 보고와 언론의 경고를 수도 없이 접했기 때문에, 모든 상황을 잘 파악하고 있었다. 의지만 있으면 공권력을 동원해 보호 구역 내에서 일어난 참사를 사전에 충분히 막을 수 있었다. 그러나 그들은 그렇게 하지 않았다.

오늘날 라운드밸리의 멘도치노에 있는 인디언 보호 구역에서는 극소수의 유키 부족이 다섯 개의 다른 인디언 부족들과 함께 살고 있다. 유키 부족의 후예 100명 가운데 유키 부족의 말을 할 수 있는 사람은 10여 명밖에 되지 않는다. 유키 부족은 물리적으로나 문화적으로 완전하게 절멸된 것이다.[26]

---

26) Benjamin Madley, "Patterns of Frontier Genocide 1803~1910 : the Aboriginal Tasmanians, the Yuki of California, and the Herero of Namibia", 180~181쪽.

(6) 인디언 학살의 심성과 인종주의

우리의 예상과는 달리, 지난날 북아메리카 대륙에서 인디언들을 절멸시킨 백인들 가운데 특별히 악하거나 나쁜 양심을 가진 사람은 드물었다. 식민지 시절이나 독립 이후에 북아메리카에서 직접적으로나 간접적으로 제노사이드에 가담했던 사람들은 오늘날 그들의 행동에 대해 분노하고 있는 우리와 별반 다르지 않은, 보통 사람들이었다. 그들은 오늘날의 미국인들에 비해 훨씬 열심히 성경을 읽고 일요일이면 어김없이 하느님의 집을 찾는 '선량한' 시민들이었다.

그렇다면 그 백인들 속에 있는 무엇이 그들을 그렇게 무자비한 살인으로 몰아갔을까? 가장 결정적인 동기는 물론 땅이었다. 그러나 경제적 동기만으로 즉각 대대적인 학살이 일어나지는 않는다. 학살은 학살의 심성이 개인과 사회 속에 깊이 뿌리내리고 있는 곳에서만 일어날 수 있다. 오늘날 평범한 백인들이 (적어도 의식적으로는) 피부색이나 문화의 차이와 관계없이 모든 사람들을 자신들과 똑같은 인간으로 봐야 한다는 생각을 갖고 있는 데 반해, 유키 부족이 골짜기와 평원에서 죽어가던 그 시절에는 인종주의가 백인들의 사고를 전면적으로 지배하고 있었다. 인디언을 인간 이하의 존재로 폄하하는 논리가 북아메리카 백인들의 심성을 지배하고, 그렇게 일그러진 심성이 생존의 공간을 확보하려는 경제적 동기와 직접적으로 결합되었을 때 제노사이드가 일어났던 것이다. 인디언들을 "하느님을 믿지 않는 죄인"이나 "야만인"으로, 더 나아가 혐오스러운 동물이나 곤충, 심지어 서캐로까지 묘사해 완전히 타자

화했을 때, 진보의 이데올로기에 따라 인디언이라는 종의 절멸이 하느님과 자연이 정해놓은 운명이라고 생각하는 사고가 확신으로 탈바꿈했을 때, 제노사이드는 바로 보통 사람들의 손으로 자행되었던 것이다.[27]

2. 영국의 태즈메이니아인 학살(1803~1847)

(1) 절멸의 과정 : 동화 정책에서 섬멸 정책으로

유럽인들이 오스트레일리아를 본격적으로 식민지화하기 시작한 것은 1788년이었다. 독립전쟁에서 패해 북아메리카의 식민지를 잃게 된 영국은 바로 이때부터 오스트레일리아 지역에 범죄자들을 처벌하기 위한 대규모 정착촌을 세우기 시작했다. 태즈메이니아에 영국인들이 처음 상륙한 것은 오스트레일리아의 식민지 개척이 어느 정도 이루어진 뒤인 1803년이었다. 군인, 기결수, 자유민으로 구성된 초기의 식민지 개척자들은 이곳 태즈메이니아에 농업 중심적인 정착촌을 건설했다.

백인들의 정주가 시작되면서 백인 정착민과 원주민 사이에 갈등이 불거지기 시작했다. 문제의 발단을 제공한 것은 백인 측이었다. 정착민의 인구가 꾸준히 늘어나는데도 불구하고 영국과 인도로부터 식량과 생활 필수품이 제때에 충분히 공급되지 못하는 일이 자

---

27) Helen Fein, "Genocide : A Sociological Perspective", 82쪽.

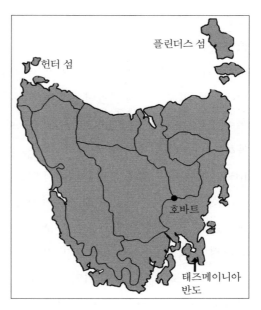

플린더스 섬

헌터 섬

호바트

태즈메이니아
반도

태즈메이니아 지도

주 일어났고, 그나마 어렵게 공급된 육류와 생필품도 벌레가 먹거
나 침수되어 쓸 수 없는 경우가 빈번했다. 특히 정착 첫해인 1803
년 겨울에는 괴혈병과 설사, 점막 질환까지 창궐했다. 기근과 질병
속에서 살아남기 위해 백인들은 에뮤[28]와 백조, 캥거루까지 닥치는

———————————

28) 타조처럼 몸집이 크고 날지 못하는 새.

대로 잡아먹었다. 그들은 어떻게든 생존 대책을 강구하지 않을 수 없었다.

백인과 원주민 사이의 갈등은 1820년대부터 본격화되었다. 1817년에 2,000명에 지나지 않았던 백인들의 수가 1820년에는 5,400명이 되었고, 1830년에는 다시 2만 3,500명으로 늘어났다. 동시에 방목하는 양의 수도 늘어났다. 1816년에 5만 4,600마리였던 양이 1830년에는 이미 100만 마리를 넘어서 있었다. 식민지 정부는 정착촌 건설과 방목지 확보를 위해 태즈메이니아의 땅 가운데 30퍼센트를 개척민들에게 분배했다. 이는 곧 원주민들의 생업인 사냥을 위한 땅이 크게 줄어드는 것을 의미했다. 결국 이 조치는 영국의 식민지법에서 보면 적법한 행위였지만, 원주민들의 입장에서 보면 삶의 근간을 흔들어버리는 약탈 행위였다. 크게 분노한 원주민들이 격렬하게 항의했지만, 식민지 정부와 백인 개척민들은 아랑곳하지 않았다. 이들은 원주민과 공생하는 길이 아니라 제로섬zero-sum 게임을 택했다. 이로써 백인과 원주민 집단 사이에는 생존을 위한 전쟁이 불가피하게 되었다.[29]

원주민들이 격분한 것은 경제적인 이유 때문만은 아니었다. 개척민들은 처음부터 원주민들을 자신들과 동등한 인격체로 대우하지 않았다. 이 때문에 원주민들에 대한 가혹 행위가 끊이지 않았다. 원주민 여성들에 대한 강간도 빈번하게 일어났다. 더구나 강간은 일회적인 사고로 그치지 않고, 원주민 여성들을 노예로 만든 상

---

29) A. Dirk Moses, "An Antipodean Genocide? The Origins of the Genocidal Moment in the Colonization of Australia", 98쪽.

태에서 지속적으로 자행되었다. 험난한 여정과 척박한 생활 환경 때문에 백인 여성들을 동반할 수 없었던 개척민들은 원주민 여성들을 성욕의 배출구로 삼았던 것이다. 여기서 그치지 않고, 백인들은 원주민 어린이들까지 납치해서 하인이나 '애완동물'로 삼았다. 분노한 원주민들의 항의에도 불구하고 식민지 정부는 문제를 해결하려는 최소한의 성의도 보이지 않았다. 식민지 정부의 냉담한 태도와 개척민들의 노골적인 인종주의적 행태에 분개한 원주민들은 마침내 항거에 나섰다.[30]

1826년부터 태즈메이니아인들은 필사적으로 게릴라전을 전개했다. 싸움은 3년 동안 계속되었다. 원주민들이 백인들을 공격하거나 그들의 재산에 피해를 입히면, 식민지 군대는 곧바로 보복 행동에 들어갔다. 그러나 식민지 군대는 원주민들을 완전히 제압하는 데는 성공하지 못했다. 1826년과 1827년에는 원주민들의 소규모 공격이 100차례 이상 이루어져서, 42명의 백인 개척민이 목숨을 잃었다. 1828년에 접어들면서 원주민들의 기습은 두 배로 늘어났다.[31]

고작 450명으로 구성된 식민지 정부의 군대는 원주민들의 게릴라전에 효과적으로 대응하기가 어려웠다. 병사의 수도 부족했지만, 더 큰 문제는 훈련이 충분치 못한 것이었다. 원주민들은 무기와 화력에서는 절대적으로 열세였지만, 이런 세의 불리를 지리적 이

---

30) Benjamin Madley, "Patterns of Frontier Genocide 1803~1910 : the Aboriginal Tasmanians, the Yuki of California, and the Herero of Namibia", 171쪽.

31) N. J. B. Plomley, *The Aboriginal · Settler Clash in Van Diemen's Land : 1803~1831*(Hobart : Univ. of Tasmania, 1992), 26쪽.

태즈메이니아 원주민 모습

점으로 어느 정도 만회할 수 있었다. 백인들의 입장에서는 진압은 커녕, 방어조차 힘겨울 때도 있었다. 군대의 규모는 작았고, 정착민들은 곳곳에 흩어져 있었기 때문이다. 3년 동안 고생한 끝에 백인 정착민들과 식민지 정부 사이에 하나의 공감대가 형성되었다. 이제까지와는 근본적으로 다른 새로운 전략이 필요하다는 인식을 공유하게 된 것이었다.

수세적인 상황에서 가장 당황할 수밖에 없었던 사람은 식민지 총독 아서George Arthur였다. 카리브 해 일대에서 근무하다가 1824년 이곳에 부임한 이후 그는 줄곧 원주민과의 화해 정책을 표방했었다. 그의 목표는 태즈메이니아 원주민을 유럽 문명에 완전히 동화시키는 것이었다. 그래서 그는 원주민들에게 유럽의 농작물 재배 방식을 보급하기 위해 많은 노력을 기울였다. 또한 그는 많은 갈등이 백인들의 선제 공격에서 비롯된다는 것을 잘 알고 있었기 때문에, 백인과 원주민 사이에 갈등이 일어나도 대대적인 보복 조치를 취하는 데 소극적이었다. 그의 생각은 식민지 모국의 정책 기조와도 일치했다. 인도주의자들의 거센 노예제 반대 운동에 직면해 있었던 런던의 식민청Colonial Office은 식민지의 원주민들을 유럽 문명에 동화시켜야 한다는 입장을 공식적으로 표방하고 있었다.

그러나 개척민들의 피해가 크게 늘어나면서 총독의 생각은 바뀌기 시작했다. 수년 동안 목숨을 잃은 개척민이 176명에 이르게 되자, 총독은 완전히 곤경에 처할 수밖에 없었다. 물론 백인의 피해보다는 원주민의 피해가 훨씬 더 컸다. 원주민 희생자는 이미 700명을 넘어서 있었다. 그러나 백인 개척민들에게 중요한 것은 같은 피부색을 지닌 사람들의 목숨이지, 원주민들의 목숨이 아니었다. 개척민과 원주민의 희생자 비율은 1 대 4 정도였다. 같은 시기에 오스트레일리아 대륙에서 백인 정착민과 원주민 집단 사이에 일어난 충돌로 희생된 사람의 비율이 1 대 10이었음을 생각해볼 때, 태즈메이니아에 정착해 살고 있던 백인들의 불안감을 어느 정도는 이해할 수 있다. 이와 같은 '객관적' 수치를 제시하면서, 백인 정착민들 가운데 강경파는 '절멸 전쟁'을 요구했다. 이에 반해, 더 많은 피를 흘리기를 원하지 않는 온건파는 원주민들을 외딴 지역의 보호 구역으로 추방할 것을 총독에게 요구했다.

숙고를 거듭한 끝에 총독은 1828년 11월, 3년 시한의 군법martial law을 선포했다. 이 법은 앞으로 벌어질 제노사이드를 예고하는 신호탄이었다. 이 법은 태즈메이니아 섬의 백인 정착 지역에서 모든 원주민이 축출될 때까지 원주민 살해를 합법으로 인정하는 것이었기 때문이다. 백인 개척민들 사이에 널리 퍼져 있던 불안감과 식민지 정부의 절망감이 뿌리 깊은 인종주의와 결합되어 만들어진 이 법을 근거로, 1829년 1월부터는 원주민들에 대한 학살이 본격적으로 시작되었다. 같은 해 5월에는 원주민 색출과 학살을 전담하는 조직이 구성되었다. 그런데 이 법이 시행된 지 2년 후인 1830년에 43명의 백인 정착민이 원주민에게 살해되었다. 크게 당황한 총독은 런던으로부터 지침을 받은 뒤에 대대적인 군사 작전에 돌입했다. 이 작전에 따라 1830년 10월 태즈메이니아 섬에는 2,000명의 자유 정착민과 500명의 군인, 700명의 기결수가 동원된 거대한 인간 사슬이 만들어졌다. '검은 줄Black Line'이라고 명명된 이 거대한 사슬을 만들기 위해 소총으로 무장한 백인들이 3.5미터 간격으로 늘어섰다. 이들은 6주에 걸쳐 백인 정착 지역 일대를 이 잡듯이 훑었다. 생포된 원주민은 단 두 명에 불과했다.[32] 이것으로 더 이상의 절멸 작전은 필요 없게 되었다.

(2) 제노사이드의 완성 : 플린더스 섬 강제 이주

대대적인 섬멸 작전의 물결이 잠잠해지고 있던 1830년 말, 백인 정착 지역을 포함해서 태즈메이니아 전역에 아직 생존해 있던 원주민들은 모두 합해야 수백 명을 넘지 못했다. 식민지 정부는 일찍

---

32) A. Dirk Moses, "An Antipodean Genocide? The Origins of the Genocidal Moment in the Colonization of Australia", 99쪽.

부터 원주민들과 함께 생활하면서 그들의 언어까지 익힐 정도로 원주민들의 신망을 얻고 있던 로버트슨George Angus Robertson에게, 자발적으로 보호 구역으로 이주하도록 원주민들을 설득해줄 것을 요청했다. 사실 로버트슨은 이미 1829년부터 원주민들을 보호 구역으로 이주시키는 방안을 놓고 식민지 정부 및 원주민들과 협상을 해온 터였다. 원주민들의 입장에서는 이제 그의 말을 따르는 것 외에는 달리 선택할 대안이 없었다. 이미 제노사이드의 가해자가 되어버린 개척민들과 같은 지역에서 사는 것은 불가능하기 때문이었다. 원주민들은 이제 협상 과정 없이 무조건 옮겨 갈 수밖에 없었다. '보호 구역'으로 지정된 곳은 태즈메이니아 섬에서 그렇게 멀지 않은 외딴 섬 플린더스였다. 모두 200명의 원주민이 플린더스 섬으로 보내졌다. 부분적인 반발이 없었던 것은 아니지만, 1835년 2월 3일에는 모든 이주 작업이 완료되었다. 이로써 3만 5,000년 동안 그 땅에서 살아온 주인들이 태즈메이니아에서 완전히 제거되었다.[33]

강제 이주 후의 원주민들의 삶은 고난의 연속이었다. 이주가 완료된 바로 그해에만 65명의 원주민이 목숨을 잃었다. 3년 뒤인 1838년에는 불과 80명의 원주민만이 살아 있었다.[34] 1847년 플린더스 섬의 수용소가 문을 닫을 때까지 목숨을 부지한 원주민은 46

---

33) Lyndall Ryan, *The Aboriginal Tasmanians*(St Leonards : Allen & Unwin, 1996), 183쪽.

34) A. Dirk Moses, "An Antipodean Genocide? The Origins of the Genocidal Moment in the Colonization of Australia", 99쪽.

마지막 태즈메이니아인 트루가니니

명에 불과했다.[35] 그로부터 31년 후인 1878년에는 최후의 태즈메이
니아 원주민 여성인 트루가니니Truganini가 세상을 떠났다. 그녀
에게는 자녀가 몇 명 있었지만, 모두 백인과의 결혼 관계에서 태어
난 혼혈아였다.[36] 종족 절멸의 상징이 되어버린 그녀의 유골은 오

35) Henry Reynolds, *Fate of a Free People : A Radical Re-examination of the Tasmanian Wars*(Ringwood : Penguin Austrailia, 1995), 159쪽.

36) Benjamin Madley, "Patterns of Frontier Genocide 1803~1910 : the Aboriginal Tasmanians, the Yuki of California, and the Herero of Namibia", 170쪽.

늘날 호바트에 있는 태즈메이니아 박물관에 보관되어 있다.[37] 1788
년 영국인들이 범죄자들을 격리 수용하기 위해 태즈메이니아 섬에
농업 정착촌을 세운 지 90년 만에, 한때 7,000명에 이르렀던 그곳의
원주민들은 지상에서 완전히 사라지고 말았다.

(3) 보호받지 못한 '보호 구역'

'보호' 받기 위해 플린더스 섬에 수용된 최후의 태즈메이니아 원
주민들이 모두 죽어간 이유는 무엇이었을까? 물론 학살이 직접적
인 원인이었던 것은 아니다. 원주민들이 플린더스 섬으로 이주한
후 학살은 더 이상 일어나지 않았다. 죽음의 직접적인 원인은 인플
루엔자, 결핵, 폐렴 같은 질병이었다. 그렇지만 그들의 죽음은 단순
한 자연사가 아니었다. 플린더스 섬은 태즈메이니아 원주민들이
살기에는 너무 추웠을 뿐만 아니라, 물도 넉넉하지 못했다. 식민지
정부는 태즈메이니아 섬에 비해 춥고 바람이 강하고 비가 자주 내
리는 플린더스 섬을 보호 구역으로 지정하면서도, 인간답게 거주
할 수 있는 집을 지어주지 않았다. 원주민들에게 배급되는 하루 식
량은 소금에 절인 고기 1파운드와 밀가루 1.5파운드가 전부였다.
그나마 정기적으로 제공되지 않았다. 항상 부족한 식사는 영양 결
핍을 초래했고, 영양 부족은 다시 만성적인 질병과 전염병, 그리고
죽음을 불러왔다. 원주민들은 부족한 식량을 보충하기 위해 사냥
에 나섰지만, 일단 병에 걸리면 그것마저 불가능했다. 피나는 노력

---

37) 스벤 린드크비스트, 《야만의 역사》, 김남섭 옮김(한겨레신문사, 2003), 190
쪽.

에도 불구하고 원주민들의 생존은 점점 더 어려워졌다.

식민지 정부는 플린더스 섬의 열악한 상황을 잘 알고 있었지만, 개선의 조치는 전혀 취하지 않았다. 영양 결핍은 불가항력적인 것이 아니라 처음부터 의도된 것이었다. 식민지 정부는 플린더스 섬이 사람이 살기에 부적합한 곳이라는 사실을 잘 알고 있었고, 원주민들에게 보급되는 식량이 충분치 못하다는 것도 잘 인지하고 있었다. 따라서 영국의 식민지 정부는 플린더스 섬의 태즈메이니아인들을 죽음으로 몰아넣었다는 비난을 피하기 어렵다. 많은 백인들이 플린더스 섬에 닥쳐오는 비극을 감지하고 있었지만, 식민지 정부는 꿈쩍도 하지 않았다. 이미 1836년부터 플린더스 섬을 방문한 영국인들은 이곳의 생활 조건을 획기적으로 개선하지 않으면 이삼십 년도 못 가서 태즈메이니아인들이 완전히 절멸할 것이라고 계속해서 경고했다. 《종의 기원*Origin of Species*》의 저자 다윈 Charles Darwin도 태즈메이니아를 방문한 뒤 1836년 2월 2일자 일기에서 "이 일련의 악행과 그에 따른 결과들이 우리나라 사람들 가운데 일부의 악독한 행동에서 비롯되었다는 점에는 의심의 여지가 없는 것 같다"라고 기록할 정도였다.[38] 영국의 식민지 정부가 오스트레일리아 원주민들을 상대로 전개한 제노사이드 정책은 태즈메이니아 섬에서 정점에 이르고 플린더스 섬에서 완전한 결말에 도달했다고 말할 수 있다.

---

38) 스벤 린드크비스트, 《야만의 역사》, 189쪽.

(4) 절멸의 논리 : 백인들의 신화, 백인들의 거짓말

　19세기 전반에 태즈메이니아 섬에서 일어난 사건은 흔히 오스트
레일리아 대륙에서 발생한 유일한 제노사이드인 것처럼 이야기된
다. 그러나 규모는 작지만 이와 비슷한 참사가 오스트레일리아 대
륙 곳곳에서 벌어졌다. 태즈메이니아의 제노사이드는 우발적인 경
우나 예외적인 경우가 아니라, 영국인들이 지금의 오스트레일리아
를 식민화하는 과정에서 흔하게 발생했던 일반적 현상의 하나였
다. 태즈메이니아에서 일어난 제노사이드의 의미는 퀸즐랜드를 비
롯한 오스트레일리아 각처에서 일어난 크고 작은 제노사이드들과
의 연관 관계 속에서 살펴볼 때에야 비로소 제대로 파악될 수 있다.
더 나아가 이 사건은 유럽인들의 식민지 개척 과정에서 일어난 수
많은 영토 침탈형 제노사이드의 대표적 사례로 이해되어야 한다.
태즈메이니아의 비극은 백인들의 인종주의와 개척 의지가 유럽 이
외의 지역에서 만날 때 어떤 결과가 생겨날 수 있는지를 가장 극단
적으로 보여주는 사건이다.

　태즈메이니아 원주민들을 절멸에 이르게 한 가장 근본적인 동력
은 백인들이 공유하고 있던 뿌리 깊은 인종주의였다. 백인들은 원
주민 어린이들을 사로잡은 뒤에 머리를 부숴버리거나, 사격 연습
용 표적으로 삼기를 주저하지 않았다. 그들은 원주민을 함께 살아
가야 할 동반자로 여기지 않았다. 그들에게 원주민은 인간과 원숭
이 사이에 있는 중간적 존재에 불과했다.

　백인들의 오스트레일리아 원주민들에 대한 시각은 그들의 정책
에 뚜렷하게 반영되어 있었다. 식민지 개척 시기에 오스트레일리

아에 들어온 영국인들은 이른바 '무주공산(無主空山)terra nullius' 독트린을 선언했다. 그들의 눈에 식민지는 아직 사람이 살고 있지 않은, 아무것도 존재하지 않는 지역이었다. 그들은 어느 지역에 가든지 그곳에서 유럽풍의 농업 경영 형태나 서구식 문명이 발견되지 않으면 비어 있는 지역으로 간주했다. 그리고 곧바로 정복과 정주 활동에 들어갔다. 무주공산 정책 아래서는 원주민들의 토지 소유권이 철저하게 부정되었다.

백인들의 오만은 여기서 끝나지 않았다. 영국인들은 자신들이 저지른 수많은 제노사이드를 변명하기 위해 일종의 신화까지 만들어냈다. 그들은 오스트레일리아의 '원시인'과 '원시 문화'는 백인 개척민과 조우하는 순간 이미 소멸할 수밖에 없는 운명에 처해 있었다고 주장하며, 원주민의 열등성과 무가치성을 강조했다. 또한, 자신들이 행한 학살은 원주민들의 운명인 소멸을 가속화했을 뿐이며, 그 누구도 이와 같은 '하느님 나라의 보편법'에서 벗어날 수 없다고 강변했다. 그 당시 백인들 사이에 널리 유포되었던 '비어 있는 땅'에 관한 거짓말과 '불가피성'의 신화가 아니었다면 대규모 학살이 그렇게 쉽게 일어나지는 않았을 것이다. 학살의 책임이 인격을 지닌 구체적 개인에서 운명이라고 불리는 추상적이고 비인격적 힘으로 전가되는 순간, 제노사이드는 가해자 내면의 저항 없이 성공할 수 있었던 것이다.[39]

백인 개척민들의 신화와 거짓말은 그 후로도 오랫동안 아무런 도

---

39) Benjamin Madley, "Patterns of Frontier Genocide 1803~1910 : the Aboriginal Tasmanians, the Yuki of California, and the Herero of Namibia", 169쪽.

전을 받지 않았다. 오스트레일리아 사람들이 19세기 전반에 벌어졌던 사건을 비판적인 시각으로 바라보기 시작한 것은 1970년대 이후부터였다. 바로 이때부터 정도를 넘어섰던 식민지 정책과 학살의 책임 문제가 학술적인 연구들을 통해 수면 위로 떠올랐다. 원주민들에게서 강제로 빼앗은 토지의 소유권 문제도 법정에서 다루어졌다. 1996년에는 원주민 아동들을 부모의 품에서 강제로 떼어내어 백인식 교육을 받게 했던 과거 식민지 정책에 관한 정부의 공식 보고서가 공개되면서 제노사이드가 오스트레일리아의 정치적·사회적 현안으로 부각되었다. 이 '잃어버린 세대들stolen generations'에 관한 논쟁은 원주민 후예들에 대한 정부의 공식적 사과와 보상 및 배상, 그리고 화해에 관한 논의를 크게 활성화시켰다.

오스트레일리아 정부는 식민지 정책의 폭력성과 학살에 대해서는 시인하는 태도를 보이면서도, 그러한 결과들이 뚜렷한 의도에서 비롯된 것은 아니었다고 강조함으로써 이 과거사가 제노사이드 문제로 비화되는 것을 막기 위해 애쓰고 있다. 이러한 이중적 태도는 토지 보상과 관련된 현실적 사안과도 밀접한 관계가 있다. 오스트레일리아 정부는 1995년에 제정된 원주민 토지법Aboriginal Lands Bill에 따라 12개 구역의 토지를 원주민 공동체에 반환하기도 했지만, 대부분의 토지 관련 소송에 대해서는 소송의 타당성을 부정하고 있다.

오늘날 태즈메이니아와 인근의 여러 섬에는 최대 1만 6,000명에 이르는 원주민들이 살고 있다. 물론 이들은 순수한 태즈메이니아 원주민이 아니라, 식민지 시절에 백인 개척민과 원주민 사이에서 태어난 혼혈인의 후손이다. 이들의 권익을 대변하는 활동가들 가운데 급진적인 사람들은 보상 및 배상을 요구하는 것을 넘어, 자치 정부 수립 운동까지 전개하고 있다. 이 때문에 태즈메이니아 원주민들에 대한 제노사이드는 앞으로도 공론의 수면 아래로 쉽게 가라앉지 않을 것으로 보인다.

제 2 장

문명의 한복판에서 :
나치 독일의 제노사이드(1933~1945)

1933년 히틀러의 나치스가 집권한 뒤부터 1945년 히틀러의 제국
이 몰락할 때까지 독일과 유럽 전역에서 벌어진 집단 학살은 이후
에 펼쳐질 제노사이드의 거의 모든 모습을 만화경처럼 보여주는
것이었다. 나치스는 인종적·민족적 이유에서 유대인과 집시, 폴
란드인과 소련인을 죽였고, 종교적인 이유에서 여호와의 증인 신
자들을 절멸했다. 또한 기강을 바로잡기 위해 사회적 약자인 동성
애자들을 학살했고, 건강하지 못하다는 이유로 정신적·육체적 장
애인들을 집단적으로 살해했다. 이런 절멸 대상의 다양함과 함께
우리를 놀라게 하는 것은 무엇보다, 문명의 중심으로 자처하던 유
럽의 한복판에서 엄청난 규모의 제노사이드가 철저하고 근본적인
방식으로 자행되었다는 사실이다. 베토벤Ludwig van Beethoven
과 칸트Immanuel Kant, 괴테Johann Wolfgang von Goethe와 실러
Friedrich von Schiller를 배출한 문화 민족이 문명의 이름으로 저지

른 학살은 그 자체만으로도 우리의 관심을 끌기에 충분하다. 그들 속에 있는 그 무엇이 전대미문의 제노사이드를 가능케 했을까?

1. 공인받은 인종 학살 : 홀로코스트

나치 독일이 여러 집단을 대상으로 저지른 다중적 성격의 제노사이드는 어느덧 지구상에서 일어난 모든 집단 학살 사건의 '표준' 이 되어버렸다. 그 피해자가 1,100만 명을 넘었다는 것은, 나치스가 저지른 제노사이드가 고도로 조직화된 근대적 관료 기구에 힘입어 자행된 국가 범죄였음을 분명하게 입증한다. 나치스의 제노사이드는 합법성과 조직을 구비한 근대 국가가 직접 계획하고 고무하고 집행하고 은폐하지 않고는 도저히 일어날 수 없는 초대형 참사였다. 나치 국가는 그런 점에서 홉스Thomas Hobbes가 말한 리바이어선Leviathan이었고, 노이만Franz Neumann이 말한 베헤모스Behemoth였다. 전방위적인 제노사이드를 위해 나치스는 이념을 제공했고, 행정부의 관료들은 전폭적인 행정적 지원을 아끼지 않았으며, 군은 정확성과 규율의 모범을 보이면서 살인 도구를 내주었다. 경찰과 친위대는 학살의 자발적 집행인이 되었고, 재계는 학살의 경제성과 효율성을 극대화하는 데 기여했다.[40]

이제 막 지적한 내용은 근대 국가가 그 특성상 언제라도 범죄자

---

40) Raul Hilberg, *The Destruction of European Jews*(Chicago : Quadrangle Books, 1961), 178쪽 · 640쪽.

로 돌변할 수 있음을 시사한다. 그렇지만 모든 근대 국가가 제노사이드를 저지르는 것은 아니다. 모든 근대 국가 속에 잠재돼 있는 제노사이드의 가능성이 현실로 바뀌기 위해서는 다른 나라에서는 발견하기 어려운 무엇인가가 필요하다. 독일의 경우 그것은 바로 나치스의 인종주의 이데올로기와 독일인 특유의 상명하복 정신, 그리고 철저함에 대한 집착이었다. 홀로코스트는 이 세 요소가 결합해 폭발적인 상호 작용을 일으키는 과정에서 빚어진 비극이었다.

(1) 유대인 학살의 배경과 동기

독일인들이 유럽 유대인을 절멸하려고 했던 이유는 도대체 무엇이었을까?

첫째로는 독일인들이 유대인에 대해 가지고 있었던 집단적 반감을 들 수 있다. 독일인의 반유대인 정서는 오랜 역사의 산물이었다. 유대인이야말로 '예수를 죽인 살인자들'이라는 기독교적 신념과 생활 방식의 차이에서 비롯된 거리감은 유대인과 독일인 사이에 깊은 감정의 골을 만든 중요한 원인이었다. 종교, 문화, 정서의 차이는 오해를 낳았고, 오해에서 자라난 불신은 적절한 환경이 조성될 때마다 유대인에 대한 독일인의 박해로 이어졌다. 실정법상 토지를 소유할 수 없었던 유대인들은 생존을 위해 독일인의 생활 속에서 틈새를 찾는 데 전력을 기울였다. 가톨릭 교회가 금지하고 있던 고리대금업과 가톨릭 지도자들이 경원시하던 상업과 수공업이야말로 유대인이 차지할 수 있는 유일한 생존의 기회였다. 그러나 유대인이 이런 직업에 종사할수록, 그들에 대한 비유대인의 멸시와 증오는 더욱더 심해졌다. 유대인은 독일 사회 내에서 점차 필요악 같은 존재로 굳어져갔다. 이와 같은 반감 차원의 정서가 독일에서 상업과 산업 자본주의가 성장하게 되면서부터는 하나의 부정적 이데올로기로 변해가기 시작했다. 말하자면 기독교적 선입견에 바탕을 둔 중세까지의 반유대인주의Anti-judaism가 근대에 와서는 반유대주의Anti-semitism로 강화되었던 것이다. 상업과 (수)공업 부문에서 유대인과 치열하게 경쟁하게 된 독일의 상공업 부르주아지는 독일인 일반의 반유대주의 이데올로기에 호소하고 국가 권력의 힘을 빌려서 합법적으로 유대인들을 몰아내고자 했다.

그렇지만, 잘 알다시피 전통적인 반유대인 정서와 근대적인 반유대주의는 근대 독일에만 국한된 현상이 아니라, 유럽의 거의 모든 지역에서 보편적으로 발견되는 현상이었다. 그러므로 우리는 반유대주의가 유독 20세기 독일에서 강하게 나타난 또 다른 이유를 생각해봐야 한다. 여기서 중요한 배경이 된 것은 전쟁이었다. 1차 대전의 패배와 더불어 독일에서 일어난 사회주의 혁명은 고리대금업이나 상공업을 통해 부를 축적한 유대인들을 '민족의 배신자'와 '음모가' 집단으로 몰아붙이기에 충분한 빌미를 제공했고, 바이마르 공화국의 토대를 붕괴시켜버린 대공황은 유대인 살해를 용인할 정도로 높은 수준의 반유대인 정서를 독일 사회에 확산시켰다. 1차 대전 이후 독일이 겪은 이런 특수한 상황을 이해하지 않고는 나치스의 반유대주의 이데올로기가 독일인들을 사로잡은 이유를 파악하기 어렵다.

그러나 전쟁이 아니었다면, 이런 모든 것들은 잠재적인 가능성으로 끝나고 말았을 것이다. 전쟁이 제공하는 음습한 연막, 군 전체에 만연한 패전에 대한 불안감은 '유대인 문제Judenfrage' 해결을 위한 대안의 폭을 크게 좁혀버렸다. 총통 밑에서 권력을 놓고 암투를 벌이던 나치 체제의 각 조직들 간 경쟁도 유대인 문제의 해결책을 급진화하는 데 중요한 원인을 제공했다. 위기 시에는 가장 과격한

히틀러와 힘러. 1934년 히틀러의 지위를 위협하던 돌격대 대장 룀을 제거하는 작전을 주도한 이후 힘러는 언제나 히틀러의 신임을 받는 충복이었다.

방안을 내놓는 부서가 총통의 신임을 얻어 권력의 중추로 부상할 수 있었기 때문이다.

이런 상황에서 기회를 포착한 부서는 힘러Heinrich Himmler가 이끄는 친위대와 경찰이었다. 히틀러의 철저한 신임을 바탕으로 권력 기반 확대에 몰두하던 힘러에게 유대인 학살은 조직의 힘을 증대시키는 데 필요한 명분을 주었다. 유대인 절멸은 힘러에게 권력에 이르는 수단인 동시에 목적이었다. 순수한 혈통을 지닌 독일인들만으로 아리안 제국을 건설하겠다는 꿈을 키우며, 자신의 친위대 조직 속에서 그 제국의 씨앗을 키우기를 염원했던 광신자 힘러의 수하에는 제국보안국Reichssicherheitshauptamt(RSHA)이라는 특수 기구가 있었다. 막강한 정보력과 기획력을 보유한 제국보안국 내에는 명령만 떨어지면 그대로 집행하는 아이히만Adolf Eichmann 같은 인물이 수도 없이 많았다. 히틀러-힘러-하이드리히Reinhard Heydrich-아이히만으로 이어지는 이런 확고한 명령 계통이야말로 대립과 경쟁 관계에 있는 체제 내의 여러 기구들로 하여금 제노사이드를 위해 협력할 수 있게 하는 중추 신경망이었다.

(2) 절멸의 세 단계

나치스의 유대인 정책이 처음부터 절멸을 겨냥한 것은 아니었다. 독일과 오스트리아에 살고 있던 유대인들을 포함해서 유럽 유대인 모두를 절멸하겠다는 '최종 해결' 계획이 확정된 시점은 독일이 소련 침공을 눈앞에 두고 있던 1941년 봄이었다.[41] 이 계획이 수립되기 전에는 체제의 정점에 서 있던 총통 히틀러도 하나의 일관된 방침을 갖고 있지 않았다. '최종 해결'은 독일인들이 전통적으로 유대인에 대해 가지고 있던 증오심, 경제적 위기, 나치스 지도부의 정세 판단과 인종주의 이데올로기, 전쟁 등 여러 가지 상황과 조건이 한데 어우러져 만들어진 결과였다. 단순한 증오심이 대규모 학살로 이어지기까지는 세 단계의 과정이 필요했다.

나치스가 정권 장악에 성공한 1933년 1월부터 폴란드를 침공하기 직전인 1939년 8월까지 나치스의 유대인 정책은 차별과 고립으로 특징지어졌다. 나치스는 집권 직후인 1933년 4월, 유대인 상점에 대한 불매 운동을 전국적으로 전개했다. 이로 인해 독일 내의 유대인들은 경제적·사회적으로 고립되기 시작했다. 1935년 9월에는 '뉘른베르크 인종 차별법'이 통과되어 유대인에 대한 모든 차별을 정당화하는 법률적 기반이 마련되었다. 이 법을 통해 유대인은 비유대인과 통혼조차 할 수 없는 '이등 시민'으로 전락했다. 1938년에 와서는 유대인이 공공 장소에 출입할 수도 없게 되었다. 심지어 공원의 벤치조차 이용할 수 없었다. 곳곳에 '유대인 출입 금지'라는 팻말이 나붙었다. 그러나 이 모든 조치들은 서러움의 끝이 아니라 비극의 시작이었다. 파리 주재 독일 대사관의 직원 한 명이 유대인 소년에게 살해된 사건을 계기로 1938년 11월 8일 밤에 일어난 '수정(水晶)의 밤Reichskristallnacht' 학살 이후 유대인 소유의 모

---

41) Christopher R. Browning, "The Holocaust as By-product? A Critique of Arno Mayer", *The Path to Genocide. Essays on Launching the Final Solution*(Cambridge : Cambridge Univ. Press, 1992), 81쪽.

든 상점과 기업이 나치스에 의해 몰수되었다.[42] 유대인들은 이제 사회적으로 고립되고 정치적으로 모든 권리를 박탈당하고 경제적으로 사망 선고를 받게 된 것이었다.

배제와 축출이라는 두 단어로 요약할 수 있는 두 번째 단계는 1939년 9월, 나치 독일의 폴란드 침공과 더불어 시작되었다. 이때부터 독일과 오스트리아를 합한 독일 제국을 '유대인 없는 나라 judenfreies Land'로 만들기 위한 나치스의 정책이 본격적인 궤도에 오르게 된다. 그 결과 만들어진 것이 게토ghetto였다. 폴란드를 비롯한 동유럽 지역 곳곳에 세워진 게토는 유대인이 야기하는 모든 재앙에서 독일인들을 지킨다는 명분으로 만들어진 거대한 감옥이었다. 주요 도시의 빈민 지구에 설치된 게토는 넘쳐나는 인구, 부족한 식량, 의약품 결핍 때문에 인간이 정상적으로 살아가기에는 부적절한 공간이었다. 그래서 게토에는 전염병이 창궐했다. 나치스는 전염병을 이유로 게토를 더욱더 철저하게 고립시켰다. 게토 내에 있던 유대인들은 육체적으로 스러져갔을 뿐만 아니라, 도덕적으로도 붕괴되어갔다. 생존하기 어려운 협소한 공간에서 살아남아야 하는 유대인들로서는 양심과 도덕의 명령을 지키기가 어려웠고, 그렇다 보니 내가 살아남기 위해서 다른 사람을 위험으로 내모는 일도 서슴지 않게 되었다. 그래서 유대인 공동체는 내부에서부터 파괴되기 시작했다. 유대인회Judenräte와 자치 경찰은 본래 유

---

42) Wolfgang Benz, "Die Juden im Dritten Reich", (eds.) W. Benz · Werner Bergmann, *Vorurteil und Völkermord. Entwicklungen des Antisemitismus*(Freiburg : i.B., 1997), 376~377쪽.

우지 게토의 생활. 폴란드 제2도시인 우지에 세워진 게토는 외부로부터의 음식물 반입이
금지되어 있었으므로 사망률이 바르샤바 게토보다 높았다.

대인 공동체를 유지하기 위해 만들어진 조직이었지만, 나치스에
대항해서 아무런 자율권도 행사할 수 없었으며, 오히려 공동체를
파괴하는 데 활용되었다.[43]

　나치스의 입장에서 볼 때 게토는 완전한 해결책이 될 수 없었다.
게토는 무엇보다 유지 비용이 생산 효과를 압도하는 경제적 비효
율성 때문에, 나치 체제의 재정 문제 전문가들에게 언제나 골칫거
리였다. 또한 전장이 확대되면서 새로 떠안게 된 수백만 명의 유럽

---

43) Hannah Arendt, *Eichmann in Jerusalem. A Report on the Banality of Evil*(New York : Penguin Books, 1994), 71쪽.

유대인을 소화하기에도 게토는 충분하지 못했다. 이런 이유에서 나치스는 한때 아프리카 동부에 있는 거대한 섬 마다가스카르에 유럽 유대인을 300만 명 이상 이송하려는 엄청난 계획을 세우기도 했다. 그러나 독일 해군이 영국에 크게 패한 뒤 외무부와 친위대가 마련한 이 계획은 물거품이 되고 말았다.[44] 이제 근본적인 해결책을 마련하는 것 외에는 다른 방법이 보이지 않았다.

히틀러를 비롯한 나치 체제의 최고위층이 '최종 해결'이라는 방침을 수립한 것은 1941년 봄이었다. 이해 6월 22일에 바르바로사 작전이라는 이름 아래 대대적인 소련 침공 계획을 수립하면서, 나치스는 새로 점령하게 될 지역에 거주하고 있는 유대인과 집시, 그리고 공산당 관료들을 제거하는 임무를 전담할 살인특무부대를 창설했다. 이 부대는 1941년 여름부터 유대인 집단 학살에 혁혁한 공을 세웠다. 그러나 여기에도 문제가 있었다. 사람을 눈앞에 두고 이루어지는 살인은 가해자들에게 엄청난 심리적 부담을 안겨주었을 뿐만 아니라, 나치 지도부가 강조한 '시간의 경제성'도 충족시키지 못했다. 나치 지도부는 숙고를 거듭한 끝에 기존의 방법보다 훨씬 더 '문명화된' 살인 방법을 고안해냈다. 그것이 바로 '살인공장'으로 불리는, 폴란드 곳곳에 세워진 절멸 수용소였다. 절멸 수용소는 나치스의 유대인 정책 가운데 마지막 단계의 정점이었다.

---

44) Jehuda Bauer, *A History of the Holocaust*(New York : Watts, 1982), 79~83쪽.

1942년 우크라이나에서 유대인을 처형하고
있는 살인특무부대 D 소속 대원

(3) '원시적' 살인 : 살인특무부대

히틀러의 명령에 따라 하나의 조직으로 통합된 친위대 및 경찰
산하에 적지 후방의 위험 분자들을 제거하기 위한 살인특무부대가
처음 만들어진 것은 1938년 3월이었다. 폴란드를 침공할 때 혁혁한
공을 세운 뒤 해체되었던 이 부대는 소련 침공 직전인 1941년 5월
에 재건되었다. 이 부대의 주요 임무는 후방 지역에 남아 있는 적의
잔당들을 제거하는 것이었다. 이 부대가 특히 겨냥한 타격 대상은
각 지역의 공산당 책임자와 유대인이었다.

살인특무부대는 철저하게 나치 이데올로기로 무장한 사람들로 구성되었다. 친위대와 경찰의 책임자였던 힘러와 그의 오른팔이었던 제국보안국 국장 하이드리히가 후보자들의 명단을 보고 직접 대원들을 선발했으며, 이렇게 구성된 살인특무부대는 유대인을 절멸하는 데 핵심적인 역할을 담당했다.

전체 인원이 3,000명가량이었던 살인특무부대는 4개의 대대급 부대로 구성되었다. 4개 대대는 각각 동부 지역군 예하의 4개 집단군Heeresgruppe과 연계해 A부대는 발트 해 지역을, B부대는 백러시아 지역을, C부대는 우크라이나 지역을, 그리고 D부대는 크림반도 지역을 담당했다. 각 대대는 다시 기동대Einsatzkommando와 특공대Sonderkommando로 불리는 중대급 부대로 나누어졌다. 기동대는 정규군 후방에, 특공대는 전방에 배치되는 것이 원칙이었지만, 이 원칙은 실전에서는 잘 지켜지지 않았다. 기동대와 특공대는 다시 몇 개의 소대급 부대로 구성되었다.[45]

이제까지의 기록에 따르면, 살인특무부대에 의해 살해된 유대인은 56만 명이 넘는다. A부대가 25만 명, B부대가 7만 명, C부대가 15만 명, D부대가 9만 명을 학살했다. 물론 총 3,000명에 불과한 이 비정규군 부대가 56만 명을 직접 살해한 것은 아니었다. 무장친위대Waffen-SS와 경찰예비대가 살인특무부대에 배속되었고, 경우에 따라서는 정규군 후방 부대와 헌병대가 가세하기도 했다. 또한 점령 지역 출신 주민들로 구성된 경비대 대원들의 적극적인 협력이

---

45) Shmuel Spector, "Einsatzgruppen", (ed.) Israel Gutman, *Encyclopedia of the Holocaust*, Vol. 2(New York · London : Macmillan, 1995), 434~435쪽.

없었다면 효율적인 살인은 불가능했을 것이다.[46]

　살인특무부대가 유대인을 제거하는 방식은 두 가지였다. 먼저 소규모 촌락의 경우에는 유대인들과 적대적 관계에 있는 비유대인 주민들의 도움을 받아 유대인 주민들을 현장에서 바로 살해했다. 규모가 큰 촌락에서는 먼저 일할 능력이 없는 노인과 여성들을 따로 골라내어 살해한 다음, 남자들을 비롯해 노동할 수 있는 사람들은 게토에 수용했다. 그러나 일할 능력이 없어지거나 새로 잡혀 오는 유대인들 때문에 게토의 수용 인원이 초과되면 이들도 곧 살해되었다. 이들은 구덩이나 참호를 자기 손으로 판 뒤에 바로 그곳에서 총살당했다. 살해된 유대인들은 인근에 마련된 커다란 구덩이에 집단으로 매장되었다.[47]

　살인특무부대가 저지른 학살 가운데 가장 규모가 큰 것은 우크라이나 수도 키예프 근방에 있는 바비야르 골짜기에서 일어난 학살이었다. 1941년 9월 19일 독일 정규군 제6군 예하의 29군단과 함께 키예프에 입성한 C부대 소속의 제4특공대 A팀은 곧바로 시내 곳곳에 현수막을 내걸었다. 현수막에는, 안전을 위해 이곳에 살고 있는 유대인들을 소련 내지로 이송할 계획이니, 유대인들은 9월 29일 아침 일찍 시내 중심지에 모이라는 내용이 적혀 있었다. 유대인들 가운데는 반신반의하면서도 이 명령을 따르는 사람들이 많았다. 전

46) Wolfram Wette, "Babij Jar 1941. Das Verwischen der Spuren", (eds.) W. Wettè · Gerd R. Ueberschär, *Kriegsverbrechen im 20. Jahrhundert*(Darmstadt : Wissenschaftliche Buchgesellschaft, 2001), 152~153쪽.

47) Jehuda Bauer, *A History of the Holocaust*, 198쪽.

바비야르 골짜기의 학살. 생존자가 있는지를 확인하고 있는 독일군의 모습이 보인다. 바비야르는 아우슈비츠와 더불어 인간악의 정점을 보여주는 현장이다. © GNU Free Documentation License

체 15만 명의 유대인 주민 가운데 3만 명을 훨씬 넘는 사람들이 자발적으로 모여들었다. 우크라이나 출신으로 구성된 경비대가 이들을 통제하고 명단을 작성했으며, 독일 경찰과 정규군은 이들을 감시하고 수송하는 일을 담당했다. 유대인 주민들은 트럭을 타고 바비야르 골짜기 입구까지 간 뒤에, 그곳에서 모든 소지품을 내려놓고 입고 있던 모든 옷을 벗어놓은 채 골짜기 안으로 걸어 들어갔다.

안에서 들려오는 총소리를 듣고 비로소 일이 잘못되고 있다는 것을 알아차렸지만 이미 너무 때늦은 일이었다. 그들은 줄을 맞추어 길이 150미터, 너비 30미터, 깊이 15미터 크기의 엄청난 구덩이 속으로 걸어 들어갔다. 정해진 지점에 도착하면 이미 총에 맞아 죽어 있는 이웃들 위에 엎드려야 했다. 대기하고 있던 살인특무부대원들은 자동권총으로 엎드린 사람들의 목덜미를 조준 사격했다. 이렇게 다음 날 아침까지 살해된 사람이 모두 3만 3,771명이었다. 1941년 9월 29일 밤 바비야르 골짜기는 블로벨Paul Blobel 대령이 이끄는 살인특무부대원들의 광기와 유대인들의 공포, 그리고 연속해서 들리는 총소리로 가득했다.[48]

살인특무부대가 저지른 학살은 계획적이고 체계적이었다. 그들의 손에는 지역 사정을 꿰뚫고 있는 전문가들에 의해 작성된 살해 대상자 명단과 잘 짜인 일정표가 있었고, 경찰과 정규군, 점령 지역 행정 부서와 현지 출신 경비대 간의 긴밀한 의사소통에 따라 역할 분담이 잘 이루어졌다. 학살은 물 흐르듯 이루어졌다. 그런 점에서 살인특무부대의 학살 방식은 결코 원시적이지 않았다. 그들의 살인이 '원시적'이었다는 것은 다만, 희생자들과 대면하고 접촉하는 가운데 학살이 이루어졌다는 의미에서다. 그들은 눈앞에 보이는 유대인들을 경멸하고 증오하고 짐승처럼 취급하면서 일대일 방식으로 살해했다. 임신한 여성이나 저항 능력이 없는 노파, 손을 비비며 살려달라고 애원하는 어린이들의 눈을 직시하는 가운데 학살이

---

48) 볼프강 벤츠, 《홀로코스트》, 최용찬 옮김(지식의풍경, 2003), 88~93쪽.

진행되었다는 점에서, 살인특무부대의 학살은 폴란드의 트레블링카나 헤움노 절멸 수용소에서 이루어진 '공장식' 학살과는 정면으로 대조되는 '원시적' 학살이었다.

(4) '문명화된' 살인 : 절멸 수용소

독일과 유럽 점령 지역에서 수용소 건설을 주도한 인물은 힘러였다. 친위대 총사령관 겸 경찰 총수 자리에 오른 1936년부터 수용소 제국 건설에 몰두한 힘러는 패전의 기색이 보이기 시작하던 1941년 말부터는 절멸 수용소 건설에 힘을 쏟았다. 그 결과 1942년 3월에 최초의 절멸 수용소가 폴란드의 베우제츠에 세워졌고, 뒤이어 소비부르(5월)와 트레블링카(7월)에도 절멸 수용소가 차례로 만들어졌다. 이 엄청난 계획은 '라인하르트 작전Aktion Reinhardt' 이라는 이름으로 진행되었다. 힘러는 1941년 말까지 나치스의 영향권 내에 있는 모든 유럽 유대인을 절멸하려 했지만, 처치해야 할 유대인이 워낙 많아서 예상보다 시간이 훨씬 많이 걸렸다.

이와 더불어 헤움노와 루블린마이다네크 수용소에서도 대규모의 살인이 이어졌다. 학살은 아우슈비츠에서도 진행되었다. 교통의 요지 아우슈비츠에 자리 잡은 세 개의 거대한 수용소군 가운데 하나였던 비르케나우에서는 네 개 이상의 대규모 화장 시설이 끊임없이 쏟아져 나오는 사체를 처리하기 위해 쉴 새 없이 가동되었다.

아우슈비츠의 경우 살인에 사용된 도구는 치클론 B 가스였고, 베우제츠, 소비부르, 트레블링카로 이어지는 동부 지역의 세 절멸 수용소에서는 일산화탄소가 선호되었다. 두 도구는 각각 장점과 단점을 가지고 있었다. 치클론 B 가스는 소량으로 간편하게 많은 사람을 죽일 수 있지만, 외부의 민간 기업에서 생산되기 때문에 보급에 문제가 생길 수도 있었고, 또 생산된 지 3개월이 넘으면 효력이 없어지기 때문에 장기 보관이 불가능했다. 반면에 소련군으로부터 노획한 탱크나 트럭의 엔진에서 배출되는 배기 가스로 학살하는 방법은 유류 보급만 끊이지 않는다면 살인 작업을 진행하는 데 아무런 어려움이 없었다. 다만 한 번에 죽일 수 있는 사람의 수가 치클론 B에 비해 적고 시간도 더 걸린다는 것이 문제점으로 지적되었다.

집단 학살이 이루어진 수용소들 가운데 가장 가혹하고 효율적이었던 곳은 트레블링카였다. 유럽 각지에서 화물 열차를 타고 폴란드 트레블링카에 도착한 유대인들은 우크라이나 출신 경비대원의 고함과 채찍 소리에 놀라 그들이 내모는 방향으로 쫓겨 가야만 했다. 그리고 '미용실'에서 머리카락을 잘리고, 입고 있던 옷을 벗고, 모든 소지품을 내려놓은 뒤에는 '목욕탕'으로 갔다. 이때까지 걸리는 시간은 15분 내지 20분에 불과했다. 경비대원들은 이들을 목욕탕에 몰아넣고 문을 닫은 뒤, 20분 내지 25분 동안 기다렸다가 작은 유리창을 통해 모든 사람이 죽었는지 확인하고서 문을 열었다. 그러면 숙련된 사체 처리반원들이 온갖 오물과 피가 뒤범벅이 되어버린 목욕탕 안에서 사체를 끌어내 금니가 있는지 확인하고, 없으면 그대로 수레에 싣고 가 땅에 묻거나 소각했다. 모든 과정에 걸리는 시간은 적으면 두 시간, 많아야 세 시간이었다. 이런 방식으로

우지 게토의 유대인들이 헤움노 절멸 수용소로 향하는 기차에 올라타고 있다.

많게는 하루에 5,000명의 유대인이 죽어나갔다.[49]

트레블링카에서 죽은 유대인은 모두 90만 명이 넘었다. 베우제츠에서는 60만 명이, 소비부르에서는 25만 명이 살해되었다. '살인 공장'의 대명사인 아우슈비츠의 비르케나우에서는 100만 명 이상의 유대인이 죽었다. 이렇게 강제 수용소에서 가스나 굶주림, 질병, 고문과 가혹 행위, 처벌로 죽어간 유대인이 모두 300만 명을 넘었

---

49) Manfred Burba, *Treblinka. Ein NS-Vernichtungslager im Rahmen der "Aktion Reinhard"*(Göttingen : Einbeck, 2000), 17~20쪽.

던 것으로 추산된다.

300만 명을 죽이는 데 직접적으로 동원된 독일인은 그리 많지 않았다. 전형적인 절멸 수용소였던 트레블링카를 관리한 친위대 병력은 40명에 불과했고, 최대 규모를 자랑하던 아우슈비츠에 배치된 독일 경비원도 1941년 3월 기준으로 151명밖에 되지 않았다.[50] 수감자들과 몸으로 부대끼며 임해야 하는 근거리 경비는 점령 지역 출신 주민들로 구성된 경비대가 담당했다. 수용소 안의 온갖 일은 수감자들에게 위계 서열을 부여해 스스로 해결하게 했고, 수감자들을 한편으로는 담배와 수프 같은 사소한 특혜를 주고, 다른 한편으로는 죽음이라는 처벌로 위협하는 방식으로 통제했다. 독일인들은 '살인 공장'을 관리하는 일에만 전념하면 되었기 때문에, 살인 과정에서 인간적인 고통을 느낄 여지가 적었다.

절멸 과정은 이처럼 효율성과 신속성, 그리고 탈(脫)감정으로 특징지을 수 있는 '문명화된' 방식으로 조직되고 운용되었다. 철저하게 조직된 살인 공정의 각 단계에 가담한 독일인들은 양심의 가책을 받을 필요가 별로 없었다. 지방 공무원들은 서류를 확인하고, 지방 경찰은 역전에 모인 유대인들의 머릿수를 헤아리고, 기관사와 역무원들은 운행 계획에 따라 열차를 움직이고 운행 일지를 기록하면 그만이었다. 수용소의 친위대 장교는 유대인들을 쓸모에 따라 선별하기만 하면 되었고, 나머지 병력은 수용소가 정상적으로 운영되도록 관리하기만 하면 되었다. 손에 피를 묻힐 필요는 없

---

50) Raul Hilberg, *Vernichtung der europäischen Juden*, Vol. 2(Frankfurt a. M. : Fischer, 1990), 957~998쪽.

었다. 그러므로 학살의 각 단계에 참여한 사람들은 양심 때문에 고민할 필요가 없었다.

(5) 뉘른베르크 전범 재판과 기억의 공인을 얻기 위한 투쟁

유대인은 제노사이드를 겪은 집단들 가운데 가장 조직적이고 치밀하게 가해자들을 압박하고, 중립적 입장에 있는 사람들에게 자신들의 희생의 의미를 각인시키는 데 성공한 민족이다. 그리고 독일은 자기 민족이 저지른 제노사이드를 인정하고 보상과 배상에 나선 최초의 국가다. 그런 점에서 홀로코스트는 사후에도 20세기의 모든 제노사이드 가운데 가장 많은 주목을 받아왔다. 가해자와 희생자가 법정뿐만 아니라 경제 회담과 학술대회에서, 또 종교 지도자들의 모임과 언론에서 지속적으로 만나 과거를 이야기하고 미래를 전망하는 일이 어떻게 가능했을까?[51]

독일인들이라고 해서 자신들이 저지른 엄청난 제노사이드를 자발적으로 인정하고 희생자들에 대한 보상과 배상에 나선 것은 아니었다. 전쟁이 끝난 직후에는 보상이나 배상을 주장하는 목소리는 물론이고 독일 민족의 집단적 유죄를 주장하는 목소리도 야스퍼스Karl Jaspers와 같은 소수의 양심적 지식인에게서나 나왔을 뿐

---

51) 홀로코스트가 가해자의 나라 독일, 희생자의 나라 이스라엘, 방관자의 나라 미국에서 각각 다르게 기억되고 있는 것에 관해서는 필자의 다음 글들을 참조하라. 최호근, 〈미국에서의 홀로코스트 기억 변화〉, 《미국사연구》 19(2004), 133~158쪽 ; 〈이스라엘의 홀로코스트 기억과 역사 만들기〉, 《역사비평》 68(2004년 가을), 217~240쪽 ; 〈부담스러운 과거와의 대면 : 독일에서의 홀로코스트 기억〉, 《서양사론》 84(2005), 39~69쪽.

이었다. 과거에 대한 반성은 사람들의 양심이나 학계가 아니라 법정에서, 그것도 패전국 독일을 점령한 나라가 주도한 국제군사법정에서 시작되었다.

물론 뉘른베르크 주요 전범 재판이 유대인들의 집단적 희생을 독립적인 판결 대상으로 삼은 것은 아니었다. 검사 측은 피고들이 주도면밀하고 체계적인 제노사이드를 저질렀다고 밝혔지만, 유대인의 죽음에 특별히 주목하지는 않았다. 재판부는 제노사이드 범죄의 혐의 자체를 인정하지 않았다. 그러므로 주요 전범 재판은 홀로코스트를 단죄하는 긴 여정에서 희미한 시발점으로 기억될 수 있을 뿐, 누구나 인정할 수 있는 확고한 출발점은 아니었다.

그러나 뉘른베르크 주요 전범 재판 이후에 열린 일련의 후속 재판 과정에서 감춰져 있던 진실들이 하나하나 밝혀지면서, 유대인의 희생에 관심을 갖는 사람들이 크게 늘어갔다. 프랑크푸르트에서 열린 아우슈비츠 수용소 관계자 재판, 울름에서 열린 살인특무부대 재판, 예루살렘에서 열린 아이히만 재판은 먼저 세계의 여론을 움직였고, 세계의 여론은 다시 독일인들에게 심한 압력이 되었다. 이 과정에서 유대인들은 손을 놓고 있지 않았다. 우선 유대인 생존자의 일부는 학살의 가해자들을 추적하기 위한 '나치 사냥'에 평생을 바쳤다. 홀로코스트 기억이 가져다줄 정치적 손익 계산에 분주하던 신생 이스라엘 공화국의 정치 지도자들도 대세를 좇아 진상 규명에 나섰다. 그 뒤를 이은 것은 미국 내 유대인 조직들이었다. 이들의 기획과 치밀한 공조 작업으로, 그동안 법정에서만 환기되었던 과거사는 학계와 언론을 통해 관련 국가의 지식 대중에게 확산되기 시작했고, 1980년대 이후에는 매스미디어의 기획에 힘입어 세계의 일반 대중에게 직접 호소하게 될 정도로 널리 퍼져나갔다.

기억의 승리였다. 기억의 공인을 얻기 위한 투쟁에서 승리를 거둔 유대인들의 죽음은 홀로코스트라는 독자적인 이름을 얻었고, 세계인의 제노사이드 기억에서 가장 중심의 자리를 차지하게 되었다. 유대인들이 거둔 가장 큰 성과는 자신들의 기억을 가해자인 독일인들의 의식 속에 각인시켰다는 것이다. 자기 민족의 희생을 공식적으로 인정받기 위한 유대인들의 오랜 투쟁은 가해자의 나라인 독일 법정이 유대인이 겪은 비극의 사실성을 부인하는 것부터가 범죄라고 판결하는 순간, 확고부동한 승리를 거두었다고 말할 수 있다.

2. 공인받지 못한 인종 학살 : 집시 제노사이드

(1) 집시는 누구인가

'또 다른 홀로코스트' 또는 '잊힌 제노사이드'의 대명사인 집시 민족의 학살은 최대 50만 명 이상의 희생자를 낳은 것으로 추산된다. 그들의 죽음이 근래에 와서 특별히 사람들의 관심을 끌고 있는 것은, 그들이 나치 시기에 희생당한 유대인이나 슬라브인과는 다른 명분으로 살해되었다는 점, 그리고 반인도적 의학 실험의 집중적인 대상이 되었다는 점 때문이다. 15세기 초 중부 유럽에 처음 출현한 이래 집시들은 언제나 환대받지 못하는 집단이었다. 추방에서 시작해 교수형과 화형에 이르기까지, 그들이 가는 곳에는 항상 박해가 따라다녔다. 그러므로 집시의 역사는 박해의 역사 그 자체였다고 해도 과언이 아니다.

유럽인들은 무엇 때문에 그토록 집시를 싫어했을까? 집시는 도대체 누구이며, 어디에서 왔을까? 오늘날 우리가 집시라고 부르는 이들은, 본래 산스크리트에서 비롯되었지만 시간이 흐름에 따라 페르시아어, 쿠르드어, 그리스어와 한데 섞여버린 여러 가지 방언을 사용하는 민족이다. 이들은 지금부터 1,000년 전에 인도 지역에서 출발해 페르시아, 아르메니아, 터키를 거쳐 유럽에 이르는 대장정을 감행했으나, 그 이유가 무엇이었는지는 정확하게 알려져 있지 않다. 집시들은 문자를 갖고 있지 않기 때문에 그들 자신의 문헌을 통해 집시의 역사를 알 수는 없다. 다만 1417년에 발간된 독일 문헌에 치고이너Zigeuner(집시를 일컫는 독일어)라는 단어가 처음 등장한 이래, 타자의 시각에서 기록된 그들의 역사를 읽을 수 있을 뿐이다. 그들은 한 곳에 정착하지 않고 계속 이동하면서, 바구니를 짜고, 솥을 수선하고, 가위를 갈아주고, 말을 팔고, 음악을 연주하고, 동물을 조련시키고, 점을 봐주는 일로 생활을 유지했다.

이국적인 용모에 짙은 색의 피부를 가진 집시는 어느 곳에 가든지 환영받지 못하는 존재였다. 유럽인들은 언제나 집시를 도둑, 마법사, 마녀, 어린이 유괴범, 첩자라고 생각했으며 집시에 대해, 시끄럽고 지저분하고 도덕을 모르고 거짓말 잘하는 '비사회적 존재'라는 선입견을 갖고 있었다. 바로 이런 편견 때문에 신성로마제국은 1497년에 칙령을 통해, 독일 땅에 거주하던 집시들을 터키의 첩자로 몰아 추방했다. 다른 국가들도 처음부터 집시들을 받아들이기를 거부하거나, 혹은 받아들였다가도 문제만 생기면 곧바로 축출했다. 전 유럽을 대혼란 속에 빠뜨렸던 30년전쟁(1618~1648)이 끝나고 걸인과 도적 떼가 창궐하던 시기에 무리 지어 도적질하던 일단의 집시들이 처형된 후, 집시에 대한 부정적 선입견과 박해는 더욱 강화되었다.

이런 열악한 환경 속에서 살아남기 위해 집시들은 국가와 국가, 지역과 지역, 법령과 법령 사이에 존재하는 작은 틈새를 찾기에 골몰했다. 어떤 집시들은 현지 주민들 가운데서 자기 자녀의 대부(代父)가 되어줄 사람을 찾았고, 또 어떤 집시들은 여권을 위조해 행상 면허를 취득하기도 했다. 특유의 음악적 재능은 그들이 거쳐 가는 지역의 주민들에게 관용을 얻는 중요한 수단이었다.[52]

(2) 박해에서 학살로

근대 초부터 독일어권에서 살았던 집시는 대부분 신티족이었다. 그리고, 산업화와 도시화가 본격적으로 진행되었던 19세기 후반에는 발칸 반도와 헝가리 지역에서 스스로를 로마Roma족이라고 부르는 집시 민족의 또 다른 부류가 중부 유럽으로 이주해 왔다. 이들은 루마니아어의 영향을 강하게 받은 자신들만의 언어를 사용했는데, 신티족보다 피부색이 더 짙은 탓에 특히 독일에서 심각한 인종

---

52) Guenter Lewy, *The Nazi Persecution of the Gypsies*(Oxford : Oxford Univ. Press, 2000), 1~4쪽.

유랑하는 로마족

문제를 불러일으켰다.

집시에 대한 독일인들의 감정이 악화된 데는 학자들의 책임도 컸다. 먼저 1850년대 초반에 프랑스에서 출간된 고비노Joseph-Arthur Gobineau 백작의 《인종불평등론*Essai sur l'inégalité des races humaines*》은 인도-게르만어를 사용하는 아리아인의 인종적 우수성을 극찬함으로써 독일인들에게 인종적 우월감을 심어주었다. 그러나 고비노는 이 책에서 집시를 직접 폄하하는 발언은 하지 않았다. 집시에 대한 편견을 결정적으로 강화한 사람은 이탈리아의 범죄학자 롬브로소Cesare Lombroso였다. 1902년 독일에서 출판된 그의 책《범죄의 원인과 범죄와의 싸움Die Ursachen und Bekämpfung des Verbrechens》은 집시 민족 특유의 범죄적 성향을 과학의 이름으로 '논증' 해서, 집시에 대한 독일인의 시각에 매우 부정적인 영향을 미쳤다. 이렇게 해서, 낭만주의가 지배했던 19세기에 독일인들이 집시에 대해 가지고 있었던 최소한의 긍정적 이미지마저 설 곳을 잃어버리게 되었다. 독일인의 집단 의식 속에서 집시는 이제 원시적이고 목가적인 공동체가 아니라 불온한 범죄 집단으로 굳어져버리기 시작했다.

1899년, 이런 분위기에 편승해, 독일 내에서도 이방인에 대한 배타심이 특히 강한 바이에른 주에서는 집시 문제를 전담하는 부서까지 생겨났다. 1911년부터 바이에른 주에 들어오는 모든 집시는 지문 날인을 해야 했다. 곧이어 1차 대전이 발발하면서, 집시들은 더욱더 곤경에 빠지게 되었다. 모든 집시는 외국의 첩자라는 인식이 널리 퍼져, 집시에 대한 박해와 테러가 끊이지 않았다. 이와 같은 인식은 끊임없이 확산되어, 1926년 바이에른 지방에서는 모든 집시가 잠재적 범죄자로 간주되고 이들을 통제하기 위한 법률이 제정되기까지 했다. 독일의 다른 주들도 바이에른 주의 법을 모범으로 삼아 유사한 법률을 제정했다.

집시들이 독일 땅에서 이토록 배척당해야만 했던 이유는 어디에 있을까? 피부색과 생활 습관의 차이, 역사적으로 누적되어온, 집시는 도둑 또는 거짓말쟁이라는 선입견이 적대감의 출발점이 되었던 것은 분명하다. 그렇다면 집시들은 이런 적대감의 근원을 몰랐을까? 피부색은 바꿀 수 없다고 하더라도, 생활 습관을 바꾸는 정도의 노력은 할 수 있지 않았을까?

물론 집시들도 독일인들이 자신들을 싫어하는 이유를 잘 알고 있었다. 그럼에도 불구하고 그들은 외부인의 증오와 편견을 불러일으키는 자신들의 생활 양식을 바꿀 수가 없었다. 가장 중요한 이유는, 집시에게는 토지나 집을 소유할 권리가 없었다는 데 있다. 심지어 집시에게는 마을의 우물에서 물을 긷는 것조차도 금지되어 있었다. 이런 적대적 환경 속에서 살아남기 위해 집시들은 최소한의 도둑질은 문제가 되지 않는다고 여겼고, 부당한 단속의 그물을 벗어나기 위해 여러 개의 가명을 사용하는 것쯤은 사기가 아니라고 생각했다. 그들은 같은 종족의 물건을 훔치는 것은 잘못이지만, 집시가 아닌 사람gadjé의 물건을 슬쩍하는 것은 범죄가 아니라는 생각을 공유하고 있었다. 그러나 이런 생각에서 비롯된 독특한 생활이 현지 주민들의 불신을 강화했고, 불신감에서 비롯된 현지 주민들의 적대적인 태도는 다시 집시들로 하여금 여러 가지 편법을 동원하게 했다. 바로 이런 악순환 때문에 나치스가 집권한 이후 집시들이 혹독한 박해를 받을 때에도, 대부분의 독일인들은 박해에 무관심하거나 아예 동조하는 태도를 보였다. 만약 일반인들 사이에 집시에 대한 반감이 널리 퍼져 있지 않았다면 나치스도 집시를 박해할 엄두를 내지 못했을 것이다.[53]

나치스가 권력을 장악한 후에 전개한 집시 정책은 크게 세 단계

---

53) Guenter Lewy, *The Nazi Persecution of the Gypsies*, 10~14쪽.

로 요약될 수 있다. 나치스는 집권에 성공한 뒤 처음 4년 동안은 예전과 마찬가지로 통제하고 괴롭히는 수준의 집시 정책에 만족했다. 소수 집단에 불과한 집시에게 히틀러와 나치스가 특별히 관심을 가질 이유는 없었다. 그들이 때때로 '집시 문제'를 언급한 것은 어디까지나 아래로부터의 압력 때문이었다. 그러나 전쟁이 임박해 오자 이런 소극적 박해 정책은 더 이상 유지될 수 없었다. 1937년부터 시작된 두 번째 단계는 '예방 차원의 감금 정책'으로 이름 붙일 수 있다. 이 시기에 나치스의 관심은 부랑하는 집시들을 체포해 전국 각지에 세워진 강제 수용소에 구금함으로써 그들을 사회로부터 완전히 격리시키는 데 있었다. 집시에 대한 본격적 탄압을 뜻하는 마지막 단계가 시작된 것은 1938년 말이었다. 경찰 총수 겸 친위대 총사령관이었던 힘러의 주도로 '집시의 재앙을 막기 위한 투쟁 법령Der Runderlass zur Bekämpfung der Zigeunerplage'이 제정된 것과 동시에, 집시에 대한 조직적이고 전면적인 탄압이 시작되었다. 이때부터 집시를 인종적으로 판별하는 엄격한 기준이 적용되었다. 전쟁은 이러한 탄압을 절멸로 몰아갔다.

(3) 집시의 절멸

나치스가 집시를 다루는 방식은 유대인을 다루는 방식과는 약간 달랐다. 충직한 나치스 관료들과 '인종과학자'들은 독일인의 순수한 혈통을 지키기 위해서 집시를 제거해야 한다고 주장했지만, 중앙과 지방의 행정 관료들과 경찰은 집시 문제를 범죄를 예방하는 차원에서 다루는 것으로 충분하다고 믿었다. 집시를 바라보는 시각이 상당히 달랐기 때문에, 문제를 처리하는 방식에서도 하나의 합의점이 도출되지 못했다. 그 결과, 복잡한 혈통을 지닌 혼혈 집시들Zigeunermischlinge과 이미 독일 사회에 동화되어버린 집시들에 대해서는 수용소 강제 이송이나 강제 불임 수술이 면제되기도 했다. 육안으로는 집시와 전혀 다르게 보이는 '백인 집시Jenische' 의 처리와 관련해서는 더 큰 혼선이 일어났다.[54]

　그러나 정책상의 혼란은 전쟁의 발발과 더불어 자연스럽게 사라져버렸다. 1939년 10월, 힘러 휘하의 제국보안국은 독일과 오스트리아 내에 살고 있던 집시들을 동부 유럽의 특별 수용소로 강제 이송하는 계획을 수립했다. 제국보안국 내에서 집시 문제를 전담하던 부서는 과거에는 제국사법경찰청Reichskriminalpolizeiamt(RKPA)이라고 불렸던 제5실이었다. 그러나 집시의 강제 이송과 절멸이 순탄하게 이루어진 것만은 아니었다. 베를린에 거주하고 있던 집시들을 폴란드로 강제 이송하기 위해 만들어진 계획이 여러 세력의 심한 반발에 부딪혀 무산되는 일도 있었다.[55]

　그럼에도 불구하고 집시에 대한 절멸 계획은 꾸준히 실행에 옮겨졌다. 전쟁의 음습한 분위기가 절정에 이르렀던 1940년 1월, 독일의 부헨발트 수용소에서는 치클론 B 가스의 성능을 확인하는 실험에서 250명의 집시 어린이들이 살해되었다.[56] 곧이어 나치스는 제

---

54) Guenter Lewy, The Nazi Persecution of the Gypsies, 219쪽.

55) Michael Zimmermann, "Die nationalsozialistische 'Lösung der Zigeunerfrage'", (ed.) Ulrich Herbert, Nationalsozialistische Vernichtungspolitik 1939~1945. Neue Forschungen und Kontroversen(Frankfurt a. M.: Fischer, 2001), 247쪽.

56) Ian Hancock, "Roma : Genocide of Roma in the Holocaust", Encyclopedia

국 내에 거주하고 있던 집시들을 동유럽 지역으로 강제 이송하는 계획을 구체화했다. 1940년 5월에는 독일에 살고 있던 2,500명의 집시가 폴란드의 총독부령(領)으로 이송되었다. 이들 가운데 대부분은 가혹한 생존 조건 때문에 얼마 지나지 않아서 목숨을 잃고 말았다. 다음 해 11월에는 오스트리아에 거주하고 있던 집시들 가운데 특히 반사회적 성향을 소유했다고 낙인찍힌 5,000명의 집시가 폴란드의 우지 게토로 이송되었다. 이들 가운데 일부는 게토 안에서 티푸스에 걸려 죽었고, 나머지는 가까운 헤움노 절멸 수용소로 끌려가 가스차 안에서 모두 살해되었다.[57]

1941년 6월에 독일군이 소련을 전면 침공하면서부터는 동유럽에 살고 있던 집시들도 재난을 피할 수 없게 되었다. 집시는 소련 공산주의자들이나 유대인과 마찬가지로 최우선적으로 제거해야 할 대상으로 지목되었기 때문이었다. 살인특무부대는 이적 행위와 간첩 행위를 학살의 명분으로 내세웠지만, 실제 학살 과정에서는 이에 대한 구체적인 확인 작업이 선행되지 않았다. 그런데 나치 독일의 집시 학살에는 가볍게 지나치지 말아야 할 사실이 한 가지 있다. 그것은 바로 모든 집시가 절멸의 대상이 되지는 않았다는 것이다. 유대인이 남녀노소를 가리지 않고 살해되었던 것과 달리, 집시는 거주 지역과 학살을 주도한 기관이 어디냐에 따라서 목숨을 보존하는 경우가 적지 않았다. 일부 지역에서는 성인 남성들만 살해된 사

---

of Genocide, Vol. 2, 506쪽.

57) Michael Zimermann, "Die nationalsozialistische 'Lösung der Zigeunerfrage'", 249쪽.

베우제츠 절멸 수용소에 도착한 로마족. 로마족은 짙은 피부색 때문에 산티족보다 더 많은 희생을 치렀다.

레도 발견된다.[58]

　1942년 12월에는 힘러의 명령에 따라 아우슈비츠 수용소 내에 집시들만의 특별 구역이 따로 설치되었다. 이곳에 수용된 집시들은 반사회적 성향을 지녔다고 판정된 혼혈 집시들이었다. 다른 집단과 달리 집시들은 이곳에 가족 단위로 수용되었다.[59] 이들은

---

58) Guenter Lewy, *The Nazi Persecution of the Gypsies*, 220쪽.

59) Sybil H. Milton, "'Gypsies' as Social Outsiders in Nazi Germany", (eds.)

1944년 봄부터 여름까지 이곳 수용소에 머물렀다. 이들 가운데 노동할 능력이 있는 사람들은 독일 내의 다른 강제 수용소로 다시 이송되었지만, 나머지는 모두 가스실에서 살해되었다. 이와 같은 학살의 선풍 속에서도, 사회적 측면에서 '해롭지 않은' 범주에 편입된 일부 집시들은 단종 수술을 받는 조건으로 목숨을 부지할 수 있었다.

　독일과 오스트리아에 살고 있던 집시들 가운데 어느 정도가 나치스에 의해 희생되었는지는 분명하게 알려져 있지 않다. 1942년까지는 전체 2만 9,000명 가운데 1만 5,000명 내지 2만 2,000명 정도가 죽음을 당한 것으로 보인다. 독일 제국 바깥에 살고 있던 집시들의 희생자 수는 추산하기조차 어렵다. 집시 문제를 오랫동안 연구해온 전문가들의 보고에 따르면, 제국 바깥에 거주하고 있던 80만 명 내지 100만 명의 집시 가운데 20만 명가량이 목숨을 잃은 것으로 추정된다.[60] 생존자들의 주장을 받아들이면 희생자 수는 훨씬 더 늘어날 수밖에 없다. 독일 내에 거주하고 있는 집시들의 대변 기구인 집시 중앙회의Zentralrat는, 독일과 오스트리아에 거주하고 있던 집시들 중에서 2만 5,000명이 목숨을 잃었고, 유럽 전역에서는

Robert Gellately · Nathan Stoltzfus, *Social Outsiders in Nazi Germany*(Princeton · Oxford : Princeton Univ. Press, 2001), 226쪽.

60) Donald Kenrick · Grattan Puxon, *Destiny of European Gypsies*(London : Cox and Wyman, 1972), 183쪽은 전체 100만 명의 집시 가운데 21만 9,000명이 죽었다고 밝히고 있고, Donald Kenrick, "Letter to the Editor", *Holocaust and Genocide Studies* 4(1989), 253쪽에서는 83만 1,000명 가운데 19만 6,000명이 죽었다고 주장한다.

50만 명이 나치스에 의해 살해되었다고 주장한다. 독일 정부도 공식적으로는 이 기관의 주장을 그대로 인정하고 있다.

(4) 사회적 살인인가, 인종적 살인인가

오늘날 독일 정부는, 집시 민족이 겪은 비극을 제노사이드로 규정한다는 입장을 기회가 있을 때마다 표명하고 있다. 1997년 3월에는 헤어초크Roman Herzog 대통령이 직접 나서서 이런 견해를 공식적으로 밝히기도 했다.[61]

그러나 독일 정부가 처음부터 이렇게 전향적인 입장을 보인 것은 아니었다. 2차 대전이 끝난 직후에 시작된 일련의 전범 재판과 배상 과정에서 독일 정부와 사법부는 유대인들은 국가 범죄의 희생자로 인정한 데 반해 집시들에 대해서는 다른 잣대를 적용했다. 예를 들어 1953년에 처음 발효되었다가 1965년에 최종 개정된 서독 정부의 보상법은 나치스에 정치적으로 반대했던 인사들이나, 인종, 종교, 이데올로기적 이유에서 박해받았던 사람들에 대해서만 국가가 보상할 수 있다고 규정했다. 이 법에 의거해서 서독 정부는 집시에 대해서는 어떤 보상도 불가능하다는 입장을 천명했다. 정부의 공식적 입장은, 집시들은 인종적 이유에서 박해받은 것이 아니라, 그들이 보여준 '비사회적 행태' 때문에 사회적 이유에서 처벌받았다는 것이었다. 서독 정부는 다만, 1942년 12월 16일에 제정된 아우슈비츠 법령에 따라 인종적인 이유에서 아우슈비츠 수용소

---

61) *Tagesspiegel*(1997년 3월 17일).

로 강제 이송되었던 집시들의 경우만은 예외로 인정할 수 있다고 밝혔다. 서독 법원도 1940년에 폴란드 지역의 총독부령으로 강제 이송되었던 집시들의 경우를 심리한 끝에, 이들은 군사적 차원에서 추진된 재정착 계획의 희생자들이기 때문에, 국가에는 보상의 책임이 없다고 판결했다.

그러나 최근에는 집시의 집단적 죽음에 대한 평가가 근본적인 변화를 겪고 있다. 사람들은 이제 집시라는 모호한 성격의 총칭 대신에, 로마와 신티라는 구체적 명칭을 사용하고 있다. 나치스에 의해 희생된 로마 종족의 구성원들을 그들의 언어에 따라 '포라이모스'라고 부르는 경우도 점차 늘어나고 있다.[62] 이런 분위기에 힘입어, 점점 많은 사람들이 집시들의 죽음을 제노사이드로 지칭하고 있다.

그러나 아직도 일부 학자들은 집시들이 겪은 비극을 제노사이드라고 부르기를 주저하고 있다. 가장 큰 이유는 가해자인 독일이 집시를 하나의 민족 집단이 아니라 사회 집단으로 간주했다는 데 있다. 우리가 이미 알고 있는 것처럼, 유엔의 제노사이드 협약은 사회 집단에 대한 학살은 제노사이드가 아니라고 규정하고 있다. 그렇지만, 특히 로마 종족에 대한 탄압에서 볼 수 있듯이, 독일인들이 사실상 집시 일반을 낯설고 혐오스러운 별개의 인종으로 간주했던 것은 부정할 수 없는 사실이다. 게다가 로마 종족에 대한 구금, 강제 이송, 학살을 주도한 나치스의 내부에 이미 그들을 구별해내는

---

62) '포라이모스paw-Rye-mos'는 로마 종족의 언어로 '파괴된 사람들'이라는 뜻이다.

데 필요한 인종학적 지침이 마련되어 있었던 점도 간과되어서는 안 된다.

어떤 학자들은 나치스가 처음부터 뚜렷한 의도를 가지고 집시 민족을 절멸하려고 했다기보다는, 일관성 없는 나치스의 집시 정책이 전쟁 상황에서 여러 조직과 기구들이 경쟁하는 가운데 급진화되어 예기치 못한 참사로 이어진 것이라고 강조한다.[63] 그러나 이런 견해는 집시 학살을 유대인 학살과 정면에서 비교하는 중에 일어나는 착시의 결과로 보인다. 집시 학살에서는 유대인 학살을 가능하게 했던 '최종 학살' 계획에 버금갈 정도로 일관되고 철저한 계획이 수립되지 않았던 것이 사실이다. 집시가 어느 지역에서는 학살을 면했지만 다른 지역에서는 그렇지 못했던 경우를 우리는 이미 알고 있다. 그러나 집시 학살을 배제하고 유대인 학살만을 제노사이드의 유일한 기준으로 삼는다면, 지구상에서 일어난 그 어느 집단 학살도 제노사이드로 보기 어렵게 될 것이다. 유대인 학살은 워낙 섬광과도 같은 극한의 경험이기 때문에, 그 사건에 이미 익숙해져버린 눈을 가지고 다른 집단 학살들을 바라보면 그것들이 모두 사소하게 보일 수 있다. 물론 의도의 존재 여부와 계획의 철저성이라는 면에서 볼 때 집시 학살이 같은 시기에 같은 지역에서 동일한 가해 주체에 의해 자행된 유대인 학살과 같은 차원에 속한다고 말하기는 어렵다. 그러나 전쟁이 진행되면서 집시에 대한 학살이 점차 체계적인 형태를 갖춰나갔던 것만큼은 틀림없는 사실이

---

63) Guenter Lewy, *The Nazi Persecution of the Gypsies*, 223쪽.

다.[64] 또한 집시들을 대상으로 이루어진 강제 불임 수술도 나치스의 집시 절멸 의도가 없었음을 입증하는 증거가 아니라, 오히려 집시의 종(種)적 연속성을 파괴하기 위해 시도된 생물학적 제노사이드의 증거로 해석되어야 한다. 이런 맥락에서 집시의 집단적 죽음을 제노사이드로 보는 데 특별한 어려움이 없다.

3. 사회적 약자에 대한 제노사이드 : 장애인과 동성애자 학살

나치스의 혈통 이데올로기가 일차적으로 겨냥한 집단은 유대인과 집시였지만, 이들에 버금갈 정도로 해로운 존재로 낙인찍힌 독일 내의 사회적 약자들도 이 이데올로기의 칼날을 피해 갈 수는 없었다. 대표적인 존재가 바로 장애인과 동성애자였다. 이들은 인종적 기준에서 보면 당연히 독일인이었지만, 민족Volk의 기준에서는 주류에서 철저하게 배제된 사회적 외부인이었다. 정신적 숭고함과 육체적 강인함을 유독 강조한 나치스의 눈에 이들은 이상적인 민족 공동체를 건설하는 데 무익할 뿐만 아니라 해롭기까지 한 존재로 비쳤다. 이들에 대한 나치스의 탄압과 학살은 사회적 편견이 얼마나 무서운 결과를 초래할 수 있는지를 단적으로 보여주는 사례라고 할 수 있다.

---

64) Michael Zimmermann, *Rassenutopie und Genozid : Die nationalsozialistische 'Lösung der Zigeunerfrage'* (Hamburg : Christians, 1996), 383쪽.

(1) 장애인 학살

1933년 1월에 우생학적 신념에 사로잡힌 나치스가 권력을 장악하면서 독일인 중 정신적·육체적 장애를 가진 사람들은 민족 공동체의 건강을 위협하는 무익한 존재로 매도되기 시작했다. 히틀러를 비롯한 나치스 수뇌부 구성원들에게 그런 신념을 불어넣은 인물은 인종우생학Rassenhygiene의 전문가 렌츠Fritz Lenz였다. '빌헬름 황제 인류학 연구소Kaiser-Wilhelm-Institut für Anthropologie'가 인종우생학 연구와 보급의 산실이었다면, 렌츠는 그곳에서 중추적 역할을 담당하던 우생학 연구실의 책임자였다.

독일 땅에서 우생학의 논리가 사회적으로 주목받기 시작한 것은 1차 대전 이전이었지만, 이 논리가 장애인들에게 위협으로 감지되기 시작한 것은 전쟁 발발 이후였다. 전전의 우생학 연구 경향이 정신적·육체적 건강의 증진을 도모하는 긍정적 우생학 진영과 열등한 인자의 배제를 주장하는 부정적 우생학 진영으로 나뉘어 있었다면, 전쟁은 독일의 여론을 후자의 방향으로 몰아갔다. 전쟁이 끝난 후 부정적 우생학은 다시 북방 민족으로 일컬어지는 아리아인의 인종적 우수성을 강조하는 북방 학파Nordic faction와 아리아인의 탁월성을 따로 인정하지 않는 반북방 학파anti-Nordic faction로 나뉘게 되었는데, 전자는 뮌헨을 중심으로 우생학을 인종우생학으로 변형시켰고, 후자는 베를린을 중심으로 우생학 일반을 발전시켰다. 북방 학파를 대표하는 인물이 렌츠였다면, 반북방 학파의 중심 인물은 무커만Hermann Muckermann이었다. 히틀러의 집권은 북방 학파에 승리를 안겨줌으로써, 운동으로서의 인종우생학이 하

나의 확고한 정책으로 올라서는 계기가 되었다.[65] 나치스와 인종우
생학자들이 내건 우생학 정책의 표어는 "배제를 통한 개선Aufartung
durch Ausmerzung"이었다. 그러나 그들이 실제로 추진한 내용은
'열등한 인자의 제거를 통한 민족 공동체의 재생'이었다.

히틀러는 집권한 지 몇 달도 지나지 않은 1933년 7월 14일, '유전
적 질환을 보유한 자손의 출생을 방지하기 위한 법'이라는 이름의
강제 불임법을 포고했다. 이 법에 근거해서 마련된 우생학 프로그
램에 의해 1934년 1월 1일부터, 치료 불가능한 유전적 결함을 갖고
있는 것으로 진단된 30만 명의 독일인들에게 강제로 불임 수술이
행해졌다. 불임 수술을 당한 이들 가운데 절반 이상은 정신박약자
로 판정받은 사람들이었다.[66] 이 모든 과정을 주도한 조직은 내무
부 내에서 민족의 건강 업무를 관장하는 제4국이었다.

그러나 강제 불임 정책은 나치스가 장애인들을 대상으로 전개한
'우생학 전쟁'의 완결판이 아니라 신호탄이었다. 수많은 규칙과
조례들이 추가되면서, 법원으로부터 불임 수술 시행 판정을 받기
전에 잉태된 태아들에 대해서는 대대적인 낙태 수술이 이루어졌
다.

장애인들의 비극은 여기서 끝나지 않았다. 이미 이 시기에 나치
스 강경파는 안락사Euthanasia의 도입을 강력하게 주장하기 시작

---

65) Henry Friedlander, "The Exclusion and Murder of the Disabled", (eds.) R.
Gellately · N. Stoltzfus, *Social Outsiders in Nazi Germany*, 146~147쪽.
66) 불임 시술을 받은 사람들 가운데 정신박약자가 52.9퍼센트였고, 정신분열증
환자가 25.4퍼센트, 간질 환자가 14퍼센트였다.

했다. 이에 부응해서 히틀러도 1935년에 제국의사협회 회장에게, 전쟁이 발발하게 되면 안락사 프로그램을 도입하지 않을 수 없을 것이라고 자신의 입장을 밝혔다. 하지만 안락사의 비극은 전쟁이 시작되기도 전에 닥쳐왔다. 1938년 치료 불가능한 중증 장애인 자녀를 둔 일부 부모들이 총통비서실Kanzlei des Führers(KdF)에 안락사 제도의 도입을 청원하자, 히틀러는 자신의 주치의 브란트Karl Brandt와 총통비서실장 불러Philipp Bouhler에게 장애인 어린이들을 안락사시키는 방안을 구체화할 것을 명령했다. 그 결과, 총통비서실에 의무보건 문제 담당 책임자로 있던 브라크Viktor Brack가 주도하는 가운데, 1939년 봄에 모든 계획과 조직이 완료되었다. 히틀러의 명령에 따라, 같은 해 여름에는 안락사 프로그램의 대상이 장애인 어린이에서 모든 장애인으로 확대되었다.

이 프로그램이 성공적으로 수행되기 위해서는 두 가지의 전제 조건이 필요했다. 하나는 여러 행정 부서들의 전폭적인 협조와 원활한 공조였고, 다른 하나는 철저한 보안이었다. 동시에 충족시키기 어려운 이 두 조건을 만족시키기 위해, 히틀러는 내무부가 아닌 총통비서실에 전권을 부여했다. 업무의 성격상 내무부의 협조 없이는 아무것도 이루어질 수 없었지만, 보안이 유지되지 않을 경우 국민들의 거센 반발에 부딪힐 것을 염려한 히틀러는 결국 총통비서실에 책임을 맡겼던 것이다. 보안 유지에 노심초사하던 총통비서실은 안락사 프로그램에 'T-4 작전'이라는 암호명을 붙였다. 'T-4 작전'이란 이 작전을 주도한 총통비서실 제2국이 베를린 시내의 동물원가(街)Tiergartenstraße 4번지에 자리 잡고 있어서 붙여진 이

장애인 학살의 주요 책임자들 가운데 한 사람인 빅토어
브라크가 뉘른베르크에서 열린 나치 의사 재판 피고석
에 앉아 있다.

름이었다.[67] 실무를 담당하는 각 부서에도 명칭만으로는 그 성격을
파악하기 어려운 모호한 이름이 붙여졌다. 장애인들의 현황을 파
악하고 명단을 작성하는 일은 제국의료기관협회가 맡았고, 인사
문제를 담당하는 공익의료재단이라는 곳도 만들어졌다. 환자들을
살해 장소로 운반하는 임무는 공익환자수송회사가 담당했다. 이미
살해된 환자들에게 지급되는 요양 급여를 대신 수령해서 작전 수

---

67) William E. Seidelman, "Eugenics and Holocaust", *Encyclopedia of Genocide*,
Vol. 1, 216쪽.

행 경비로 전용하는 업무는 중앙정산소가 맡았다.[68]

총통비서실이 당면한 과제는 세 가지였다. 안락사 대상자 선별, 효율적인 살해 방식 개발, 안락사 프로그램을 추진할 전문 인력 모집이 바로 그것이었다. 가장 큰 문제는 인력 충원이었다. 의사, 간호사, 과학자, 경찰, 일반직 근무자를 모집하는 것 자체는 어렵지 않았지만, 살해 과정에 직접 참여해야 하는 의사들이 자신들의 행위가 범죄가 아니라는 것을 공식적인 법률로 보장해달라고 요구했기 때문에, 보안을 유지해야 하는 총통비서실은 난처한 입장에 처했다. 총통비서실의 고위 관계자들은 고민 끝에 총통 히틀러에게, 구두 명령이 아닌 문서 명령을 내려줄 것을 요청했다. 총통의 말이 곧 법인 시대였기 때문에, 이는 당사자 모두를 만족시킬 수 있는 훌륭한 절충안이었다. 1939년 10월, 히틀러는 마침내 브라크에게 장애인들을 처리할 것을 명하는 내용의 명령서에 공식 서명했다. 이 명령서에는 "건강한 나라를 건설하기 위해 장애인들에게 자비로운 죽음을 선사"하라는 내용이 담겨 있었다.

총통의 공식 명령서가 하달되자 안락사 프로그램은 탄력을 받기 시작했다. 총통비서실 제2국은 곧바로 독일 전역의 의료 시설에 수용되어 있는 장애인의 현황 파악에 들어갔다. 의료 전문가들은 격렬한 토론 끝에, 안락사 대상 선정에 관한 1000 : 10 : 5 : 1의 원칙을 이끌어냈다. 이것은 곧 인구 1,000명당 정신과 치료가 필요한 사람이 열 명이라면, 병원에서 치료하거나 요양원에 입원해야 하

---

68) Peter Widmann, "Aktion T4", *Lexikon des Holocaust*(München : C. H. Beck, 2002), 13쪽.

는 사람은 다섯 명이고, 그 가운데 최종적으로 제거해야 할 중증 환자는 한 명이라는 것을 의미한다. 이 단순한 계산에 따르면, 안락사 대상은 6만 명 내지 7만 명에 이르렀다.[69] 동시에 제2국은 '살아야 할 가치가 없는 생명들'을 제거하는 데 필요한 300명 이상의 전문 인력을 확보하고, 독립적인 조직을 구성했다.

이와 같은 체계적 살인이 실제로 이루어진 데는 세 가지 동기가 복합적으로 작용했다. 첫째 동기는 물론 독일 민족을 유럽의 주인 민족Herrenvolk으로 만들고자 했던 나치스의 광신적 이데올로기였다. 이 이데올로기가 장애인 살해의 목표를 제시했다. 둘째 동기는 우생학으로서, 이는 장애인들을 제거하는 데 필요한 과학적 논리를 제공해주었다. 그러나 이 두 가지 동기보다 현실적으로 더 중요한 것은 경제적 동기였다. 전국의 병상과 병원 유지 비용의 절반을 넘게 차지하면서도 완치의 가능성은 희박한 정신적 · 육체적 장애인들은 나치스의 시각에서 보면 큰 부담일 뿐이었다. 특히 전쟁이 시작된 후, 넘쳐나기 시작한 부상병들을 감당하기 위해서는 특단의 조치가 필요하다는 주장이 체제 내부에서 크게 힘을 얻었다.

장애인들의 '안락한 죽음'을 위해 전국에 여섯 개의 살인 센터가 세워졌다. 하르트하임, 조넨슈타인, 그라페네크, 베른부르크, 하다마어, 브란덴부르크에 세워진 살인 센터는 본래 의료 기관이었던 곳을 개조해서 만든 것이었다. 이곳에서는 살인을 위한 다양한 방법이 실험되었다. 처음에는 굶겨 죽이는 방법이 동원되었다. 그러

---

69) Götz Aly, *"Endlösung". Völkerverschiebung und der Mord an den europä-schen Juden*(Frankfurt a. M. : Fischer, 1998), 53쪽.

나 유아나 어린이들을 살해하는 데 동원되었던 이 방법으로는 성인들을 쉽게 죽일 수가 없었다. 시간이 흐르면서 살인의 방법은 크게 진보해서, 주사기를 통해 약물과 독극물을 주입하는 방법이 사용되더니, 더 나아가 결국 일산화탄소를 가스실에 주입하는 방법이 성공을 거두어 히틀러의 최종 승인을 받았다. 이 방식은 근대적인 공정과 맞물리면서 놀라운 효과를 발휘했다.

살인 센터에서는 다섯 단계를 거쳐 살인이 이루어졌다. 첫째, 장애인들이 살인 센터에 도착하고 의료진은 서류에 기재된 사항이 실제와 일치하는지를 확인한다. 둘째, 행정 인력이 영구적인 기록을 남기기 위해 장애인들의 사진을 찍는다. 셋째, 장애인들이 가스실로 들어가고, 의료진은 가스 밸브를 연 뒤 유리창을 통해 그들이 죽어가는 모습을 지켜본다. 넷째, 한두 시간이 지난 뒤에 의사가 장애인들의 죽음을 확인하고, 사체 처리반이 가스실에 들어가 시체들을 끌어낸다. 다섯째, 대기하고 있던 인력이 그 시체들을 가져가 부속 화장장에서 태운다. 이런 공정에 따라 희생된 장애인은, 나치스의 공식 통계를 따르더라도, 1940년과 1941년에만 7만 273명에 이르렀다.

작전은 최대한 비밀 유지에 힘쓰는 가운데 이루어졌지만, 독일 내에서 이루어지는 살인이 계속 비밀로 남아 있을 수는 없었다. 희생자의 유족들을 통해 이 사실을 알게 된 가톨릭과 개신교 교계가 강력하게 반발한 것은 당연했다. 나치스는 격렬하게 항의하는 성직자의 일부를 강제 수용소로 보내는 극단적인 조치까지 감행했다. 그러나 점차 거세어지는 여론의 반발을 더 이상 감당할 수 없게 된 히틀러는 1941년 8월 24일 이 작전을 즉시 중단하라는 명령을 내렸다. 그럼에도 불구하고 실무진은 히틀러가 묵인하는 가운데 보안 유지에 더욱 힘쓰면서 작전을 지속했다. 대규모 가스 학살은 사라졌지만, 독극물 주입은 계속되었다.[70] 그 결과 전쟁이 끝날 때까지 안락사 작전으로 희생된 사람은 모두 20만 명이 넘었다. 희생자들이 모두 장애인인 것은 아니었다. 그중에는 여호와의 증인 신자도 있었고, 매춘부와 알코올 중독자도 있었으며, 강제 노역자와 유대인도 있었다.[71]

　장애인 학살은 그 자체로도 몸서리쳐지는 비극이었지만, 그것보다 훨씬 큰 희생을 가져온 대학살의 시작이기도 했다. 왜냐하면 이 일에서 훈련받은 의사들이 그 후 각지의 수용소에 배치되어 살인 대상자 선별과 '의학 실험'에 투입되었기 때문이다. 후에 동유럽 지역에 절멸 수용소들을 건설하고 운영한 책임자들도 바로 이들이었다. 이들은 히포크라테스의 선서를 배신한 사람들이었다. 그런 점에서 나치스의 안락사 프로그램은 앞으로 다가올 본격적인 제노사이드의 전조였으며,[72] 대규모 절멸 작전을 실행하는 데 필요한 전문 인력의 양성소였다. T-4 작전의 '졸업생'으로서 유대인 학살과 집시 학살에 참여한 사람은 모두 100명이 넘었다.[73]

---

70) Henry Friedlander, "The Exclusion and Murder of the Disabled", 156쪽.

71) Peter Widmann, "Euthanasie", *Lexikon des Holocaust*, 66쪽.

72) Götz Aly, *"Endlösung". Völkerverschiebung und der Mord an den europäischen Juden*, 50쪽.

73) Henry Friedlander, *The Origins of Nazi Genocide. From Euthanasia to the Final Solution*(London : Univ. of North Carolina Press, 1995), 284~302쪽.

(2) 동성애자 학살

나치 강제 수용소에는 여러 종류의 희생자 집단이 있었다. 수감자들은 집단별로 구분되는 특정 색깔의 삼각형 표지를 달고 있었고, 각 색깔은 각기 다른 범죄 유형을 의미했다. 유대인은 보통 노란색의 별 모양 표지를 달았지만, 때로는 정치범을 의미하는 붉은색 삼각형 표지를 달기도 했다. 검은색은 파괴분자를 뜻했고, 녹색은 살인범을 의미했다. 수감자들 가운데는 핑크색 표지를 달고 있는 사람들도 있었다. 수감자들 사이에서도 저주받은 존재로 치부되었던 이들은 바로, 나치스에 의해 '인종의 순결성을 훼손하는 범죄'를 저질렀다고 고발된 동성애자들이었다.

다른 곳에서와 달리 나치 독일에서 동성애자가 집중적으로 박해받은 이유는 어디에 있었을까? 그것은 무엇보다 남성성을 강조하는 나치 이데올로기와 깊은 관련이 있다. 히틀러가 꿈꾼 제3제국의 이상은 건전한 정신과 강인한 육체를 소유한 남성으로 구성된 전인격적 공동체Männerbund였다. 이러한 꿈의 공동체를 구현하기 위해 나치스는 집권 전부터 청소년과 청년들을 조직화하는 데 혼신의 힘을 기울였다. 이 조직들이야말로 운동으로서의 나치즘을 가능하게 해주는 손과 발이었다. 그렇지만 남성만의 조직 생활은 필연적으로 동성애 문제를 야기했다. 남성들의 정신적·육체적 연대를 유독 강조한 나치스의 이데올로기에는 이런 문제를 오히려 심화시키는 측면이 있었다. 그러나 건실한 민족 공동체의 중요성을 강조하는 나치스 이데올로기의 다른 측면은 잠재적인 동성애적 분위기에 대해 이미 강한 적대감을 드러내고 있었다.

동성애 문제를 둘러싼 이데올로기 차원의 충돌 가능성은 나치스 내의 권력 투쟁 과정에서 현실화되었다. 그것은 곧 친위대 Schutzstaffel(SS)와 돌격대Sturmabteilung(SA) 간의 충돌을 의미했다. 룀Ernst Roehm이 돌격대 조직의 팽창에 힘입어 나치스 내에서 권력의 2인자로 급부상하자, 돌격대와 경쟁 관계에 있던 정규군과 친위대는 물론 총통인 히틀러도 강한 위기감을 느끼기 시작했다. 이런 상황에서 히틀러의 충직한 수하로서 친위대 조직을 이끌고 있던 힘러는 히틀러의 양해를 얻어 그를 전격적으로 살해하고, 그의 조직을 분쇄하는 데 앞장섰다. 이 과정에서 힘러는 룀과 그의 부

남성 동성애자 나이트 클럽이었던 엘도라도가 나치스에 의해 폐쇄된 모습
"기호 1번 히틀러에 투표하세요"라는 선전 간판이 붙어 있다.

하들이 동성애에 오염되어 있었음을 폭로하면서, 이를 돌격대 세력 숙청의 명분으로 내걸었다. 사실 힘러는 동성애를 극도로 혐오하는 인물이었다. '장검(長劍)의 밤'으로 불리는 1934년 6월 30일의 돌격대 제거 작전 이후 힘러가 권력 실세의 일원으로 급부상하는 순간, 동성애자에 대한 대대적인 탄압은 이미 예고되어 있었다고 보아야 한다.[74]

동성애자에 대한 본격적인 박해는 룀이 살해된 지 1년 뒤인 1935년부터 시작되었다. 나치스는 독일 형법 제175조에 추가 조항을 삽입하면서 동성애자에 대한 본격적인 탄압에 나섰다. 이 조항에는 남성들 간의 키스와 포옹을 금지하는 내용까지 포함되었다. 과거에는 구강이나 항문을 통해 이루어지는 직접적인 동성애 행위만 범죄로 인정되었지만, 이제는 암묵적으로 용인되어온 상호 자위 행위를 포함해 동성 간에 이루어지는 모든 성적 행위가 범죄로 공인되었다. 히틀러는 동성애 자체는 크게 문제 삼지 않았지만, 동성애의 확산에 따르는 결과에 대해서는 민감하게 반응했다. 힘러가 히틀러를 설득할 수 있었던 것도 바로 그 때문이었다. 힘러는 동성애가 낙태와 함께 독일의 출생률을 낮추는 주범이라는 것을 총통과 모든 국민에게 주지시켰다. 전쟁을 목전에 둔 나치스의 시각에서 본다면, 출생률을 낮추는 동성애 행위는 분명 중대한 '범죄 행위'였다.

힘러의 명령에 따라 비밀국가경찰과 친위대가 남성 동성애자를

---

74) Geoffrey J. Giles, "The Institutionalization of Homosexual Panic in the Third Reich", *Social Outsiders in Nazi Germany*, 237~239쪽.

색출해 강제 수용소에 수감하는 일에 적극적으로 나섰다. 그러나 그 과정은 그렇게 단순하지는 않았다. 가장 큰 어려움은 이미 긴장해서 숨어버린 동성애자들을 어떻게 색출하는가에 있었다. 경찰은 남성 화장실과 클럽, 공원 등을 샅샅이 뒤졌다. 사랑하는 남성을 다른 남성에게 빼앗긴 여성들의 고발도 잇따랐다. 병영에서 생활하는 군인들이나 단체 생활을 하는 청소년들의 고발도 많았다. 하이드리히에 이어 제국보안국 국장이 된 칼텐브루너Ernst Kalten-brunner의 기록에 따르면, 1939년 9월부터 1943년 7월까지 군 내에서 재판에 회부된 동성애자 사안은 모두 5,806건에 이르렀다.[75] 물론 그중에는 동성애와는 아무런 관련이 없는 사건도 포함되어 있었다. 그러나 이 통계는 나치 시기에 동성애 문제가 체제 차원에서 심각한 문제로 인식되었음을 확인해준다. 힘러는 동성애자가 탄압받아야 하는 이유에 대해 다음과 같이 밝혔다. "오늘날 우리가 잡종 간의 결혼에 관해서 고대 게르만의 입장으로 회귀한 것과 마찬가지로, 동성애에 대해 판단할 때도 우리는……지도적인 북유럽인의 원칙, 곧 절멸의 원칙으로 돌아가야만 한다."[76]

나치 치하에서 얼마나 많은 동성애자들이 희생되었는지를 정확하게 밝히기는 어렵다. 가장 큰 이유는 이들의 희생을 확인하게 해주는 기록들이 많이 남아 있지 않다는 데 있다. 또한, 2차 대전이

---

75) Geoffrey J. Giles, "The Institutionalization of Homosexual Panic in the Third Reich", 249쪽.

76) Jack Nusan Porter, "Homosexuals : Genocide of Homosexuals in the Holocaust", *Encyclopedia of Genocide*, Vol. 1, 340쪽.

끝난 뒤에도 독일 땅에서 오랫동안 사라질 줄 몰랐던 동성애자에 대한 사회적 편견과 법적 차별 역시 한 이유가 되었다. 이와 같은 난점에도 불구하고 대략적으로 추산하면, 동성애자에 대한 탄압이 시작된 1933년부터 독일의 패전이 임박했던 1944년까지 자신이 동성애자라고 확신하고 있었던 독일 남성은 5만 명 내지 6만 3,000명이었다. 후텐바흐Henry R. Huttenbach는 1933년부터 1945년까지 동성애 범죄 혐의로 기소된 남성이 5만 명 정도였다고 밝히고 있다.[77]

모(母)집단이 이 정도였다면, 과연 이 가운데 목숨을 잃은 사람은 얼마나 됐을까? 독일의 역사가 뮐러Joachim Müller는 법정에 기소된 5만여 명의 동성애 혐의자들 중 유죄 판결을 받고 강제 수용소에 수감된 사람은 1만 명 내지 1만 5,000명이었다고 주장했다. 그의 결론에 따르면, 이 가운데 나치스의 가혹한 처우 때문에 실제로 목숨을 잃은 사람은 수백 명에 불과했다.[78] 그러나 다수의 학자들은 강제 수용소에서 희생된 동성애자가 적어도 5,000명은 넘었을 것으로 보고 있다. 학자에 따라서는 1만 5,000명 정도가 희생되었다고 추산하기도 한다.

최근에 와서 어둠 속에 묻혀 있던 사건의 진상이 속속 밝혀지고 있기는 하지만, 아직도 이들의 죽음을 제노사이드로 보는 것은 무

---

77) Henry R. Huttenbach, "Homosexuals and the Holocaust : Victimization Is Not Genocide", *Encyclopedia of Genocide*, Vol. 2, 339쪽.

78) Jack Nusan Porter, "Homosexuals : Genocide of Homosexuals in the Holocaust", 339쪽.

리라고 생각하는 사람이 적지 않다. 왜냐하면 동성애자는 유대인이나 집시와는 달리 자신의 성적 정체성만 드러내지 않으면 얼마든지 위험을 피할 수 있었기 때문이다. 나치스의 위협에서 벗어나 끝까지 살아남은 동성애자들이 죽은 동성애자들보다 훨씬 많았다는 사실이 이를 입증한다.

그렇다면 동성애자들의 죽음을 제노사이드로 보는 사람들은 어떤 점에 주목하는 것일까? 이들은 먼저, 나치스가 동성애자를 '기생충', '전염병', '해악의 근원', '악성 종양'으로 낙인찍었다는 사실이야말로 동성애자들에 대한 집단 학살의 근본적 동인이 의사(擬似) 인종주의에 있었음을 단적으로 보여주는 것이라고 강조한다. 인간성을 박탈하는 태도가 학살의 바탕에 깔려 있었으므로, 동성애자들이 겪어야 했던 고난과 죽음은 당연히 제노사이드에 포함되어야 한다는 것이다. 또한 이들은, 동성애자에 대한 강제 불임 수술 시행과 학살을 명령하고 재촉한 인물이 나치 체제의 중심부에 있었던 힘러라는 사실에 주목해야 한다고 말한다. 제국 경찰 총수와 친위대 총사령관을 겸임하고 있었던 힘러야말로 나치 국가 권력의 유력한 대리인이었다. 더 중요한 사실은, 힘러가 주도한 동성애자 탄압은 체제의 정점에 있던 총통 히틀러의 명령이나 재촉, 또는 묵인이 없었다면 도저히 일어날 수 없는 엄청난 사건이었다는 것이다. 그러므로 나치스의 동성애자 탄압은 국가에 의한 체계적 폭력 행사로 해석할 수밖에 없다. 국가 기구의 주도면밀한 계획, 대대적인 학살 같은 요소는 나치 체제하에서 일어난 동성애자들의 죽음을 제노사이드로 판단하게 하는 중요한 근거가 된다. 동성애

나치스에 희생당한 남성동성애자

자들을 대상으로 자행된 생물학적 불임 수술 역시 나치스의 동성
애자 정책을 제노사이드로 볼 수밖에 없게 만든다. 이와 같은 이유
에서, 오늘날 홀로코스트와 제노사이드에 관한 연구에서 중심축을
이루고 있는 워싱턴의 홀로코스트 기념관도 나치 시기에 동성애자
들이 겪었던 비극을 '동성애자 제노사이드gay genocide'로 인정하

고 있다.

동성애자들의 고난이 오랫동안 제노사이드로 인정받지 못했던 가장 큰 이유는 그들이 여전히 사회적 약자로 머물러 있었다는 데 있다. 2차 대전이 끝난 뒤에도 '동성애자'란 독일 사회에서 여전히 혐오스러운 말이었다. 1935년에 나치스에 의해 개정되었던 형법 가운데 동성애를 범죄로 규정한 175조와 175조 a항이 1969년에야 완전히 소멸된 것도, 동성애자를 범죄자나 사회적 일탈자로 보는 시각이 전후에도 강하게 살아 있었음을 입증해준다. 동성애자가 당해야 하는 불이익은 사회적 차별의 수준에 머물지 않았다. 예를 들어, 전후 서독 법원은 나치 시기에 동성애자들이 살해된 것은 범죄자로서 처벌받은 것이기 때문에, 동성애자 집단은 그 시대에 탄압받았던 다른 소수 집단과는 달리 경제적 배상을 받을 수 없다고 판결했다. 유엔의 제노사이드 협약은 제노사이드를 판별하는 기준에 성별을 포함하지 않았기 때문에, 동성애자들은 국제법에 호소할 수도 없었다. 나치스의 박해를 받았던 많은 집단이 기억의 공인을 위한 투쟁에서 미국의 여론을 지렛대로 삼았던 것과 달리, 동성애자들은 미국을 등에 업을 수도 없었다. 그들은 2차 대전이 끝난 뒤에 미국으로 망명하거나 미국을 방문할 때에도, 동성애자에 대한 입국 금지 규정 때문에 자신들의 성적 정체성을 밝힐 수가 없었다. 이렇게 중첩된 사회적·제도적 장애물 때문에 동성애자들의 비극은 오랫동안 그들만의 비극으로 남아 있어야 했다. 제노사이드 연구자들 사이에서도 동성애자 제노사이드는 관심의 대상이 아니었다.

동성애에 대한 편견이 없는 연구자에게서도, 동성애자 제노사이드는 홀로코스트와 같은 시기에 진행되었다는 이유 때문에 오히려 주목받기 어려웠다. 엄청난 빛을 발하는 항성(恒星) 바로 옆에 자리 잡고 있는 작은 행성처럼 불리한 위치에 있는 동성애자들의 비극은 이제까지 전개되어온 기억의 공인을 얻기 위한 투쟁에서 늘 제대로 조명되지 못했다.

제 3 장

민족과 종교의 학살 이중주 : 남동부 유럽

　다민족 국가는 단일민족 국가에 비해서 제노사이드가 일어날 소지를 언제나 더 많이 안고 있다. 다민족 국가 중에서도 한 국가 내에 공존하는 민족 집단들의 종교가 다를 경우, 제노사이드의 개연성은 그만큼 더 커진다. 물론 그렇다고 해서 모든 다민족·다종교 국가가 제노사이드를 경험하는 것은 아니다. 민족과 종교를 달리하는 집단들이 한 영토 내에 존재하는 경우에도, 대립과 갈등을 정치적으로 해결할 수 있는 제도와 전통이 있다면 제노사이드는 쉽게 일어나지 않는다. 그러나 혁명이나 내전, 또는 국가 간 전쟁이 발생해서 정치적 갈등이 불거지게 되면 상황은 크게 달라질 수 있다. 일단 갈등이 표면화되기 시작하면, 지배와 피지배, 학살과 보복 학살로 얼룩진 과거의 기억들이 정치가들의 선동을 타고 그 갈등을 돌이킬 수 없는 지경으로 몰아간다. 이런 상황이 도래하면, 제노사이드 지수는 이미 위험 수위를 넘어서게 된다. 20세기 초반에 터키에서 일어난 아르메니아인 학살과 20세기 후반에 유고슬라비아에서 발생한 제노사이드는 바로 이런 상황 속에서 일어난 대표적인 비극이다.

1. 터키의 아르메니아인 학살 :
20세기 최초의 제노사이드(1915~1916)

> 나는 군인이고 (민족이) 나의 명령권자다.
> 나는 모든 명령에 아무런 이의 없이 복종한다.
> 나는 눈을 꼭 감고 내 임무를 수행한다.
> —괴칼프Ziya Gökalp[79]

'20세기 최초의 제노사이드'[80]라고 불리는 터키의 아르메니아인 학살은 나치스의 유대인 학살, 집시 학살과 더불어 조금도 의심할 여지가 없는 전형적인 제노사이드로 인식되고 있다.[81] 동시에 이

---

79) Uriel Heyd, *Foundations of Turkish Nationalism : The Life and Teachings of Ziya Gökalp*(London : Luzac, 1950), 124쪽에서 재인용.

80) United Nations, "Study of the Question of the Prevention, and Punishment of the Crime of Genocide", E/CN.4/Sub.2/L.583 dd.(1973년 6월 25일).

81) Leo Kuper, "The Concept of Genocide and Its Applicability to the Turkish Massacres of Armenians in 1915~1916", (ed.) Permanent People's Tribunal, *A Crime of Silence. The Armenian Genocide*(Cambridge : Zed Books, 1985), 188~189쪽.

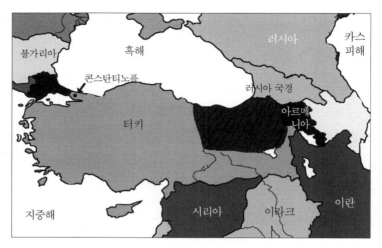

아르메니아 지도. ■ : 아르메니아인들이 집중적으로 거주했던 지역

사건은 민족 간의 갈등과 종교적 차이가 중첩될 때 생겨날 수 있는 엄청난 비극을 가장 웅변적으로 보여주는 사례라고 할 수 있다.

(1) 역사적 배경 : 아르메니아 문제

기원전 6세기경부터 흑해, 카스피 해, 지중해 사이의 지역에서 하나의 민족을 이루어 살고 있던 아르메니아인은 기원후 4세기에 그리스 정교를 국교로 받아들였다. 14세기에 아르메니아 왕국이 무너진 후 아르메니아 영토의 대부분은 터키, 즉 오스만 제국에 넘어갔고, 동부의 남은 지역은 처음에는 페르시아의 지배를, 그 후 19세기에는 러시아의 지배를 받게 되었다.

오스만 제국의 통치 아래서 아르메니아인은 정교를 신봉하는 소수로서 공식적으로 차별을 받았으며, 이등 시민의 대우를 감내해야만 했다. 그들은 공직에 취임할 수 없었고, 특별세까지 납부해야 했지만, 그들의 생명과 재산은 법의 보호를 받지 못했다.[82] 19세기 후반에 와서 오스만 제국이 급속도로 쇠퇴했지만, 아르메니아인 지도자들은 위험이 따르는 분리나 독립을 도모하기보다는, 술탄에 대한 충성을 재확인함으로써 자율성과 권익의 증진을 얻어내는 소극적 노선을 택했다. 그렇지만 아르메니아인 거주 지역에 정치적 자치권을 부여해달라는 아르메니아인의 온건한 요구도 오스만 제국 실권자들의 눈에는 불온한 움직임으로 보였다. 게다가 아르메니아인 가운데 서유럽의 영향을 받은 젊은 엘리트들이 보다 근본적인 개혁을 요구하고, 내정 문제에 대한 서유럽 국가들의 간섭이 점점 더 심해지자, 술탄 압둘 하미드Abdulhamit 2세는 통치권의 안정을 위해 아르메니아인들을 강제로 개종시키고 학살하는 것도 불사했다.[83]

국지적 · 간헐적으로 지속되던 아르메니아인 학살은 1908년에 청년 터키당의 혁명이 일어나면서 새로운 국면에 접어들게 된다.

---

82) Rouben Paul Adalian, "The Armenian Genocide", (ed) Israel W. Charny, *Encyclopedia of Genocide*, Vol. 1, 61쪽.

83) Richard G. Hovannisian, "The Armenian Question, 1878~1923", (ed.) Permanent People's Tribunal, *A Crime of Silence. The Armenian Genocide*, 11~17쪽.

청년 터키당의 한 분파인 통일진보 위원회Ittihad ve Terakki Jemi-yeti가 1913년 쿠데타를 통해 권력을 장악하면서, 처음에는 자유주의와 평등주의를 표방하는 것처럼 보였던 당의 노선은 강경한 민족주의로 완전히 바뀌었다. 3두 지배 체제로 정착된 통일진보 위원회는 유럽 국가들의 간섭과 영토 침탈에 저항하고 왕정복고주의자들의 쿠데타에 대응하는 과정에서 배타적 국수주의 집단으로 변모해갔다. 술탄 통치 시절과 같은 다민족·다종교 국가가 아니라 문화적·종교적으로 동질적인 새로운 터키 국가를 꿈꾸고 있던 이들 때문에 아르메니아인의 상황은 더욱 위태로워졌다. 그 다음 해인 1914년에 일어난 1차 대전은 이런 위협이 현실화되는 계기를 제공해주었다. 1914년 8월에 독일과 비밀 동맹을 체결한 터키는 영토 확장을 위해 러시아를 공격했고, 연합군은 이에 대한 대응으로 이듬해에 겔리볼루 반도에 상륙해 터키에 직접적으로 군사적 위협을 가했다. 이와 같은 위기 상황에 직면한 터키의 극단주의자들은 아르메니아인을 속죄양으로 삼기로 결정하고, 이들이 반역을 도모했다고 주장했다. 그리고 강경책 채택을 놓고 주저하는 같은 당 동료들을 지금이야말로 터키의 골칫거리인 아르메니아인 문제를 영원히 해결할 때라고 설득했다.[84]

(2) 학살의 전개 과정

콘스탄티노플에 있던 정교회 대주교구의 통계에 따르면, 1914년

---

84) Richard G. Hovannisian, "The Armenian Question, 1878~1923", 17~20쪽.

11월 2일 오스만 제국이 독일과 오스트리아–헝가리 제국의 편에 서서 1차 대전에 참전할 무렵 제국 영토 내에 거주하고 있던 아르 메니아인들은 모두 210만 명이었다.[85] 이 가운데 15만 명은 콘스탄 티노플에 거주하고 있었고, 나머지는 동부의 농촌 지역에 살고 있 었다. 농촌 지역의 아르메니아인들은 터키인들과는 그런대로 좋은 관계를 유지하고 있었지만, 수세기에 걸쳐 그들을 약탈해온 쿠르 드족과는 불편한 관계에 있었다.[86] 한편, 오스만 제국과 국경을 사 이에 두고 있던 러시아에는 170만 명의 아르메니아인이 살고 있었 다. 전운이 감도는 당시 상황에서 아르메니아인으로서는 터키와 러시아 가운데 어느 한쪽을 지지하는 것이 매우 위험한 선택이었 다. 따라서 아르메니아인은 중립을 표방했는데, 오히려 이 때문에 이들에 대한 양국 정부의 불신감이 걷잡을 수 없이 커졌다. 특히 러 시아와의 전투에서 연이어 패배해 수세에 몰린 오스만 제국 군대 가 전선에서 가까운 지역에 살고 있던 아르메니아인들에 대해 느 끼는 감정은 불신감이라는 말만으로는 표현이 안 될 정도로 몹시 부정적인 것이었다.

  1915년에 들어와 전세는 오스만 제국에 더욱더 불리해졌다. 2월 이후 줄곧 패전을 예감하고 있던 청년 터키당의 수뇌부는 영국과 프랑스 함대가 다르다넬스 해협을 장악한 뒤 전략적 요충지인 겔

---

85) 터키 정부의 공식적 통계에 따르면 130만 명에 조금 못 미쳤다.

86) Yves Ternon, "Report on the Genocide of the Armenians of the Ottoman Empire, 1915~1916", (ed.) Permanent People's Tribunal, *A Crime of Silence. The Armenian Genocide*, 94~95쪽.

리볼루 반도에 상륙할 태세를 취하자 극심한 초조감에 빠져들었다. 이에 비례해서 터키에 살고 있던 아르메니아인의 위기감도 커졌다. 아르메니아인 대주교는 터키 주재 독일 대사에게 아르메니아인들의 안전 보장을 요청했지만, 독일 대사는 확답을 거절했다.

이런 초긴장 상태에서 4월에 아르메니아인들에게 결정적으로 불리한 사건이 일어났다. 오스만 제국 군대가 패퇴를 거듭하던 1915년 4월 11일, 반 주(州)에서 아르메니아인이 봉기를 일으켜 터키 주민을 학살하고 러시아군의 점령을 돕는 일이 벌어진 것이다. 아르메니아인 문제를 근본적으로 해결해야 한다는 인식을 갖고 있던 청년 터키당 수뇌부에게 이것보다 더 좋은 기회는 없었다.

오스만 제국 정부는 만반의 준비를 마친 후에, 4월 23일 밤부터 다음 날까지 콘스탄티노플에 거주하는 아르메니아인 가운데 정치, 종교, 교육 분야의 지도층 인사와 사상적 엘리트 650명을 전격적으로 체포해서 아나톨리아로 강제 이송했다. 이 작전이 일단락된 후에 정부는 '아르메니아 혁명 위원회' 지도자들이 반국가 활동 혐의로 체포되었다고 발표했다. 강제 이송된 아르메니아인 지도자들은 곧바로 처형되었다. 그러나 이들은 혁명을 도모하기는커녕, 제국 정부에 대해 적대적 태도조차 취할 줄 몰랐던 인사들이었다. 이들 가운데 다수는 오히려 청년 터키당 인사들과 두터운 친분 관계에 있었다. 이 사건은 앞으로 벌어질 본격적인 제노사이드의 신호탄이었다. 그동안 곳곳에서 아르메니아인에 대한 학살이 있어왔지만 그것은 통제되지 않은 폭력에 불과했고, 이제 전면적인 학살이 조직적으로 시작된 것이었다.[87]

다음 달인 5월에는 내무부 장관 탈라트 파샤Talaat Pasha가, 아르메니아인들은 전국에서 반란을 일으켜 적들을 이롭게 할 수 있으므로, 정부가 마련한 재정착 지구로 이송될 것이라고 발표했다. 정착지로 정해진 곳은 생존이 불가능한, 시리아와 메소포타미아의 사막 지대였다. 이 발표에 이어 외국의 외교관들과 무역업자들이 집중적으로 모여 살고 있던 콘스탄티노플(이스탄불)과 스미르나(이즈미르)를 제외한 모든 지역에서 아르메니아인 추방 작업이 시작되었다.

강제 이송을 주관한 주무 부서는 탈라트 파샤가 이끄는 내무부와 엔베르 파샤Enver Pasha가 이끄는 국방부였다. 내무부가 아르메니아인 가운데 민간인을 책임졌다면, 국방부는 노무부대로 재편성된 군인을 맡았다. 오스만 제국 군대에 복무하던 30만 명의 아르메니아인은 무장 해제당하고 노무부대로 재편성되었다가 1915년 4월 8일에 학살되었다. 그러므로 아르메니아인 가운데 조직적으로 저항할 수 있는 세력은 이미 남아 있지 않았다. 민간인들의 무장 해제를 위해 마을 단위의 수색 작업도 진행되었다. 은닉된 무기들을 찾아내는 과정에서 당국은 기준 수량을 미리 정해놓고, 찾아낸 무기가 이보다 적을 경우에는 은닉 혐의로, 찾아낸 무기가 이보다 많은 경우에는 반역 혐의로 마을 지도자들을 체포했으며, 이로써 저항의 구심점을 제거했다.[88]

---

87) Yves Ternon, "Report on the Genocide of the Armenians of the Ottoman Empire, 1915~1916", 104쪽.

88) Robert Melson, *Revolution and Genocide. On the Origins of the Armenian*

아르메니아인 학살의 주범 엔베르 파샤

강제 이송에 앞선 1915년 5월 말에 강제 이송에 관한 비상조치법
이 발효되어 일선 부대에 하달되었다. 아르메니아인이라고 직접
명시돼 있지는 않았지만, 이 법조문을 읽은 모든 관료들은 '전쟁

Genocide and the Holocaust(Chicago : The Univ. of Chicago Press, 1992), 143~
144쪽.

반대와 간첩 행위의 혐의가 있는 것으로 감지되는 자들'이 아르메니아인을 의미한다는 것을 잘 알고 있었다. 다음 달인 6월 초에는 강제 이송 대상자의 재산 처리에 관한 보조 법률이 발효되었다.[89] 이로써 제노사이드로 가는 길에는 아무런 장애물도 남지 않게 되었다.

강제 이송이 진행되는 도중에 성인 남성과 청소년은 청년 터키당 관료들과 정보원들의 명령에 따라 행렬에서 따로 분리되어 인근의 한적한 장소로 끌려갔다. 그곳에는 헌병대와 산적, 그리고 유목민 집단이 기다리고 있었다. 심한 피로와 공포에 사로잡혀 있던 아르메니아인 남성들은 저항도 하지 못하고 일방적으로 학살되었다. 행렬 속에 남아 있던 여성과 어린이도 몇 주에 걸쳐 계속된 산을 넘고 사막을 건너는 험한 여정을 견디지 못하고 죽어갔다. 죽음의 행진에서 요행히 살아남은 생존자들과 탈출에 성공한 사람들 가운데서도 많은 이들이 굶주림과 탈진, 전염병으로 목숨을 잃었다. 이렇게 해서 3,000년 가까이 살아온 고향에서 강제로 추방된 아르메니아인들은 차례차례 죽어갔다. 터키인들은 아르메니아인에 대한 기억을 말살하기 위해 정교회 건물과 기념비도 철저하게 파괴했다. 매우 어린 아이들은 목숨을 건지는 경우도 있었다. 그러나 그들은 터키식의 새 이름을 받고 터키인으로 길러졌다.[90]

---

89) Vahakn N. Dadrian, *The History of the Armenian Genocide. Ethnic Conflict from the Balkans to Anatolia to the Caucasus*(Oxford : Berghahn Books, 1997), 221~222쪽.

90) Richard G. Hovannisian, "The Armenian Question, 1878~1923", 20~21쪽.

제노사이드의 거센 물결이 휩쓸고 지나간 후, 전쟁 발발 직전에 210만 명에 달했던 아르메니아인 가운데 살아남은 사람은 모두 60만 명에 불과했다. 동부 지역에서 살해된 사람이 70만 명, 강제 이송 도중 '증발'해버린 사람이 60만 명 정도였던 것으로 추정된다. 기록이 온전한 형태로 남아 있지 않기 때문에 사망자 수를 정확하게 알아내기는 어렵지만, 전체 아르메니아인 가운데 3분의 2가량이 제노사이드의 희생자가 된 것으로 생각된다.[91]

터키 정부가 주도한 아르메니아인 학살은 여러 가지 면에서 그 뒤에 일어난 나치 독일의 제노사이드와 비슷한 특징을 보여주었다. 먼저, 학살이 일어난 시점은 유럽 주요 강대국들 간의 갈등이 치열하게 전개되고 있던 때였다. 따라서 외부 세계가 인도주의적 차원에서 간섭할 가능성이 매우 적었다. 다음으로, 아르메니아인 학살은 광신적 성격을 띤 일원적 지배 체제에 의해 계획적으로 자행되었다. 청년 터키당의 강경파가 고수했던 민족주의 이데올로기가 인종주의와 배타주의를 조장해서, 터키인이 아르메니아인에 대해 갖고 있던 일말의 관용마저 아예 없애버렸다. 그 다음, 아르메니아인 학살에는 정규군과 경찰 외에도 비합법적인 무장 세력들이 조직적으로 가담했다. 그들의 배후에 국가가 있었음은 물론이다. 국가 기구를 장악한 청년 터키당 강경파는 학살이 원활하게 이루어질 수 있도록, 중앙과 지방의 여러 부서들과 그 밖의 준 군사 단체들을 통제하면서, 그들 사이에 완벽한 협조가 이루어질 수 있도

---

91) Yves Ternon, "Report on the Genocide of the Armenians of the Ottoman Empire, 1915~1916", 120쪽.

학살당한 아르메니아인들

굶어죽은 아르메니아 어린이들

록 조율했다. 이 과정에서 무엇보다 중요한 것은 관료들을 확고하게 장악하는 일이었다. 청년 터키당 수뇌부는 학살에 가담한 관료들에게는 대대적으로 포상하고 그렇지 않은 관료들에게는 해고와 처벌 같은 불이익을 줌으로써, 적극적인 참여를 유도하고 내부로부터의 저항 가능성을 봉쇄했다.[92]

터키 정부의 학살 행위가 외부 세계에 알려지자, 서유럽과 미국의 정치 지도자들과 인도주의자들은 터키 정부에 거세게 항의했다. 터키 정부를 앞장서서 비난한 명사들 중에는 모겐소Henry Morgenthau, 토인비Arnold J. Toynbee, 아나톨 프랑스Anatole France가 포함되어 있었다. 이들은 학살의 본질적인 원인은 터키인들이 주장하는 것처럼 아르메니아인들의 배신과 반역 행위에 있는 것이 아니라 청년 터키당의 배타적인 민족주의에 있다고 반박하며 터키 정부를 궁지에 몰아넣었다. 특히 터키 주재 미국 대사였던 모겐소는 "과거에 발생한 거대한 학살과 박해들도 1915년에 아르메니아인이 겪은 고난에 비하면 아무것도 아니다"[93]라고 주장하면서, 아르메니아인 학살을 국제 문제로 부각시키기 위해 노력했다. 모겐소는 외교적으로 항의하는 수준을 넘어서, 연이은 진상 폭로를 통해 미국 사회의 여론을 움직이는 데 성공했다. 그의 헌신적인 노력에 자극받은 미국 의회는 굶주림과 질병으로 죽어가던 아르메니아인들을 구하기 위해 '근동 구조 위원회Near East Relief'

---

92) Richard G. Hovannisian, "The Armenian Question, 1878~1923", 21~22쪽.

93) Henry Morgenthau, *Ambassador Morgenthau's Story*(New York : Doubleday, 1918), 321~322쪽.

의 설립을 승인했으며, 그 덕분에 수만 명의 아르메니아인이 목숨
을 구할 수 있었다.

(3) 제노사이드의 동기 : 청년 터키당의 배타적 민족주의

아르메니아인 제노사이드에 대해 자신들이 최종 책임을 져야 하
리라는 것을 알면서도 청년 터키당의 핵심 구성원들이 굳이 학살
의 길을 택한 이유는 어디에 있었을까? 또한 배타적 민족주의 사고
가 터키의 엘리트 집단뿐만 아니라 터키인 일반에게 설득력을 가
질 수 있었던 배경은 무엇일까?

무엇보다 중요한 것은, 아르메니아인에 대한 제노사이드가 발생
한 시점이다. 이 시점은 바로 국민국가 건설과 근대화 작업을 마친
서유럽 제국들이 오스만 제국에 여러모로 영향력을 행사하던 때였
다. 서유럽 국가들은 먼저 오스만 제국을 군사적 · 정치적으로 위
협함으로써, 제국의 엘리트들이 서유럽 모델에 따른 대대적 개혁
의 필요성을 절감하도록 만들었다. 이와 동시에 서유럽의 자유주
의와 민족주의는 오스만 제국에 속해 있던 아랍인, 쿠르드인, 그리
스인, 아르메니아인에게 자유주의 사상과 민족 의식을 불어넣어주
었다. 그 결과 터키인은 소수 민족들의 분리주의 운동 때문에 제국
자체가 와해될지도 모른다는 위기감에 휩싸였다. 이런 외부로부터
의 도전에 직면해서 터키의 신흥 엘리트들은 국민들 사이의 일체
감에 뿌리를 둔 정치 권력을 창출할 필요성을 절감하게 되었다. 그
들은 구래의 오스만 제국에서 새로운 터키 국민국가를 만들어내기
위해, 위로부터 국민들을 동질화하는 작업을 시도해야 했다.[94]

밖으로는 서구 국가들과 충돌하고 안으로는 전통 세력과 대결해야 했던 청년 터키당의 엘리트들이 결국 선택한 길은 모든 소수 민족을 포용하는 최대 강령이 아니라, 터키 민족을 기반으로 삼아 강력한 국민국가를 건설하는 최소 강령이었다. 국민적 일체감은 혈연과 문화, 그리고 종교의 동질성에서 나올 수밖에 없다는 것이 그들의 신념이었기 때문이다. 현실 속에서 최소 강령은 배타적 민족주의의 형태를 띨 수밖에 없었고, 이 배타적 민족주의는 다시 인종주의와 동전의 양면을 이루었다.

이런 상황에서 종교부터 이질적인 아르메니아인은 터키인에게 적대적 대상으로 비쳤다. 게다가 아르메니아인 내부에서 간간이 흘러나오는 분리와 독립을 요구하는 목소리는 터키인이 갖고 있던 의구심에 불을 질렀다. 1914년경에는 이미 구체화된 국민국가 건설의 이데올로기에 따라, 이에 동조하지 않는 세력을 정부 내의 요직에서 추방하는 일이 대대적으로 벌어졌다. 추방된 세력을 대신해 수도와 지방의 행정을 장악한 청년 터키당은 국민에 대한 국가의 책임 대신 국가에 대한 국민의 복종 의무를 강조했다. 동시에 청년 터키당은 사회적 다원주의에 입각해, 터키 민족의 생존을 위해서는 소수 민족에 대한 국가의 폭력 행사가 불가피할 수도 있다는 생각을 터키인 사이에 유포시켰다. 이데올로기 구축·확산 작업과 병행해 행정적 측면에서도 학살을 효과적으로 수행하게 해주는 장

---

94) Gerard J. Libaridian, "The Ideology of the Young Turk Movement", (ed.) Permanent Peolpe's Tribunal, *A Crime of Silence. The Armenian Genocide*, 37∼38쪽.

치가 마련되었다. 그것은 곧 행정 조직의 이원화를 의미했다. 이 시기의 정부 기구는 공식적인 조직과, 중요 사안에 대해 결정권을 행사하면서도 그 결과에 대해서는 아무런 책임도 지지 않는, 청년 터키당의 핵심 세력에게 장악된 비선(秘線) 조직으로 이루어져 있었다. 학살을 계획하고 집행하는 힘은 바로 이 비선 조직에서 나왔다.[95]

(4) 가해자의 기억, 희생자의 기억

아르메니아인 학살 소식이 알려지자 연합국은 1915년 5월 24일, "이와 같은 반인도적이고 반문명적인 범죄"에 관련된 사람은 전쟁이 끝나면 개인적으로 처벌받게 될 것이라고 오스만 제국에 공개적으로 경고했다. 전쟁이 끝난 뒤 1920년 8월 10일에 체결된 세브르 평화 조약에는 학살 책임자들을 재판하기 위한 국제 법정이 열려야 한다는 내용이 담겨 있었지만, 이 요구는 흐지부지되고 말았다.[96]

터키 국내에서는 1919년 1월부터 시작해서 400명에 가까운 통일 진보 위원회 관련 인사들이 아르메니아인에 대한 범죄 혐의로 체포되었다. 군사법정은 통일 진보 위원회의 실질적인 최고 책임자 세 명에게 사형을 언도하고, 나머지 인물 중 일부에게도 유죄 판결을 내렸다. 그러나 학살에 대한 최종 책임을 져야 할 세 명의 최고

---

95) Gerard J. Libaridian, "The Ideology of the Young Turk Movement", 38~41쪽.

96) Robert Melson, *Revolution and Genocide. On the Origins of the Armenian Genocide and the Holocaust*, 149~159쪽.

책임자는 이미 해외로 도주한 상태였다. 또한 강경한 성향의 터키 민족주의자들은 법정의 판결에 아랑곳하지 않고, 살아남은 아르메니아인들에 대해 보복성의 학살을 자행하기까지 했다. 3두 지배 체제의 핵심 인물로서 아르메니아인 학살을 주도했던 탈라트 파샤는 독일의 베를린에서 숨어 지내다가 1921년에 암살되었지만, 대부분의 범죄자들은 버젓이 케말Mustafa Kemal이 주도하는 터키 신민족주의 운동에 가담해서 법망을 피했다. 1923년 터키 공화국이 공식적으로 선포될 때까지, 터키 땅에서는 아르메니아인에 대한 학살이 끊이지 않았다. 그 결과 3,000년 동안 아르메니아인들의 역사적 터전이었던 아나톨리아 지방은 아예 '아르메니아인 없는 지역'이 되어버렸다.

　오늘날에도 매년 4월 24일[97]이 되면 전 세계 20여 개 국가에 흩어져 있는 아르메니아인들이 선조들의 비극을 추념하고 있지만, 터키 정부는 이 비극을 제노사이드로 인정하기를 거부하고 있다. 터키 정부는 1915년부터 1916년까지 오스만 제국 영토 안에서 상당수의 아르메니아인이 터키인 관료, 군대, 헌병대, 준 군사 조직, 일반 시민과 쿠르드족 유목민에 의해 살해되었다는 사실에 대해서는 부정하지 않는다. 그러나 희생자의 수, 강제 이송의 동기, 사전 계획의 존재 여부에 대해서는 다음과 같이 주장하고 있다. 첫째, 희생자는, 아르메니아인이 주장하는 것처럼 150만 내지 200만 명이 아니라 30만 명 정도였다.[98] 둘째, 강제 이송은 절멸이라는 정치 이데

---

97) 1915년 바로 이날에 콘스탄티노플에 거주하는 아르메니아인 지도자들이 체포되면서 대대적인 제노사이드가 시작되었다.

아르메니아의 수도 예레반에 있는 아르메니아인 제노사이드 기념비

올로기적 동기에 의해서가 아니라, 러시아군과 치열하게 교전하는 상황에서 이적 행위를 할 가능성이 높은 집단을 후방으로 몰아내야 한다는 군사적 판단에서 이루어졌다. 셋째, 그 과정에서 일어난 수많은 인명의 희생은 사전 계획의 결과가 아니라, 아무도 예기치 못한 불상사였다. 터키 정부의 대응은 이와 같이 방어적 수준에만

98) Foreign Policy Institute, Ankara, "The Turkish Argument : The Armenian Issue in Nine Questions and Answers", (ed.) Permanent Peolpe's Tribunal, *A Crime of Silence. The Armenian Genocide*, 158~159쪽.

머물지 않고, 아르메니아인에 의한 터키인 학살 사례들을 지적하는 가운데 일종의 양비론(兩非論)으로까지 발전했다.[99] 터키 정부는 아르메니아의 선전 선동가들이 불가피했던 과거의 참사를 '20세기 최초의 제노사이드'라고 주장하는 것은, 오늘날 그들이 터키인에게 저지르고 있는 테러 행위를 변명하기 위한 술책이라고 강변하고 있다.[100]

이에 대해 1984년 4월 파리에서 열린 '영원한 인민법정Permanent People's Tribunal'은 몇 가지의 핵심 쟁점에 대해 다음과 같이 입장을 밝혔다. ① 반 주에서 일어난 아르메니아인 봉기는 청년 터키당에게 제노사이드의 빌미를 제공했다. ② 1915년 4월 24일에 일어난 아르메니아인 엘리트 650명의 강제 이송과 학살은 제노사이드의 시발점이었다. 이날을 시작으로 오스만 제국 정부는 치밀한 계획과 정확한 일정표에 따라 이미 러시아군에 점령된 반 주를 제외한 나머지 동부 지역의 아르메니아인을 강제 이송시켰다. ③ 강제 이송 과정에서 범죄자들로 구성된 '특수 조직Teshkilâti Mahsusa'[101]이 청년 터키당 핵심부의 지휘 감독 아래 국가 기구의 지원을 받으며 아르메니아인을 대량 학살했다. 이들은 예산뿐만 아니라 조직

---

99) Yves Ternon, "Report on the Genocide of the Armenians of the Ottoman Empire", 121쪽.

100) Yves Ternon, "Report on the Genocide of the Armenians of the Ottoman Empire", 151~155쪽.

101) 1914년 8월에 국방부 장관 엔베르의 명령에 따라 통일진보 위원회에 예속된 부대로서 출발한 이 부대의 본래 임무는 방첩과 국경 수비였다. 그 뒤 학살 임무를 전담하면서부터 이 부대에는 사면을 약속받은 범죄자들이 대량으로 배치되었다.

과 무기 편제에 있어서도 상당한 자율성을 누리는 '국가 안의 국가'였다.[102] ④ 헌병과 일반 관료 조직도 학살 과정에 깊이 개입했다.[103]

이와 같은 사실 확인에 근거해서 '영원한 인민법정'은 터키 정부가 주도한 아르메니아인 학살을 제노사이드 범죄라고 판결했다. 이 법정의 판결문에 따르면, 아르메니아인 학살은 제노사이드 협약이 제정되기 훨씬 전에 이루어진 사건이지만, 그 협약에 제시된 구성요건에 부합하는 행위를 당시의 국제법과 관습법도 명확하게 범죄로 규정하고 있었기 때문에, 충분히 제노사이드로 인정될 수 있다. 이러한 입장에서 인민법정은 터키 정부에, 오스만 제국이 저지른 제노사이드의 책임을 승계할 것을 권고했다.[104] 민간 법정에 불과한 이 법정의 판결은 법적 구속력을 갖고 있지 못했지만, 그러나 이 판결은 제3자적 입장에서 사건의 추이와 성격을 규명함으로써, 계속 평행선을 달리기만 했던 가해자와 희생자의 소모적 논쟁을 일단락 지었다는 점에서 의미가 있다.

---

102) Vahakn N. Dadrian, *The History of the Armenian Genocide. Ethnic Conflict from the Balkans to Anatolia to the Caucasus*, 236쪽.

103) "Verdict of the Tribunal", (ed.) Permanent Peolpe's Tribunal, *A Crime of Silence. The Armenian Genocide*, 215~217쪽.

104) "Verdict of the Tribunal", (ed.) Permanent Peolpe's Tribunal, *A Crime of Silence. The Armenian Genocide*, 222~225쪽.

2. 유고슬라비아의 제노사이드 :
보스니아와 코소보의 인종 청소(1991~1999)

나라 전체가 분열과 해체를 경험하기 전인 1991년, 유고슬라비아 연방공화국은 모두 여섯 개의 공화국과 두 개의 자치주로 이루어져 있었다. 여섯 개의 공화국 중 세르비아와 몬테네그로에서는 인구의 다수를 차지하는 세르비아계가 주도권을 장악하고 있었고, 슬로베니아, 크로아티아, 마케도니아, 보스니아 헤르체고비나에서는 그렇지 않았다. 두 개의 자치주는 보이보디나와 코소보였다.

그 당시에 공화국 전체를 지배하는 힘은 세르비아의 수도 베오그라드에 있었다. 1992년부터 1999년까지 이 지역에서 일어난 두 차례의 제노사이드는 연방의 해체 과정에서 일어난 내전과 밀접하게 연관되어 있었다. 유고슬라비아는 종교와 문화를 달리하는 여러 민족들로 구성된 복합체였기 때문에, 분열과 내전의 싹은 진작부터 자라고 있었다. 이 싹은 카리스마를 지닌 지도자 티토Josip Broz Tito가 살아 있을 때까지는 하나의 가능성으로만 남아 있었다. 그러나 티토가 죽고 동유럽에서 현실사회주의가 붕괴한 이후에는, 이 가능성이 현실로 바뀌는 것을 저지할 만한 포용력 있는 정치가가 등장하지 못했다. 정치가들은 오히려 이 지역의 오랜 역사 속에서 자라난 분열의 씨앗을 자신들의 정치적 자산으로 활용하기에 급급했다.

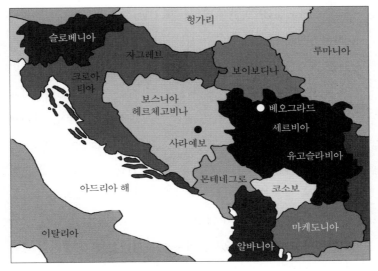

구 유고슬라비아 지도

(1) 역사적 배경

유고슬라비아 지역에 살고 있는 사람들은 인종적인 면에서 모두
남(南)슬라브족에 속하지만, 세부적으로는 세르비아인, 크로아티
아인, 이슬람교도로 나누어진다. 이들은 언어 면에서는 상당히 유
사하지만 문화, 종교, 정치, 이데올로기 면에서는 현저하게 다른 사
람들이었다. 특히 세르비아인들이 그리스 정교를 신봉하는 데 반
해 크로아티아인들은 가톨릭 신앙을 갖고 있기 때문에, 양 집단은
예전부터 종교적으로 충돌할 소지를 안고 있었다.

세 집단 가운데 가장 먼저 번영을 맞이한 것은 크로아티아인이었다. 10세기에서 13세기까지의 크로아티아인의 전성기가 지나가자, 다음 한 세기 동안은 세르비아인이 주도권을 잡았다. 20세기 후반에 제노사이드의 희생자가 된 이슬람교도들은 처음부터 이슬람교도였던 것은 아니었다. 이들은 본래 보고밀파라고 불리는 마니교 계통의 신앙을 간직하고 있었다. 이 분파는 프랑스 남부 지방에서 성장한 알비파와 비슷하게 보다 순수하고 단순한 유일신론을 주장했기 때문에 정교와 가톨릭 모두에게 배척당했다. 배척은 단순히 종교적인 차원에서 끝나지 않았다. 보고밀파 사람들은 노예로 팔리거나 가혹한 대우를 받았다. 이렇게 사회적 차별과 정치적 탄압 아래 있던 이들을 구해준 것은 터키인이었다. 1389년 코소보 전투에서 세르비아인을 패퇴시켜 이 일대의 지배권을 확보한 오스만 제국은, 그 후 1415년에 보고밀파에게 군사적으로 보호해줄 것을 약속했다. 그 대가는 이슬람교로 개종하는 것이었다.

19세기에 와서 오스만 제국이 급속도로 약화되자, 1875년에 보스니아의 그리스 정교도와 세르비아인, 몬테네그로인이 독립을 쟁취하기 위해 러시아의 도움을 받아 봉기를 일으켰다. 그러나 사태는 그들이 예상하지 못한 방향으로 전개되었다. 정치적 혼란을 틈타 오스트리아-헝가리 제국이 보스니아를 전격적으로 침공하는 일이 벌어진 것이다. 1908년, 오스트리아-헝가리 제국은 보스니아와 헤르체고비나를 강제로 합병해서 세르비아와 러시아를 분노하게 만들었다. 1차 대전이 끝남과 동시에 오스트리아-헝가리 제국은 무너졌지만, 1918년에 이 지역에는 서방 연합국의 입김에 의해 유고슬라비아가 세워졌다. 이 과정에서 정교를 신봉하는 150만 명 이상의 세르비아인들이 가톨릭을 신봉하는 크로아티아 지역에 남게 되었다. 이때부터 이 세르비아인들은 가톨릭으로 개종하느냐 아니면 추방당하느냐의 갈림길에 서게 되었다. 상황은 2차 대전의 발발과 더불어 더욱더 악화되었다. 1941년 4월 6일 나치 독일이 유고슬라비아를 침공했을 때, 히틀러와 무솔리니는 크로아티아인들을 활용하기 위해 파벨리치Ante Pavelić가 이끄는 우스타샤당으로 하여금 크로아티아 독립 국가를 세우게 했다. 이 국가의 영토에는 보스니아와 헤르체고비나의 대부분과 세르비아의 절반이 포함되었다. 독일의 꼭두각시 국가였던 크로아티아는 나치스의 권고를 받아들여 유대인과 집시에 대한 학살을 대대적으로 단행했다. 그러나 집단 학살은 여기서 끝나지 않았다. 학살의 칼끝은 전체 인구의 3분의 1을 차지하고 있던 세르비아인들에게도 겨누어졌다. 그 결과 '발칸 반도의 아우슈비츠'라고 불리던 야세노바츠 강제 수용소에서는 40만 명의 세르비아인이 살해되었다. 그에 비해 유대인 희생자는 3만 명, 집시 희생자는 2만 명이었다. 물론 집단 학살은 크로아티아인들만의 전유물은 아니었다. 나치 독일의 통치 아래 있던 세르비아 정부도 세르비아 영내에 살고 있던 유대인들을 죽이고, 보스니아 내의 이슬람교도들을 '쓸어내는' 일을 저질렀기 때문이다.

1990년대에 일어난 제노사이드의 배경에는 이런 역사적 갈등과 제노사이드의 선례들이 자리 잡고 있었다. 티토가 통치하던 시절에는 그의 카리스마와 의식적인 융화 정책 덕분에 종교를 달리하

'발칸 반도의 아우슈비츠'로 불리던 야세노바츠 수용소. 2차 대전 당시 이곳에서 40만 명의 세르비아인이 크로아티아인에게 살해되었던 경험은 반세기가 지난 후 새로운 제노사이드의 불씨가 되었다.

는 민족들 사이에도 평화로운 공존이 가능했다. 그러나 그가 죽은 뒤에는 그만한 역량을 가진 인물이 나타나지 않았다. 1980년대에 등장한 각 민족의 지도자들이 역사적 구원(舊怨)과 두 세대 전의 제노사이드 기억을 집권을 위한 정치적 자산으로 삼으면서, 이 지역의 운명은 점차 돌이킬 수 없는 상황에 빠져들기 시작했다.[105]

---

105) Norman Cigar, "The Serbo-Croatian War, 1991", (ed.) Stjepan G. Meštrović, *Genocide after Emotion. The Postemotional Balkan War*(London · New York : Routledge, 1996), 52~54쪽.

(2) 보스니아의 인종 청소(1991~1995)

1945년에 건국되어 1991년에 연방이 해체될 때까지 유고슬라비아는 민족 구성 면에서 유럽에서 가장 복잡한 나라였다. 앞에서 말한 세르비아인(36퍼센트), 크로아티아인(19.8퍼센트), 이슬람교도(8.9퍼센트)뿐만 아니라 슬로베니아인(7.8퍼센트)과 알바니아인(7.7퍼센트) 등도 유고 영토 내에서 살고 있었다. 2차 대전 중에 이 지역에서 인종 학살이 일어나기는 했지만, 그 후에도 민족 간의 통혼이 활발하게 이루어졌던 것을 생각하면 이 지역이 딱히 또 한 차례의 제노사이드를 겪을 운명에 처해 있었다고 보기는 어렵다. 특히 보스니아의 수도인 사라예보에서는 민족 간의 통혼 비율이 50퍼센트를 넘을 정도로 평화 공존의 가능성이 높았다.

그러나 티토 사망(1980) 후 심화된 경제 문제와 정치적 갈등을 강성 민족주의를 표방하는 세르비아의 밀로셰비치와 크로아티아의 투지만Franjo Tudjman이 적극적으로 활용하기 시작하면서 상황은 크게 악화되었다.[106] 이런 상황에서 비(非)슬라브계가 다수를

---

106) Stjepan G. Meštrović, "Introduction", *Genocide after Emotion. The Postemotional Balkan War*, 5쪽. 세르비아는 제노사이드를 자행하는 중에도, 이미 '영광스러운 희생자'로 공인된 유대인들의 경험을 유추해, 자신들은 역사적으로 항상 희생자였다는 점을 부각시키려고 애썼다. 1389년 코소보 폴레에서 벌어진 코소보 전투에서 세르비아인이 패했던 경험을 '세르비아인의 마사다'라고 부르고(마사다는 예루살렘이 함락된 뒤 유대인들이 로마군에게 마지막으로 항전했던 곳이다), 1차 대전 동안 크로아티아의 우스타샤 정권에 의해 선조들이 집단 학살당한 사건을 '세르비아인의 홀로코스트'라고 부르는 것이 이에 해당된다. 특히 후자의 경험을 강조하는 것은 보스니아 내전에서 세르비아인들이 수행하는 모든 작전이 과거에 홀로코스트를 겪은 유대인들이 똑같은 비극을 경험하지 않기 위해 몸부림치는 것과 같은 맥락에서 나온 방어적 행위라는 주장으로 연결된다.

차지하는 슬로베니아와 크로아티아가 1991년 6월에 독립을 선포하자 제노사이드의 가능성이 높아지기 시작했다. 슬로베니아는 10일간의 전쟁을 통해 비교적 쉽게 독립을 쟁취했지만, 크로아티아는 사정이 달랐다. 크로아티아는 세르비아인이 많이 살고 있는데다 관광 수입이 많은 지역이어서, 유고 연방군은 크로아티아의 독립을 좌시하려고 하지 않았다. 유고 연방군과 크로아티아의 전쟁은 7개월이나 계속되었다. 사망자는 1만 명이 넘었고, 난민도 70만 명이나 생겨났다. 크로아티아와 세르비아의 충돌로 누구보다 장래를 불안하게 여긴 사람들은 크로아티아와 보스니아에 살고 있던 세르비아계 소수 민족이었다. 왜냐하면 이들 지역은 2차 대전 중에 크로아티아인에 의한 세르비아인 학살이 일어났던 현장이기 때문이었다. 밀로셰비치와 투지만은 이런 분위기를 십분 활용했고, 학계와 매스미디어도 제노사이드의 역사적 기억을 확산시키는 데 열중했다.

보스니아는 여러 민족이 한데 모여 사는 다민족 국가의 축소판이었기 때문에[107] 참극이 발생할 확률이 특히 높았다. 크로아티아의 내전은 1992년에 종식되었지만, 내전의 불씨는 이미 보스니아로 옮아갔다. 1992년 1월 보스니아에 살고 있던 세르비아계가 세르비아의 지원을 받아 독립 국가 수립을 선포하면서 본격화된 갈등은,

---

107) 사만다 파워, 《미국과 대량 학살의 시대》, 김보영 옮김(에코리브르, 2004), 409쪽. 1991년의 보스니아 인구 구성을 보면, 이슬람교도가 전 인구의 43퍼센트를 차지하고, 그리스 정교 신도인 세르비아인이 35퍼센트, 가톨릭 신도인 크로아티아인이 18퍼센트를 차지하고 있었다.

3월 말에 실시된 보스니아 독립에 대한 주민 투표를 계기로 더욱 첨예해졌다. 세르비아계가 기권한 가운데 실시된 주민 투표에서 보스니아가 유고 연방에서 독립하는 안이 압도적 지지를 받아 가결된 직후 내전은 격화되었다. 4월 5일에는 보스니아의 수도 사라예보에서 전투가 시작되었다. 보스니아 영내의 세르비아계는 세르비아 민병대의 도움을 받아 보스니아 동부와 북부의 도시 및 농촌에 살고 있던 이슬람교도들을 몰아내기 시작했다. 이 과정에서 크고 작은 집단 학살이 도처에서 일어났다. 6월 말이 되자 세르비아의 강력한 지원을 받은 보스니아의 세르비아계는 보스니아 영토의 3분의 2 이상을 장악하는 데 성공했다. 1991년 유엔이 선포한 무기금수 조치[108] 때문에 무장을 강화할 수 없었던 이슬람교도들은 강력한 화력을 보유한 세르비아계를 막아내지 못하고 일방적인 패퇴를 거듭했다.

세르비아계가 군사적으로 승리를 거두는 곳에서는 어김없이 인종 청소가 일어났다. 보스니아의 세르비아계 정규군과 민병대는 이미 수집된 명단을 바탕으로 보스니아의 이슬람교도 지도자들과 크로아티아계 지식인들을 대대적으로 처형했다. 세르비아계는 새로 점령하는 모든 도시와 농촌에서 이슬람교도들을 몰아냈다. 대량으로 발생한 난민은 전쟁의 부산물이 아니라, 세르비아계가 수행한 전쟁의 목적이었다. 세르비아계는 한 지역을 점령하면 먼저 남자와 여자를 분리했다. 싸울 능력이 있는 성인 남성과 청소년은

---

108) 유엔 안전보장이사회 결의안 713호. 이 결의안은 유고슬라비아 지역 내의 어느 세력에게도 무기를 공급할 수 없다는 내용을 담고 있다.

무장 여부와 관계없이 학살당하는 경우가 많았다. 여성에 대한 강간도 의도적으로 가족들이 보는 앞에서 이루어졌다. 이는 가정의 파괴를 통해 궁극적으로는 공동체를 완전히 파괴하겠다는 의도에서 계산된 행동이었다. 보스니아 전역에서 강간은 조직적이고 체계적인 형태로 이루어졌다. 포차라는 도시에 있던 체육관은 1992년 5월부터 이슬람교도 여성들을 지속적·집단적으로 강간하는 장소로 활용되었다. 전쟁으로 얼룩진 역사 때문에 보스니아에서는 전시에 이루어진 강간에 대해서 어느 정도 관용이 이루어져왔지만, 세르비아인이 이슬람교도 여성에게 한 행위는 전시의 기준마저 초월하는 반인도적인 것이었다. 그들의 행위는 크로아티아계와 세르비아계보다 훨씬 출산율이 높은 이슬람교도 집단을 파괴하기 위해, '가임 여성들을 목표로 삼아 이루어진 성적인 제노사이드'였다.[109] 그러므로 세르비아계가 벌인 일은 단순한 인종 청소가 아니라, 소수 집단을 물리적·정신적으로 파괴하려는, 제노사이드의 성격을 띤 것이었다고 말할 수 있다. 이런 파괴 행위가 언론을 통해 보도되면서 유럽과 미국의 시민들은 큰 충격에 휩싸였다. "유럽 땅에 홀로코스트가 다시 돌아왔다"는 주장도 잇따라 제기되었다.

이와 같은 주장은 1992년 8월부터 보스니아 내에 있던 여러 수용소의 참상이 외부에 알려지면서 더욱 설득력을 얻게 되었다. 오마르스카, 케라테르므, 브르치코 루카 같은 수용소 이름이 아우슈비츠와의 연상 작용을 일으키며 연일 언론에 보도되었다. 물론 오마

---

109) Michael A. Sells, *The Bridge Betrayed, Religion and Genocide in Bosnia* (Berkeley : Univ. of California Press, 1996), 21~22쪽.

르스카는 아우슈비츠가 아니었다. 트레블링카는 더더욱 아니었다. 왜냐하면 그곳에는 가스실도 없었고, 자동화된 시체 처리 공정도 마련되어 있지 않았기 때문이다. 그러나 그곳에서 구타와 고문, 살인이 다반사로 이루어진 것은 틀림없다.[110] 본래 광산 지대였던 오마르스카 수용소에서는 갱 속에 갇혀 굶어 죽은 사람도 많았다.[111]

1993년 3월부터 세르비아군의 공세가 격화되자, 그해 4월 유엔 안전보장이사회는 이슬람교도가 인구의 다수를 차지하고 있는 도시 스레브레니차를 유엔 평화유지군이 지키는 '안전 지역safe area'으로 선포하고, 다음 달에는 사라예보를 비롯한 5개 도시를 추가로 안전 지역으로 지정했다. 같은 달 나토는 보스니아 내에 비행금지구역을 설정하여 세르비아군에 압력을 가했다. 뒤이어 11월 17일에는 유엔의 전쟁범죄법정War Crimes Tribunal이 열렸다. 그러나 유엔이나 나토, 그리고 미국이 그 이상의 추가 조치를 취하지는 못할 것이라고 확신한 세르비아의 밀로셰비치 대통령은 공세를 조금도 늦추지 않았다. 1994년 2월에는 세르비아군이 사라예보 시내의 시장을 포격해 69명의 민간인이 희생되는 사건까지 발생했다. 나토는 세르비아군이 즉각 퇴각하지 않으면 세르비아군을 공습하겠다고 위협했다. 그러나 밀로셰비치는 겁먹지 않았다. 그해 4월에 세르비아군이 유엔에 의해 안전 지역으로 선포된 고라즈데를

---

110) Michael A. Sells, *The Bridge Betrayed. Religion and Genocide in Bosnia*, 13쪽.

111) Aryer Neier, *War Crimes. Brutality, Genocide, Terror and the Struggle for Justice*(New York : Times Books, 1998), 136쪽.

공격하고 이슬람교도들의 집에 방화하자, 더 이상 좌시할 수 없다고 판단한 나토는 공습을 개시했다. 밀로셰비치는 그래도 물러서지 않았다. 같은 해 8월에 밀로셰비치는 5개국이 제시한 평화 계획안을 거부했으며, 이어서 세르비아군이 장악하고 있던 보스니아 지역과 세르비아 사이의 국경을 폐쇄하겠다고 선언한 뒤 즉각적으로 인종 청소를 재개했다.

세르비아군의 이슬람교도 공격과 연합국의 공습이 반복되는 가운데, 1995년에 전쟁의 흐름을 결정짓는 중대한 사건이 일어났다. 7월 11일, 세르비아군이 대범하게도 유엔이 안전 지역으로 선포한 스레브레니차와 제파를 공격해 학살을 벌인 것이다. 그들은 유엔 평화유지군 소속의 네덜란드 군인들을 무장 해제시켜 인질로 붙잡아놓고, 그 지역에 살고 있는 이슬람교도들을 대대적으로 학살했다. 이 사건을 주도한 사람은 보스니아 내의 세르비아계 총사령관 믈라디치Ratko Mladić와 그의 휘하에 있던 드리나Drina 군단 사령관 크르스티치Radislav Krstić였다. 스레브레니차에서는 전체 4만 명의 주민 가운데 7,000명 이상이 살해되었다. 나치 독일의 유대인 대학살 이후 유럽에서 벌어진 참사들 중에서 단일 사건으로는 최대 규모였다. 이 만행은 세계에 대한 도전으로 받아들여졌다. 유엔과 나토의 권위는 땅에 떨어졌다. 가장 격분한 나라는 미국이었다. 미국 상원은 보스니아에 대해 무기 금수 조치를 해제해주자는 돌-리버만 법안Dole-Liebermann bill을 즉각 통과시켰다. 유럽인들은 50여 년 전에 이 지역에서 일어났던 홀로코스트를 떠올렸다. 분노한 세계 여론에 힘입어 나토는 보스니아 내의 세르비아계 군대에 3

주간 맹폭격을 가했다. 크로아티아 정규군도 '폭풍 작전'이라는 이름 아래 보스니아 내의 세르비아계 군과 민병대를 상대로 대대적인 공격을 감행했다.[112] 그러나 세르비아군은 8월 28일에도 사라예보 시내의 시장을 재차 포격하는 등, 물러날 기세를 전혀 보이지 않았다. 이에 따라 나토의 폭격은 강도를 더해갔다. 결국, 더 이상 무력으로 맞서기 힘들다고 판단한 밀로셰비치는 내전을 종식시키기 위한 협상에 나서겠다는 의사를 밝혔다. 그 결과 11월 28일에 미국 오하이오의 데이턴에서 보스니아 평화 협정이 체결되었다.

클린턴Bill Clinton 행정부가 주도하는 가운데 협상에 참여한 세르비아, 크로아티아, 보스니아의 지도자들은 보스니아를 이슬람 크로아티아 연방(전체 영토의 51퍼센트)과 세르비아계 지역(49퍼센트)으로 양분하는 데 합의했다. 이것은 분명 이슬람교도들에게 불리한 결정이었다. 전체 인구의 31퍼센트를 차지하는 세르비아인에게 영토의 49퍼센트가 주어지고, 전체 인구의 17퍼센트를 차지하는 크로아티아인에게 영토의 51퍼센트 가운데 절반이 주어진 데 반해, 전체 인구의 44퍼센트를 차지하는 이슬람교도에게는 나머지 절반의 영토만이 할애되었기 때문이었다. 그러나 내전을 종식시키기 위해서는 어쩔 수 없었다. 참혹한 내전의 결과, 보스니아에 남은 것은 민족에 따라 분리된 세 조각의 영토였다. 세 집단은 단일 연방 국가의 틀 안에서 유지되었지만, 중앙 정부가 대단히 허약한 탓에 실질적으로는 '한 지붕 세 가족' 체제가 될 수밖에 없었다.[113]

---

112) Michael A. Sells, *The Bridge Betrayed. Religion and Genocide in Bosnia*, 139쪽.

내전의 대가는 너무도 컸다. 3년 6개월 동안의 피비린내 나는 싸움 끝에 20만 명 이상이 죽었고, 200만 명이 집과 삶의 터전을 잃었다. 그러나 더 큰 상처는 사람들의 가슴과 머릿속에 남았다. 파괴된 가족, 무너진 공동체, 집단과 개인 속에 자리 잡은 정신적 외상은 그 정도를 파악하는 것조차 불가능했다. 그러므로 보스니아 내전은 단순한 전쟁이 아니라 '전쟁으로 위장된 제노사이드' 였다고 해야 옳다.[114]

1991년부터 1995년까지 보스니아에서 일어난 참사는 내전의 와중에서 어쩔 수 없이 일어난 일이 아니었다. 또한 그 참사의 의미를 수많은 개인의 희생에서만 찾아서는 안 된다. 그것은 분명 세르비아인이 이슬람교도 집단과 그들의 문화를 파괴하기 위해 기도한 제노사이드였다. 문화적인 절멸, 집단에 대한 학살, 조직화된 강간이 체계적으로 자행된 제노사이드였다. 그 과정에서 가장 큰 역할을 한 것은 종교였다. 이 지역의 이슬람교도들은 남슬라브인들의 민족 신화와 시가 속에서 오랫동안 '예수를 죽인 자들'과 '인종적인 배신자들'로 묘사되어왔다. 이슬람교도들에 대한 집단적 편견은, 연방에서의 분리를 주장하는 폐쇄적 민족주의가 극성을 부리는 가운데 정치 지도자들의 귀중한 자산이 되었다. 보스니아의 제노사이드는 정치인과 매스컴을 통해 확대 재생산된 편견이 엄청난 군사력의 불균형과 만나 발생한 것이었다. 세르비아인들을 (그리고 크로아티아인들을) 지배했던 제노사이드 이데올로기의 중심에

---

113) 사만다 파워, 《미국과 대량 학살의 시대》, 688~689쪽.
114) Stjepan G. Meštrović, "Introduction", 5쪽.

는 종교가 있었다. 종교의 상징과 의례들을 통해 세습된 문화적 편견이 먼저 그 이데올로기 소유자들의 심성을 파괴했고, 그 다음에는 약자 집단을 물리적으로까지 파괴했던 것이다.[115]

(3) 코소보의 인종 청소(1999)

1999년 봄, 밀로셰비치 대통령의 명령에 따라 세르비아의 정규군과 경찰, 그리고 민병대가 코소보 자치주를 침공했다. 세르비아의 코소보 침공은 돌발적인 사건이 아니라, 오래전부터 충분히 예견된 사건이었다. 이미 1998년부터 이 지역에 주둔하고 있던 세르비아 경찰과 군인들의 잔악 행위가 급증하고 있었기 때문에, 미국은 1998년 10월부터 홀브룩Richard Charles Albert Holbrooke을 분쟁 조정자로 내세워 밀로셰비치와 협상을 벌였으며, 그 결과 코소보에서 세르비아 병력의 일부를 철수시키고 비무장 국제 감시원 2,000명을 배치하기로 합의가 이루어졌다. 그러나 세르비아군은 감시원들의 존재에도 아랑곳하지 않고 알바니아계 주민들에 대한 탄압을 계속했다.[116]

미국은 보스니아와 달리 코소보에 대해서는 처음부터 적극적으로 관심을 가졌는데, 그 이유는 무엇일까? 그럼에도 불구하고 세르비아가 코소보를 끝까지 장악하려 했던 이유는 또 어디에 있었을까? 먼저, 코소보는 미국의 입장에서 볼 때 보스니아와 완전히 달

---

115) Michael A. Sells, *The Bridge Betrayed. Religion and Genocide in Bosnia*, 25~28쪽.

116) 사만다 파워, 《미국과 대량 학살의 시대》, 699~700쪽.

랐다. 르완다와는 더더욱 달랐다. 코소보에서 극한 상황이 벌어지면 인접한 알바니아, 그리스, 터키로 분쟁이 확산될 것이기 때문이었다.[117] 이것은 곧 전통적인 '화약고'의 폭발과 또 한 차례의 세계대전의 발발을 의미하는 것이었다.

세르비아의 입장에서 코소보는 역사적으로나 현실적으로 쉽게 포기할 수 없는 지역이었다. 먼저 역사적인 면에서 코소보는 세르비아인들을 하나로 단결시키는 국민적 기억의 터였다. 1389년 코소보의 코소보 폴레 전투에서 승리한 터키인은 세르비아인과 그들의 종교인 정교를 몰아내고, 이곳에 알바니아인과 함께 이슬람교를 대량으로 이식했다. 이후 이곳에서는 5세기에 걸쳐 오스만 제국의 지배가 유지되었다. 이 코소보 폴레 전투는 패배자였던 세르비아인들의 의식 속에서 신화적 의미를 획득했다. 세르비아인들이 전투에서 패하는 마지막 순간까지 처절하게 싸웠다는 이유로 이 역사적 사실이 '세르비아의 마사다'[118]로 미화되고, 이로써 코소보 폴레는 세르비아인들의 마음속에 어떤 대가를 치르고도 포기할 수 없는 성지로 자리 잡았던 것이다. 세르비아에서는 이미 1989년에 코소보 폴레 전투 600주년 기념 행사가 크게 치러졌고, 이제는 '코소보 문제'를 근본적으로 해결할 때라는 민족주의 정서가 팽배해 있었다.[119] 이런 정서를 바탕으로 '세르비아 제국'의 재건을 도모

---

117) 사만다 파워, 《미국과 대량 학살의 시대》, 698~699쪽.

118) 주 106을 참조하라.

119) Michael A. Sells, *The Bridge Betrayed, Religion and Genocide in Bosnia*, 53쪽.

한 정치가가 바로 밀로셰비치였다. 현실적으로도 코소보는 세르비아에 중요한 지역이었다. 20세기 후반에 알바니아인의 폭발적인 출생률의 증가와 세르비아인의 이주로 코소보에서 알바니아인과 세르비아인의 인구 균형이 완전히 깨지기 시작했다. 코소보에서 알바니아인 인구는 170만 명으로, 전체 인구의 90퍼센트에 육박했다. 이에 따라 영토와 직업, 정치적 특혜를 놓고 알바니아인과 경쟁 관계에 있던 코소보 내 세르비아인의 불만이 크게 늘어갔다. 종교적인 갈등도 매우 컸다. 이슬람교도인 알바니아계와 정교도인 세르비아계 사이의 갈등은 보스니아의 이슬람교도와 세르비아계 사이에 존재했던 갈등보다 더 컸다. 보스니아에서는 양 집단 사이에 통혼이 어느 정도 이루어졌지만, 코소보에서는 그렇지 않았다. 이런 갈등과 대립에 힘입어 밀로셰비치는 과거에 티토가 이 지역에 부여했던 자치권을 박탈하고, 세르비아 경찰의 수를 대폭 늘리는 한편, 알바니아인을 직장에서 해고하고, 알바니아계 학교를 폐쇄하기 시작했다. 그러나 이 지역의 안정을 원한 서방 측은, 세르비아의 행보를 저지해주기를 바라는 알바니아인의 희망과 달리, 데이턴 협정을 체결하는 과정에서 세르비아의 코소보 지배를 그대로 인정했다. 격분한 알바니아인 사이에서 코소보 해방군KLA 같은 단체가 출현하기는 했지만 활동은 미미했다. 그러나 1998년 코소보 해방군이 알바니아계를 탄압하는 세르비아 경찰에 대해 무장 공격을 감행한 이후 이 단체에 대한 대중적 지지가 급상승하면서 코소보는 국제적인 문제 지역이 되어버렸다.[120]

제노사이드는 1999년 1월 15일, 세르비아 군인들이 소도시 라차

크에 포격을 가한 뒤 민간인을 처형하는 것으로 시작되었다. 코소보에 머물고 있던 국제 감시단 대표 워커 대사의 현지 조사를 통해 사건의 참상이 전 세계에 알려지면서 국제 사회가 움직이기 시작했다. 미국과 유럽의 동맹국들은, 알바니아인에게 자치권을 허용하고, 4,000명의 미군을 비롯해 2만 5,000명의 무장 평화유지군을 세르비아에 배치하는 것을 허용하며, 세르비아 병력 대부분을 코소보에서 철수할 것을 세르비아에 요구했다. 세르비아는 이를 단호히 거부했다. 그러자 나토는 3월 24일부터 세르비아를 폭격하기 시작했다. 미국과 유럽 동맹국들이 제노사이드가 확대되기 전에 일찍이 무력으로 개입한 것은 처음 있는 일이었다.[121]

　그러나 서방의 무력 개입도 제노사이드를 멈추기에는 역부족이었다. 알바니아인은 지상전에서 세르비아군을 도저히 당해낼 수 없었기 때문에 알바니아인 난민이 대량으로 발생했다. 이들 난민은 인접한 마케도니아에서 힘겹게 유지되고 있던 인종 간 균형을 뒤흔들었다. 전체 인구 중 4분의 1이 알바니아계로 이루어져 있는 마케도니아는 코소보에서 밀려오는 알바니아 난민을 감당할 수 없었다. 그리스와 터키도 난민 문제로 촉각을 곤두세우고 있었다. 나토의 공습이 시작된 순간부터 세르비아 정규군과 경찰, 민병대는 알바니아계를 상대로 대대적인 탄압과 학살을 자행하기 시작했다.[122] 몇 해 전까지 보스니아에서 인종 청소를 연습했던 세르비아

---

120) 사만다 파워, 《미국과 대량 학살의 시대》, 697~699쪽.

121) 사만다 파워, 《미국과 대량 학살의 시대》, 701~702쪽.

122) 로빈 블랙번, 〈코소보 : 나토 팽창 전쟁〉, 타리크 알리 외, 《전쟁이 끝난 후.

군은 코소보의 여러 도시와 마을을 포위한 뒤, 주민들이 겁에 질려 도망가도록 포화를 퍼부었다. 세르비아 경찰은 많은 지역에서 주민들 가운데 전투 능력을 갖춘 연령대의 남자들을 분리한 뒤 그중 일부를 조직적으로 학살했다. 여성과 어린이, 노인들은 여러 가지 증명서와 토지 문서를 빼앗은 뒤, 고향에서 쫓아냈다. 이렇게 해서 발생한 130만 명 이상의 난민 가운데 74만 명이 인접한 마케도니아와 알바니아, 몬테네그로로 몰려가면서 갈등의 파장은 더욱 커졌다.[123] 이로써 인종 청소는 코소보의 문제가 아니라 발칸의 문제로, 그리고 유럽의 문제로 비화되었다.

　나토의 공습만으로는 세르비아의 작전을 저지할 수 없었다. 오히려 세르비아는 나토의 공중 폭격이 계속되면 코소보에 남아 있는 '테러리스트들'(16세 이상의 남자들)을 모두 처단하겠다는 협박성 발언을 서슴지 않았다. 그들의 주장은 협박으로 끝나지 않고 곧 현실이 되었다. 보스니아에 비해 코소보에서는 인종 청소의 위험성이 더 높았다. 보스니아에서는 전선의 변화와 함께 크로아티아인이나 이슬람교도들이 세르비아계의 점령 지역을 곧바로 떠날 수 있었지만, 코소보에서는 세르비아 정규군과 경찰이 주요 도시와 도로를 모두 장악한 탓에 알바니아계 주민들은 여러 겹으로 포위돼 있는 실정이었다. 또한 밀로셰비치의 언론 플레이가 워낙 능수능란해서, 서방 관측통들은 물론이고 곧 학살의 희생자가 될 코

코소보를 둘러싼 나토의 발칸 전쟁이 남긴 것들》, 국제연대정책정보센터 옮김(이후, 2000), 173쪽.
　123) 사만다 파워, 《미국과 대량 학살의 시대》, 705쪽.

소보 내의 알바니아계 지도자들도 닥쳐올 상황을 전혀 예측하지 못하고 있었다.[124] 그들이 예상한 것은 탄압과 박해였지만, 그들에게 닥친 현실은 파괴와 절멸이었다.

코소보에서 벌어진 인종 청소는 알바니아계 주민의 추방으로 끝나지 않았다. 청소년 이상의 남성들에 대한 선택적 살해, 지도층 제거, 삶의 터전과 문화적 구심점 파괴로 이어진 세르비아인들의 인종 청소는 그러므로 제노사이드와 다른 것이 아니었다. 제노사이드의 기술도 다양하게 동원되었다. 약탈과 강간, 대량 아사와 참수, 시신 훼손 등 보스니아에서 사용되었던 방법들이 모두 재연되었다. 나토의 공습이 강화되자(공습은 모두 만 2,500차례 이상 이루어졌다) 세르비아인은 알바니아계 난민을 주요 표적에 배치해 인간 방패로 사용하기도 했다. 코소보의 제노사이드로 인해 목숨을 잃은 사람은 최대 10만 명으로 추산된다.

세계의 여론은 세르비아인의 행동이 국제적으로 용인될 수 있는 한계선을 이미 넘어섰기 때문에 국제 사회의 인도주의적 개입이 필요하다는 쪽으로 모아졌다. 그러나 반론도 존재했다. 수단과 르완다에 대해서는 침묵하던 이들이 코소보에서 제노사이드가 발생하자 조금도 지체하지 않고 국제적 간섭을 주장하는 것은 백인 문화권에 대한 친근성의 표현일 뿐이라는 것이었다. 그러나 개입을 지지하는 것이 대세였다. 홀로코스트의 생존자이자 노벨 평화상 수상자인 미국의 유대인 지도자 위젤Elie Wiesel은 클린턴 대통령

---

124) 사만다 파워, 《미국과 대량 학살의 시대》, 708~709쪽.

의 요청으로 코소보의 난민 수용소를 방문했으며, 이후 보고서에
서 '밀로셰비치는 공동묘지를 지배하는 상황이 되더라도 지배하기
를 원하는 사람'이라고 주장하며 미국의 적극적 개입을 요구했다.

이런 분위기가 이어지는 가운데 1999년 5월 24일 유엔 국제형사
법정은 밀로셰비치를 반인도 범죄와 전쟁 범죄 혐의로 기소했다.
곧이어 미국은 지상군 파견 계획을 시사했다. 세르비아 내부에서
도 군과 정계에서 밀로셰비치에 반대하는 주장이 속출했다. 러시
아의 옐친Boris Nikolayevich Yeltsin도 세르비아를 압박했다. 러시
아는 서방과 달리 세르비아가 지배하는 유고슬라비아에 대해 줄곧
우호적인 태도를 취해왔던 터라 세르비아가 느낀 충격은 대단히
컸다.[125] 이렇게 안팎에서 압력이 가중되자 1999년 6월 3일에 밀로
셰비치는 마침내 손을 들고 말았다. 나토의 폭격이 시작된 지 78일
째인 6월 9일에는, 세르비아의 군과 경찰이 코소보에서 물러나고 5
만 명의 나토 평화유지군이 주둔한다는 내용의 협정이 체결되었
다. 이로써 코소보는 공식적으로는 세르비아의 일부로 남게 되었
지만, 세르비아 병력이 모두 철수했기 때문에 실질적으로는 자치
의 시대를 맞이하게 되었다. 이에 따라 그동안 난민으로 전락했던
100만 명 이상의 알바니아인이 고향으로 돌아왔다.[126]

(4) 제노사이드 이후 : 유엔 국제형사법정의 설립
유엔은 안전보장이사회의 결의안 808호에 의거해, 1991년 이후

---

125) 로빈 블랙번, 〈코소보 : 나토 팽창 전쟁〉, 176쪽.
126) 사만다 파워, 《미국과 대량 학살의 시대》, 718~720쪽.

구 유고슬라비아 지역에서 자행된 범죄에 대해 책임 있는 인사들을 처벌하기 위해 1993년 5월에 헤이그에 국제형사법정을 설립했다. 뉘른베르크 전범 재판 이후 처음 설립된 이 특별 법정은 1995년 7월에 보스니아에서 일어난 조직적 범죄에 대한 책임을 묻기 위해 보스니아의 세르비아계 책임자들을 기소했다. 핵심 인물은 전직 대통령 카라지치Radovan Karadžić와 보스니아 내의 세르비아 군을 지휘했던 믈라디치 장군이었다. 이들은 먼저 1995년 7월에 이슬람교도와 크로아티아인에 대한 범죄 혐의로 기소되었다. 11월에는 7월에 발생한 스레브레니차 학살에 대한 책임 때문에 이들에게 반인도 범죄, 전쟁 범죄에 제노사이드 범죄 혐의가 추가되었다. 이들의 기소와 관련해 크고 작은 비판이 끊이지 않았다. 학자들은 보스니아의 크로아티아계 군대 책임자들에게도 제노사이드의 책임을 물어야 한다고 주장했지만 받아들여지지 않았다. 미국의 중앙정보국CIA이 발표한 것처럼 보스니아 내의 크로아티아인과 이슬람교도 역시 잔혹 행위를 저지른 것은 사실이지만, 그들의 행위는 강도, 조직성, 규모 면에서 보스니아 내의 세르비아계가 저지른 범죄에 비해 가볍다는 이유에서였다. 실제로 잔혹 행위의 90퍼센트는 세르비아계 정규군과 민병대에 의해 저질러졌다.[127]

이 특별 법정에 대해 제기된 또 다른 비판은, 보스니아 내전과 참사의 최종 책임을 피할 수 없는 발칸의 두 실세, 세르비아의 밀로셰비치와 크로아티아의 투지만이 어떤 혐의로도 기소되지 않았다는

---

127) *New York Times*, 1995년 3월 9일, A1면.

236   제노사이드—학살과 은폐의 역사

것이었다. 내전 기간 중에 일어난 개별 만행들과 관련해 그들이 구체적으로 어떤 명령을 내렸는지는 입증하기 어려웠지만, 그들의 지도 아래 그런 일들이 진행되었음을 짐작하게 하는 사실들이 엄청나게 많았으므로, 그들을 기소하지 않은 것은 일반인들의 눈에 비정상적인 일로 비쳤다. 그러나 검사 측의 입장은 달랐다. 검사는 누구나 갖고 있는 심증과 도처에서 발견되는 정황 증거가 아니라 명백하고도 직접적인 물증을 필요로 했으며, 그럼에도 그런 물증을 확보하는 것이 쉽지 않았던 것이다.[128]

학살을 집행한 혐의로 기소된 장교들은 자신들은 상부의 명령에 복종했을 뿐이라고 항변했다. 그러나 고문이나 강간, 민간인 살해 같은 명백한 범죄 행위에 대해서는 불복종 권리와 의무가 동시에 존재하기 때문에, 부당한 명령을 수행한 데 따른 책임은 각 개인이 져야 한다는 것이 이미 뉘른베르크 재판에서 확인된 바 있었다. 이런 판례를 토대로 재판부는 일선 병사들도 보스니아에서 일어난 반인도적 행위에 대한 책임을 면할 수 없다고 판결했다.[129]

헤이그의 국제형사법정은 코소보 지역에서 재연된 인종 청소가 끝을 향해 치닫고 있던 1999년 5월 28일, 밀로셰비치 대통령을 비롯한 다섯 명의 유고슬라비아 지도자를 반인도 범죄와 전쟁 범죄 혐의로 기소했다. 그러나 이번에도 제노사이드 혐의는 적용되지

---

128) Aryer Neier, *War Crimes. Brutality, Genocide, Terror and the Struggle for Justice*, 239~241쪽.

129) Aryer Neier, *War Crimes. Brutality, Genocide, Terror and the Struggle for Justice*, 243쪽.

않았다. 보스니아나 르완다의 경우와 달리 코소보 사태에 대해서는 전문가들뿐만 아니라 국제 사회 전반이 제노사이드라는 판단으로 기울어져 있던 터라 이런 결정은 큰 실망을 자아냈다. 그러나 6월에 밀로셰비치가 항복하고 세르비아군이 코소보에서 물러나면서 상황은 바뀌기 시작했다. 곳곳에서 희생자 유가족들의 신고가 이어지면서, 처음에는 세르비아군과 경찰의 조직적인 은폐 때문에 가려져 있었던 거대한 비극의 실체가 조금씩 드러났던 것이다. 형사법정은 2000년 11월까지 500여 곳에서 모두 4,000구의 시체를 확인했다. 코소보에서 있었던 살인 행위들이 단순히 처형이나 구타 같은 것을 통해 산발적으로 이루어진 것이 아니었다는 사실이 드러나기 시작했다. 2001년 이후에 이루어진 발굴에서는 군부대나 경찰 막사 부근에서 대량으로 사체들이 발견되어, 제노사이드 의혹이 점차 확신으로 바뀌게 되었다. 세르비아는 이미 사건 발생 초기부터 학살의 흔적을 없애기 위해 많은 노력을 기울이고 있었다. 1999년 나토가 폭격을 시작한 지 이틀 뒤에 밀로셰비치가 내무부 장관에게 모든 살인의 흔적을 없애라고 명령했고, 그에 따라 비밀리에 동원할 수 있는 냉장 차량이 거의 다 동원되어 코소보에서 학살된 시체를 세르비아로 옮겼다는 사실이 확인되었다.[130]

이로써 밀로셰비치가 져야 할 법적 책임이 부정하기 어려울 만큼 명백해졌다. 그러나 밀로셰비치를 처리하는 문제는 법률적 차원이 아니라 정치적 차원에서 다루어질 수밖에 없었다. 밀로셰비치에게

---

130) 사만다 파워,《미국과 대량 학살의 시대》, 736~738쪽.

제노사이드 혐의를 적용할지 여부는 세르비아 국내 정치와 국제 정치의 역학 관계에 의해 결정될 상황이었다. 2001년 3월, 마침내 세르비아의 코슈투니차Vojislav Kostunica 정부는 밀로셰비치를 체포했다. 그리고 6월에는 시급하게 필요한 원조금 4,000만 달러를 받는 대가로 밀로셰비치를 헤이그의 국제형사법정에 인도했다. 검사 측은 밀로셰비치에게 제노사이드 혐의를 적용했다. 이론적으로는 당연했지만, 현실적으로는 참으로 어렵게 내려진 결정이었다.

제 4 장

혁명의 이름으로 일어난 제노사이드

제노사이드 전문가들은 스탈린이 통치하던 시절에 소련에서 일어난 몇 차례의 학살과 크메르 루주의 집권 뒤에 캄보디아(크메르의 현재 이름)에서 일어난 학살을 사회주의 혁명을 완성하는 과정에서 일어난 정치적 학살의 전형으로 꼽는다. 그럼에도 불구하고 그들은 두 나라에서 일어났던 학살을 제노사이드라고 부르기를 오랫동안 주저해왔다. 왜냐하면 스탈린과 크메르 루주 치하에서 일어난 만행은 엄청난 규모와 잔인한 방식 때문에 누구나 분노할 만한 범죄임에 틀림없지만, 1948년에 마련된 유엔 제노사이드 협약의 규정에서는 벗어나 있기 때문이다. 제노사이드 협약은 국민·민족·인종·종교적 동기에서 기도된 집단 학살만을 제노사이드로 규정하고 있다. 또한 이와 연계해서, 희생당한 집단이 국민·민족·인종·종교 면에서 가해자와 특별한 차이를 보이지 않을 경우에는 제노사이드로 인정하지 않고 있다.

스탈린과 크메르 루주가 저지른 학살의 기본적인 성격은 동족에 대한 학살이라는 것이다. 동족 학살은 제노사이드 협약이 정한 처벌 대상에서 벗어나 있다. 바로 이 점이야말로 제노사이드 협약의 결정적인 맹점으로 지적되어왔다. 앞으로 이 협약의 개정이 이루어진다면, 그리고 그 개정이 정치적 동기에서 빚어진, (국민·민족·인종 면에서 차이가 없는) 자국민에 대한 학살도 제노사이드에 포함하는 방향으로 이루어진다면, 스탈린과 크메르 루주가 자행한 만행이 그 개정의 일등 공신으로 불리게 될 것이다.

그런데 사실 소련과 캄보디아에서 일어난 집단 학살은 동족 학살로만 단순화하기는 어려운 복합적인 성격을 갖고 있다. 왜냐하면, 가해자들이 아무리 정치적 동기에서 처벌한 것이라고 주장해도, 그들이 살해한 대상 가운데는 분명히 여러 소수 민족이 포함되어 있었기 때문이다. 스탈린 일파와 크메르 루주는 마르크스주의를 혁명의 이념으로 삼았지만, 마르크스주의 자체는 국민·민족·인종적 차별과 학살을 정당화하지 않는다. 스탈린 일파와 크메르 루주는 마르크스주의에서 출발해 공산주의의 유토피아를 꿈꿨지만, 그들의 유토피아는 마르크스가 꿈꾸던 그 유토피아가 아니었다. 전쟁과 내전에서 비롯된 긴장감, 반혁명 세력의 저항에 대한 두려움, 동지에 대한 불신, 인간 본연의 권력욕으로 인해 굴절된 그들의 유토피아는 특정 소수 민족들을 인간 이하의 존재로 규정하고 물리적으로 배제하는 지경으로 나아갔던 것이다.

1. 스탈린 치하의 동족 학살(1930~1946)

제노사이드 전
문가로서 오랫
동안 소련 지역에서 일어난 학살을 연구해온 러멜Rodolf J. Rummel
은 스탈린 치하에서 제노사이드, 정치적 테러, 강제 노역, 강제 이
송에 의해 희생된 사람을 6,200만 명(이 가운데 700만 명은 외국인)
으로 추산했다.[131] 일차 자료를 가지고 작업하는 소련 전문가들은
이에 대해, 너무 과장되어 있다고 비판한다. 학자마다 편차가 있기
는 하지만, 러멜의 주장을 그대로 받아들이는 사람은 거의 없다. 대
다수의 학자는 이 시기에 목숨을 잃은 사람을 대략 2,000만 명에서
2,500만 명으로 보고 있다.

　희생자의 수와 더불어 많은 사람의 관심을 끄는 것은 스탈린 치
하에서 학살된 사람들의 성격이다. 특히 비교사 연구를 하는 사람
들은 캄보디아에서 일어난 정치적 학살과 비교하기 위해, 스탈린
통치 시기에 일어난 학살들 가운데 정치적 학살에 주목하는 경향
을 보인다. 비교사적 시각에서 이루어지는 동족 학살 연구의 중요
성은 아무리 강조해도 지나치다고 할 수 없다. 그러나 쿨락으로 통
칭되는 부농에 대한 숙청과 '대숙청'이라고 불리는 '인민의 적'에
대한 제거 작업이 스탈린 치하에서 일어난 제노사이드의 전부는
아니다. 동족 학살이라는 시각만 고집하면, 2차 대전 때 소련에서
소수 민족들의 강제 이주 작업 중에 발생한 엄청난 규모의 희생을
설명할 길이 없다. 또한 부농에 대한 숙청에 있어서도 500만 명 이

---

131) Rudolf J. Rummel, "The Soviet Gulag State", *Encyclopedia of Genocide*, Vol. 2, 520~521쪽.

상의 희생자를 낸 우크라이나인들에 대한 숙청은 사회적·정치적 범주만 가지고는 해명하기가 어렵다. 그 경우 농민으로서의 계급적 성격보다는 민족적 정체성이 보다 중요한 학살의 동기로 작용했기 때문이다.

스탈린 치하에서 일어난 집단 학살의 특징은, 그 대상의 폭이 워낙 넓어 희생자들의 특징을 한마디로 요약하기 어렵다는 데 있다. 먼저 계급의 측면에서 볼 때, 주된 희생자는 부르주아지, 지주, 귀족, 부농이었다. 민족적 측면에서 본다면, 가장 큰 희생을 치른 소수 집단은 우크라이나인, 흑해 주변의 그리스인, 칼미크인, 볼가 지역 독일인이었다. 정치적 당파에서 보면, 트로츠키주의자, 멘셰비키, 사회혁명당 당원이 주요 목표였다. 이처럼 스탈린 치하의 소련에서는 '반혁명분자'라는 낙인만 찍히면 민족이나 인종, 계급이나 직종에 상관없이 누구라도 희생자가 될 수 있었다. 소련에서 일어난 제노사이드는 그만큼 전방위적이었다.

그러므로 여기서는 스탈린 치하에서 일어난 학살, 동족 학살을 배제하지 않으면서도 보다 넓은 시각에서 이해하기 위해, 세 개의 시기로 나누어 살펴보고자 한다. 첫째 시기는 1930년부터 1937년까지로, 여기서는 집단 농장화 과정에서 진행된 농민 학살(우크라이나인에 대한 학살 포함)의 동기와 양상을 파악하겠다. 둘째 시기는 1937년부터 1938년까지로, 여기서는 '인민의 적'으로 지목되어 살해된 사람들의 면모와 학살 동기를 설명하겠다. 셋째 시기는 1941년 나치 독일의 소련 침공 이후로, 여기서는 소수 민족의 강제 이주 과정과 그 결과를 확인해보겠다.

(1) 스탈린은 누구인가

1879년 12월 21일 고리에서 태어난 스탈린은 아버지를 일찍 여의었고, 14세 때 어머니가 고집하는 대로 성직자가 되기 위해 티플리스 신학교에 입학했다. 그러나 이미 직업적 혁명가가 되어 있었던 그는 5년 뒤에 학업을 중단하고 학교를 떠났다.

1901년 사회민주당에 입당한 스탈린은, 1903년 러시아 사회주의자들이 멘셰비키와 볼셰비키로 분열되자 레닌Vladimir Ilich Lenin이 지도하는 볼셰비키의 편에 섰다. 강직한 충성심과 조직 관리 능력, 그리고 정확한 기억력을 소유한 그는, 1912년 레닌의 신임을 얻어 볼셰비키 중앙위원직에 임명되었다. 이때부터 줄곧 차르 체제와 정면 충돌한 그는, 그 때문에 시베리아로 유형을 갔다가, 1917년에 혁명에 가담하기 위해 돌아왔다.

혁명이 성공적으로 끝난 뒤 스탈린은 여러 종류의 직책을 역임했다. 그 가운데 당의 직책 임명과 의제 선정을 담당하는 당 중앙 위원회 총서기직은 1953년 그가 죽을 때까지 계속 유지했던 요직 중의 요직이었다. 1924년 레닌이 죽자, 스탈린은 신속하고도 잔혹한 방법으로 반대파를 제거해서 권력을 장악하는 데 성공했다. 그가 명실상부한 소련 제1의 권력자가 된 것은 1929년이었다.

스탈린은 그의 정적 트로츠키Leon Trotsky가 영구혁명론을 표방한 것과는 대조적으로 철저하게 일국 사회주의를 주장하면서, 농업 집단화 작업을 대대적으로 추진했다. 1928년부터 시작된 집단 농장 건설 계획이 농민들의 저항에 부딪혀 어려움에 봉착하자, 그는 500만 명이 넘는 부농과 중농을 희생시키는 강경 노선을 택했

철의 권력을 휘둘러 2000만 명 이상의 목숨을 희생시킨 스탈린

다. 1928년에는 또한 소련의 신속한 공업화를 위해 5개년 경제 개발 계획이 시작되었다. 스탈린은 이 계획도 특유의 강철 같은 추진력으로 밀고 나갔다.

스탈린은 자신의 권력을 공고히 하기 위해서라면 어떤 방법이든 주저 없이 사용했다. 그의 정치적 입지를 위협하고 혁명의 이념에 도전한다고 의심되는 사람들에 대해서는 철저한 숙청이 단행되었다. 이 과정에서 살해된 수백만 명 가운데는, 그와 동고동락했던 당 관료들과 전문가들도 다수 포함되어 있었다. 전국 도처에 세워진 강제 수용소는 그의 정적과 정치적 반대파들을 숙청하는 효율적인 기구였다.

스탈린의 학살은 여기서 멈추지 않았다. 1941년 6월 22일 나치 독일이 소련을 침공하자, 그는 신뢰하기 어렵다고 판단한 여러 소수 민족을 불모의 땅으로 강제 이주시키는 작업을 대대적으로 추진했다. 이 과정에서도 수많은 인명 피해가 발생했다. 전쟁이 끝난 뒤에도 피비린내 나는 처형과 보복이 계속해서 이어졌다. 예전의 정치적 동지와 전문가, 그리고 정치적 반대파들이 다시 한번 희생양이 되었다. 스탈린의 통치 기간 동안 계속되었던 대량 학살은 1953년 3월 5일 그가 죽음으로써 비로소 끝이 났다.[132]

무소불위의 권력을 행사하던 스탈린의 명성은 그가 죽은 지 얼마 되지 않아 공식적으로 비판의 도마 위에 올랐다. 1956년 2월에 열린 소련 공산당 제20차 전당대회에서는 스탈린의 학살 책임이 크게 문제가 되었다. 이 문제를 제기한 사람은 그의 후계자 흐루시초프Nikita Khrushchov였다. 흐루시초프가 스탈린을 격하할 때 중요한 명분으로 내건 사건은 1937년부터 1941년 사이에 이루어진 군장교들에 대한 숙청이었다. 이와 더불어 엄청난 규모의 희생을 가져온 스탈린의 민족 정책도 비판의 대상이 되었다.[133] 스탈린의 과오는, 고르바초프Mihail Gorbachov가 집권한 뒤에 스탈린 치하에서 희생된 사람들에 대한 복권이 대대적으로 이루어지는 과정에서

---

132) Steven L. Jacobs, "Joseph Stalin", *Encyclopedia of Genocide*, Vol. 2, 526쪽.

133) Leo Kuper, *Genocide. Its political Use in the Twentieth Century*, 140쪽.

또 한 차례 폭로되었다.

(2) 첫 번째 학살의 물결 : 농민과 우크라이나인(1930~1937)

레닌이 죽은 후 권력을 장악한 스탈린의 지상 목표는 공업 부문의 생산력을 서방 자본주의 국가 수준으로 급속하게 끌어올리는 동시에 농업을 집단화하는 데 있었다. 이 두 가지 목표는 동전의 양면과도 같았다. 1928년부터 시작된 제1차 경제 개발 5개년 계획에서 공산당이 주안점을 두었던 공업 분야, 특히 중공업 분야의 급속한 성장을 위해서는 현대적인 생산 수단을 해외에서 대량으로 수입해야 했다. 공업화에 대한 스탈린과 공산당의 의지는 1932년에 세계 시장에서 거래된 기계류 가운데 절반을 수입할 정도로 매우 강했다. 그러나 문제는 공업화에 필요한 재원을 어디서 마련하는가에 있었다. 가능성이 있는 분야는 단 한 곳밖에 없었다. 농업 분야였다. 곡물과 목재를 수출한 비용으로 재원을 삼아야 했다. 제1차 경제 개발 계획 기간 동안 중공업 부문은 무려 285퍼센트의 성장률을 기록했지만, 스탈린이 1933년에 공산당 중앙 위원회 앞에서 사회주의의 승리라고 자랑했던 이만큼의 결과를 이룩하기 위해 농민들이 치러야 했던 대가는 너무도 컸다. 기계 설비 수입을 위해 소련이 엄청난 곡물과 목재를 수출했던 1932년에 소련의 농촌은 대기근에 시달렸다.[134]

---

134) Alexander Fischer · Mechthild Lindemann, "Auf- und Ausbau der Herrschaft Stalins", *Die Sowjetunion 1917~1953(Informationen zur politischen Bildung)*, Vol. 235(1992), 28쪽.

물론 스탈린의 집단 농장화 계획은 단순히 경제적인 이유에서만 추진된 것은 아니었다. 권력의 정상에 올라선 스탈린에게 민족과 언어, 그리고 문화의 측면에서 엄청난 다양성을 갖고 있는 소련의 농민 대중은 매우 부담스러운 존재였다. 농민들 가운데서도 특히 '쿨락'이라고 불리는 부농층은 공산당의 입장에서 보면 위험스러운 계급이었다. 그래서 스탈린은 1930년 1월에 공산당 중앙 위원회를 통해 "계급으로서의 쿨락의 활동을 제한하는 것이 아니라 쿨락 자체를 청산"하라는 명령을 내렸다.[135] 이에 따라 소비에트 중앙 집행 위원회와 인민대표자회의는 이후 몇 달 동안 쿨락을 청산하는 데 필요한 법률 제정 작업에 집중했다.

쿨락이라는 말은 악의적인 동시에 모호한 개념이었다. 《수용소 군도Arkhipelag Gulag》의 작가 솔제니친Aleksandr Solzhenitsyn의 설명에 따르면, 쿨락은 본래 타인의 노동 착취와 고리대금업을 통해 부를 축적한 악독한 농촌 상인을 의미한다. 그러나 혁명 이후 이 말은 노동자를 고용하는 농민 모두를 일컫는 것으로 의미가 바뀌었다. 심지어 노동력이 부족해 한시적으로 사람을 고용하는 경우에도 쿨락이라는 말이 사용되었다. 그러므로 스탈린이 숙청 대상으로 지명한 "계급으로서의 쿨락"에는 부농뿐만 아니라 중농까지도 포함되었고, 실제 제거 과정에서는 집단 농장화에 반대한 사람 모두가 쿨락으로 다루어졌다.[136] 나치 이데올로기에서 유대인이 모

---

135) Yves Ternon, *L'état criminel. Le Génocides au XXᵉ siècle*(Paris : Seuil, 1995), 241쪽.

136) Leo Kuper, *Genocide. Its political Use in the Twentieth Century*, 147쪽.

든 문제와 악의 근원으로 치부되었던 것처럼, 스탈린 치하에서는 쿨락이라는 존재가 악의 상징으로 동원되었던 것이다.[137)

스탈린과 공산당은 집단 농장(콜호스)과 국영 농장(소프호스) 건설을 통해 농민의 계급적 성격을 약화시키고, 공업 부문에 필요한 노동력을 추가로 공급하고, 농업 생산량도 획기적으로 증대시킬 수 있을 것으로 기대했다. 그러나 현실은 매우 다르게 나타났다. 예를 들어 농민들은 집에서 기르던 가축들을 집단 농장에 양도하기 전에 도살해버렸다. 집단 농장에 넘겨진 가축들도 도축되는 경우가 많았다. 왜냐하면 집단 농장에는 가축들을 먹일 사료나 추운 겨울을 보낼 수 있는 축사가 부족했기 때문이다. 농업 생산량도 줄어들어, 많은 농민들이 아사의 위험에 몰렸다. 그럼에도 불구하고 농업의 집단화 계획은 늦추어지지 않았다. 1931년에는 이미 전체 농민 가운데 61퍼센트가 집단 농장이나 국영 농장에 소속되어 있었다. 1937년에는 모든 농민이 집단 농장이나 국영 농장의 일원이 되어 있었다.[138)

쿨락으로 지칭된 농민과 그 가족은 모두 시베리아, 우랄, 카자흐스탄 지역으로 강제 이송되었다. 그 수는 1,500만 명을 넘었다. 형식은 이주였지만, 내용은 추방이었다. 추방된 농민들이 정착해야 할 곳은 타이가와 툰드라 기후 지대였는데, 그곳에는 집이나 생산 시설이 거의 마련되어 있지 않았다. 스탈린이 원한 것은 그 지역의

---

137) 보흐단 나할일로 · 빅토르 스보보다, 《러시아 민족 문제의 역사》, 정옥경 옮김(신아사, 2002), 100쪽.

138) Yves Ternon, *L'état criminel. Le Génocides au XXe siècle*, 242쪽.

1930년대 소련에서 이루어진 집단 농장 건설. 농민들이 들고 있는 현수막에는 "우리 콜호스 농민은 완전한 농업집단화를 바탕으로 계급으로서의 쿨락을 척결하고 있다"고 씌어 있다.

개발이 아니라 쿨락의 절멸이었다. 그가 기대한 대로 많은 사람들이 원시적 생존 조건을 견디지 못하고 그곳에서 목숨을 잃었다.

농민들의 희생은 강제 이송의 첫 단계에서부터 나타났다. 공산당은 쿨락으로 분류된 농민들을 공동체의 일원으로 생각하지 않았다. 쿨락은 타협할 수 없는 적으로 여겨졌기 때문에, 그들에게 어떤 종류의 가혹한 폭력을 가해도 모두 용인되었다. 숙청 과정에는 군대가 동원되었기 때문에 대량 학살이 불가피했다. 물론 각 단계마다 각급 관료들도 깊숙이 개입했다.

시각을 조금 달리해서 본다면, 쿨락의 숙청은 내전의 연장이었다. 새로운 차원의 집단화와 국유화라는 목표를 관철하기 위해 공산당은 쿨락과 빈농 사이의 갈등과 대결을 부추겼다.[139] 이를 통해 공산당은 생산 수단을 소유하고 통제하면서도, 그로 인해 생겨날 수 있는 국가와 농민 계급 간의 충돌 가능성을 약화시킬 수 있었다. 1,500만 명 이상의 농민이 목숨을 잃는 가운데서도 국가와 농민 사이에 커다란 충돌이 일어나지 않았던 데는, 바로 이런 점이 상당히 작용했던 것으로 보인다.

(3) 우크라이나 대기근과 제노사이드(1932~1933)

1932년에서 1933년 사이에 소련에서는 정부가 곡물과 식료품을 지나치게 징발한 결과 대기근이 발생했고, 최소 500만 명에서 최대 700만 명에 이르는 농민이 굶어 죽었다. 희생자들 대부분은 우크라이나 지방과 카프카스 북부에 살고 있던 우크라이나인들이었다. '우크라이나 대기근'이라고 불리는 이 일은 자연적 재앙이 아니라 인위적 재난이었다.

'유럽의 곡창'으로 일컬어지는 우크라이나 지방에서 이렇게 엄청나게 많은 사람이 굶어 죽은 대참사가 어떻게 일어날 수 있었을까? 이 재난이 인위적이고 의도적인 것이었다면, 이에 대한 책임은

---

139) Leo Kuper, *Genocide. Its political Use in the Twentieth Century*, 147쪽.

누구에게 돌아가야 할까?

앞에서 말한 것처럼, 1930년 1월에 공산당 중앙 위원회의 결의 이후 농업 집단화는 당과 정부가 어떤 대가를 치르고라도 추진해야 할 절체절명의 과제가 되었다. 전체적으로 본다면, 집단화에 대한 농민들의 반발은 그렇게 격렬한 편이 아니었다. 소련에서는 농촌 공동체가 토지를 공유하는 미르의 전통이 과거부터 오랫동안 지속되어와서, 집단 농장 제도가 완전히 생소하게 느껴지지는 않았기 때문이었다. 그러나 우크라이나의 경우는 달랐다. 우크라이나에서는 농지를 개인이 소유하면서 독립적으로 농업을 경영하는 전통이 강했다. 그래서 우크라이나 농민들은 모스크바의 농업 집단화 명령에 강하게 반발했다. 이들의 강력한 저항 때문에 모스크바가 일시적으로 계획을 취소하는 일까지 있었다. 우크라이나 농민들은 집단화에 대한 반발의 표시로 자신들이 기르던 가축을 도살하기도 했다. 이런 행동이 이어지자 당 중앙은 자의적으로 도축하는 농민에 대해서는 처형을 명령했다.

스탈린과 소련 공산당이 우크라이나 농민들을 대대적인 죽음으로 몰아간 데는 또 다른 이유가 있었다. 모스크바 당국은 우크라이나에서 전개되는 저항의 움직임을 단순히 농업의 집단화에 반발하는 농민 일반의 저항으로 보지 않고, 독립을 위한 민족주의 운동으로 파악했다. 모스크바의 시각에서 보면, 우크라이나는 소련 내의 비러시아인들이 추구하는 민족 운동의 모체요 본산이었다. 이런 이유에서 모스크바 당국은 대기근 기간 동안 우크라이나 지방의 정치적 구심점이 될 수 있는 정치 지도자와 지식인 수천 명을 처형하는 작업을 농민 처형과 병행했다. 우크라이나인들의 정신적 버팀목이었던 정교회 성직자들에 대한 처형도 대대적으로 진행되었다. '모반'의 음모는 마을 단위에서뿐만 아니라 우크라이나 공산당 고위층 내에서도 적발되었다. 관련자 수백 명이 숙청되었고, 처형을 피하기 어려웠던 사람들 중에는 자살을 택하는 이들도 있었다.

　이 재난의 중심에 스탈린과 그의 협력자들이 있었다. 우크라이나에서 유독 강하게 일어난 농업 집단화에 대한 반발과 뿌리 깊은 분리 독립의 경향에 놀란 스탈린은 농업 집단화 계획을 성취하기 위해서는 물론이고 소련 각지에서 일어날지도 모르는 분리주의 운동을 막기 위해서도 우크라이나인들에 대해 가혹한 조치를 취할 필요성을 절감했다. 그 결과 우크라이나 지역에는 도저히 감당할 수 없는 식량 생산 쿼터가 할당되었다. 그리고 생존을 위해 보장되어야 할 최소한의 식량마저 몰수되었다. 모스크바는 1932년 8월에 이미 애초의 징발 목표가 거의 달성되었음에도 불구하고, 10월과 다음 해 초에 새로운 할당량을 부과하고 추가 징발에 들어갔다. 파종을 위해 남겨둔 종자까지도 공출되었다. 아사가 시작되었을 때도 모스크바는 우크라이나 지역에 식료품을 공급하는 조치를 취하지 않았다. 심지어 굶주린 농민들이 수확 뒤에 들판에 떨어져 있는 알곡들을 주워 모아도, 총살하거나 재산을 몰수한 뒤에 최저 10년형을 선고했다. 이뿐만 아니라 다른 지역에서 이 지역으로 곡물이 들어오는 것도 완전히 봉쇄했다.[140] 우크라이나 전역에서 발생한 이 기근의 참상을 미국인 여행가 한 사람은 다음과 같이 증언하고 있다.

　기근이 한창이던 1932년 7월, 우리는 우크라이나와 카프카스 한가운데를 지나갔다. 열차의 유리창을 통해 풀을 뜯어 먹고 있는 어린이들의 모습이 보였다. 엄청나게 배가 나온 어린아이들의 모습은 아프리카나 다른 열대 지역 국가에서는 결코 비정상적인 일이 아니었지만, 백인 어린이들이 그런 나라에서 그런 모습을 하고 있는 것을 본 것은 생전 처음이었다.[141]

　대재앙이 끝난 뒤에도 모스크바는 우크라이나에 일어난 재앙을 한편으로는 자연적인 재난으로, 다른 한편으로는 쿨라의 파업에 맞서 소련 인민의 이익을 수호하기 위해 취할 수밖에 없었던 불가피한 조치로 합리화했다. 그러나 500만 명 이상의 목숨을 앗아간 이 재난은 "국가에 의해 조직화된 기근la famine organisée" 이었으며,[142] 명백한 제노사이드였다.[143]
　이 사건이 공식적인 수준에서 제노사이드로 인정된 것은 1990년에 와서였다. 이해 1월에 우크라이나 공산당은, 우크라이나 대기근

---

140) 보흐단 나할일로 · 빅토르 스보보다, 《러시아 민족 문제의 역사》, 104쪽.
141) 미국인 여행가 웰스Carveth Wells의 증언. Andrew Greorovich, "Black Famine in Ukraine 1932~1933. A Struggle for Existence", 5쪽에서 재인용. http://infoukes.com/history/famine/gregorovich/
142) Yves Ternon, *L'état criminel. Le Génocides au XXᵉ siècle*, 244쪽.
143) Robert Conquest, *The Harvest of Sorrow : Soviet Collectivization and the Terror Famine*(New York : Oxford UP, 1997), 272쪽.

은 허구나 과장이 아니라 실제로 일어난 재난이었으며, 이 재난의 원인은 국가의 공식적인 조치에 있었다는 것을 분명하게 인정했다. 이와 함께, 수백만 명의 희생자를 낸 이 범죄에 대해서 스탈린과 그의 협력자들이 책임을 져야 한다는 내용의 특별 결의안을 채택했다.[144] 이보다 앞서 1986년에는 미국 정부가 구성한 우크라이나 대기근 조사 위원회가 오랜 조사와 57명에 이르는 증인들의 상세한 증언을 바탕으로, 참사의 원인이 쿨락의 파업이나 자연적인 가뭄에 있었다는 소련 정부의 공식 입장을 정면으로 반박하는 보고서를 작성했다. 이 보고서는 우크라이나에서 재난이 발생하기 한 해 전 다른 지역에서 기근이 발생했을 때는 소련 정부가 신속한 대응 조치를 취했던 사실을 환기시키면서, 국가의 책임을 명시하고 있다.[145]

(4) 두 번째 학살의 물결 : 인민의 적에 대한 숙청(1937~1938)

1937년, 스탈린은 오랫동안 추진해온 위로부터의 혁명을 완수하기 위해 '인민의 적들'에 대한 대대적인 숙청 작업에 착수했다. 인민의 적에 포함된 사람들은 매우 다양해서, 지식인과 구(舊)볼셰비키, 공산당 고위 간부, 군부 지도자, 정부 관료들이 모두 망라되었다. 숙청은 혁명이 시작된 이후 언제나 있어온 일이었지만, 이 시기에 이루어진 숙청은 대상자가 엄청나게 많았고 방식이 잔혹했다는

---

144) James E. Mace, "Ukrainian Genocide", *Encyclopedia of Genocide*, Vol. 2, 565쪽.

145) James E. Mace, "Ukrainian Genocide", 566쪽.

1940년 멕시코에서 살해된 스탈린의 최고 정적 레온 트로츠키

점에서 유례없는 일이었다. 그래서 사람들은 이 기간에 스탈린이 추진한 정적(政敵)과 불신 세력에 대한 제거 작업을 '대숙청' 또는 '대공포'라고 부른다.

이러한 대숙청이 가능할 수 있었던 것은 스탈린이 당 중앙 위원회 총서기 자격으로 보안 조직을 완전히 장악하고 있었기 때문이었다. 1934년에 공산당 중앙정치국원이자 레닌그라드당 제1서기였던 키로프Sergey Mironovich Kirov를 제거하는 것으로 시작된 스탈린의 정치 숙청 과정에서 '반소비에트적이고 트로츠키주의적인 활동'을 했다는 혐의를 뒤집어쓴 정적들은 형식적인 재판을 통해 유죄 판결을 받고 처형되었다. 숙청의 물결은 멕시코에 망명 중이던 스탈린의 최대 정적 트로츠키가 1940년 처참하게 살해될 때까지 지속되었다.

1937년에서 1938년 사이에 정점에 이르렀던 숙청의 피해자는 엄청나게 많았다. 적게는 800만 명에서 많게는 1,200만 명이 전국 각지의 '수용소 군도'에 수감되거나 시베리아 강제 수용소로 보내져 강제 노역에 동원되어야 했다. 이 시기에 이루어진 대숙청의 공포는 1933년에 356만 명에 달했던 공산당 당원이 1938년에는 192만 명으로 줄었다[146]는 사실 하나만으로도 입증될 수 있다. 그만큼 숙청의 피해는 전방위적이었다.

가장 큰 피해를 입은 사람들은 당연히 고위직 공산당원들이었다. 제17차 전당대회에서 선출된 당 중앙 위원회 위원과 후보 위원 139명 가운데 70퍼센트에 해당하는 98명이 스탈린의 명령으로 체포되어 총살당했는데, 그중 대부분이 1937년부터 1938년 사이에 그 일을 당했다. 제17차 전당대회에 참가했던 대의원들도 같은 운명을 겪었다. 선거권이나 발언권을 가지고 있던 1,966명의 대의원 가운데 무려 1,108명이 반혁명 범죄 혐의로 체포되었다.[147]

군부도 큰 타격을 입었다. 5명의 원수 가운데 3명, 15명의 군사령관 가운데 13명, 9명의 해군 제독 가운데 8명, 57명의 군단장 가운

---

146) Alexander Fischer · Mechthild Lindemann, "Auf- und Ausbau der Herrschaft Stalins", 30쪽.

147) Leo Kuper, *Genocide. Its political Use in the Twentieth Century*, 140쪽.

데 50명, 186명의 사단장 가운데 154명이 숙청되었다. 숙청은 고위 직에 국한되지 않았다. 육군 장교 가운데 3만 6,761명, 해군 장교 가운데 3,000명 이상이 현직에서 쫓겨나야 했다.[148]

스탈린은 이런 정치적 숙청이 가져올 역풍을 잘 의식하고 있었기 때문에, 이에 관한 모든 기록을 파기할 것을 지시했다. 그럼에도 불구하고 여러 가지 자료를 통해 우리는 이 시기에 살해당한 고위직만 해도 50만 명이 넘는다는 것을 확인할 수 있다. 이 문제에 관한 저명한 전문가 콩케스트Robert Conquest가 최소치로 계산해서 밝힌 피해자 규모는 다음과 같다. 1936년 말까지 체포된 500만 명과 1937년과 1938년 사이에 새로 체포된 700만 명을 합해 전체 1,200만 명의 수감자 가운데 100만 명이 처형되고, 200만 명이 수감 도중에 사망했다. 1938년 말에는 수감돼 있던 900만 명 가운데 감옥에 있는 사람이 100만 명, 강제 수용소에 있는 사람이 800만 명이었다.[149]

소련의 강제 수용소는 나치스가 세운 아우슈비츠 비르케나우 수용소나 트레블링카 수용소처럼 절멸을 목적으로 한 곳은 아니었지만, 몇몇 수용소는 절멸 수용소라고 이름 붙여도 좋을 만큼 살상 효과가 엄청났다. 콜리마 수용소에 수감된 사람들은 영하 50도의 혹한 속에서 강제 노동에 임해야 했다. 특히 금광 노동에 투입된 사람

---

148) Alexander Fischer · Mechthild Lindemann, "Auf-und Ausbau der Herrschaft Stalins", 30쪽.

149) Robert Conquest, *The Great Terror : Stalin's Purge of the Thirties*(New York : Macmillan, 1968), 532쪽.

들은 사망률이 연 30퍼센트에 이를 정도로 심각한 위험에 노출돼 있었다. 노릴스크 수용소의 사망률은 이 선을 상회했다. 보르쿠타 수용소는 일 년 중 3분의 2가 영하의 날씨를 보이는 혹한 지대에 있어서 많은 수감자들이 목숨을 잃었다.[150]

이 시기에 이루어진 대박해의 희생자 가운데 스탈린의 정치적 위상에 조금이라도 위협을 가할 수 있는 사람은 10퍼센트에 불과했던 것으로 평가된다. 그럼에도 불구하고 희생이 이렇게 커진 것은, 스탈린의 강력한 의지에 부응하기 위해 각 지역과 시군에 체포해야 할 사람의 수가 할당되었기 때문이었다. 이런 숙청의 광풍은 소련에 살고 있던 여러 소수 민족에게도 불어닥쳤다. 그 결과 블라디보스토크 일대에 거주하고 있던 조선인, 레닌그라드의 에스토니아인, 라트비아인들까지 희생되었다.[151]

(5) 세 번째 학살의 물결 : 소수 민족의 강제 이주(1941~1946)

1941년 6월, 독일이 바르바로사 작전 계획에 따라 소련 국경을 넘어 파죽지세로 진격해오자, 크게 당황한 스탈린은 그해 8월에 이적 행위 가능성이 의심되는 몇몇 소수 민족을 현 거주지에서 먼 곳으로 강제 이주시키는 계획을 마련했다. 첫 번째 대상은 오래전부터 볼가 강 지역에 정착해 살고 있던 독일계였다. 크림 반도 지역과 카프카스 북부에 정주해 있던 독일계도 같은 운명을 겪었다. 이들의 최종 행선지는 중앙아시아와 시베리아였다. 독일계 집단이 간

---

150) Leo Kuper, *Genocide. Its political Use in the Twentieth Century*, 150쪽.
151) Leo Kuper, *Genocide. Its political Use in the Twentieth Century*, 141쪽.

첩 행위를 하거나 분리주의적인 행동을 했다는 증거는 발견되지 않았지만, 예방 차원에서 계획은 그대로 실행에 옮겨졌다.

뒤이어 다른 일곱 개 소수 민족도 구성원 전체가 강제 이송되는 시련에 처했다. 발카르인, 체첸인, 크림 반도의 타타르인, 잉구슈인, 카라차이인, 칼미크인, 메스케티인의 강제 이주가 시작된 것은 1943년이었다. 이 일곱 개 소수 민족에게는 반역죄 혐의가 적용되었다. 그러나 증거로 볼 때 반역죄를 저지른 사람은 몇몇 개인에 불과했기 때문에, 집단 구성원 전체를 반역자로 모는 것은 무리한 조치였다. 더구나 반역죄 혐의로 몇몇 구성원들이 체포된 다른 소수 민족들의 경우에는 그것이 집단 전체의 강제 이주로 이어지지 않았던 것을 보면, 일곱 개 소수 민족에 대한 대대적인 강제 이주 조치는 스탈린이 미리부터 이적 혐의를 두고 있던 특정 민족 집단에 대한 예방 조치 차원에서 벌인 일이었다고 봐야 할 것이다.[152]

이주 작업은 매우 비인간적인 방식으로 진행되었다. 이주 대상으로 선정된 집단은 새로운 지역에 정착하는 데 필요한 재산과 가재도구를 꾸릴 틈도 없이 먼 고난의 길을 떠나야 했다. 30분 안에 흩어진 가족들을 불러 모으고 짐을 꾸려야 했다. 솔제니친이 《수용소 군도》에서 증언한 바에 따르면, 강제 이송 때는 무장한 군대가 한밤중에 마을에 몰려 들어와 중심지를 점거한 뒤 마을 전체를 포위했다. 군대는 잠에서 깨어나 공포에 떨고 있는 주민들을 곧바로 집합시킨 뒤 명령서를 낭독하고, 최소한의 짐만 꾸릴 것을 명령했

---

152) 보흐단 나할일로 · 빅토르 스보보다, 《러시아 민족 문제의 역사》, 143~145쪽.

다.[153]

간단한 짐을 든 채 다시 모인 주민들은 가축용 트럭이나 화차를 타고 카자흐스탄, 시베리아, 중앙아시아, 우랄 산맥 북부, 북유럽 등, 한결같이 생활 조건이 열악한 곳으로 향했다. 이곳에 도착한 소수 민족 구성원들은 광산, 노역장, 공장, 농장 같은 곳에서 일해야 했다. 거주 이전과 여행의 자유도 제한되었다. 고용에서도 심한 차별을 받았다. 생활 조건이 워낙 열악해서 여성과 아이들이 특히 고통을 겪었다. 그러므로 강제 이주당한 주민들에게 새로운 정착지는 과거에 정치범이나 '인민의 적'을 처벌하기 위해 세워졌던 굴라크(강제 수용소)나 다름없었다. 집단마다 차이가 있기 때문에 얼마나 많은 사람들이 죽었는지를 일괄해서 말하기는 어렵지만, 크림 지역 타타르인의 경우 사망률이 46퍼센트에 이르렀다. 다른 민족들의 경우에는 사망률이 평균 20퍼센트 정도였을 것으로 생각된다.[154]

전쟁 상황을 이유로 이적 행위의 가능성이 의심되는 소수 민족을 체계적이고 조직적으로 강제 이주시키는 것은 이 시기에 처음 벌어진 일이 아니다. 우리는 이미 1차 대전이 한창이던 1915년에 터키 정부가 러시아와의 접경 지대에 살고 있던 아르메니아인들을 죽음의 지경으로 이주시켰던 것을 알고 있다. 소련에도 이미 이런

---

153) Leo Kuper, *Genocide. Its political Use in the Twentieth Century*, 144쪽.

154) Aleksander M. Nekrich, *The Punished People : The Deportation and Fate of Soviet Minorities at the End of the Second World War*(New York : W. W. Norton, 1978), 145쪽.

선례가 있었다. 최초의 희생양이 된 민족은 조선인들이었다. 1937
년 소련은 일본의 침공에 대한 두려움 때문에 만주와 소련 국경 사
이에 거주하고 있던 17만 명의 조선인들을 중앙아시아의 카자흐스
탄과 우즈베키스탄 지역으로 강제 이주시켰다.[155] 1939년에 3만 명
의 체코인을 북방의 강제 수용소로 유배 보낸 장본인도 바로 스탈
린이었다. 1940년대에 진행된 강제 이주가 앞의 경우와 다르다면,
그것은 주민들의 집결에서부터 목적지 도착까지에 걸린 시간이 훨
씬 단축되었다는 데 있을 뿐이었다. 동원된 방식도 더 효율적이었
다.

　1940년대의 소수 민족 강제 이주는, 스탈린이 죽은 뒤 1956년에
열린 제20차 공산당 전당대회에서 흐루시초프가 스탈린을 격하하
는 과정에서 중요한 문제로 부각되었다. 흐루시초프는, 스탈린과
공산당 중앙 위원회가 이 일을 추진한 것은 소수 민족들의 조국에
대한 배신과 독일에 대한 부역 가능성 때문이었지만, 개인이 아닌
집단 전체를 혐의자로 낙인찍어 죽음의 땅으로 몰아넣은 것은 어
리석은 짓이었다고 비난했다. 그 당시는 이미 독일군이 퇴각하던
때였기 때문에, 전시의 긴급 상황을 탄압의 명분으로 삼은 것도 부
적절했다고 흐루시초프는 지적했다. 강제 이주 과정에서 나타난
관련자들의 자의적인 행태와 무법 상황도 문제로 지적되었다.

　이와 같은 비판에 힘입어, 강제 이주당한 소수 민족 집단에 대해
공식적 차원의 재평가가 이루어졌다. 그러나 독일계 소수 민족과

　155) J. Otto Pohl, "Stalin's Genocide against the 'Repressed Peoples'", Journal
of Genocide Research 2-2(2002), 277~278쪽.

크림 지역의 타타르인, 그리고 메스케티인에 대한 복권은 이루어지지 않았다. 이들의 복권은 구 소련이 몰락한 1989년에야 이루어졌다.

2. 캄보디아의 제노사이드 : 킬링 필드(1975~1979)

폴 포트Pol Pot가 이끄는 크메르 루주가 캄보디아의 수도 프놈펜에 입성한 1975년 4월 17일부터 폴 포트 정권이 베트남의 침공으로 무너진 1979년 1월 7일까지 캄보디아 땅에서는 200만 명에 이르는 사람들이 학살과 굶주림, 질병으로 목숨을 잃었다. 1975년의 캄보디아 인구가 700만 명 정도였으니, 4년도 안 되는 기간에 전체 인구의 3분의 1가량이 죽어 없어진 것이었다. 이 점에서 캄보디아 땅은 '킬링 필드killing field'라는 이름을 붙이기에 전혀 부족함이 없다. 캄보디아에서 일어난 제노사이드에 우리가 주목하는 이유는 크게 세 가지다. 첫째, 미국의 상원 의원 프록스마이어William Proxmire가 "기계 문명 없는 제노사이드"라고 명명한 것처럼, 캄보디아의 제노사이드는 원시적 학살의 전형을 보여주기 때문이다. 자기 부모를 도끼로 살해하거나 불교 승려들을 머리에 비닐 봉투를 씌워 질식사시킨 크메르 루주 소년 전사들의 이야기는 아우슈비츠로 대표되는 '문명화된 학살'만큼이나 우리의 상상력을 뛰어넘는 것으로, 우리를 전율하게 만든다. 둘째, 이것은 첫 번째 이유보다 더 중요한 것인데, 캄보디아에서 일어난 대학살이 탈식민화 과정에서 일어나는 제노사이드의 복합적 성격을 단적으로 보여주기 때문이다. 100년 가까운 프랑스의 식민 지배, 일본의 군사적 점령, 미국의 공습과 내정 간섭, 론 놀Lon Nol의 쿠데타와 치열한 내전, 베트남과의 영토 분쟁 등, 캄보디아는 제노사이드가 일어날 수 있는 모든 객관적 조건을 충분히 갖추고 있었다. 캄보디아의 경험은 이 각각의 조건들이 서로 결합될 때 어떤 참사가 빚어질 수 있는지를 우리에게 극적인 방식으로 보여준다. 셋째, 캄보디아에서 일어난 제노사이드는 역사 속에서 오랫동안 누적되어온 사회적 · 민족적 · 종교적 갈등이 정치적 격변 상황에서 한꺼번에 표출되면서 일어난, 중층적 성격의 제노사이드였기 때문이다. 희생자들은 크메르 루주의 정치적 반대파에서부터 베트남계와 중국계 소수 민족, 이슬람교도인 참족, 그리고 불교 승려에 이르기까지 광범위했다. 이렇게 전방위적인 학살이 일어난 이유는 어디에 있을까? 그 뿌리를 역사 속에서 찾는 것으로 탐색을 시작하도록 하자.

(1) 역사적 배경

캄보디아에서 일어난 대량 학살을 설명할 때 우리가 먼저 염두에 두어야 할 사건은 1970년에 일어난 총리 론 놀의 쿠데타다. 이 쿠데타를 계기로 명목상으로나마 사회적 통합의 구심점 역할을 해왔던 시아누크Shianouk 왕자의 정권이 붕괴되고 미국의 내정 간섭이 노골화되었으며, 그때까지는 공산주의 반군 세력 가운데 지류에 불과했던 폴 포트파로 민심이 급격하게 쏠리면서 내전이 본격화되었기 때문이다. 시아누크 왕자의 집권과 실권, 공산주의자들의 성장, 미국을 비롯한 외세의 간섭은 1863년부터 1954년까지 계속된 프랑스의 식민지 지배와 깊이 관련된 문제이므로 19세기에서부터 이야기를 시작하는 것이 좋겠다.

프랑스의 캄보디아 통치는 형식적으로는 캄보디아의 요청에 의해 이루어졌다. 이웃 베트남 때문이었다. 17세기 초부터 캄보디아를 지속적으로 침략하면서 베트남계 소수 민족의 영향력을 강화해 왔던 베트남은, 1830년대와 1840년대에는 캄보디아를 점령하고 베트남인을 행정의 전면에 내세웠다. 캄보디아인들이 프랑스의 보호를 받아들인 것은 베트남인들의 잔혹한 지배 정책에 분노했기 때문이었다. 이와 같은 쓰라린 역사적 경험은 캄보디아인들의 집단 기억 중심에 자리 잡아, 이후에 벌어진 베트남계 소수 민족에 대한 학살에서 중요하게 작용했다. 베트남인에 대한 적대감은 정파와 계급의 차이를 떠나 캄보디아인이면 누구나 갖고 있는 뿌리 깊은 정서였다. 그 때문에 론 놀도, 론 놀 정권을 무너뜨린 폴 포트도 모두 베트남인이 열등한 인종임을 주장하며 그들을 학살했다.[156]

프랑스의 캄보디아 지배는 고대부터 베트남과 태국 같은 인접 국가와 영토 분쟁을 거듭하는 가운데 형성된 캄보디아인의 민족 감정에 근대적인 형태를 부여했다. 특히 주목되는 것은, 제국주의 국가에 대항하는 민족 투쟁 과정에서, 훗날 제노사이드를 주도한 공

---

156) Ervin Staub, *The Roots of Evil. The Origins of Genocide and other Group Violence*(Cambridge : Cambridge Univ. Press, 2000), 198~199쪽 ; Leo Kuper, *Genocide. Its political Use in the Twentieth Century*, 159쪽. 론 놀 정권 초기에 수백 명에 이르는 베트남 주민들에 대한 학살이 일어나자, 이에 대한 대응으로 남베트남 군대가 미국의 지원을 받아 캄보디아에 대한 보복 공격을 감행하기도 했다.

산주의 지도자들이 성장했다는 점이다. 크메르 루주의 핵심을 이루었던 폴 포트, 이엥 사리Ieng Sary, 손 센Son Sen, 키우 삼판Khieu Samphan은 모두 식민지 본국의 중심인 파리에 유학하면서 스탈린주의에 경도된 프랑스 공산당의 일원으로 활동하는 가운데, 한데 모여 조국의 미래에 대해 토론을 거듭했던 인물들이었다.

1954년 프랑스의 지배에서 벗어나면서, 식민지 시절에 캄보디아의 명목상 왕으로 군림했던 시아누크 왕자가 실질적으로 집권하게 되었다. 그러나 그는 내치에 성공하지 못했다. 2차 대전 이후 인구가 급증하면서 농촌은 10퍼센트 안팎의 부농과 대다수의 빈농으로 양극화되었다. 인구 증가와 맞물려 곡물 가격이 폭등했지만, 소수의 부농만 그 혜택을 누렸을 뿐, 다수의 빈농은 생존을 위해 베트남인과 중국인 상인에게 연 이자 100~200퍼센트의 빚을 져야만 했다. 이에 따라 역사적으로 누적되어온 캄보디아인과 베트남인·중국인 사이의 갈등은 더욱 격화되었다. 한편, 다수의 농민이 생존을 위해 도시로 몰려들면서 도시의 인구가 폭증했다. 본래 60만 명이었던 수도 프놈펜의 인구가 1975년에는 300만 명을 넘어섰을 정도였다. 도시에는 농촌 출신을 위한 일자리와 주택이 충분치 않았기 때문에 또 다른 문제가 야기되었다.

도시의 인구가 폭증한 데는 정치 불안도 크게 작용했다. 1970년에 론 놀이 쿠데타를 통해 집권한 후에도 곡물 가격이 안정되지 않고 과중한 세금이 부과되자 일부 농촌 지역에서 농민 봉기가 일어났다. 그러나 론 놀은 문제를 근본적으로 해결하려 하지 않고 경찰력을 동원해 무리한 진압에 나섰다. 정부의 무능과 부패로 민심이 이반하면서 내전이 격화되었다. 한때 정부 안에서 일했던 키우 삼판과 후 윤Hou Youn조차 폴 포트가 이끄는 크메르 루주에 합류할 정도로 정국은 혼란에 빠져들었다. 미국의 적극적인 원조에도 불구하고 사태는 호전되지 않았다. 미국의 원조 식량은 암시장으로 빠져나갔고, 원조 무기는 크메르 루주의 손으로 넘어갔다. 크메르 루주의 영향력이 확대됨에 따라, 더 많은 농민들이 고향을 떠나 프놈펜을 비롯한 여러 도시로 몰려들었다.[157] 내전은 론 놀 정권보다 크메르 루주에게 유리하게 작용했다. 무엇보다 문제가 된 것은 미국이 론 놀 정권을 후원하고 있다는 사실이었다. 미국은 1969년 3월부터 1973년 8월 사이에 캄보디아 농촌 지역에 모두 54만 톤의 폭탄을 투하했다. 이 지역에 은닉돼 있던 북베트남군의 근거지를 초토화하기 위해서였다. 이 과정에서 캄보디아 농민들은 가족과 생활의 터전을 잃었다. 사회 간접 자본과 농업 기반 시설도 대부분 파괴되었다. 1973년 1월 미군이 베트남에서 철수한 뒤에도 캄보디아에 대한 공습은 계속되었다. 이 때문에 많은 캄보디아인들이 미국에 대해 분개하며, 크메르 루주의 반미 선전에 동조했다. 캄보디아인들이 보기에 론 놀 정권은 미국의 반공주의 정책 때문에 억지로 유지되고 있는 꼭두각시 정권에 불과했다. 1972년에 론 놀이 대통령과 총리, 국방부 장관과 군사령관을 겸임하는 초법적 조치를 단행하면서 론 놀 정권은 독재 정권이라는 비난을 면하기 어렵게 되었다. 미국은 론 놀 정권에 모두 18억 5,000만 달러를 원조했지

---

157) Ervin Staub, *The Roots of Evil. The Origins of Genocide and other Group Violence*, 189~190쪽.

만, 군 내부의 부정부패는 정규군에게 봉급도 제대로 지불할 수 없을 정도로 심각했다.[158] 사기가 저하된 군대는 국민의 군대도, 론 놀에게 충성하는 군대도 될 수 없었다. 이 때문에 크메르 루주는 대의명분을 쉽게 얻을 수 있었다. 민심을 얻은 크메르 루주는 1975년 4월 17일, 5년 동안의 피로 얼룩진 내전에 종지부를 찍고 마침내 승자의 자격으로 프놈펜에 입성하게 되었다.

그러나 폴 포트가 이끄는 크메르 루주는 1972년까지만 해도, 론 놀 정권에 대항하던 공산주의 계열의 반군들 중에서 가장 중요한 세력은 아니었다. 그렇다면 크메르 루주는 어떻게 그렇게 짧은 기간 동안에 권력을 쟁취할 수 있었을까? 이 문제에 대한 단서를 발견하기 위해, 먼저 크메르 루주의 최고 지도자였던 폴 포트의 행적을 살펴보자.

(2) 폴 포트는 누구인가

폴 포트는 1975년 공식 석상에 모습을 드러내기 전까지는 신비한 베일 속의 인물로 이야기될 만큼 실체가 잘 알려져 있지 않았다. 이것은 조금도 이상한 일이 아니었다. 왜냐하면 폴 포트 자신이야말로 비밀 유지가 혁명의 기본 원칙이라고 강조한 인물이기 때문이다. 그와 함께 활동했던 사람들 중에도 그의 출생과 본명을 아는 사람은 거의 없었다.

폴 포트는 캄보디아가 프랑스의 지배를 받던 1928년에 왕족 가

---

158) 사만다 파워, 《미국과 대량 학살의 시대》, 167~169쪽.

자리를 함께한 크메르 루주 지도자들. 가장 왼쪽에 서 있는 인물이 크메르루주의 최고 권력자 폴 포트

문에서 태어났다. 본명은 살로트 사Saloth Sar였다. 여섯 살 때 왕립 수도원에 들어가 1년간 교육을 받았고, 이후에는 6년 동안 가톨릭 계열 학교에 다녔다. 그가 유년 시절을 보낸 프놈펜은 상인들과 베트남인 노동자들로 가득 찬 도시였다. 청년기에 들어서기 직전인 1945년에는 프랑스로부터의 독립을 요구하는 불교 승려들이 베트남 공산주의자들과 연합해서 캄보디아 민족주의자들을 지도하는 정치 운동을 목격하기도 했다.

스무 살이 되던 해에 폴 포트는 전기공학을 공부하기 위해 파리로 유학을 떠났다. 그곳에서 그는 스탈린주의의 영향을 강하게 받고 있던 프랑스 공산당에 입당해, 훗날 크메르 루주 지도부를 형성하게 될 이엥 사리, 손 센, 키우 삼판 같은 동지들과 깊이 교류하게 된다. 반면, 훗날 대중적인 마르크스주의 지식인으로서 권력 투쟁 과정에서 크메르 루주에 의해 희생되는 후 윤처럼 서구 지향적이고 개방적인 사고를 지닌 인물들과는 충돌했다. 그들 사이에 존재하는 생각의 차이는 필명에서부터 나타났다. 다른 동료들이 '자유 크메르'나 '크메르 노동자' 같은 이름을 선호한 데 반해, 폴 포트는 '순수 캄보디아' 같은 필명을 고집했다.

폴 포트가 세 차례나 낙제한 끝에 캄보디아로 돌아온 1953년, 프랑스군의 탄압에 맞서 캄보디아 독립 운동이 급진화되기 시작했다. 폴 포트는 형제인 차이Chhay를 따라 베트남인의 지도를 받는 캄보디아 공산주의 운동에 가담했다. 베트남 공산주의자들은 폴 포트에게 대중과 더불어 일하라고 가르쳤지만 폴 포트는 그들의 교시에 거부감을 가졌고, 공산주의 운동도 캄보디아인 스스로 해 나가야 한다는 생각을 갖게 되었다. 그는 이웃 국가의 공산주의 활동 선례보다는 자국 캄보디아의 역사를 통해서 캄보디아 공산주의 활동에 필요한 교훈을 얻을 수 있을 것이라고 믿었다. 그를 사로잡은 것은 보편적 사고가 아니라 민족이었다. 그의 머릿속에는 중세의 찬란했던 앙코르 왕국이라는 이상이 자리 잡고 있었다. 그의 가슴에는 이웃 베트남과 태국에 빼앗긴 땅을 수복해야 한다는 염원이 가득 차 있었다. 그 염원을 실현하기 위해서는 무엇보다 민족의 순수성을 회복하는 일이 선행되어야 했다. 민족의 순수성 회복에 장애가 되는 캄보디아 내의 소수 민족들은 우선적으로 척결되어야 했다. 그의 이런 구상에 냉소적인 태도를 보이는 해외 유학파 지식인들도 그에게는 제거해야 할 적이었다. 필요하면 전쟁도 얼마든지 할 수 있었다.

프랑스와 베트남 군대가 캄보디아를 떠난 뒤에 폴 포트는 캄보디아 공산주의자들 사이에서 신망을 얻기 시작했다. 그는 '폴'이라는 암호명을 사용하면서 8년간의 게릴라 투쟁 기간(1967~1975) 동안 크메르 루주 내에서 자신의 지배력을 공고히 했다. 1975년 4월 크메르 루주가 프놈펜에 입성하자마자 시작된 도시 주민 강제소개에 대해 후 윤이 반대하자, 폴 포트파는 그를 처형했다.[159] "민주 캄푸치아"[160]를 세운 뒤에도 폴 포트의 단호하고도 저돌적인 태도는 누그러질 줄을 몰랐다. 1975년의 승리 연설에서 그는 크메르 루주가 어떤 외부 세력과도 연계되지 않은 깨끗한 승리를 거두었다고 주장하며, 민주 캄푸치아는 앞으로 고립을 택하게 될 것이라고 밝혔다. 외국어와 소수 민족의 언어 사용이 금지되고, 외국과의 무역도 단절되었다. 다만 오래전부터 우호 관계를 유지하고 있던 중국과는 예외적으로 부분적인 교역이 이루어졌다. 쌀과 멸종 위

---

159) 후 윤의 죽음에 대해서는 확실한 결론이 없는 상태다. 그가 자살했다는 견해도 있다.

160) 폴 포트가 이끄는 크메르 루주가 1975년 4월 프놈펜에 입성한 뒤에 이미 붕괴해버린 론 놀의 '크메르 공화국' 정권을 대신해 수립한 캄보디아의 국가명이다. 1979년 1월 베트남의 침공으로 크메르 루주가 도주한 뒤에는 '민주 캄푸치아' 대신 행 삼린Heng Samrin이 이끄는 '캄푸치아 인민공화국'이 세워졌다.

기에 처한 동물들이 중국으로 반출되었고, 중국에서는 다량의 무기가 들어왔다. 그 무기는 잃어버린 옛 땅을 회복하기 위해서 베트남과의 전쟁에 사용되었다.

역사적 기억 속에나 존재하는 상상의 공동체를 건설하기 위해 폴 포트는 그 누구라도 제거할 준비가 되어 있었다. 그래서 그는 부하들에게 나쁜 배경 출신의 사람 한둘쯤 잃는 것을 두려워하지 말라고 말하기를 주저하지 않았다. 베트남 침공을 앞두고는 "적들을 마음대로 죽이되, 하잘것없는 베트남인들은 정글 속에서 외마디 비명을 지르는 원숭이들처럼 비명을 지르며 죽게 하라" [161]는 말로 크메르 루주를 격려했다.

그러나 유토피아를 건설하겠다는 이상에 사로잡힌 그는, 남부 베트남 지역을 수복하겠다는 일념에서 베트남을 침공한 것이 화근이 되어 권력을 상실하게 된다. 1979년 베트남군이 폴 포트 정권에 맞서 투쟁을 전개하던 캄보디아 반군을 앞세워 캄보디아를 침공했을 때, 크메르 루주는 서방의 군사 전문가들과 외교관들이 예상했던 것보다 훨씬 더 빠르고 무기력하게 무너졌다. 폴 포트는 다른 지도자들과 함께 북부의 밀림 지대로 피신했다가, 서방의 압력이 가중되자 1997년에 동료인 키우 삼판에게 체포되어 형식적인 재판에 회부되었다. 1998년 1월에 폴 포트가 가택 연금을 당했다는 소식이 전해졌으며, 4월에는 그가 사망해서 태국 관리가 입회한 가운데 화장되었다는 보도가 나왔다.

---

161) Ben Kierman, "The Cambodian Genocide and Its Leaders", *Encyopedia of Genocide*, Vol. 1, 131쪽.

(3) 도시 청소

제노사이드는 크메르 루주가 프놈펜에 입성한 1975년 4월 17일부터 시작되었다. 약간의 기대감과 커다란 불안감 속에서 크메르 루주를 맞이한 프놈펜과 그 밖의 여러 도시의 주민들은 당장 도시를 떠나라는 그들의 명령에 크게 당황했다. 그러나 타협의 여지는 전혀 없었다. 총을 겨누며 재촉하는 크메르 루주에게 압도되어 주민들은 짐도 제대로 꾸리지 못한 채, 대부분의 사람들이 잘 알지 못하는 장소로 길을 떠나야 했다. 노약자들도 마찬가지였다. 환자들도 가족들의 부축을 받아 크메르 루주의 뒤를 따라야 했다

이처럼 험악한 분위기 속에서 이루어진 강제 소개를 목격하고도 역사적인 현장을 취재하기 위해 프놈펜에 남아 있던 일부 기자들은 전면적인 도시민 소개가 도시의 식량 부족과 과잉 인구 문제를 해소하기 위한 조치일 뿐이라고 타전했다.[162] 그러나 그것은 착각이었다. 그들 역시 제노사이드의 초기 단계에서 양식 있는 전문가들이 흔히 저지르는 실수를 똑같이 범한 것이었다. 다른 전문가들과 다른 점이 있다면, 그들은 현장을 목격하고도 그런 잘못을 저질렀다는 것뿐이었다.

도시민 소개는 가혹한 방식으로 이루어졌다. 명령을 따르지 않는 사람은 모두 죽임을 당했다. 굶주림과 탈진으로 더 이상 걸을 수 없는 사람들은 길가에서 사살되었다. 300만 명이 소개되었지만, 소개를 위한 준비는 제대로 되어 있지 않았다. 소개 과정은 '죽음의

---

162) George Hildebrand · Gareth Porter, *Cambodia : Starvation and Revolution* (New York : Monthly Review Press, 1976).

행군'으로 불리기에 충분했다.

폴 포트와 그의 동료들은 왜 그런 조치를 취했을까? 첫째 이유는 크메르 루주를 지배하고 있던 의구심 속에서 찾을 수 있다. 크메르 루주는 잘 훈련된 군대였지만, 소수에 불과했다. 당원이라고 해야 모두 1만 4,000명을 넘지 못했다. 이들이 보통의 방식으로 상대하기에는 프놈펜에 살고 있던 사람들이 너무 많았다. 또한 프놈펜 주민들 가운데 다수는 내전 기간 동안 크메르 루주의 지배를 피해 도시로 도망쳐 온 사람들이었다. 적어도 크메르 루주는 그렇게 믿었으며, 본래 농민이었던 그들은 다시 농촌으로 돌아가야 한다고 생각했다. 두 번째는 크메르 루주가 도시를 악 그 자체로 여겼다는 데 있다. 그들이 보기에 본래부터 도시에 거주하고 있던 사람들은 부패한 론 놀 정권에 봉사하던 군 장교와 관료, 그리고 민족의 순수성을 더럽히는 전문직 종사자와 지식인들이었다. 상업과 금융을 장악하고 있는 중국계와 베트남계 주민도 도시민이었다. 크메르 루주의 눈에는 이들이 모두 반역자나 적으로 비쳤다. 크메르 루주는 한데 뒤엉켜 있는 주민들을 끌어내어, 자신들의 이상에 동조하고 자신들의 지배에 복종하는 사람과 그렇지 않은 사람을 명확하게 구분하고자 했다.

프놈펜을 비롯한 여러 도시의 강제 소개가 완료된 뒤, 크메르 루주에 의해 가장 먼저 희생된 사람들은 론 놀 군대의 장교들이었다. 이들은 교외나 광산으로 끌려가 총살되었다. 일반적으로 이야기되는 것과는 달리, 교사, 의사, 기술자, 지식인들에 대한 학살은 처음부터 전면적으로 이루어지지는 않았다. 초반에는 산발적으로 이루어지다가 어느 정도 시간이 흐른 뒤에 집단적이고 체계적인 형태를 띠게 된 것이다. 이들 가운데 반역자로 지목된 사람은 도끼로 살해되기도 했다.[163]

적대적 계급에 대한 학살에서 눈에 띄는 현상은, 학살 대상자를 그의 가족들이 보는 앞에서 죽이는 경우가 많았다는 것이다. 또한 학살이 개인만을 대상으로 이루어지지도 않았다. 인민의 적으로 지목된 경우, 당사자는 물론 가족들까지도 함께 처형되었다. 학살의 과정이나 방식에서 우리가 생각하는 법은 지켜지지 않았다. 이렇게 잔인한 방식으로, 가족에 대해서까지 학살을 자행한 이유는 무엇이었을까? 그것은 무엇보다 캄보디아 전통 사회의 형벌 체제 때문이었다. 가족 구성원들에게까지 죄의 책임을 묻는 전통적 사고 때문에 크메르 루주는 거리낌 없이 가족에 대한 집단 살인을 저지를 수 있었다.[164] 잔인한 살인 방식도 역사를 통해 설명될 수 있다. 크메르 루주가 이상향으로 상정한 앙코르 제국은 가혹한 형법 체제를 채택한 나라였다. 무거운 범죄를 저지른 사람은 화형에 처해졌고, 경범죄를 저지른 사람은 손가락이나 손발을 잘렸다. 이런 전통은 론 놀 정권뿐만 아니라 폴 포트가 이끄는 크메르 루주에도 그대로 전승되었다. 물론 그렇다고 해서 잔인한 학살의 원인을 이러한 개별 역사 속에서만 찾는 것은 잘못일 것이다. 스페인과 러시아, 그리고 이웃 베트남의 사례에서 볼 수 있는 것처럼, 이런 특수

---

163) Ervin Staub, *The Roots of Evil. The Origins of Genocide and other Group Violence*, 192쪽.

164) Leo Kuper, *Genocide. Its political Use in the Twentieth Century*, 160쪽.

지금은 박물관이 된 고문과 학살의 현장 투올 슬렝

한 역사가 없었어도 농민 혁명은 일반적으로 심한 폭력을 동반했기 때문이다.[165] 그 속에서 우리는 농민들이 겪었던 분노와 좌절감의 크기를 발견할 수 있다. 빈농의 자녀들이었던 크메르 루주가 저지른 잔혹한 학살에서 우리는 캄보디아 현대사에서 부농과 빈농, 도시와 농촌 사이에 존재했던 깊은 골을 발견할 수 있다. 내전 기간 동안 서로 상승 작용을 일으키며 악화되었던 피의 보복의 정서 역

---

165) Michael Vickery, *Cambodia : 1975∼1982*(Boston : South End Press, 1984), 284쪽.

시 그대로 이어져 크메르 루주를 지배했다. 이미 오랜 내전을 통해 인간을 바라보는 그들의 심성은 크게 손상되어 있었다.

심문 과정과 재교육 과정에서도 학살은 그치지 않았다. 폴 포트 체제의 상징이었던 투올 슬렝에서는 1만 6,000명의 수감자 중 단 일곱 명만이 살아남았다. 'S-21'로 더 잘 알려진 이곳은 캄보디아 제노사이드의 중심지였다. 특히 이곳에서는 권력 투쟁 과정에서 내부의 적으로 몰린 공산주의자들이 많이 희생되었다. 이들은 강요에 의해 진술서 쓰기를 반복하다 결국은 살해당했다.

(4) 농촌 공동체에서의 삶과 죽음

농촌으로 강제 이송된 도시 사람들은 누구나 자기 손으로 직접 노동을 해야 했다. 이들은 '새 사람들'이라고 불렸다. 본래 농촌에 살았던 '옛 사람들'에게는 처음에는 토지와 가축을 소유할 권리가 주어졌던 데 반해, '새 사람들'은 어떤 소유 재산도 없이 익숙하지 않은 중노동에 시달려야 했다. '새 사람들'은 진짜 새 사람이 되기 위해 새벽 4시부터 아침 10시까지, 그리고 낮 1시부터 오후 5시까지 일해야 했다. 이들은 열 시간을 넘는 정규 노동 외에 야간 노동까지 해야 했다. 저녁 7시부터 밤 10시까지는 다시 노동의 시간이었다. 식량도 충분하게 배급되지 않았기 때문에, '새 사람들'이 겪어야 하는 고통은 이루 말할 수 없었다.

이들의 고통은 육체적인 것으로 끝나지 않았다. 크메르 루주의 냉엄한 감시를 받는 가운데 새로운 농촌 공동체를 건설하기 위해 모든 주민들에게 엄격한 생활의 규율이 부과되었기 때문이다. 주민들은 크메르 루주가 제시한 일정과 규칙에 따라 일해야 했다. 식사도 공동으로 해야 했다. 작업 현장에 늦게 도착한다든지 게으름을 피운다든지 하는 사소한 규율 위반도 죽음의 이유가 되었다. 이른바 본보기를 보이기 위해서였다. 기강을 유지하고 공포감을 조성하기 위해서라면 살인도 문제 되지 않았다. 크메르 루주는 주민들에 대한 생사여탈권을 갖고 있었다. 노동 시간뿐만 아니라 여가 시간도 철저하게 통제하고 감시했다. 옛 노래를 부르는 것도, 남녀 간에 사랑을 표현하거나 구혼하는 것도 금지되었다. 혼전 성교와 간통도 해서는 안 되었다. 결혼 상대자는 인민공사 회합 때 단체로 발표되었다.

조직의 통제는 여기서 끝나지 않았다. 어린이들은 가족과 분리된 채 집단적으로 수용되어 '새 교육'을 받았다. 내전기의 크메르 루주에게 그랬듯이, 이들에게 교육을 통해 새로운 세계관이 주입되었다. 부모들이 자기 신분을 숨기는 데 성공하더라도, 아이들의 입을 통해 폭로되는 경우가 많았다. 크메르 루주는 아이들에게 부모와 이웃을 밀고하는 것이 옳은 일이라고 가르쳤다. 이렇게 해서 가족은 조직의 구성에서뿐만 아니라 정서적 유대에서도 파괴되어 갔다.

크게 보면, 캄보디아 전역이 거대한 농촌 공동체로 탈바꿈했다. 도시는 텅텅 비었다. 주민들은 마음대로 이동하거나 이주할 수 없었다. 마을이나 지역 간 이동이 필요할 때면 통행권을 발급받아야 했다. 중앙은행은 이미 초기에 폭파되었으며, 화폐도 사라졌다. 캄보디아 외부 세계와의 접촉도 금지되었다. 외국과의 전화나 전보

같은 우편 서비스는 기대할 수조차 없었다. 외국어로 말하는 것은 오염의 신호로 간주되어 그 사람은 곧 사형에 처해졌다. 얼핏 보면 토머스 모어Thomas More의 《유토피아*Uutopia*》를 연상시키는 크메르 루주 치하의 삶은 그러나 한 가지 점에서 유토피아와 확실히 달랐다. 유토피아에는 사상의 자유가 있었지만, 캄보디아에는 생각할 자유조차 없었다. 도서관이 파괴되고 오직 크메르 루주의 소책자만이 허용되는 그곳은 유토피아가 아니라 조지 오웰George Orwell의 《1984*Nineteen Eighty-four*》에서나 볼 수 있는 디스토피아였다. 전 국토에 완벽한 테러 체제가 수립되었고, 바깥 세계에 사는 사람들은 그 속에서 벌어지고 있는 일을 알기 어려웠다.

(5) 종교 학살

크메르 루주의 행동 가운데 가장 놀라운 것은 불교 승려에 대한 학살이었다. 크메르 루주는 불교를 반동주의로 규정하면서, 모든 불교 예식을 금지했다. 수도승의 도서관에는 불을 질렀다. 승려는 성직을 박탈당했고, 절을 떠나야 했다. 승려들이 떠난 절은 곡물 창고로 바뀌거나, 캄보디아인에게 불교적 전통과의 단절을 확인시키는 차원에서 감옥이나 처형 장소로 사용되었다. 그렇게 바뀌지 않은 절과 수도원은 모두 파괴되었다.[166]

이 모든 일을 주도한 사람은 손 센의 아내 윤 얏Yun Yat이었다. 불교는 혁명과는 양립할 수 없는 반동 종교라고 확신했던 윤 얏의

---

166) 사만다 파워, 《미국과 대량 학살의 시대》, 206쪽.

대대적인 조치 때문에, 폴 포트 정권이 수립되기 전에는 7만 명에 이르렀던 승려가 이 정권이 붕괴된 1979년에는 2,000명도 채 남아 있지 않았다. 이미 1978년에 윤 얏은, 캄보디아에 더 이상 종교는 없으며, 모든 승려들은 절을 떠났다고 자랑했다.

캄보디아의 전통에 비추어 볼 때 이 모든 일은 있을 수 없는 것이 었다. 왜냐하면 과거에는 캄보디아인의 90퍼센트가 불교도였고, 많은 사람들이 절에서 기초 교육을 받을 정도로 불교 승려의 역할 이 절대적이었기 때문이다. 폴 포트 자신도 어린 시절에 1년간 왕 립 사찰에서 지낸 바 있었다. 그런 만큼 불교가 배제된 캄보디아인 의 생활은 상상하기 어려운 것이었다.

그러나 크메르 루주 지도자들은 바로 그 때문에 불교를 더욱더 철저하게 파괴하려 했다. 크메르 루주가 단순히 사찰을 폐쇄하거 나 고위직 승려들을 제거하는 선에서 일을 끝내지 않은 것은, 캄보 디아인의 생각과 세상을 보는 눈 자체를 완전히 개조하기 위해서 였다. 사찰 가운데 파괴되지 않은 곳은 5퍼센트도 넘지 않았다. 앙 코르 와트 유적이 말해주듯이, 캄보디아인의 생활과 문화, 그리고 전통의 중심이었던 불교가 파괴되는 데 채 1년도 걸리지 않았다는 사실은 크메르 루주 지도자들의 종교 말살 의지가 얼마나 강했는 지를 잘 보여준다.

종교로 인해 희생당한 사람들은 불교 성직자들과 신도들만이 아 니었다. 이슬람교도 마찬가지로 탄압의 대상이었다. 크메르 루주 가 절멸의 대상으로 삼은 것은 단순히 이슬람 종교가 아니라, 참족 이라고 불리는 이슬람교도들이었다. 참족은 13세기와 14세기에 베트남에 흡수되어버린 참파 제국의 후예로, 캄보디아 영내의 메콩 강 유역에 집단적으로 거주하고 있었다. 그들은 캄보디아 역사에서 오랫동안 차별받아온 집단이었다. 크메르 루주는 권력을 장악한 뒤, 참족 종교 지도자와 정치 엘리트들을 살해하고, 이슬람 사원에 불을 지르고, 학교를 파괴했다. 그리고 참족 사람들에게 이슬람교가 금하는 돼지고기를 먹이고, 수염을 깎을 것을 강요했다. 이를 거부하는 사람은 곧바로 살해되었다. 이 밖에도 크메르 루주는 참족의 전통 복장을 입지 못하게 하고, 참족의 고유한 이름을 버리게 함으로써, 종교와 역사에 기반을 둔 참족의 집단적 정체성 자체를 말살하고자 했다. 크메르 루주의 혹독한 탄압 정책 속에서 참족의 절반 이상이 목숨을 잃었다.[167]

(6) 민족 학살 : 베트남인, 화교, 라오스인

크메르 루주 지도자들의 행동 가운데 가장 이해하기 어려운 점은, 이들이 1975년에 권력을 쟁취한 뒤, 캄보디아보다 열 배나 많은 인구와 훨씬 더 강한 군대를 갖고 있던 베트남의 국경을 자주 침범하고, 국경 지대에 인접한 베트남 영내의 민간인들을 잔혹한 방식으로 집단 학살했다는 것이다. 폴 포트 정권은 최소한 1973년까지 베트남 공산주의자들과 협력 관계에 있었기 때문에, 1975년 이후의 그들의 이런 행동은 쉽게 이해되지 않는다.

그러나 앞에서 잠시 지적한 것처럼, 캄보디아와 베트남 사이에는

---

167) Yves Ternon, *L'état criminel. Le Génocides au XXe siècle*, 216~217쪽.

상호간의 침략과 정복을 통해 누적되어온 불신과 갈등의 골이 깊이 패어 있었다. 1973년까지의 협력 관계는 이념으로 뭉친 동지애의 발현이 아니라, 현실적 이해 관계에 따른 정략 결혼이라고 해야 할 만큼 일시적인 것이었다.[168) 폴 포트가 권력 장악에 성공한 뒤 자기 집단 내부에서 베트남 공산주의자와 연계된 분파를 학살한 사실이 이런 주장을 강력하게 뒷받침해준다. 베트남인을 바라보는 크메르 루주 지도자들의 시각에는 공산주의 이데올로기가 아니라 인종주의적 민족주의의 이데올로기가 깔려 있었다. 이와 같은 시각은 1977년 말에 훈 센Hun Sen이 크메르 루주를 상대로, "남부 베트남을 수복하기 위해서는 캄보디아인 한 명이 30명의 베트남인을 죽여야 한다"고 역설한 데서도 엿볼 수 있다.

크메르 루주의 베트남 민간인에 대한 집단 학살은 영내의 살인과 국경 바깥의 살인으로 나누어 살펴볼 수 있다. 물론 이 두 가지 집단 학살을 하나로 묶어주는 것은 캄보디아인이라면 누구나 갖고 있던 배타적인 민족주의 정서였다. 그러나 이런 정서가 살인의 동기가 되고 살인을 용인하는 이유가 되기 위해서는 일관성 있는 논리가 필요했다. 캄보디아인과 크메르 루주 전사들에게 이 논리를 제공해준 것이 바로 폴 포트를 비롯한 크메르 루주 지도자들이었다.

폴 포트가 새로운 사회를 건설하기 위해 제시한 청사진의 밑바닥에는 과거에 번성했던 앙코르 제국에 대한 향수가 자리 잡고 있었

---

168) Ervin Staub, *The Roots of Evil. The Origins of Genocide and other Group Violence*, 198~199쪽.

다. 수많은 외침과 식민지 경험으로 인해 해방 후에 캄보디아인의 정서 한가운데 자리 잡게 된, 앙코르 와트로 형상화된 민족주의는 배타적 속성을 강하게 지니고 있었다. 폴 포트가 캄보디아인에게 제시한 청사진은 여러 가지 면에서 이런 특성을 잘 보여주는 것이었다. 프랑스와 미국으로 대표되는 선진 자본주의 국가의 제국주의적 침략을 막는 데 필요한 국가의 모델로 제시된 것도 바로 역사 속의 앙코르 제국이었다. 외세의 간섭과 원조에 대한 부정적 기억이 세계의 패권 국가 미국과 싸워 이겼다는 자신감과 결합되면서 폴 포트와 동료들이 구상한 것이, 과거의 전통을 계승해 농업에 바탕을 둔 폐쇄적 자립 국가를 건설하겠다는 것이었다. 이 민족주의적 구상을 실현하기 위해서는 두 가지가 필요했다. 하나는 내부의 적을 없애는 것이었고, 다른 하나는 외부의 적에게 부당하게 빼앗긴 생활 공간을 다시 찾아오는 것이었다. 베트남인은 캄보디아의 생활 공간을 빼앗아 간 베트남 국가의 주민일 뿐만 아니라, 화교와 더불어 캄보디아의 경제를 독점하고 사회 문제를 야기하고 민족의 순수성을 더럽히는 내부의 적이었다. 더욱이 캄보디아 내부에 살고 있는 베트남인은 갈등 상황이 벌어지면 외부의 적인 베트남 국가와 연계될 수 있다는 점에서, 영내에 거주하고 있는 라오스인보다 훨씬 더 위협적인 존재로 받아들여졌다.

베트남인과 화교는 캄보디아인에게 있어 세 가지 관점에서 경원시되는 대상이었다. 첫째, 그들은 20세기에 캄보디아 사회에서 중요하게 작용했던 도시와 농촌 간의 갈등의 축에서 도시의 이익을 대변하는 현실적이고도 상징적인 존재였다. 도시에 집중적으로 거주하면서 소규모 상점과 작업장을 소유한 베트남인과 화교들은 자본주의를 상징하는 인물로, 또 외세의 개입과 연결되는 통로로 인식되었다.[169] 둘째, 그들 뒤에는 베트남과 중국이라는, 캄보디아에 인접해 있으면서 언제라도 캄보디아를 군사적으로 위협할 수 있는 현실의 적들이 자리 잡고 있다고 생각되었다. 오랫동안의 공생의 역사에도 불구하고, 캄보디아 내의 베트남인과 화교가 캄보디아보다는 베트남과 중국에 대해 더 강한 귀속성을 느끼는 것에 대해 크메르 루주 지도자들은 불안해했다. 셋째, 그들은 혈통적으로도 이질적인 존재였다. 생물학적 민족주의 관념을 갖고 있던 크메르 루주 지도자들이 베트남과 중국계 소수 민족을 바라보는 시각은 나치스가 자기 영내의 유대인과 집시를 바라보던 시각과 크게 다르지 않았다.

화교와 베트남인, 태국인과 라오스인에 대한 캄보디아인의 감정이 아무리 부정적이어도, 내전과 전쟁, 그리고 혁명으로 이어지는 갈등과 위기의 상황이 아니었다면 소수 민족에 대한 학살이 그렇게 대대적으로 전개되기는 어려웠을 것이다. 제노사이드는 수세기 이상 역사적으로 누적되어온 민족적 갈등이 위기 상황 속에서 중앙에 의해 조직될 때에만 발생할 수 있기 때문이다.

(7) 크메르 루주는 누구인가

1975년 4월, 검은색 제복을 입고 붉은색과 흰색의 체크 무늬 스

---

169) Leo Kuper, *Genocide. Its political Use in the Twentieth Century*, 159쪽.

카프를 두르고 낡은 고무 타이어로 만든 호치민 샌들을 신고 열을 지어 프놈펜에 입성한 어린 군인들은 세계인의 관심을 끌기에 충분할 만큼 특이한 존재였다. 이들은 대부분 젊었다. 그중에는 어린이도 섞여 있었다. 조직의 명령에 따라 작은 권력을 휘두르며 수많은 민간인들의 목숨을 앗아간 이들은 누구였으며, 무엇이 그들로 하여금 그런 엄청난 일을 저지르게 만들었을까?

폴 포트와 동료 지도자들은 혁명 반군을 충원할 때 교육받은 사람을 의식적으로 피하고, 제대로 교육받지 못한 빈민층 소년들을 선택했다. 그들은 어리기 때문에 지도자들이 제시하는 세계관에 쉽게 감동할 수 있었고, 그 가치관에 따라 필요하면 목숨도 쉽게 버릴 수 있었다. 또한 빈민층 출신인 까닭에 사회적 차별과 경제적 불평등에 대해서 민감한 반응을 보였다. 그들은 쉽게 적대감으로 무장할 수 있는 조건을 갖추고 있었다. 심지어 이들은 때로는 자신의 친부모도 죽일 만큼 기존의 가치관에서 벗어나 있었다.

평범한 어린이와 청소년을 잔인하고 신념에 찬 크메르 루주 전사로 만든 것은 전쟁이었다. 기나긴 내전과 국제전이 이들을 천진난만한 어린이와 청소년으로 남아 있게 할 버팀목인 가족을 붕괴시켜버렸기 때문이었다. 전쟁은 먼저 많은 아이들을 고아로 만들었다. 또한 부모가 있다 해도, 그들은 자기 자식을 부양하거나 전쟁의 위험으로부터 보호할 수 없는 무력한 존재에 불과했다. 그런 가정에서 아무런 소속감도 느끼지 못하는 청소년들에게 크메르 루주는 모든 것을 제공해줄 수 있는 전능의 조직으로 비쳤다. 청소년들의 손에 쥐어진 총은 그들에게 권력의 맛까지 알게 해주었다. 오랜 내

전 속에서 정부군과 전투를 치르는 가운데 누적되어온 학살 경험
은 크메르 루주 전사들의 정체성의 일부로 자리 잡아갔다. 부모 살
해는 그들만의 집단 정체성을 확인하는 극단적 징표로 작용했
다.[170]

크메르 루주가 하나의 강고한 집단으로 형성되는 데는 미국의 역
할도 컸다. 크메르 루주의 게릴라전은 1968년의 미국의 대규모 공
습과 비슷한 때에 시작되었다. 캄보디아 지역에 숨어 있던 북베트
남군의 격퇴를 명분으로 시작된 미군의 공습이 국경 지대에서 내
륙 쪽으로 확산되면서 미국에 대한 민심이 크게 악화되자, 이에 대
한 반동으로 크메르 루주는 인적·물적 자원의 동원에 어려움을
겪지 않게 되었다. 이와 동시에 크메르 루주는 자신들이 점령한 캄
보디아 지역에서 한편으로는 보상을 통해, 다른 한편으로는 살육
을 통해 지배력을 높여갔다. 전통적인 사회 조직이 해체되고 폭력
과 아사의 위협이 상존하는 가운데, 농민들은 가치관의 혼란을 극
복하고 목숨을 보전하는 방법을 크메르 루주의 지배 속에서 찾았
다. 크메르 루주는 제방을 쌓고 농작물을 수확하고 집을 짓고 엄폐
호를 파는 작업을 돕는 가운데 농민들의 지지를 확보해나갔다. 그
러나 지배에 복종하지 않는 농민들에 대해서는 학살도 주저하지
않았다.[171] 크메르 루주 내부를 지배한 것은 엄격한 규율과 평등주

---

170) Ervin Staub, *The Roots of Evil. The Origins of Genocide and other Group
Violence*, 206~208쪽.

171) Ervin Staub, *The Roots of Evil. The Origins of Genocide and other Group
Violence*, 190~191쪽.

의 원칙이었다.

크메르 루주의 활동이 정글 속에서 이루어졌기 때문에, 그들이 프놈펜에 모습을 드러내기 전까지 그들에 대해 크게 상반된 평가가 공존하고 있었다. 그러나 두 가지 평가 모두 크메르 루주의 본모습이었다. 피로 얼룩진 내전이 끝났을 때 캄보디아인은 크메르 루주가 그들이 애초에 약속했던 것처럼 풍요와 안정, 질서와 평등을 가져다줄 것으로 기대했다. 내전 기간 동안에 나타났던 크메르 루주의 잔혹성은 상황의 산물일 뿐이라고 많은 사람들이 믿고 싶어 했다. 그러나 그 희망 섞인 예상은 빗나갔다. 내전이 일단락되었지만 완전히 종식되지는 않았고, 크메르 루주 지도부가 오히려 또 다른 무모한 전쟁을 준비했기 때문이다.

(8) 크메르 루주의 이데올로기와 유토피아

내전이 끝난 뒤에도 크메르 루주 지도자들을 또 다른 전쟁과 분열로 이끌어간 힘은 어디서 비롯되었을까? 여기에서 우리는 그들을 사로잡았던 이데올로기에 주목할 필요가 있다. 크메르 루주를 지배한 꿈은 세상에서 가장 선진적이고 순수한 형태의 공산주의 사회를 캄보디아 땅에 건설하는 것이었다. 이것은 무엇보다 모든 종류의 적대 계급과 이민족이 제거된 사회를 의미했다. 크메르 루주가 광신적이고 비현실적이라고 평가받는 것은, 그들이 이런 꿈의 공동체 사회를 건설하기 위해서라면 캄보디아 땅에 단 100만 명의 사람들만 남을 때까지라도 학살을 계속해야 한다고 믿었기 때문이다.

크메르 루주의 독특한 사고를 이해하는 데 중요한 두 번째 요소는 '독립과 주권'이라는 개념이다. 오랫동안 외침과 이민족 지배에 시달렸던 그들은, 정치적으로 독립적이고 경제적으로 자족적인 캄보디아 사회의 건설을 지고의 가치로 생각했다. 그래서 생산을 위한 기계든, 생존을 위한 식량이든 다른 민족에 의존하는 것은 모두 위험과 수치로 받아들였다. 크메르 루주는 근대적 생활 양식과 서구적 사고가 캄보디아의 순수한 전통을 훼손했다고 생각했기 때문에, 도시를 증오하면서 사람들을 농촌으로 내몰았다. 모든 사람들로 하여금 황소처럼 일하면서 농민의 단순한 삶을 배우게 한 강제 조치들도 '순수성'과 '자족성'을 강박적으로 추구하는 이데올로기를 통해서만 이해될 수 있다.

크메르 루주의 목표는 농민 중심의 공동체 사회를 건설하는 것이었다. 사유 재산, 지식, 쾌락은 사람들 간에 분리와 분열을 가져온다는 믿음이 그들을 지배했다. 그들이 추구하는 삶은 단순하고 금욕적인 삶이었다. 교육은 초등 교육에 한정되었다. 부와 돈에 현혹되지 않기 위해 순수한 물물 교환 경제만을 추구했다. 기술도 불신과 파괴의 대상이었다. 농업을 비롯한 몇 가지 부문에서 필수불가결한 기술만이 예외였다. 그들의 목표는 정치 체제를 바꾸거나 사회경제 체제를 변혁하는 것이 아니라, "문화 속에 스며들어 있는 사고의 문법grammar of thinking까지 개조"하는 것이었다.[172]

외부인의 눈에는 광신적으로만 비치는 크메르 루주의 이데올로

---

172) Ervin Staub, *The Roots of Evil. The Origins of Genocide and other Group Violence*, 194~195쪽.

기 속에는 캄보디아의 역사와 문화가 크게 투영되어 있다. 그렇지 않았다면 크메르 루주는 짧은 동안이나마 농민 다수의 지지를 받기 어려웠을 것이다. 캄보디아는 명목상으로는 국왕이 통치하는 나라였지만, 실제로는 부유층에 의한 과두 지배가 이루어지고 있었다. 세금 징수권을 보유하고 있는 소수의 권력층과 농민을 억압적으로 통치하는 관리, 지대를 거둬 가는 지주, 고리대를 빌려주는 상인과 금융업자들에 대한 농민들의 증오가 캄보디아에서 일어난 거대한 학살의 역사적 토대였다. 지배층에 대한 저항과 폭력 행사는 내전 발발 전부터 이미 지속되어온 역사적 전통이었다. 또한 도시 출신의 '새 사람들'에 대한 가혹한 처우도 역사적 경험과 밀접하게 관련돼 있었다. 과거에 캄보디아에서 노예제는 밀림에 살고 있는 사나운 종족들을 길들이는 수단으로 활용되었는데, 20세기에 와서도 제도적으로는 사라져버린 노예제의 전통이 캄보디아인의 사고방식과 행동 양식 속에 아직도 잔영을 드리우고 있었다. 권위주의적이고 위계 서열적인 사회 구조 역시 크메르 루주의 이데올로기가 농민들 사이에서 광범위하게 수용된 것과 무관하지 않다. 프랑스가 식민지 체제를 수립하면서도 국왕을 폐위하지 않았을 정도로 캄보디아에서 국왕이 갖는 정신적 영향력은 대단했다. 현실 권력의 소재와 관계없이 국왕은 신적 권위의 소유자로 인정받았었다. 이 점을 의식한 크메르 루주는 반군 시절에 론 놀에 의해 권좌에서 밀려났던 시아누크 왕자를 자기 조직의 상징적 대표로 내세워 국민들의 지지를 이끌어냈다. 국민들은 시아누크를 통해 과거 지향적인 크메르 루주의 이데올로기를 정서적 차원에서 쉽게 받아들일 수 있었다. 크메르 루주는 권력을 장악한 뒤에는 국왕의 권위를 지우고 그 자리에 '앙카 뢰우Angka Loeu'(문자 그대로는 '조직'을 의미하며, 크메르 루주 중앙의 권위를 뜻한다)를 들여놓았다.

이런 역사적 경험 외에, 스탈린주의나 마오쩌둥 사상, 그리고 로베스피에르Maximillien François Marie Isidore de Robespierre의 공포 정치 등 캄보디아 외부의 역사적 경험이 폴 포트를 비롯한 크메르 루주 지도자들에게 미친 영향 또한 함께 기억할 필요가 있다. 그러나 가장 중요한 것은 크메르 루주 지도자들과 캄보디아 농민들이 공유하고 있던 캄보디아만의 역사적 · 현실적 경험이었다. 중국의 대약진 운동이나 유고의 사회주의 국가 건설 경험에서도 캄보디아의 경험과 관련 있는 요소들은 크메르 루주의 이데올로기에 수용되었다.[173]

(9) 국제 사회와 제노사이드

캄보디아는 우리나라와 마찬가지로 1951년에 제노사이드 협약을 비준한 나라였다. 그러므로 의지만 있다면 국제 사회가 캄보디아 문제에 영향력을 행사하는 것이 불가능한 일은 아니었다. 그러나 국제 사회의 목소리는 하나가 아니었고, 개입을 주장하는 나라들의 목소리도 크지 않았다. 유엔에서 캄보디아 문제를 처음 거론한 나라는 이스라엘이었다. 이스라엘의 유엔 대표 헤어초크Chaim

---

173) Ervin Staub, *The Roots of Evil. The Origins of Genocide and other Group Violence*, 201~203쪽.

Herzog는 캄보디아에서 일어나고 있는 폭력 사태가 "동족에 대한 제노사이드auto-genocide"라고 주장했다. 1978년 3월에는 유엔 주재 영국 대표가 이 문제를 인권 위원회에 제기했고, 이어서 차별 방지와 소수 집단 보호를 위한 소위원회가 비판적 내용의 보고서[174]를 작성해 폴 포트 정권에 전달했다.

그러나 이에 대해 캄보디아 정부는 외무부 장관 명의의 전보로 간략하게 답변했다.

우리는 소위원회의 결정을 민주 캄푸치아의 내정에 대한 무분별한 간섭으로 간주하여 거부한다. 이 결정을 통해 소위원회는 조국을 배신한 자들의 활동과, 미 제국주의자들의 책동과, 100만 명 이상의 캄푸치아 주민을 학살하고 캄푸치아의 80퍼센트 이상을 파괴하는 등 캄푸치

---

174) 이 보고서에는 다음과 같은 내용이 담겨 있었다. ① 캄보디아 정부의 명령에 따라 음식과 물, 의료 서비스가 결여된 가운데 프놈펜을 비롯한 도시와 농촌 주민들의 강제 소개 조치가 단행되어 상당한 인명 손실이 발생했다. ② 크메르 루주가 권력을 장악한 지 며칠 내에 다수의 전직 군 장교, 고위 공무원, 경찰, 지식인, 지방 공무원, 전투 경찰이 전국적으로 그 가족과 함께 처형되었다. ③ 1976년 초부터는 이 범주에 속하면서 신분을 숨긴 채 살아가던 사람들에 대한 대대적인 색출 작업을 벌여 그들을 처형했다. ④ 1976년부터는 하급 관리, 하사관, 사병, 민병대원 등 구 정부와 관련된 사람들에 대한 체계적인 색출 작업을 벌여 그들을 처형했다. ⑤ 1977년 이후에는 의사, 기술자, 교수, 교사, 대학생 등의 지식층에 대한 처형이 이루어졌다. ⑥ 보통 사람들 가운데서도 상당수가 음식과 휴식, 의료 서비스가 부족한 가운데 중노동에 처해져 죽었다. ⑦ 충성을 보이지 않거나 사소한 잘못을 한 보통 사람들도 한두 마디의 경고 뒤에 처형되는 일이 종종 발생했다. ⑧ 1977년과 1978년 사이에는 폴 포트 정권의 행정부와 군 인사들 가운데 다수가 내부 숙청 과정에서 처형되었고, 그들 밑에서 단순하게 부역했던 사람들까지 함께 처형되었다. Leo Kuper, *Genocide. Its political Use in the Twentieth Century*, 155~156쪽.

아 인민에 대해 끔찍한 범죄를 저지른 뒤에 자신들의 범죄를 은폐하기 위해 민주 캄푸치아의 명예를 지속적으로 손상시키고 있는 그 도당을 후원하고 있다. 캄푸치아의 단합된 인민은 자기 운명의 주인이다. 3년간에 걸친 노력으로 근본적인 문제를 해결하는 데 성공한 뒤에는 식량도 충분하며, 인민은 완전한 독립과 주권을 수립하고 수호하는 가운데, 제국주의자들의 어떤 도움에도 호소하지 않고 자기 힘에 의존하고 있다.

　　　　　　　　　　─1978년 9월 16일, 민주 캄푸치아 외무부 장관[175]

　캄보디아 측의 대응 조치를 통해 분명하게 알 수 있는 것은, 권고안 같은 형식의 우회적 압력이 제노사이드의 가해자에게는 아무런 효력도 발휘할 수 없다는 사실이다. 영국이 본래 요구했던, 진상 조사를 위한 특별 인권 보고인 지정은 소련과 유고슬라비아, 시리아 등의 반대로 무산되었다. 크메르 루주에 실질적인 영향력을 행사할 수 있었던 두 나라 태국과 중국 가운데 태국은 베트남을 견제하기 위해 크메르 루주와의 돈독한 관계를 그대로 유지하고 싶어 했고, 중국은 캄보디아를 사상적 동지로 생각해서 군사적 지원을 계속했다. 미국은 캄보디아에 직접적으로 압력을 행사하는 것은 물론, 태국과 중국을 지렛대로 활용하는 것마저도 포기했다.[176]
　캄보디아의 제노사이드를 종식시킨 힘은 유엔 같은 국제 기구나 강대국이 아니라 오히려 인접국 베트남이었다. 크메르 루주의 베

175) Leo Kuper, *Genocide. Its political Use in the Twentieth Century*, 158쪽.
176) 사만다 파워, 《미국과 대량 학살의 시대》, 215~216쪽.

1993년에 발행된 캄보디아 우표 그림
유엔 평화유지군의 활동과 평화 회복을 표현하고 있다.

트남 침략이 점점 더 심해지자, 침묵으로 일관하던 베트남은 소련
과 함께 반(反)크메르 전선을 구축했으며, 1978년 12월에 10만 명
의 지상군을 투입해 캄보디아를 공격했다. 2만 명에 이르는 캄보디
아 반군의 도움을 받은 베트남군은 1979년 1월 7일, 별다른 어려움
없이 프놈펜을 함락하는 데 성공했다. 엄청난 학살 때문에 이미 대
중적 지지를 잃어버린 크메르 루주와 그 지도자들은 캄보디아 북

부의 정글을 넘어 태국의 국경 지대로 도주했다. 베트남은 프놈펜에 베트남과 우호적 관계에 있는 온건한 공산주의자들로 구성된 정권을 세웠다. 새 정권을 맡은 인물은 크메르 루주의 전직 관리였다가 1977년에 베트남으로 탈출했던 헹 삼린Heng Samrin과 훈 센이었다. 그러나 사태는 이것으로 일단락되지 않았다. 게릴라가 되어버린 크메르 루주에게 중국과 태국이 계속해서 무기를 공급하고, 미국이 이를 적극적으로 지지했기 때문에, 곧 또 한 차례의 내전이 시작되었다. 내전이 벌어지는 동안 크메르 루주는 제노사이드로 얼룩진 자신들의 이미지를 개선하기 위해 한동안은 민간인 학살을 자제하기도 했다. 1979년 12월에는 이미 민심을 잃어버린 폴 포트를 대신해 키우 삼판이 총리 자리에 올랐다. 그러나 크메르 루주의 점령 지역에서는 제노사이드가 계속되었다. 제노사이드는 1991년에 크메르 루주의 패배로 내전이 종식되면서 비로소 완전히 끝났다. 이후 유엔의 감시 아래 크메르 루주를 배제한 연립 정권이 수립되었고, 캄보디아 정부는 크메르 루주를 전쟁 범죄 혐의로 기소해 재판을 받게 했다.

(10) 제노사이드의 상처 : 킬링 필드

폴 포트의 집권을 전후해서 얼마나 많은 사람들이 캄보디아 땅에서 죽어갔는지는 정확하게 말하기 어렵다. 폴 포트 본인은 1988년에 크메르 루주 게릴라 지도자들과 함께한 자리에서, 대부분의 학살은 크메르 루주가 아니라 베트남 첩자들에 의해 자행되었다고 강변하기도 했다. 유엔의 추산에 따르면, 폴 포트가 지배한 기간 동안 굶주림과 과로, 구타와 학살로 사망한 사람은 최소 170만 명에 이른다. 많은 학자들은 이 기간 동안 자행된 제노사이드 범죄의 희생자가 200만 명을 넘는 것으로 보고 있다. 수적으로는 농민들에게서 가장 많은 희생자가 나왔지만, 비율 면에서 본다면 가장 큰 희생을 치른 것은 소수 민족 집단이었다. 그중 특히 베트남인은 거의 절멸되었다. 크메르 루주가 권력을 장악했던 1975년에는 약 10만 명의 베트남인이 캄보디아에 살고 있었지만, 크메르 루주가 실권한 1979년에 캄보디아에 남아 있던 베트남인은 1만 명에 불과했다.[177] 종교 탄압도 많은 희생자를 낳았다. 폴 포트 정권 이전에 50만 명에 이르렀던 참족은 20만 명만 살아남았다. 폴 포트 정권 이전에 최대 7만 명에 이르렀을 것으로 추정되는 불교 승려들 가운데서 살아남은 사람은 아무리 높게 잡아도 2,000명을 넘지 못했다.

제노사이드가 끝난 뒤에 미국 예일대의 '캄보디아 제노사이드 프로그램Cambodian Genocide Program'이 실시한 현지 조사를 통해 캄보디아 전역에서 200개 이상의 '킬링 필드'가 발굴되었다. 이 지역에서 확인된 집단 무덤만도 9,500개에 이른다. 그러나 희생자 유가족들의 증언을 종합하면, 이 밖에도 1만 개 이상의 집단 무덤이 더 존재하는 것으로 추정된다.

---

177) Ben Kiernan, "Conflict in Cambodia, 1945~2002", *Critical Asian Studies* 34-2(2002), 486쪽.

제 5 장

식민화와 탈식민화 과정에서 일어난 제노사이드

 20세기에 일어난 제노사이드나 제노사이드성 집단 학살 대부분은 식민화 과정 및 그에 뒤이은 탈식민화 과정과 밀접하게 관련되어 있다. 식민화와 제노사이드는 어느 정도로 밀접했다고 말해야 할까?

 사르트르Jean-Paul Sartre는 아예 식민화와 제노사이드를 같은 것으로 여겼다. 그에 따르면, 식민지 정복은 피정복지 주민들의 증오에 불을 붙여 그들 모두를 잠재적인 폭도나 군사로 만들기 때문에, 식민지에 파견된 군대는 이들을 통제하기 위해 지속적으로 학살을 자행할 수밖에 없다. 극단적 방법을 동원해서라도 저항 집단을 평정해야만 나머지 지역에 대한 지배권을 유지할 수 있기 때문에, 식민지 지역에서 일어나는 집단 학살은 본질적으로 제노사이드적 성격을 띨 수밖에 없다는 것이 그의 주장이다.[178]

 그러나 실제 상황은 그렇게 단순하지만은 않다. 프런티어 제노사이드를 설명하는 과정에서 이미 말한 것처럼, 식민지 모국이 식민지에서 기대하는 이익이 토지 그 자체가 아니라 식민지 주민들에서 나오는 경우, 대량 학살은 좀처럼 일어나기 어렵다. 영토 약탈형 식민지와 달리 노동 및 자원 수탈형 식민지에서는 일반적으로 문화적 제노사이드가 선호된다. 그러므로 제노사이드의 기준을 엄격하게 적용하면, 제국주의의 치열한 경쟁 속에 식민화된 지역들에서 제노사이드의 요건을 충족시킬 만한 집단 학살의 사례를 발견하기는 매우 어렵다.

진압과 토벌의 결과 어떤 지역에서 수백 내지 수천 명의 희생자가 발생한 경우, 우리는 일반적으로 제노사이드라는 말 대신 제노사이드성 집단 학살이라는 말을 사용한다. 그러나 20세기 중반에 알제리에서 프랑스인들이 자행한 집단 학살은 양적 기준이나 질적 기준 모두에서 여느 식민지 집단 학살 사례들을 압도하기 때문에, 제노사이드에 가깝다고 보아야 한다.

탈식민화 과정은 곧 제노사이드의 과정이라고까지 말할 수 있을 정도로 수많은 집단 학살을 동반했다. 그것은 무엇보다도 식민지 본국이 도모했던 고도의 분열 정책 때문에, 계급·지역·종교 갈등뿐만 아니라, (다민족·다인종 국가의 경우에는) 민족과 인종 사이에 존재했던 갈등까지 엄청나게 증폭된 데 기인한다. 이와 같은 다층적 갈등은 해방 후의 국가 수립 과정에서 정치 불안으로 이어졌고, 정치 불안은 다시 쿠데타와 내전을 낳았다. 쿠데타와 내전은

---

178) Jean-Paul Sartre, "On Genocide", *Ramparts*(1968년 2월), 37~42쪽.

더 나아가 집단 학살의 온상이 되었다. 르완다의 경우가 대표적인 사례다. 지정학적 이유나 지하 자원 때문에 외세의 간섭이 적극적으로 이루어지는 경우에는, 정치 불안이 상대적으로 적었던 지역에서도 갈등이 고조되어, 제노사이드의 가능성이 증가할 수밖에 없다. 동티모르의 제노사이드는 바로 이런 정황 속에서 발생했다.

1. 프랑스의 알제리인 학살(1945~1960)

(1) 프랑스의 알제리 식민 지배(1830~1962)

1830년 프랑스군의 '알제리 원정'을 통해 식민지로 전락한 알제리는 이후 130년이 지나도록 프랑스의 지배에서 벗어나지 못했다. 오랜 식민 지배 기간 중에서도 특히 1954~1961년의 독립 혁명 과정은 근대 식민주의의 역사 전체를 보더라도 유례를 찾기 어려울 만큼 엄청난 양의 피로 얼룩진 시간이었다.

알제리인도 처음부터 전면적인 민족 해방 투쟁에 나선 것은 아니었다. 오히려 그들은 2차 대전 내내 프랑스 편에 서서 독일과 싸우면서, 전쟁이 끝나고 나면 완전한 독립은 아니라도 상당한 정도의 자치권은 얻을 수 있을 것으로 기대했다. 그러나 그들의 소박한 기대는 종전과 더불어 환멸로 바뀌고 말았다. 불안스러운 조짐은 독일이 연합국에 무조건 항복을 선언한 1945년 5월 8일부터 이미 가시화되었다. 2차 대전 전몰 장병을 추모하기 위해 세티프에 모였던 알제리인들이 프랑스 경찰과 충돌해 대규모 인명 피해가 발생하면서부터, 그들이 프랑스에 대해 갖고 있던 기대감에 커다란 금이 가기 시작했던 것이다.

　다음 해에는 알제리인의 의혹이 부정할 수 없는 사실로 드러나기 시작했다. 1946년에 탄생한 프랑스 제4공화국의 헌법은 프랑스의 옛 식민지와 부속령들이 본국과 더불어 프랑스 대통령을 수반으로 하는 '프랑스 연합'의 일원이 될 것이라고 규정했다. 더구나 알제리는 프랑스 연합의 일원임과 동시에, 여느 식민지들과 달리 알제, 오랑, 콩스탕틴의 세 도로 이루어진 프랑스 공화국의 일부로 완전히 편입되기까지 했다.[179] 프랑스의 알제리 정책은 이 정도로 끝나지 않았다. 프랑스 정부는 이듬해인 1947년 9월, 알제리 법령을 통해 120명으로 구성되는 알제리 의회가 새로 출범하게 될 것임을 천명했다. 이 법은 120명의 대표자 가운데 절반을 알제리 전체 인구의 10퍼센트에 불과한 유럽인 유권자에게 할당하고, 전 인구의 90퍼센트를 차지하는 알제리인 유권자들에게 나머지 절반을 배정했다.[180] 인구 비례를 완전히 무시한 이 법에 대해 알제리인이 분노한 것은 당연했다. 그러나 알제리인을 더욱더 격분시킨 것은, 문제 많은 그 법조차도 제대로 지켜지지 않았다는 점이었다. 1948년의 선거는 위협과 부정이 난무하는 가운데 치러졌다. 이로써 프랑스 정부에 대해 알제리인이 갖고 있던 마지막 기대감도 사라져버렸다.

---

　179) 이용재, 〈알제리 전쟁과 프랑스인─식민 통치의 상흔과 기억의 정치〉, 《역사비평》 63(2003년 여름), 305쪽.
　180) 알제리인은 크게 아랍족과 베르베르족으로 이루어져 있다. 중동문제연구소, 《알제리아》(중동문제연구소, 1976), 2쪽.

이제는 무장 투쟁으로 선회하는 길밖에 남아 있지 않았다.[181]

오랜 준비 기간을 거쳐 1954년 10월에 결성된 민족해방전선 Front de Libération(FLN)은 11월 1일 만성절을 맞이해 대대적인 봉기를 일으켰다. 이날 아침 일찍부터 프랑스의 군부대, 경찰서, 통신 시설, 대규모 상점들이 전면적인 공격을 받았다. 그 다음 날 망데르 프랑스Pierre Mendèrs-France 총리는 의회 연설을 통해, 알제리가 포기할 수 없는 프랑스의 영토임을 재확인하면서 강경 진압 방침을 천명했다.

이후 장기화된 투쟁 과정에서 분수령이 된 것은 1955년 8월에 발생한 사건이었다. 이전까지는 군사적 목표와 정부 관련 시설에만 공격을 집중했던 알제리 민족해방전선이 필리프빌 인근 지역에서 부녀자와 젖먹이를 포함한 123명의 프랑스인 민간인을 학살하는 일이 벌어진 것이다. 이 사건에 큰 충격을 받은 프랑스 정부는 이내 전면적인 보복 작전에 들어갔다. 민족해방전선의 주장에 따르면, 이 작전으로 인해 살해되거나 실종된 알제리인은 모두 1만 2,000명에 이르렀다.[182]

다음 해인 1956년에 프랑스 정부는 알제리 문제를 해결하기 위해 모두 40만 명의 병력을 투입했다. 규모와 화력에서 모두 열세에 있던, 민족해방전선 산하의 군사 조직 민족해방군Armée de Libération Nationale(ALN)은 치고 빠지기식의 고전적인 게릴라전으로 대

---

181) 이용재, 〈알제리 전쟁과 프랑스인—식민 통치의 상흔과 기억의 정치〉, 307쪽.

182) Leo Kuper, *Genocide. Its political Use in the Twentieth Century*, 60쪽.

항할 수밖에 없었다. 그러나 시간이 흐를수록 민족해방군은 공격 대상을 확대해갔다. 그들은 프랑스 민간인뿐만 아니라, 프랑스에 부역한 혐의가 있거나 민족해방군에 대한 지원을 거부하는 알제리인까지도 주저 없이 살해했다. 그러나 민족해방군의 이런 전략은 프랑스군의 더욱더 가혹한 보복을 초래했다.

1957년에 들어와 프랑스군은 게릴라의 은닉을 돕거나 그들에게 여러 가지 물자를 제공한 혐의가 있는 알제리인에 대해 대대적인 보복을 가했다. 프랑스군은 혐의자 개인을 처벌하는 데 머물지 않고, 기동 부대를 동원해 그가 속한 마을 전체를 공격하는 것을 원칙으로 삼았다. 육군의 공격이 쉽지 않은 지역에는 항공기를 동원해서 맹폭을 가했다. 이와 동시에 프랑스군은 게릴라에게 협력할 가능성이 있다고 판단되는 농촌 주민들을 통제하기에 편리한 대규모 수용소로 강제 이주시켰다. 1957년부터 3년 동안, 산악 지역에 거주하고 있던 200만 명의 알제리인이 이 계획에 따라 집단적으로 강제 이주를 당했다. 평지로 옮겨 온 주민들은 경제적·사회적 생활 토대를 잃고 궁핍한 생활에 시달려야 했다.

1958년 6월 드골Charles de Gaulle이 권좌에 복귀한 뒤, 프랑스는 기동력을 갖춘 부대를 앞세워 게릴라 부대를 적극적으로 색출·섬멸하는 작전을 추진했다. 이미 연못에서 쫓겨난 물고기 신세가 돼 있던 민족해방군은 이 섬멸 작전으로 인해 심대한 타격을 입고 크게 위축되었다. 프랑스의 입장에서는 식민지 평정의 순간이 눈앞에 다가온 것처럼 보였다. 군사적인 면에서만 본다면 프랑스는 이미 거의 승리를 거둔 상태였다.

오랫동안 프랑스의 부담이 되어왔던 '알제리 문제' 해결의 길을 제시한 샤를 드골

그러나 프랑스 국내 정치와 국외 정치에서 이상 기류가 흐르면서 사태는 알제리인에게 유리한 방향으로 급선회했다. 오랜 전쟁에 지친 프랑스인들의 여론이 종전을 요구한데다가, 국제 사회의 탈식민화 압력도 가중되었다.[183] 이런 상황이 지속되는 가운데, 1959년 9월에 드골은 마침내 알제리 문제는 알제리인 스스로가 결정해야 한다는 원칙을 천명했다. 드골의 이런 결정으로 심한 배신감을 느낀 식민지의 프랑스인들은 군부의 도움을 받아 드골에게 반기를 들었다. 쿠데타를 일으킨 것이다. 정치적 장고 끝에 드골은 식민지의 프랑스인들을 포기하기로 결정했다. 그 결과 1962년 3월에 에비앙 협정[184]이 체결되었고, 7월 1일에 실시된 주민 투표에서 알제리

183) Matthew Connelly, *A Diplomatic Revolution. Algeria's Fight for Independence and the Origins of the Post-Cold War Era*(New York : Oxford Univ. Press, 2002), 194~212쪽.

184) 1962년 3월 18일에 프랑스 에비앙에서 프랑스 정부 대표와 알제리 임시정부

인의 압도적 다수가 독립을 지지함으로써 프랑스의 식민지 지배는 막을 내렸다.

그럼에도 불구하고 집단 학살의 비극은 곧바로 끝나지 않았다. 프랑스 군대가 알제리를 떠난 뒤에는, 프랑스의 지배를 지지하고 프랑스에 협력했던 알제리인들에 대한 학살이 대대적으로 일어난 것이다. 특히 민족 해방 투쟁 기간에 프랑스 군복을 입고 민족해방군과 싸웠던 아르키harki[185]들이 엄청나게 목숨을 잃었다. 모두 20만 명에 이르렀던 아르키들과 그 가족 중에서 8만 명가량은 프랑스로 탈주하는 데 성공했지만, 나머지는 대부분 성난 알제리인들에게 목숨을 잃었다. 동족에게 희생된 아르키들과 그 가족은 최소 만 명, 최대 10만 명 이상으로 추정된다. 8년간 지속된 내전은 3만 명의 프랑스인과 30만 명의 알제리인의 희생을 낳고서야 끝을 보았다.[186]

(2) 세티프 봉기와 학살(1945)

알제리인들이 오랫동안 가슴속에 품어온 해방의 염원이 곧 실현될 것처럼 보였던 1945년 5월 1일, 알제리의 도시 세티프에서는 노

대표가 참석하여 체결된 정전(停戰) 협정을 말한다. 이 협정은 프랑스와 알제리에서 각각 개최된 국민투표에서 압도적 지지(프랑스 90퍼센트, 알제리 99.7퍼센트)를 받아 통과되었다. 이로써 1954년부터 8년 동안 지속되어온 알제리 독립전쟁이 막을 내렸다.

185) 아르키는 운동이나 원정을 뜻하는 아랍어 '아르카harka'에서 유래한 말로, 알제리인으로서 프랑스군에 복무한 사람들을 일컫는다.

186) 이용재, 〈알제리 전쟁과 프랑스인―식민 통치의 상흔과 기억의 정치〉, 309쪽·326쪽.

동총동맹의 주도로 노동절 기념 행사가 준비되고 있었다. 노동총동맹의 간부는 거의 대부분 유럽인이었지만, 일선 업무는 알제리인 항만 노동자들과 전차 노동자들이 맡고 있었다. 총독부 치안 당국은 이날 집회에서 자치나 독립을 주장하는 목소리가 흘러나오지 않도록 할 것을 경고했고, 사태를 예의주시하면서 경계를 강화했다. 그러나 우려했던 대로 대열 가운데 프랑스로부터의 분리를 주장하는 휘장과 깃발이 나타났고, 경찰은 곧바로 제재에 돌입했다. 집회에 참석한 알제리인 가운데는 분리를 넘어 독립의 구호를 외치는 사람들도 있었다. 이날 세티프에서는 시위가 조용히 끝났지만, 대도시인 알제와 오랑에서는 시위대와 치안 병력 사이에 충돌이 거세게 일어나, 앞으로 있을 더욱 비극적인 사태를 예감하게 했다.

그로부터 일주일이 지난 1945년 5월 8일, 세티프와 인근 농촌에 살고 있던 주민들은 2차 대전 중에 희생된 전몰 장병들을 추모하기 위해 아침 7시부터 시내로 모여들기 시작했다. 이날 집회에 모인 사람은 만 5,000명 정도였다. 이들은 오전 9시경 도심 한복판에 이르러, 해산을 종용하는 경찰과 대치하게 되었다. 일주일 전의 경험 때문에, 시위대는 경찰과의 무력 충돌을 피하기 위해 처음에는 무기를 동원하지 않았다. 그러나 시위대의 구호와 플래카드만큼은 결코 만만치 않은 내용을 담고 있었다. 승전을 기념하기 위해 마련된 연합군 깃발 사이에서 알제리의 깃발이 휘날렸고, 시위 참가자들의 팔에는 '해방!'이라는 글씨가 선명하게 적힌 완장이 둘려 있었다. 그것은 프랑스 정부에 대한 명백한 도전이었다.

경찰은 시위대에게 플래카드를 내려놓을 것을 요구했다. 그러나 시위대는 이에 응하지 않고 행진을 계속했다. 그러자 경찰은 곧 진압에 돌입했다. 흥분한 시위대는 흩어지면서 권총과 칼, 몽둥이로 거리와 노천 카페에 있던 백인들을 살해하기 시작했다. 12시가 되어 사태가 일시적으로 진정되었을 때, 시내에서는 21구의 백인 시체가 발견되었다. 오후에는 사태가 인접 지역으로까지 확산되기 시작했다. 세티프 북쪽의 여러 마을에서는 백인들의 집이 약탈된 뒤에 방화되고, 사제가 살해되었으며, 여성들이 폭행을 당했다. 세티프에서 60킬로미터 떨어져 있는 슈브뢸에서는 그날 밤에 훨씬 더 심각한 사태가 벌어져 84명의 백인 사망자가 발생했다.

왜 이토록 갑작스럽게 사태가 악화되었을까? 그것은 무엇보다도 통치자인 유럽인과 피통치자인 알제리인 사이의 적의와 원한이 이미 극에 달해 있었기 때문이었다. 식민지 지배가 오랫동안 지속되면서 프랑스에서 이주해온 백인들의 손에 토지가 집중되어 알제리 농민들의 빈곤이 심화되었다. 전통적인 수공업도 프랑스 공업과의 경쟁 때문에 몰락했다. 인구는 점차 늘어났지만, 농촌은 늘어난 인구를 부양할 만한 여력이 없었다.[187] 총독부는 이와 같은 갈등을 해결할 수 있는 대책을 마련하지 않았다. 전쟁으로 인해 식량 부족 사태에 처했을 때도 총독부는 유럽인에게는 충분한 식량을 배급한 반면, 알제리인에게는 귀리와 보리 같은 거친 곡물을 그나마 불충분하게 배급했다. 이런 차별 조치들이 누적되어 알제리인의 불만

---

187) 이재원, 〈프랑스-알제리〉, 《역사비평》(1995년 봄), 162쪽.

을 고조시킨 것이었다.

사태를 진정시키기 위해 그날 저녁에는 계엄령이 선포되었다. 알제리인의 시위와 폭력 행사에 경악해 흥분한 백인들은 시위를 주도한 알제리인을 모두 살해해야 한다고 주장했다. 곧이어 많은 알제리인이 곳곳에서 살해되었다. 다음 날부터는 다시 알제리인의 보복이 시작되었다. 이에 대항해서 백인들은 25명씩으로 구성된 순찰대를 조직해 다수의 알제리인을 살해했다. 사체는 우물에 던져지거나 협곡에 버려졌다. 5월 10일에는 군대가 진압 작전에 투입되었다. 군대는 잘 짜인 계획에 따라 봉기에 가담한 다수의 알제리인을 고립시킨 뒤, 튀니지와 모로코 출신 병력을 이용해 이들을 사지에 몰아넣었다. 다음 날에는 사태를 완전히 장악한 뒤발Raymond Duval 장군이 조직적인 탄압을 지휘하기 시작했다. 이때부터는 사형(私刑)이 사라지고 조직적인 학살이 시작되었다. 군대는 진압을 위해서라면, 민간인 밀집 지역에 대한 공습도 서슴지 않았다. 겔마의 농촌 지역에는 공습이 며칠 동안이나 계속되었다. 5월 20일부터 열흘 동안은 안전한 곳에 피신해 있던 부족들을 상대로 대대적인 소탕 작전이 전개되었다. 해안가의 마을에는 군함의 포격이 이어졌다. 비행기 공습을 통해 사라진 마을만도 44개에 이르렀다.[188]

프랑스 군경의 진압 작전으로 사망한 희생자 수에 대해서는 지금까지도 논란이 계속되고 있다. 알제리 측은 희생자 수를 4만 5,000

---

188) Leo Kuper, *Genocide. Its political Use in the Twentieth Century*, 60쪽 ; Annie Rey-Goldzeiguer, *Aux Origines de la Guerre d'Algérie 1940~1945*(Paris : La Découverte, 2002), 273~282쪽.

명으로 보고 있다. 이에 반해 프랑스 측은 처음에는 군의 보고에 근거해 희생자가 1,500명에 불과했다고 주장했다가, 지금에 와서는 6,000~8,000명 정도로 늘려 잡고 있다. 모든 학살 사례에서 그런 것처럼, 양측의 주장 중에서 어느 쪽이 진실이라고 단언하기는 어렵다. 그러나 모든 학살의 경험이 말해주는 바와 같이, 문서에 드러나 있는 적극적 증거만이 희생자 수를 정확하게 말해주는 것은 아님을 잊어서는 안 된다. 이와 더불어 기억해야 할 것은, 학살과 병행해서 형언하기 어려운 끔찍한 고문이 세티프를 비롯한 알제리 전역에서 광범위하게 행해졌다는 사실이다. 고문의 광풍은 6월까지 이어졌다.

이렇게 엄청난 일이 하필 세티프에서 시작된 이유는 무엇이었을까? 세티프는 알제리와 튀니지를 잇는 교통의 요지인데다가, 계속되는 외세의 침입에 맞서 완강하게 저항해온 역사를 갖고 있었다. 또한 세티프는 해안에 인접해 있어서, 외부로부터 정보가 빠르게 유입되고, 민족 해방 운동가들의 잠입이 잦으며, 따라서 주민들의 정치 의식이 다른 지역에 비해 훨씬 성숙했다.

세티프 지역 주민을 비롯해 대부분의 알제리인들은, 2차 대전 중에 북아프리카의 연합군 작전에 참여하면 해방으로 보상하겠다는 프랑스의 약속을 굳게 믿었다. 1941년에 조인된 대서양 헌장[189]에

189) 1941년 8월 4일 미국 대통령 루스벨트Franklin Delano Roosevelt와 영국 수상 처칠이 대서양 해상 위의 영국 군함에서 만나 발표한 공동선언을 말한다. 이 자리에서 공표된 원칙 가운데는 강대국에 의해 강탈된 주권을 식민지 주민들에게 돌려주어야 한다는 내용이 포함되어 있다.

그 내용이 기재되었고, 드골까지 나서서 알제에 와서 보상을 약속했기 때문에, 알제리인들의 순진함만 탓할 수도 없다. 아프리카 상륙 작전에 영미 연합군이 참가한 것을 목격한 뒤에 알제리인들은 민족 해방의 꿈에 한껏 부풀어 있었다. 그러나 1944년 6월 파리가 해방되고 여름과 가을이 지나도록 프랑스 정부가 알제리 문제와 관련해 아무런 조치도 취하지 않자 알제리인들의 희망은 서서히 분노로 바뀌어갔다. 이런 분노는 대부분의 알제리인이 공유하고 있었지만, 다른 지역에 비해 정치적으로 훨씬 각성된 세티프 지역 주민들의 분노는 행동으로 표출될 만큼 극도로 고조돼 있었다.

세티프 봉기와 학살을 기점으로 해서 유럽인과 알제리인의 관계는 돌이킬 수 없을 정도로 악화되었다. 세티프는 이후 전개될 민족 해방 투쟁의 이정표가 되었다. 세티프 학살이 일어난 지 9년 뒤인 1954년에 민족해방전선이라는 이름으로 출현한 알제리 민족 해방 운동의 주도 세력은 세티프의 뼈아픈 경험을 통해 무장 투쟁 외에는 다른 길이 있을 수 없다는 확신을 갖게 된 사람들이었다.

2. 아프리카의 종족 분쟁과 제노사이드 : 르완다(1994)

1994년에 아프리카 르완다에서 일어난 집단 학살은 어느덧 새롭고 현대적인 제노사이드의 기준이 되어버렸다. 전체 인구의 7분의 1이 목숨을 잃은 것도 놀라운 일이지만, 그런 일이 채 4개월도 안 되는 짧은 기간 동안에 이루어진 것은 더더욱 놀라운 일이다. 비슷한 시기에 보스니아에서 일어난 제노사이드는 르완다의 사건에 견주어 종종 사소한 사건처럼 이야기될 정도다.

르완다를 비롯해 부룬디, 수단, 콩고에 이르기까지 아프리카의 여러 지역에서 대규모 집단 학살이 연달아 일어나고 있는 이유는 무엇일까? 아프리카가 아직 문명화되지 않은 탓일까? 종족 학살의 전통이 아프리카에서 유난히 강해서일까? 아니면 또 다른 이유가 있는 것일까?

나는 아프리카에서 유독 빈번하게 일어났고 또 지금도 끊이지 않고 있는 제노사이드의 원인을 아프리카만의 내재적인 전통에서 찾는 입장에 동의하지 않는다. 아프리카를 '제노사이드의 대륙'으로 만들어버린 가장 큰 원인은 유럽인들의 식민지 지배에 있다. 아프리카의 풍부한 자원이 아니었다면, 그 자원에 대한 유럽의 탐욕이 아니었다면, 그 탐욕을 채우기 위한 유럽의 가혹한 식민지 지배가 아니었다면, 아프리카의 모습은 지금 우리가 목격하고 있는 모습과는 크게 달라졌을지도 모른다. 이런 관점에서, 나는 르완다에서 일어난 제노사이드에 대한 설명을 유럽 국가의 식민지 지배에서 시작하려 한다.

(1) 제노사이드의 기원 : 벨기에의 식민지 지배

1994년에 르완다에서 일어난 제노사이드의 원인을 추적하는 학자들은 1916년부터 시작된 벨기에의 식민지 지배를 이 비극의 씨앗으로 지목한다. 르완다와 그 자매 국가인 부룬디는 이미 1897년부터 독일의 식민지였다. 그러나 독일의 지배는 르완다 사회 전체

르완다 지도

를 근본적으로 바꿀 만큼 강력한 영향을 미치지는 못했다. 20세기 후반에 일어난 르완다의 비극과 관련해서 중요한 것은 1916년에 독일로부터 식민지 지배권을 넘겨받은 벨기에가 르완다에서 펼친 식민지 정책이다.[190]

벨기에가 르완다를 식민지로 만들 당시에 르완다에는 전체 인구의 85퍼센트를 차지하는 후투족과 14퍼센트를 차지하는 투치족이

---

190) John A. Berry · Carol Pott Berry (eds.), *Genocide in Rwanda, A Collective Memory*(Washington D. C. : Howard Univ. Press, 1999), 30~31쪽.

살고 있었다.[191] 이 두 집단은 민족이나 인종적 특성이 아니라 부족 의식에서 차별화돼 있었다. 전통적인 르완다 사회에서 투치족은 특권 집단이었다. 투치족이 특권을 독점할 수 있었던 것은 그들이 왕권을 독점했기 때문이었다. 특히 고도로 인격화된 보호자-피보 호자 관계에 바탕을 둔 우부하케 제도[192]는 소수에 불과한 투치족 이 정치적 특권을 독점하는 데 결정적으로 기여했다.

소수이면서도 지배 계급이었던 투치족과 다수이면서도 농업에 종사하며 지배를 받았던 후투족 사이의 봉건적 카스트 제도를 극 복할 수 없을 만큼 심화시킨 것이 바로 벨기에의 식민지 지배자들 이었다. 벨기에인은 르완다를 수월하게 통치하기 위해 두 집단을 분열시키고, 소수파인 투치족을 지배의 앞잡이로 내세웠다. 벨기 에인은 투치족을 우월한 인종으로, 후투족을 열등한 인종으로 받 아들였다. 벨기에인이 갖고 있던 이런 선입견에 가까운 인종학적 사고는 그들에 앞서 르완다를 탐험했던 영국인 스피크John Hanning Speke에게서 비롯되었다. 르완다 외부에서 이주해 들어온 투치족 이 원주민인 후투족에 비해 키도 더 크고 정치적으로도 더 민첩한 인종이라고 파악했던 스피크의 생각은 유럽인 사이에서 하나의 경 험적 진리로 널리 자리 잡았다.[193] 벨기에인은 유럽인 모두가 공유

---

191) 나머지 1퍼센트는 트와족이 차지하고 있다. 이 세 종족은 키냐르완다어를 공용어로 사용한다.

192) 우부하케는 르완다 사회 특유의 봉건적 신분제도이다. 북방의 나일-수단계 종족인 투치족이 농경민족인 후투족을 점령하여 동화해가는 과정에서 투치족은 지 배신분Bahima으로, 후투족은 피지배신분Bahéra으로 되었다.

193) Edward Kissi, "Rwanda, Ethiopia and Cambodia : Links, Faultlines and Complexities in a Comparative Study of Genocide", *Journal of Genocide Research*

하고 있던 이 선입견에 기초해서 구체적인 지배 정책을 고안해냈다. 이 정책의 핵심은, 제도적으로 투치족을 합법적 지배자로 만드는 반면, 후투족의 권력은 비합법적인 것으로 매도하는 것이었다.[194] 이른바 중층 지배가 행해진 것이다.

식민지 지배 기간 동안 엄청나게 증폭된 두 종족 사이의 갈등은 식민지 지배 체제가 약화되면서 표면화되기 시작했다. 특히 1959년에 후투족은 벨기에의 식민지 지배를 타파하고, 벨기에에 부역해온 투치족의 지배에서도 해방되기 위해 대대적으로 봉기를 일으켰다. 후투해방운동당Parmehutu이 주도한 이 봉기는 1961년까지 계속되었다. 그 과정에서 투치족을 겨냥한 집단 폭력이 연이어 일어나자, 12만 명의 투치족은 국외로 피난을 가야 했다. 두 종족 간의 충돌은 1962년에 르완다가 이웃 국가 부룬디와 함께 벨기에에서 독립하면서 더욱 격화되었다. 이제 이 두 나라에서는 오랫동안 억압에 시달려온 다수 종족 후투족이 투치족의 권위를 부정하면서 수적 우세를 앞세워 저항하기 시작했다. 1962년의 르완다 독립 이후 처음 실시된 민주주의적 선거에서 후투해방운동당이 승리하고, 그 다음 해에 이 정당의 지도자 카이반다Gregoire Kayibanda가 초대 대통령이 되자, 후투족은 오랫동안 식민지 체제에 부역해온 투치족을 국외로 추방하거나 절멸하겠다는 의사를 공개적으로 표명했다. 후투족 지도자들은 투치족이 외래 민족임을 상기시키면서,

6-1(2004), 117~118쪽.

194) Yaa-Lengi M. Ngemi, *Genocide in the Congo*(San Jose : Writers Club Press, 2000), 60~61쪽.

역사적 경험에 기대어 자신들의 주장을 이데올로기로 정식화하기 시작했다.

이러는 가운데, 부룬디로 도망갔던 투치족 이민자들이 잃어버린 정치 권력을 되찾기 위해 1963년에 르완다를 공격해 들어오면서 사태는 걷잡을 수 없이 악화되었다. 르완다에서는 투치족에 대한 대대적인 탄압 조치가 실행에 옮겨졌다. 이 조치로 1만 명의 투치족이 살해되었고, 33만 6,000명의 투치족이 이웃한 우간다, 부룬디, 탄자니아, 자이르로 피난을 갔다. 이런 난민 생활 중에도 투치족의 수는 크게 늘어나서, 1990년에 투치족 난민의 수는 60~70만 명에 이르렀다.

1973년에 르완다에서는 군부 쿠데타가 일어나 하비야리마나Juvenal Habyarimana 장군이 카이반다 정권을 무너뜨리고 대통령 자리에 올랐다. 새로 대통령이 된 하비야리마나는 전임자와는 달리 투치족과의 화해를 도모했다. 그러나 그는 투치족이 받아들이기 어려운 조건을 내걸었다. 그 조건이란 바로 투치족이 후투족의 국가 권력 독점을 기정 사실로 받아들여야 한다는 것이었다. 이를 증명이라도 하듯, 하비야리마나 치하의 르완다군 내에서는 투치족 출신 장교를 찾아보기 어려웠고, 내각에서도 전체 30석 가운데 단 1석만이 투치족에게 할당되어 있었다. 이렇게 후투족 엘리트들의 일당 독재 체제가 강화되면서 투치족에 대한 차별이 정교하게 제도화되었으며, 투치족 내 강경파의 불만도 크게 늘어갔다.

그러는 동안 여러 인접 국가에 흩어져 살며 수를 불린 투치족은 서로간의 연계망을 확대하면서 조직력을 키워갔다. 특히 우간다에 살고 있던 투치족은 1980년대 초에 우간다의 권력자 오보테Milton Obote에게 대항하기 위해 무세베니Yoweri Museveni가 조직한 국민저항군에 가담해 무력의 증대를 꾀했다. 그러나 무세베니는 자기가 지휘하는 군대 내에서 르완다인의 영향력이 커가는 것을 탐탁지 않게 생각했다. 그러던 중 르완다 출신 병사들이 귀향을 허가해줄 것을 요구하자, 그러잖아도 그들에 대해 불신감을 갖고 있던 무세베니는 이를 빌미로 그들을 제거하려고 했다. 그러자 무세베니의 군대와 르완다 출신 병사들 사이에 군사적 충돌이 일어났고 많은 투치족 병사들이 목숨을 잃었다. 우간다에 살고 있던 투치족 피난민들은 이런 일을 겪고 나자 차라리 르완다를 침공하는 것이 더 승산이 있겠다고 판단했다. 그리고 1990년 10월에 우간다 국경을 넘어 르완다로 진입했다.

(2) 제노사이드의 전조 : 종족 간 내전(1990~1993)

1990년 10월에 투치족 난민이 르완다를 공격한 것은 르완다 내에 정치적으로 커다란 위기 상황이 발생했기 때문이었다. 1990년에 들어와 르완다의 여러 야당들은 줄기차게 민주화를 요구하며 정부를 압박했다. 이에 우간다에 피난해 있던 투치족은 전 세계에 흩어져 있는 투치족의 도움을 받아 위기에 처한 르완다 정부를 공격할 기회를 엿보기 시작했다. 10월이 되자 투치족으로 구성된 르완다애국전선은 드디어 국경을 넘어 르완다로 공격해 들어갔다.

이후 3년간 르완다에서는 치열한 내전이 전개되었다. 내전은 여러 결과를 가져왔다. 먼저 르완다 국가와 정규군이 예상 밖으로 그리 강하지 않다는 사실이 드러났다. 다음으로 내전은 후투족을, 막강한 전투력을 지닌 르완다애국전선의 실체를 인정하고 투치족과 권력을 공유해야 한다고 주장하는 온건파와 르완다애국전선을 포함한 모든 투치족 구성원을 절멸해야 한다고 믿는 강경파로 분열시켰다.[195] 식민지에서 해방된 다른 여러 나라의 제노사이드 사례가 말해주는 것처럼, 르완다에서도 제노사이드의 기운은 탈식민화후 국가가 강력한 통제력을 갖고 있지 못한 상황에서 싹트기 시작했던 것이다. 국가가 점차 약화되어가는 가운데 사회적 다수파가 내부의 조직적 협력을 통해 기득권을 수호하려 하지 않았다면 르완다에서도 제노사이드는 일어나지 않았을 것이다.[196] 그러나 불행히도 내전이 장기화될수록 상황은 제노사이드가 싹틀 가능성이 점점 더 높아지는 쪽으로 나아가기 시작했다.

내전이 전개되는 동안 후투족이 장악한 르완다 정부와 투치족의 르완다애국전선 사이에 평화 정착을 위한 협상이 시작되었다. 일년에 걸친 협상 끝에 1993년 8월 4일 하비야리마나가 이끄는 정부와 르완다애국전선은 탄자니아의 아루샤에서 평화 조약을 체결하는 데 성공했다. 이 조약을 통해 양측은 권력을 나누어 갖는 데 합의했다. 그러나 이 조약의 내용들은 거의 실행에 옮겨지지 않았다. 르완다 정부 내의 강경파와 정부 바깥의 급진파는 투치족의 권력

---

195) Mahmood Mamdani, *When Victims Become Killers : Colonialism, Nativism, and the Genocide in Rwanda*(Princeton, N. J. : Princeton Univ. Press, 2001), 190쪽 · 203쪽.

196) Edward Kissi, "Rwanda, Ethiopia and Cambodia : Links, Faultlines and Complexities in a Comparative Study of Genocide", 122쪽.

복귀에 강력히 반대하며, 이 방안을 제기한 후투족 온건파를 상대로 테러를 저지르기 시작했다. 이와 동시에, 르완다 정부의 후원을 받아 후투족 강경파로 구성된 인테라함베interahamwe 민병대가 만들어졌다. 후투족의 성인 남성들에게는 엄청난 양의 재래식 무기와 원시적 살인 도구들이 분배되었다.

그러는 동안 이웃 국가 부룬디에서도 후투족과 투치족 사이에 르완다와 유사한 종족 갈등이 일어났다. 점차 커지던 이 갈등은 1993년 10월, 투치족 군인들이 최초의 후투족 출신 대통령인 은다디예Melchior Ndadye를 암살했을 때 정점에 달했다. 이 사건을 계기로 시작된 종족 간의 내전으로 부룬디에서 5만 명이 목숨을 잃었다. 이 내전으로 발생한 16만 명의 난민은 탄자니아와 자이르로 도망쳤고, 미처 국외로 빠져나가지 못한 수천 명은 국내에서 피신처를 찾았다. 난민 대부분은 후투족이었다.

(3) 세 달간의 대학살(1994년 4월 6일~7월 15일)

1994년에 들어와 르완다 내부의 혼란은 도저히 회복할 수 없는 지경에 빠졌다. 결정적인 계기가 된 것은 대통령 암살이었다. 4월 6일, 아루샤에서 르완다애국전선 대표와 평화 회담을 가진 르완다 대통령 하비야리마나와 부룬디 대통령 은타랴미라Cyprien Ntarya-mira를 태운 비행기가 르완다의 수도 키갈리 외곽에서 피격되었다. 유엔이 조사한 바에 따르면, 암살을 기도한 세력의 책임자는 르완다의 군 사령관을 지낸 투치족 출신의 카가메Paul Kagame였다.[197]

유엔의 도움으로 콩고(자이레) 동부 지역에 만들어진 르완다 난민촌

대통령 암살은 어렵게 체결된 아루샤 협정이 휴지 조각으로 변했음을 의미할 뿐만 아니라, 이 협약을 추진해온 후투족 온건파가 설 땅이 없어져버렸음을 의미하기도 했다. 사건 발생 직후부터 르완다 군 내부의 후투족 급진 분자들과 인테라함베 민병대가 행동에 들어갔다. 모든 과정은 바고소라Theoneste Bagosora 대령과 그가 조직한 위기 관리 위원회가 주도했다. 제노사이드를 계획하는 단

---

197) Yaa-Lengi M. Ngemi, *Genocide in the Congo*, 60~61쪽.

계에서는 국가 기구의 관료들이 일부 가담했지만, 이후에 실제로 학살을 주도한 세력은 '아카주'라고 불리는 고위 장교 집단과 무장 민병대였다. 이 밖에 후투족 지식인과 성직자도 큰 역할을 담당했다.[198] 르완다에서 일어난 제노사이드에서 특징적인 것은 평범한 후투족 사람들까지도 학살 과정에 광범위하게 참여했다는 점이다. 이렇게 많은 일반인이 학살에 가담한 데는 르완다 사회에 깊이 뿌리내리고 있는 복종의 문화, 그리고 르완다 전체 인구 가운데 다수가 문맹이라는 점이 한몫을 했다.[199] 그러나 이런 요인만으로 모든 것을 설명하기는 어렵다. 특히 후투족 중산층이 투치족 학살을 전폭적으로 지지한 것에 대해서는, 투치족이 다시 권력을 장악하게 될 경우에 자신들이 입을 피해에 대한 두려움 때문이었다고 설명하는 것이 더 옳을 것이다.

하비야리마나 대통령이 암살된 뒤 제일 먼저 대통령 직을 대리한 사람은 후투족 온건파 출신의 여성 총리 우윌링기이마나Agathe Uwilingiyimana였는데, 그녀 또한 자택에서 살해되었다.[200] 총리까지 죽였으니, 이제 급진파 후투족에게는 살해하기를 주저할 대상이 더 이상 남아 있지 않았다. 투치족과의 평화적 공존을 주장했던

---

198) Christian P. Scherrer, *Genocide and Crisis in Central Africa : Conflict Roots, Mass Violence, and Regional War*(Westport : Praeger, 2002), 105쪽.

199) Gerard Prunier, *The Rwanda Crisis : History of a Genocide*(New York : Columbia Univ. Press, 1995), 141~142쪽.

200) Bruce D. Jones, "Civil War, the Peace Process, and Genocide in Rwanda", (eds.) Taisier M. Ali · Robert O. Matthews, *Civil Wars in Africa. Roots and Resolution*(Montreal : McGill-Queen's Univ. Press, 1999), 76쪽.

온건파 후투족 정치 지도자들이 차례로 살해되기 시작했다. 이미 살생부에 올라 있던 온건파 각료와 정치인들은 후투족의 급진파 라디오 방송인 라디오 밀 콜린Mille Collines의 지시에 따라 하나하나 제거되었다.[201] 투치족 일반인에 대해서는 무차별적인 살육이 진행되었다.

수도 키갈리에서는 자동 화기로 무장한 군과 민병대가 학살에 동원되었다. 그러나 학살이 지방으로 확산되면서 가담자가 많아짐에 따라 원시적인 살인 무기들이 동원되기 시작했다. 칼과 창, 벌채용 칼(마체테machete), 망치 등 일상에서 쉽게 구할 수 있는 모든 도구들이 사람을 죽이는 데 사용되었다. 학살에 가담한 사람들 중에는 한쪽 손에는 무기를, 다른 한쪽 손에는 밀 콜린 방송을 듣기 위해 라디오를 들고 있는 경우도 많았다.[202]

후투족 강경파의 단호한 살인 의지는 유엔 평화유지군 소속의 벨기에 병사 열 명을 죽이는 것으로 나타났다. 그들은 우윌링기이마나 총리의 신변을 보호하기 위해 다섯 명의 가나 출신 병사들과 함께 급파된 병사들이었다. 르완다군은 가나 병사들은 풀어주고, 의도적으로 벨기에 병사들만 죽였다. 게다가 르완다군은 살해당한 병사들의 사지를 절단하는 도발적인 태도까지 보였다. 이 모든 행동은 계산된 것이었다. 이런 만행을 통해 후투족 강경파가 일차적으로 이루고자 한 것은 벨기에군의 철수였다. 벨기에는 후투족과

---

201) John A. Berry · Carol Pott Berry (eds.), *Genocide in Rwanda. A Collective Memory*, 117~122쪽.

202) 사만다 파워, 《미국과 대량 학살의 시대》, 528쪽.

투치족 사이에 전통적으로 존재해온 종족 간의 차이를 돌이킬 수 없는 엄청난 분쟁의 원인으로 만들어버린 식민지 종주국이기 때문이었다. 벨기에군의 철수는 결국 유엔 평화유지군 전체의 분열과 철수로 이어지리라는 것이 바고소라의 계산이었다.

학살 초기에 이를 저지하려는 국제 사회의 움직임은 찾아보기 어려웠다. 특히 미국은 평화유지군을 증강하자는 벨기에의 요구를 분명하게 거부했다. 그렇다고 해서 독자적으로 지상군을 파병할 생각도 없었다. 클린턴 행정부는 오히려 이미 르완다에 파병되어 있는 유엔 평화유지군 전체의 철수를 주장했고, 이 때문에 후투족 강경파들은 외세의 개입에 대한 불안감 없이 마음 놓고 범죄를 저질렀다.

평화유지군은 살인자들이 두려워할 필요가 전혀 없을 만큼 허약한 존재였다. 병력이라고 해야 2,500명에 불과한데다 무장도 매우 빈약했다. 게다가 26개국 출신으로 이루어져 있어 효과적인 공조도 기대하기 어려웠다. 그런 군대에 정부군이나 민병대의 만행을 억제해줄 것을 기대하는 것은 무리였다. 그럼에도 평화유지군은 계속해서 르완다 땅에 남아 있을 필요가 있었다. 평화유지군의 의미는 제노사이드 방지가 아니라 축소에서 찾아야 했다. 그들은 상징적 존재에 불과했지만, 바로 그 상징성 때문에 적어도 제노사이드를 축소할 수 있었다. 자국 병사들이 잔혹한 방식으로 살해된 데 충격을 받아 평화유지군에 소속되어 있던 400명의 벨기에군이 철수했지만, 르완다에 남아 있던 나머지 2,100명의 평화유지군은 수도 키갈리에서 많은 인명을 구해내는 데 성공했다. 르완다군과 후투족 민병대는 평화유지군이 단 몇 명이라도 보이는 곳에서는 대체로 살인을 저지르기를 꺼렸기 때문에, 평화유지군의 역할을 완전히 무시하기는 어려웠다.

시간이 지나면서 르완다에서 진행되는 학살이 단순한 정치적 보복이 아니라 한 집단의 절멸을 노린 체계적인 제노사이드라는 것이 명백해지자, 사태 해결을 위한 국제 사회의 움직임도 빨라지기 시작했다. 가장 민첩하게 움직인 나라는 프랑스였다. 일반인들의 예상과 달리, 학살을 주도한 후투족 정부와 가까운 관계에 있던 프랑스는 6월이 되자 르완다 남서부에 안전 지역을 세우기 위해 2,500명을 파병하겠다고 공식 발표했다. 프랑스군이 르완다에 도착한 것은 6월 23일이었다.

그러나 정작 르완다의 제노사이드를 종식시킨 것은 외국 군대가 아니라, 투치족의 카가메가 이끄는 르완다애국전선이었다. 학살이 전면적으로 전개되자, 이 반군 세력은 아루샤 협정에 서명한 뒤 한동안 중단했던 군사적 공격을 재개했다. 르완다애국전선이 르완다 남부로 강력하게 진격해 들어오자, 제노사이드를 일으켰던 후투족 지도자들은 패배가 임박한 것을 알아차리고 자기 종족에 대한 대대적인 소개 작전을 시작했다. 175만 명의 후투족 난민이 이웃한 자이르, 탄자니아, 부룬디로 피신했다. 이 난민 중에는 제노사이드에 직접 가담했던, 3만~5만 명에 이르는 르완다 정부군, 민병대원, 공무원, 후투족 지도자들이 포함되어 있었다. 그렇지만 이로써 비극이 완전히 끝난 것이 아니었다. 대부분의 난민 수용소가 르완다 국경 근처에 세워진 것이 잘못이었다. 그 때문에 국경을 사이에 두

르완다 난민 캠프. 이미 썩어버려 뼈만 남은 사람들의 시체가 즐비하게 널려 있다. ⓒ 연합
뉴스

고, 밀려난 후투족과 그들을 몰아낸 투치족 간의 보복 살인이 계속
되었다.

1994년 7월 18일, 르완다애국전선은 자신들이 완전한 승리를 거
두었음을 선언하면서, 앞으로는 폭넓은 지지를 받는 거국 내각을
수립하겠다고 약속했다. 그러나 싸움은 그것으로 끝나지 않았다.
여러 당파들 사이에서 어떤 당이 집권당이고 어떤 당이 야당이냐
를 놓고 논쟁이 벌어졌다.

국경 근방에 세워진 여러 난민 수용소에서는 과거에 제노사이드

를 주도했던 후투족 일파가 실질적인 통제권을 장악한 가운데, 국경을 넘어 르완다에 대한 공격을 자주 감행했다. 후투족 난민 수용소가 세워진 직후 16만 명의 후투족 난민이 자발적으로 르완다로 돌아왔지만, 추가 귀환은 어려워졌다. 왜냐하면 제노사이드를 주도했던 후투족 강경파가 이들의 귀향을 강제로 저지했기 때문이다. 부룬디 영내에 세워진 난민수용소는 이렇게 해서 후투족 강경파에 의해 장악되어, 이제는 반군이 된 후투족 군대가 르완다를 공격하기 위한 전초기지로 활용되었다. 투치족이 지배하는 부룬디 정부가 이런 사태를 좌시할 리 없었다. 부룬디 정부는 자국 내에 들어와 있는 르완다 출신 후투족에게 르완다로 돌아가라고 강력하게 압력을 가했다. 결국 1996년 7월에는 9만 명의 후투족 난민이 르완다로 강제 송환되었다. 투치족의 보복 때문에 르완다 귀환을 두려워한 3만 명의 후투족은 이웃한 탄자니아로 탈출했다.

(4) 제노사이드의 결과 : 죄와 벌

1994년 4월부터 7월까지 르완다에서 일어난 제노사이드로 희생된 사람은 50만~100만 명이었던 것으로 추산된다. 최근의 연구는 그 수를 80만 명 정도로 보고 있다.[203] 르완다의 제노사이드는 이와 동시에 150만~200만 명에 이르는 난민을 발생시켰다. 전체 인구의 7분의 1이 살해되고, 7분의 2는 삶의 터전을 잃어버린 르완다 사회가 과거의 굴레에서 벗어나 새로운 미래로 나아가는 것은 무척

---

203) Edward Kissi, "Rwanda, Ethiopia and Cambodia : Links, Faultlines and Complexities in a Comparative Study of Genocide", 115쪽.

이나 어려운 일이었다.

　새로운 미래의 건설이 피로 얼룩진 과거를 청산하고 종족 간의 화해를 도모하는 것에서 시작되는 것이라면, 무엇보다 집단 학살 관련자들에 대한 사법 처리가 출발점이 될 수밖에 없었다. 1996년 12월 27일 첫 심리가 시작된 이래 르완다 국내 법정에는 모두 13만 5,000명이 제노사이드 관련 혐의로 기소되었다. 사법적 소추는 나라 밖에서도 시작되었다. 유엔 안전보장이사회가 르완다와 이웃한 탄자니아의 아루샤에 국제형사법정을 임시로 설치하기로 결의한 것이다. 15개 이사국 가운데 14개국의 지지를 받은 일이었다. 그러나 르완다 정부는 이 문제를 국제 법정으로 가져가는 것에 대해 강력히 반대했다. 왜냐하면 르완다 정부의 실권을 장악한 투치족 반군과 제노사이드 피해자들이 가해자들의 사형을 원하는 반면, 유엔 법률은 사형을 금지하고 있었기 때문이다. 그렇지만 르완다의 반대 목소리에도 불구하고, 르완다 문제를 다룰 국제형사법정이 1998년에 개정되었다. 2001년 11월 기준으로, 학살의 최고 책임자인 바고소라 대령을 비롯한 53명의 피고인이 구속되어 유엔의 관리 아래 있었으며, 이 가운데 여덟 명은 이미 제노사이드 혐의로 유죄 판결을 받은 상태였다.

3. 학습된 제노사이드 : 인도네시아의 동티모르인 학살(1975~1999)

1960년대 이후 두 차례에 걸쳐 인도네시아인에 의해 일어난 제노사이드는 식민지 지배 아래서 누구나 염원했던 자유 독립 국가를 건설하는 것이 얼마나 어려운 일인지를 웅변적으로 보여준다. 식민지 경험은 해방된 인도네시아인을 이념적으로 분열시켰고, 1965년에 일어난 대규모 동족 학살의 불씨가 되었다. 이 비극은 동기의 측면에서 볼 때, 이데올로기적 제노사이드와 보복적 성격의 제노사이드의 전형으로 일컬어진다.[204] 인도네시아에서 일어난 제노사이드는 한 차례로 끝나지 않았고, 국경 넘어 이웃 티모르 섬에서 또 한 차례의 제노사이드를 불러일으켰다. 두 번 다 가해의 주체는 군이었고, 그 군을 가해자로 만든 사람은 인도네시아의 독재자 수하르토Suharto였다. 그런 면에서 동티모르에서 일어난 참사는 학습된 집단 학살, 또는 재연된 제노사이드였다. 제노사이드는 처벌되지 않으면 또 다른 제노사이드를 낳는다는 경험적 법칙을 우리는 바로 동티모르 땅에서 발견하게 된다.

(1) 초연된 제노사이드 : 공산주의자 학살(1965~1966)

1965년 10월부터 1966년 3월까지 반년도 되지 않는 짧은 기간 동안 인도네시아에서는 희생자가 50만 명을 넘는 대학살이 일어났

---

204) Helen Fein, "Genocide : A Sociological Perspective", *Current Sociology*, 38 ~1(1990년 봄), 86~88쪽.

다. 인도네시아 전역의 수백 개 지역에서 일어난 이 참사에 의해 희생된 사람은 대부분 인도네시아 공산당 당원이거나 관련자였다. 학살에 가담한 사람은 군과 이슬람교도 민병대를 포함한 보수 무장 세력이었다. 우익의 좌익 공격이라는 성격을 띤 이 학살의 가장 큰 수혜자는 수하르토였다. 육군 장성이었던 그는 이 사건을 통해 인도네시아의 최고 권좌에 올랐으며, 1998년 외환 위기로 물러날 때까지 30년 이상 무소불위의 권력을 행사했다. 1975년 이후 동티모르에서 일어난 대규모 제노사이드도 그의 '작품' 가운데 하나였다.

1960년대 중반에 인도네시아에서 일어난 제노사이드를 이해하기 위해서는 식민-탈식민-개발 독재로 이어진 인도네시아의 역사를 잠시 살펴보아야 한다. 오랫동안 네덜란드의 지배를 받아온 인도네시아인은 20세기에 들어와 독립을 위한 민족 운동을 활발하게 전개했다. 그 가운데 일부 활동가들은 독립 운동을 위한 이론적 무기를 식민 본국인 네덜란드에서 들여왔다. 네덜란드를 통해 들어온 공산주의는 그때까지 민족주의에 머물러 있던 독립 운동가들의 지형도를 근본적으로 바꿔버렸다. 민족 운동 진영은 공산주의자, 이슬람교도, 근대화 지향론자로 재편성되는 가운데, 종교 문제와 얽혀 심각한 분열을 겪게 되었다. 다수의 이슬람교도와 기독교인은 공산주의의 무신론에 대해서뿐만 아니라 종교에 대한 국가의 지원을 공산주의자들이 반대하는 것에 대해서도 심각한 우려를 보였다. 한편, 중소 지주들은 대규모 농장 노동자와 일반 농민에게서 지지를 받는 공산주의자들에 대해 혐오감을 갖고 있었다. 게다가 네덜란드에 대한 독립 투쟁이 한창이던 1948년에 발생한 공산당 봉기는 다수의 군 지도자들까지 공산주의자들에게 등을 돌리게 만들었다.

인도네시아가 1949년 네덜란드의 동인도회사에서 독립한 뒤, 한동안은 인도네시아 민족당과 인도네시아 공산당이 다른 군소 정당들과 권력을 나눠 가지고 있었다. 그러나 1951년 아이디트Dipa Nusantara Aidit의 주도로 재편된 공산당은 1955년의 국회의원 선거에서 제4당의 자리에 올랐고, 이후 공산당에 대한 국민적 기대감과 지지는 계속 상승했다. 공산당의 약진에 대해 반대파가 갖고 있던 우려는 1957년에 의회 민주주의의 해체와 수카르노Sukarno 대통령의 이른바 '지도(指導) 민주주의'의 탄생으로 귀결되었다. 공산당은 처음에는 이로 인해 곧 고사할 것처럼 보였지만, 군부 세력과 공산주의 세력 간의 균형을 꾀한 수카르노의 전략에 따라 상당한 지지층을 발견할 수 있었다. 공산당은 특히 자바 섬과 발리 섬에서 농민층에 대한 광범위한 영향력을 확보했고, 관료 사회와 군부에서도 적지 않은 지지자를 얻었다. 그 때문에 많은 학자들과 주변 국들은 수카르노의 사후에는 공산당이 집권하게 될 것이라고 믿고 있었다.

그러나 현실은 사람들의 예상과는 다르게 진행되었다. 1965년 10월 1일 자카르타에서 반공 성향의 군부 지도자들을 제거하기 위한 쿠데타가 발생하면서 상황은 복잡하게 바뀌었다. 몇몇 장성들이 살해되었지만 쿠데타는 곧 진압되었다. 쿠데타의 와중에서 목숨을 보존한 수하르토 장군은 이후 6개월 동안 수카르노에게서 권력을 빼앗고, 공산당을 철저하게 파괴했다.

공산주의자에 대한 전국적인 학살은 이 과정에서 일어났다. 1966년 3월 공산당이 공식적으로 해산되기까지 보수 세력은 조직적으로 움직였다. 때로는 군부대가 학살에 나서기도 했지만, 대개의 경우 전면에 나선 세력은 무장한 자경단원, 곧 이슬람교도로 구성된 민병대원들이었다. 물론 이들에게 무기를 제공하고 후원한 세력은 반공을 기치로 내건 군부였다.[205] 군대는 총기를 사용해 사람들을 죽였지만, 민병대는 종종 전통적인 방식으로 잔혹하게 살해했다. 목을 베 죽이기도 하고, 각종 칼과 죽창으로 배를 갈라 창자를 꺼내기도 했다.

학살이 가장 집중적으로 이루어진 지역은 자바 섬 중부와 동부, 수마트라 섬 북부와 발리 섬이었다. 왜냐하면 해방 후에 공산당이 토지를 소유하지 못한 농민과 대농장 노동자들의 편에서 농지 개혁을 위한 대규모의 캠페인을 벌임으로써 사회적 긴장이 고조되었던 곳이 바로 이 지역들이기 때문이다. 이 지역에서는 한때 지도 민주주의 체제 아래서 좌익과 타협했던 많은 사람들조차 자신들이 공산주의자들과 무관하다는 것을 입증하기 위해 학살에 가담했기 때문에, 공산주의자들은 과거 지지 세력의 도움도 얻기 어려웠다. 반면 공산주의자들이 뿌리를 내리지 못했던 자바 섬 서부에서는 학살이 거의 일어나지 않았다.

공산주의자에 대한 대대적 탄압은 학살로 끝나지 않았다. 50만

---

205) Leo Kuper, *Genocide. Its political Use in the Twentieth Century*, 152쪽.

명에 이르는 사람들이 공산주의자와 연계되었다는 혐의를 받고 구속되었다. 재판 절차는 없었다.

결국 식민지에서 해방된 다른 나라들의 제노사이드 사례와 마찬가지로, 인도네시아에서 일어난 정치적 반대파에 대한 학살도 어느 한 정당이 국민의 압도적 지지를 받지 못하는 상황에서 무력을 장악한 세력에 의해 일어난 일이었다. 불안 속에서 유지되던 권력 균형은 학살을 통해 반대파가 원천적으로 제거된 후에야 안정을 회복하게 되었다. 이제는 확고한 지배권을 장악한 민족당의 독재만이 남게 되었다.[206]

학살의 직접적인 동인은 이데올로기에 있었지만, 그렇다고 해서 학살의 대상이 공산주의자에 국한돼 있는 것은 아니었다. 이 시기의 학살에는 민족적 차원과 종교적 차원이 동시에 개입돼 있었다. 그러므로 화교도 민족적 차원에서 일차적인 학살 대상이 되었다. 수마트라 섬 북부의 화교 상인들과 그 가족들은 특히 집중적인 표적이 되었다.[207] 종교적으로 본다면, 일부 기독교도와 이슬람교도가 가해자의 편에 섰다. 이들은 무신론자들과 토착적인 다신교 신

---

206) Robert Cribb, "Genocide in Indonesia", *Encyclopedia of Genocide*, Vol. 2, 354쪽.

207) Leo Kuper, *Genocide. Its political Use in the Twentieth Century*, 153쪽. 화교들은 세계 어디에서나 민간인 집단 학살이 일어나는 경우에는 항상 큰 피해를 입는다. 그들이 주로 상업과 대금업에 종사하면서 현지 주민들과 커다란 갈등 관계에 있었기 때문이다. 화교들에 대한 학살을 "중간 상인 소수 집단middleman minorities"에 대한 제노사이드의 관점에서 정리한 글로는 Walter P. Zenner, "Middleman Minorities and Genocide", (eds.) Isidor Wallimann · Michael N. Dobkowski, *Genocide and the Modern Age : Etiology and Case Studies of Mass Death*, 253~281쪽을 보라.

봉자들에 대한 탄압을 위해 보수적 성향의 민족당을 적극적으로 지지하면서 학살의 전면에 나섰다. 사회적인 측면에서 본다면, 학살은 도시 엘리트들이 농촌의 농민들을 통제하려는 의도와도 밀접하게 관련되어 있었다.

이렇게 1960년대 중반에 인도네시아에서 일어난 학살은 대단히 복합적인 성격을 갖고 있었다. 조직적이고 계획적인 학살을 통해 공고하게 권력을 수립한 군부 독재 정권은 시간이 지나면서 민주화를 갈망하는 시민 세력의 도전을 받았지만, 이들의 요구와는 다른 방식으로 문제를 해결하고 위기 국면을 돌파하려고 했다. 그 결과 일어난 것이 동티모르에서의 집단 학살이었다. 제노사이드를 통해 권력을 얻은 수하르토에게, 이민족을 대상으로 또 한 번의 제노사이드를 일으키는 것은 그리 어려운 일이 아니었다.

(2) 인도네시아의 동티모르 침공

1975년 12월 7일, 인도네시아는 포르투갈의 오랜 식민 지배에서 벗어날 꿈에 부풀어 있던 동티모르를 전면적으로 침공했다. 그러나 예상과 달리 인도네시아군은 완강한 저항에 부딪혀 동티모르 전역을 쉽게 장악하지 못했다. 동티모르인은 과거에 포르투갈의 식민지 지배에 맞서 독립 투쟁을 선도했던 프레틸린Fretilin(동티모르 독립혁명전선)을 중심으로 20년이 넘게 치열한 게릴라전을 전개한 경험을 갖고 있었다. 이 과정에서 65만 명의 동티모르인 가운데 10만 명 내지 20만 명이 희생되었다.

인도네시아의 동티모르 침공은 미국과 오스트레일리아의 양해 속에 시작되었다는 점에서 주목을 끈다. 특히 미국의 태도는 단순한 묵인이 아니라 적극적 후원에 가까웠다. 미국의 포드Gerald Rudolph Ford 대통령과 키신저Henry Alfred Kissinger 국무장관이 자카르타를 공식 방문한 지 하루 뒤에 인도네시아군이 동티모르에 상륙했다는 사실이 이를 확실하게 보여준다. 그렇다면 인도네시아의 독재자 수하르토는 무엇을 근거로 미국을 설득했으며, 미국의 포드 행정부는 무슨 이유에서 수하르토를 확실하게 후원했던 것일까?

수하르토와 포드를 하나로 묶은 것은 반공이라는 이해 관계의 끈이었다. 1975년은 미국에게 악몽과도 같은 해였다. 왜냐하면 동남아시아에서의 공산주의 확산을 막기 위해 쏟아 부었던 오랫동안의 노력에도 불구하고 이해에 캄보디아와 베트남이 적화되었기 때문이다. 인도차이나 반도에서 영향력을 상실하게 된 미국에게 인도네시아는 웬만한 문제를 일으키더라도 눈감아줄 수밖에 없는 반공의 보루이자, 미국의 이익을 지키는 데 필수불가결한 지렛대였다. 그렇기 때문에 미국은 인도네시아에 대해 막대한 군사 원조를 아끼지 않았다.[208] 수하르토에게도 반공은 국내외적으로 자신의 꿈을 펼쳐나가는 데 필요한 훌륭한 명분이었다. 이미 반공을 내걸어 정권을 장악한 바 있는 수하르토는, 이번에는 반공을 명분으로 삼아 판차 실라Panca Sila[209]의 이념을 실현시키려고 했다. 영토 팽창을

---

208) António Barbedo de Magalhães, *East Timor. Indonesian Occupation and Genocide*(Apartado : Oporto Univ. Press, 1992), 13~15쪽.

209) 인도네시아의 초대 대통령 수카르노가 제시한 건국의 5원칙을 가리킨다. 이 원칙에는 신에 대한 신앙, 민족주의, 국제주의, 민주주의, 사회주의가 망라되어 있으나, 이 가운데 가장 강조된 것은 신앙과 민족주의였다.

도모하는 이 민족주의 이데올로기를 구현하기 위해, 그는 목전에 와 있는 동티모르 독립의 문제점을 부각시키는 데 주력했다. 수하르토는 이미 돈독한 관계에 있던 포드 대통령과 키신저에게, 동티모르에서 치러진 선거 결과에 따라 '공산주의' 정당인 프레틸린이 집권하게 될 경우 동남아시아 전체가 공산화될 위험이 커진다고 겁을 주었다.[210]

　수하르토의 주장은 일말의 진실은 담고 있었다. 그의 말처럼 프레틸린이 마오쩌둥 사상의 영향을 강하게 받은 것은 사실이었다. 그러나 프레틸린은 공산주의와 무관한 분파들도 포함하고 있었기 때문에, 통일성을 지닌 공산주의 조직은 아니었다. 프레틸린은 오랫동안의 독립 투쟁 과정에서 독립이라는 목적을 성취하기 위해 공산주의라는 수단에 점차 경도된 좌익 성향의 집단이라고 말해야 옳다.

　인도네시아의 동티모르 침공을 살펴볼 때 또 하나 중요한 점은 과거의 식민지 경험이다. 두 나라는 모두 오랫동안 식민지였다. 인도네시아는 네덜란드의 지배를 받았고, 티모르는 포르투갈의 통치 아래 있었다. 식민 지배는 정치적 탄압과 경제적 수탈, 문화적 단절과 의식의 종속화뿐만 아니라 인종주의의 이식과 집단 간의 분열을 통해서도 인도네시아와 티모르의 미래에 감당하기 어려울 정도로 무거운 짐을 남겨주었다. 이와 더불어 1915년에 네덜란드와 포

---

210) Ben Kiernan, "War, Genocide, and Resistance in East Timor, 1975~99 : Comparative Reflections on Cambodia", http://www.yale.edu/gsp/east_timor/ 200쪽.

르투갈 사이에 체결된 협정에 따라 티모르 섬 중앙에 그어진 경계선은 60년 후 동티모르 지역에서 일어날 제노사이드의 씨앗이 되었다. 1949년 네덜란드의 동인도회사가 물러간 뒤 인도네시아가 서티모르를 승계하면서, 또 다른 식민지 종주국인 포르투갈이 물러갈 경우 충돌이 일어날 소지가 마련되었기 때문이다.

1970년대 중반에 들어와 이런 충돌의 가능성이 현실화될 확률은 계속 증가했다. 오랫동안 독립을 염원해온 동티모르인은 1974년에 포르투갈에서 쿠데타가 일어나자, 자신들의 꿈이 곧 이루어질 것으로 기대했다.[211] 이에 힘입어 프레틸린을 중심으로 한 독립 운동은 더욱 격렬해졌다. 1975년에 포르투갈은 동티모르를 독립시키기 위한 준비 작업에 착수했다. 탈식민화 위원회의 감독 아래 동티모르 전역에서 실시된 지역별 선거에서 프레틸린은 55퍼센트의 지지를 획득했다. 프레틸린의 경쟁 상대로서 점진적 독립을 선호한 티모르 민주주의연합은 의외로 많은 표를 얻지 못했다. 인도네시아와의 합병을 주장한 군소 정당 아포데티Apodeti는 3위를 차지했다. 그러나 과반수 이상의 지지를 획득한 프레틸린도 65만 명의 동티모르 주민을 하나로 묶기는 어려웠다. 동티모르는 열네 개의 방언을 사용하는 30개 종족으로 이루어진, 작지만 매우 복잡한 집합체였기 때문이다.[212] 이런 상황을 잘 알고 있던 수하르토는 동티모

---

211) Yves Ternon, L'état criminel. Le Génocides au XXe siècle, 302쪽.

212) Richard Tanter et al., Bitter Flowers, Sweet Flowers : East Timor, Indonesia, and the World Community(Lanham : Rowman & Littlefield Publishers, 2001), 254 ~256쪽.

르가 독자적 생존에 필요한 경제적 기반을 갖고 있지 않다고 주장하며, 동티모르 내의 친(親)인도네시아 정파들을 자극했다. 수하르토의 이런 노골적 언행은 선거에서 패한 민주주의연합이 8월에 동티모르의 수도 딜리에서 쿠데타를 일으키는 데 중대한 영향을 미쳤다.

민주주의연합의 쿠데타에 뒤이어 민주주의연합 지지 세력과 프레틸린 지지 세력 사이에 내전이 발생했다. 3주간 지속된 내전에서 패한 민주주의연합의 구성원들이 인도네시아가 지배하는 서티모르로 도주하면서, 인도네시아는 동티모르 문제에 간섭할 수 있는 절호의 기회를 얻었다. 인도네시아는 곧바로 동티모르 침공 계획을 세웠다. 9월 초에는 200명의 인도네시아군 특수 부대가 동티모르에 침투했다. 이런 위협에 맞서 프레틸린은 인도네시아와 정치적으로 연계되어 있는 인사들을 구금하는 조치를 취했다. 이와 동시에, 프레틸린을 구성하고 있던 여러 분파들 가운데 민족주의적·사회주의적 색채가 강한 강경파가 득세하게 되었다. 인도네시아의 전면적 침공 계획이 가시화되자 포르투갈 정부는 자국 관리들을 동티모르 앞바다로 긴급히 대피시켰다. 사태가 급박하게 돌아가는 가운데 프레틸린은 1975년 11월 28일, 동티모르의 독립을 공식 선언했다.

12월 7일, 줄곧 기회를 노리고 있던 인도네시아가 동티모르를 침공했다. 전쟁은 인도네시아의 정예 공수 부대가 동티모르의 중심지 딜리를 공격하는 것으로 시작되었다.

(3) 재연된 제노사이드

인도네시아군이 딜리에 입성하자, 민족주의연합의 지지자를 비롯해 그동안 인도네시아와의 합병을 주장해온 동티모르인들은 이들을 환영하기 위해 거리로 나섰다. 그러나 성난 인도네시아 군인들은 이들에게도 발포했다. 침략자가 된 수하르토는 이제까지와는 달리 집권 세력인 프레틸린에 대립하는 정파의 도움에 연연하지 않았다. 그는 동티모르 정복이 눈앞에 와 있다고 생각했다. 1976년 1월에 인도네시아는 동티모르 내에 있는 모든 정당의 해산을 명령했고, 7월에는 동티모르 합병을 공식 선언했다. 그리고 인도네시아의 방침에 철저하게 복종하는 동티모르 인사들을 통치의 전면에 내세웠다.

그러나 시간이 흐를수록 현실은 수하르토의 계획과는 다른 모습으로 나타났다. 프레틸린은 5,000명의 병력으로 3만 2,000명의 인도네시아군에 맞서 게릴라전을 펼쳤다. 그렇다고 해서 동티모르 전역에서 게릴라전이 활발하게 수행된 것은 아니었다. 앞에서 말한 것처럼, 동티모르인이 인도네시아에 대해 갖고 있는 생각은 지역과 부족에 따라 크게 다르기 때문이었다. 동티모르인 가운데는 인도네시아에 대해 호의적인 태도를 보이는 사람도 일부 있었다. 게다가 프레틸린 지도부도 이념 면에서 상당히 분열되어 있었다. 그럼에도 불구하고 전반적으로 동티모르인들은 줄기차게 투쟁을 전개했다. 그 결과 1977년을 기준으로, 인도네시아군이 완전하게 장악한 지역은 전체 영토의 3분의 1에 불과했다. 1979년 말에는 인도네시아의 외무부 장관조차 동티모르 인구의 절반만이 인도네시아의 영향력 아래 있다고 시인할 정도로 수하르토의 계획에는 큰 차질이 빚어졌다. 이제 인도네시아는 신속한 승리를 위해서 어떤 방법이든 동원하지 않으면 안 될 궁지에 몰려 있었다.[213]

동티모르인에 대한 학살은 인도네시아군이 침공하던 바로 그날부터 이미 시작되었다. 1975년 12월 8일, 동티모르의 수도 딜리에 들어온 인도네시아군은 곧바로 500명의 화교를 색출해서 살해했다. 다음 날에는 무장하지 않은 티모르인 40명을 딜리의 남부에서 살해했다. 처음 며칠 동안 딜리에서 살해된 사람만 해도 화교 700명을 포함해서 모두 2,000명을 넘었다. 학살은 곧 다른 지역으로 확산되었다. 특히 아일류에서는 5,000명의 주민 가운데 산으로 대피한 1,000명을 제외한 나머지 사람들이 대부분 살해되고 말았다. 살아남은 사람들은 3~4세 미만의 어린 아이들뿐이었다. 인도네시아의 외무부 장관이 밝힌 공식 통계에 따르더라도, 전투가 치열하게 전개되었던 1975년 12월부터 1979년 11월까지 살해된 동티모르인은 모두 12만 명에 이르렀다.[214] 다른 지역의 모든 제노사이드 사례와 마찬가지로, 인도네시아인의 동티모르인 학살에서도 언제나 생물학적 비유와 농업적 비유가 널리 동원되었다. 1976년 초에 레멕시오와 아일류에서 세 살 이상의 사람들이 모두 학살되었을 때, 인도네시아군은 그곳의 주민들이 모두 '프레틸린의 씨앗에 감염되

213) Ben Kiernan, "War, Genocide, and Resistance in East Timor, 1975~99 : Comparative Reflections on Cambodia", 210쪽.

214) Ben Kiernan, "War, Genocide, and Resistance in East Timor, 1975~99 : Comparative Reflections on Cambodia", 211쪽.

었기' 때문이라며 자신들의 행위를 정당화했다. 1981년 9월에 라클루타에서 일어난 민간인 집단 학살에 가담했던 어느 인도네시아 군인은 단호한 어조로, "당신이라면 들판을 청소할 때, 크든 작든 간에 모든 뱀을 죽이려고 하지 않겠는가?"[215]라고 주장했다. 학살을 독려했던 인도네시아군의 고위 장교들은 프레틸린에 속한 사람들처럼 저항할 소지가 있는 자들이라면 증손자까지라도 절멸하는 것이 당연하다고 주장했다. 그들의 의식 속에는 '이가 되어버리기 전에 서캐를 죽여야 한다'고 외치며 인디언 어린이들을 살해했던 백인 '인디언 사냥꾼들'의 19세기적 사고가 그대로 자리 잡고 있었다.

학살된 사람만이 피해자의 전부는 아니었다. 오랜 전쟁으로 대부분의 농지가 황폐해져서, 학살을 피한 사람도 생존에 큰 어려움을 겪었다. 기근은 전쟁이 발발한 1979년부터 이미 시작돼 있었다. 인도네시아군의 대대적인 공습으로 농토가 파괴된데다, 인도네시아군의 위협을 피해 주민들이 숨어든 곳은 대부분 경작하기 어려운 지역이었다. 그래서 굶주림과 질병으로 죽는 사람도 많았다. 고향에 남은 사람도 전체 가옥의 80퍼센트가 파괴된 상황에서 정상적인 삶을 유지하기는 어려웠다.

학살과 강간 등의 만행은 인도네시아군의 전유물이 아니었다. 티모르인에 의한 티모르인 학살과 탄압도 적지 않게 일어났다. 전쟁이 예상보다 훨씬 오래 계속되자, 인도네시아군은 티모르인으로

---

215) Ben Kiernan, "War, Genocide, and Resistance in East Timor, 1975~99 : Comparative Reflections on Cambodia", 224쪽.

구성된 보조 부대를 조직하기 시작했다. 바로 이들을 모태로 해 나중에 조직된 민병대는 1990년대 이후 광범위하게 이루어진 집단 학살의 주범이었다. 그들의 활약은 '눈부실' 정도였다. 예를 들어 인도네시아군 예하에 편성된 보조 병력 가운데 모두 52명으로 구성된 제1 라일라칸Railakan 부대는 1982년 1월과 2월에 여덟 명의 동티모르 반군을 사살하고 32명을 체포하는 전과를 올렸다. 같은 해 9월에는 나중에 동티모르의 대통령이 된 구스마오Xanana Gusmao가 이끄는 게릴라 부대를 공격해 아홉 명을 사살하기도 했다.[216]

　보조 병력의 활용은 전투가 소강 상태에 접어들었던 1983년 이후에 훨씬 두드러졌다. 인도네시아군의 줄기찬 소탕 작전에도 불구하고 게릴라 활동이 수그러들지 않고, 인도네시아의 정책을 비판하는 국제 사회의 여론이 들끓기 시작하자, 수하르토는 1983년에 게릴라 지도자 구스마오와 휴전을 모색하기도 했다. 그러나 수하르토의 전략은 동티모르에 대한 인도네시아의 실질적 지배를 굳히는 데 있었기 때문에 협상은 결렬되고 말았다. 이후 인도네시아는 정규군을 전면에 내세우기보다는 티모르인으로 구성된 보조 병력을 적극적으로 활용하기 시작했다. 이와 동시에 인도네시아의 26개 주와 동등한 지위를 동티모르에 부여하겠다고 제안하기도 했다. 이 모두가 국제 사회의 비판적 눈초리를 의식해서 취한 행동들이었다.

---

216) Ben Kiernan, "War, Genocide, and Resistance in East Timor, 1975~99 : Comparative Reflections on Cambodia", 221쪽.

인도네시아 정부의 이런 공식적인 제스처에도 불구하고 평화는 찾아오지 않았다. 민간인 대 군인의 비율이 38 대 1일 정도로 동티모르 전역에는 언제나 군사적 긴장과 위협이 존재했다. 그런 가운데 1991년 11월 12일 산타크루즈 공동묘지에서 발생한 집단 학살은 인도네시아에 대한 전 세계의 여론을 결정적으로 악화시키는 계기가 되었다.[217] 딜리 시내에 있는 이 공동묘지의 장례식에 참석한 민간인 가운데 300명을 학살한 현장이 한 언론인에 의해 비밀리에 촬영되어 전 세계로 전송되자 수하르토는 크게 당황했다. 그는 이제 동티모르에서 철수할 수도 없고, 그곳에 그대로 남아 있기도 어려운 처지에 빠져버렸다. 그동안 수하르토를 지지해온 미국도 악화된 국내 여론 때문에 그와 거리를 유지할 수밖에 없었다. 그가 선택할 수 있는 방법은 오로지 정규군 대신 민병대의 수를 늘려 화력을 강화하는 것뿐이었다.

상황의 변화는 외부에서 찾아왔다. 1998년에 아시아를 강타한 외환 위기의 여파로 수하르토가 실각하고 그의 영향력 아래 있던 하비비Bachruddin Jusuf Habibie가 권좌에 오르게 되자, 자카르타에서는 동티모르인이 그들 자신의 미래를 결정할 수 있도록 주민투표를 허용해야 한다는 압력이 커졌다. 반면 동티모르에서는 새로운 민병대가 속속 창설되면서 긴장이 더욱더 고조되었다. 기회와 위기가 동시에 도래하는 가운데 1998년에 역사적인 사건이 일어났다. 1975년에 발발한 내전에 참여했던 다섯 개 정당들이 뜻을

---

217) António Barbedo de Magalhães, *East Timor. Indonesian Occupation and Genocide*, 59~64쪽.

모아 티모르 민족저항평의회를 결성한 것이다. 의장에는 이미 인도네시아군에 체포되어 정치범으로 수감되어 있던 구스마오가 선출되었다. 이렇게 독립의 분위기가 무르익자, 1999년에 동티모르의 운명을 주민들의 자유 의사에 따라 결정하는 주민 투표가 치러질 수 있게 되었다.

(4) 제노사이드의 마지막 불씨 : 주민 투표를 전후한 집단 학살

선거는 1999년 8월 31일에 유엔 주관 아래 실시하기로 결정되었다. 그러나 뒤이어 이해하기 어려운 결정이 내려졌다. 인도네시아군과 그들의 영향력 아래 있던 티모르 민병대가 거듭 티모르인에 대해 위협적인 태도를 취했음에도 불구하고, 유엔은 군사적으로 개입하지 않은 채 안전 보장의 책임을 인도네시아군에 맡겼던 것이다. 그 결과는 참혹했다. 주민 투표 전후에 민병대에 의해 살해된 티모르인만 5,000명을 넘었다. 이 참사는 예고된 비극이었고, 준비된 재난이었다. '지구 청소 작전Operasi Sapu Jagad' 이라는 이름이 붙은 이 만행을 총지휘한 사람은 인도네시아의 국방부 장관 겸 총사령관인 위란토Wiranto 장군이었다.

주민 투표일이 가까워오자 군 지휘관들은 격앙된 분위기 속에서 제노사이드의 심성을 더욱더 노골적으로 표출했다. 그들은 부하들에게 "부모나 자녀, 손자에 관계없이 인도네시아로부터의 독립을 지지하는 사람들은 모두 없애버릴 것"을 명령했다. 1999년 2월 16일에 열린 인도네시아 장교들과 티모르 민병대 지휘관들의 회동을 주재한 인도네시아군 중령은 "독립 운동 지도자들의 가족은 단 한

주민 투표 이후 계속되고 있는 유혈사태를 피하기 위해 유엔 안전지대로 대피하는 티모르 난민들. © 연합뉴스

명도 살려두지 말라"고 엄명을 내렸다.

　그 다음 날부터 대대적인 민간인 학살이 시작되었다. 간신히 살아남은 사람들은 목숨을 구하기 위해 교회와 성직자의 집으로 피신했다. 그러자 인도네시아가 임명한 동티모르 주지사 소아레스 Abillo Soares는 조금도 주저하지 않고, 성직자들까지 살해하라는 명령을 내렸다.[218]

---

　218) Ben Kiernan, "Cover-Up and Denial of Genocide : Austrailia, the USA, East Timor, and the Aborigines", *Critical Asian Studies* 34-2(2002), 175쪽.

인도네시아군에 비해 티모르 민병대가 티모르 독립 지지자들의 학살을 도모한 이유는 좀더 현실적이고 구체적이었다. 그들은 독립을 지지하는 사람들이 승리하면 자신들 모두가 죽게 될 것을 우려했던 것이다.[219] 동기가 어떻든 주민 투표의 결과가 독립을 찬성하는 것으로 나타날 것을 두려워한 사람들은 그런 결과를 막기 위해서 더욱더 처절하게 제노사이드를 행하지 않을 수 없었다.

수많은 위험과 난관을 뚫고 이루어진 투표에는 전체 유권자의 98퍼센트가 참여했다. 그들 가운데 79퍼센트가 동티모르의 독립을 지지했다. 뒤이어 2001년에는 유엔이 주관하는 자유 선거가 처음으로 실시되었다. 이 선거에서 프레틸린은 57퍼센트의 지지를 획득했다. 이로써 1975년의 인도네시아 침공 전에 치러졌던 마을 단위 선거에서 프레틸린이 얻었던 55퍼센트의 지지율이 26년 만에 재탈환되었다. 그러나 이를 위해 동티모르인들이 치러야 했던 대가는 너무나도 엄청났다. 통계에 따라 다르기는 하지만, 최소한 전체 주민 가운데 5분의 1 이상이 목숨을 잃었다. 국토는 황폐화되었고, 전체 가옥의 80퍼센트가 파괴되었으며, 전체 재산의 70퍼센트가 소실되었다.

남태평양의 작은 섬 티모르의 20세기 역사에는 여러 가지 비극적 경험이 중층적으로 각인되어 있다. 포르투갈의 식민 지배, 일본의 점령, 인도네시아의 침공, 미국의 방기가 그것이다. 서로 별개의 것처럼 보이는 이 일들은 그러나 몇 가지 공통분모를 갖고 있다. 팽창

---

219) Ben Kiernan, "War, Genocide, and Resistance in East Timor, 1975~99 : Comparative Reflections on Cambodia", 225쪽.

주의, 인종주의, 인권 유린, 학살이 바로 그것이다. 이 공통분모들은 다시 제노사이드라는 한 가지 공통점으로 수렴된다. 포르투갈의 식민지 지배는 역사의 단절과 공동체의 분열을 가져와 티모르 섬에 제노사이드가 일어날 가능성의 씨앗을 뿌렸다. 일본의 군사적 침략과 점령은 그들의 지배에 반대하는 티모르인 5~6만 명의 학살로 이어졌다. 일본인의 눈에 티모르인은 같은 아시아인도 아니었고, 같은 황인종도 아니었다. 인도네시아인은 네덜란드의 식민 지배 기간 동안 학습한 인종주의와 민족주의, 통치의 기술과 학살의 방법을 이웃 지역 티모르에서 서슴없이 실험했다. 이미 10년 전에 자신의 땅에서 자신의 동족을 대량 학살했던 사람들에게 다른 땅에서 남을 죽이는 것은 그리 어려운 일이 아니었다. 매사가 그렇듯, 제노사이도 초연이 어렵지 재연은 쉬운 법이다. 마지막으로, 미국의 방기로 동티모르의 제노사이드에 제동이 걸리지 못했다. 미국은 세계 각처에서 일어나는 제노사이드를 자국만의 힘으로 막을 수 있는 유일한 국가지만, 제노사이드를 예방하거나 중단시키는 데 자국의 힘을 사용한 적은 거의 없다. 오히려 미국은 국익의 이름으로 다른 지역에서 일어나는 제노사이드를 묵인하는 경우가 더 많았다. 동티모르인이 겪어야 했던 비극이 바로 그 전형적인 경우에 해당될 것이다.

제 4 부

한국 현대사와
제노사이드

제 1 장

우리에게도 제노사이드가 있었는가

　"우리에게도 제노사이드가 있었는가." 이 물음에 대한 답은 아주 간단할 수도 있고, 매우 복잡할 수도 있다. 먼저 간단하게 답해보자. 1948년의 유엔 제노사이드 협약의 정의를 축자적으로 받아들인다면, 우리 땅에서는 제노사이드가 일어난 적이 없다. 왜냐하면 우리나라에서 일어난 대규모의 민간인 집단 학살 가운데 국민이나 민족, 또는 인종이나 종교의 갈등에서 비롯된 예는 찾아보기 어렵기 때문이다.

　그러나 시각을 달리하면 문제는 그리 간단하지 않다. 먼저 제노사이드 여부를 판단하는 출발점인 제노사이드 협약을 해석할 때, 우리는 각 조항의 문구뿐만 아니라 그 문구 속에 담긴 정신에도 주목해야 한다. 제노사이드 협약을 탄생시킨 2차 대전 직후의 세계의 시대정신은 저항 수단이 없는 민간인에 대한 집단 학살만큼은 인류의 이름으로 어떻게든 막아보자는 것이었다. 특정한 집단 학살 사건이 제노사이드인지 아닌지를 따지는 것은 제노사이드의 책임이 공론화될 것을 두려워한 소련 및 몇 개 국가의 입장이었을 뿐, 세계인의 입장은 아니었다. 인류가 요구하는 것은 국가 또는 국가에 버금가는 권력체와 그 대리인들의 폭력에서 모든 인간이 자유로울 수 있는 세계를 건설하는 것이었다.

바로 이런 이유에서 제노사이드 협약 작성 과정에 참여했던 전문가 다수는 정치·사회·경제적 동기에서 비롯된 집단 학살도 제노사이드 협약의 처벌 대상에 포함해야 한다고 강력하게 주장했던 것이다. 제노사이드 협약이 체결된 지 반세기가 넘은 지금, 대다수의 전문가들은 보호 집단 규정과 관련해서 제노사이드 협약이 갖고 있는 근본적인 문제점을 더 이상 두고 볼 수만은 없다는 데 견해를 같이하고 있다. 제노사이드 협약을 탄생시킨 인류의 정신이 진정으로 실현될 수 있으려면, 제노사이드의 동기와 보호 집단에 관한 규정은 국제법을 훼손하지 않는 범위 내에서 최대한 폭넓게 해석되어야 한다. 이것이 바로 '제노사이드의 시대'를 살아가는 인류의 바람이다.

이러한 맥락에서 가장 먼저 요청되는 것은 정치적 동기에서 이루어진 집단 학살도 제노사이드로 인정해야 한다는 것이다. 이미 이런 요구에 따라 스탈린 치하의 소련과 크메르 루주 치하의 캄보디아에서 일어난 동족 학살이 제노사이드로 공인된 바 있다. 더 나아가, 인도네시아에서 일어난 공산주의자 집단 학살을 제노사이드의 한 사례로 보는 데도 별다른 반론이 제기되지 않고 있다.

이런 시대정신에 공감하면서 그동안 축적된 국제 학계의 연구 성과를 바탕으로 우리의 역사를 돌아본다면, 과연 한반도에는 제노사이드가 없었다고 쉽게 말할 수 있을까? 우리 할아버지 세대와 아버지 세대가 식민지 시절과 전쟁 기간 중에 몸소 겪었던 비극이 우리 사회 전체에 드리운 어두운 그림자에서 벗어나기 위해서는, 이 비극을 그들의 문제나 우리나라의 문제로만 여겨서는 안 된다고 나는 믿는다. 앞선 세대들이 체험했던 비극의 상흔을 조금이라도 치유하고 우리 세대에까지 세습된 사회적 균열을 극복하기 위해서는, 무엇보다 이런 비극을 우리나라 밖에서 일어난 비슷한 사건들과 비교함으로써 우리 경험의 크기와 의미를 더욱 세밀하게 파악해가는 작업이 필요하다.

이와 같은 문제의식에서 출발해 이 책에서는 한국전쟁 전후에 이 땅에서 일어난 수많은 민간인 학살 사건 가운데 가장 돌출되어 있는 제주 4·3과 보도연맹원(保導聯盟員) 학살 사건에 주목하려 한다. 이 두 사건은 학살의 규모나 학살에 소요된 시간이 매우 짧았다는 점에서 우리의 특별한 관심을 끌기에 충분하다. 아직 만족스러운 것은 아니지만 그동안의 비교 연구를 통해 얻어진 잠정적인 '보편적 기준'들을 수용해, 배경과 촉발 동기, 가해 주체, 희생자 집단의 성격, 파괴 과정과 파괴에 동원된 방법의 측면에서 이 두 사건을 조망해보고자 한다. 이 작업을 통해 이 땅에서 일어난 집단 학살의 독특한 성격과 더불어, 다른 지역에서 일어났던 사건들과 공통되는 보편적 양태와 성격도 드러나게 되기를 기대한다.

우리는 흔히 한국전쟁 전후에 일어난 집단 학살이 유난히 잔혹했다고 이야기한다. 사실 여러 학살 사건 가운데서 특히 '보복으로서의 학살'에 관한 생존자들의 보고를 접하다 보면 그 끔찍함 때문에 소스라치게 놀랄 때가 많다. 자식을 죽인 뒤에 그 어머니로 하여금 죽은 자식의 간을 물고 동네를 돌아다니게 했다는 식의 증언을 듣다 보면, 처음에는 그 이야기의 진위를 의심하게 되고, 그 다음에는 그 이야기를 하는 사람의 의도를 의심하게 되지만, 마지막에는 인간의 존엄성 자체를 의심하게 된다. 그러나 눈을 조금만 돌려 아프리카, 동·서남아시아, 동유럽에서 일어난 집단 학살 사례를 자세히 살펴보면, 이 땅에서 일어난 학살이 다른 곳의 학살에 비해 유난히 잔혹했던 것은 아니라는 것을 알 수 있다. 우리가 누군가를 죽창으로 여러 차례 반복해서 찔러 죽였다면 다른 곳에서는 마체테로 난도질해 죽였고, 우리가 아녀자를 강간하고 음부에 고구마를 밀어 넣는 짐승보다 못한 일을 저질렀다면, 다른 곳에서는 고구마 대신 콜라병이 사용되었다. 가족 구성원에 대한 대살(代殺)은 아프리카에도 있었고, 젖먹이 어린이 살해는 북아메리카에서 백인들도 아무렇지 않게 저지른 일이었다. 처음에는 우리만의 것이라고 생각되었던 야만성이 보편적인 것임이 드러나자 야만성은 오히려 학살의 세계적 보편성을 설명하는 단서가 될 수 있었다. '원시적' 형태의 잔혹한 살인은 우리나라뿐만 아니라 근대화가 늦게 이루어진 나라들에서 널리 발견되는 현상이다. 우리의 경우에는 다만 식민지 지배 기간 동안 일본 군대와 경찰을 통해 학습되고 체화된[1] 그 무엇이 여기에 보태졌을 뿐이다.

---

1) 이 점에 관해서는 김동춘, 《전쟁과 사회》, 260~261쪽을 참조하라.

바로 이 점은 한국전쟁 전후에 한반도에서 일어난 집단 학살을 살펴보는 데 중요한 시각을 제공해준다. 우리의 경험을 돌아보는 데 있어서 전근대-식민화-탈식민화와 냉전으로 이어지는 역사가 갖는 의미는 아무리 강조해도 지나치지 않다. 전근대 사회에서는 인간과 시민의 권리에 대한 의식, 지배 권력에 대한 비판 의식 같은 것이 깊이 뿌리내릴 수 없었고, 널리 확산되기도 어려웠다. 이 시기에 사람들의 의식을 지배했던 것은 '반역의 논리'와 가족주의였다. 반역의 논리는 처참한 원시적 살인을 가능하게 하는 심성적 기제로 작용했고, 일상의 삶 속에 깊이 뿌리내린 가족주의와 집단 윤리는 대살과 보복 학살의 토양을 마련했다.

복종을 통한 생존이 문제였던 식민지 지배 기간 동안에는 인권 및 시민권에 대한 의식과 비판적인 국가 의식 같은 근대의 지적 토양이 배양되기 어려웠음은 물론이고, 제국주의 국가 일반에서 발견되는 '문명화된 야만성'과 일본 제국주의 특유의 잔인성이 이 땅 전체에 이식되고 내면화되었다. 특히 일본의 식민지 지배자들의 유사 인종주의적 행태는 이 땅의 사람들 사이에 생명을 경시하는 풍토가 널리 확산되는 데 크게 기여했다.

좌익과 우익의 극심한 대립 속에서 해방 공간에 퍼지기 시작한 외래 이데올로기는 신분, 소유, 혈연, 정치적 지향, 식민 지배에 대한 처신 같은 요소의 차이 때문에 만연해 있던 사회 내의 갈등을 돌이킬 수 없을 정도로 심화시켰다. 사회·경제적 차이와 갈등을 정치적으로 풀어내기에는 근대의 경험이 너무 부족했던 것이다. 미군정 기간은 근대적 제도와 절차를 학습하고 내면화하는 기간이었지만, 새로 도입된 제도의 의미를 충분히 이해하고 사회적 합의와 법적 절차에 따라 정치와 행정을 이끌어갈 신뢰할 만한 인물이 폭넓게 등용되지는 못했다. 독립을 위해 헌신했던 사회주의 세력과 민족주의 세력이 미군정 시기에 의도적으로 배제되고 식민 지배에 영합했던 세력은 오히려 중용되면서, 해방 공간의 정치적 지형은 더욱 불안정해졌다. 미국과 소련의 대립으로 냉전이 심화되는 것에 발맞춰 반공이 한반도에서 권력을 획득하는 데 가장 중요한 기준으로 부상하면서, 좌·우익 간의 대립은 심화되고 테러도 일상화되었다. 공존보다는 배제의 논리가 정치를 지배하면서, 사회 각 부문의 갈등과 대립도 극심해졌다. 정부 수립으로도 정치와 사회의 혼란은 해결되기 어려웠다. 오히려 정부 수립 이후 이승만 정권은 위기가 닥칠 때마다 물리력을 동원해 문제를 해결하려는 태도를 보임으로써 정치·사회적 혼란을 악화시켰다.

한국전쟁 전후에 이 땅에서 일어난 수많은 민간인 학살은 이런 배경 속에서 일어난 비극이었다. 식민지 해방과 혼란, 외세의 개입과 왜곡된 방식의 정치 엘리트 충원, 이로 인한 좌·우익 대립의 격화와 테러의 일상화, 그 결과로서 일어난 대규모 학살은 우리에게만 국한된 경험이 아니었다. 대만, 베트남, 그리스에서 일어난 민간인 학살뿐만 아니라 그 후에 일어난 인도네시아의 집단 학살도 구조적 측면에서 보면 우리와 유사한 상황에서 일어난 비극이었다. 국민 다수의 지지를 받지 못하는 허약한 국가, 국민 다수를 대변하지 못하면서도 외세의 도움으로 권력을 장악한 조직화된 정치 집단, 반공 이데올로기, 필요하면 언제라도 동원할 수 있는 물리력을 소유한 사당(私黨)들은 우리나라뿐만 아니라 그 나라들에서도 공통적으로 발견되는 요소다.

이런 일반적 성격에 유념하면서, 앞의 세 장에서 살펴본 제노사이드의 이론과 역사적 사례들을 바탕으로, 이제는 이 땅에서 일어난 민간인 학살 가운데 가장 대표적인 사례로 거론되는 제주 4·3과 보도연맹원 학살 사건을 검토해보도록 하자.

우리나라에서 일어난 민간인 학살을 제노사이드로 볼 수 있는가 하는 질문에 대해서 최근 몇몇 학자들이 긍정의 견해를 내놓았다. 제노사이드를 광의로 해석하는 입장의 대표자인 서중석의 경우, 제주 4·3과 보도연맹원 학살을 포함해 한국전쟁 중에 일어난 민간인 학살을 제노사이드라고 지칭하고 있다. 그에게서는 집단 학살이라는 말 자체가 제노사이드의 동의어로 사용되고 있는 것처럼 보인다.[2] 김영범,[3] 허상수,[4] 이재승[5]도 서중석과 비슷한 입장에서 제주 4·3을 제노사이드로 보아야 한다고 주장했고, 최정기는 5·18의 성격을 분석한 글에서 이 사건이 국가 폭력에 의해 발생한 민간인 학살이라는 점에서 제노사이드였다고 파악했다.[6] 이들의 공

---

2) 서중석, 《조봉암과 1950년대(하)―피해 대중과 학살의 정치학》(역사비평사, 1999), 557쪽·565쪽·586쪽.

3) 김영범, 〈집단 학살과 집합 기억―그 역사화를 위하여, 냉전 시대 동아시아 양민 학살의 역사〉, 《제주 4·3 연구소 창립 10주년 기념 국제 학술대회 자료집》(1999), 24~27쪽.

4) 허상수, 〈정부 보고서를 통해서 본 제주 4·3사건의 진상〉, 《제주 4·3 진상 규명의 현 단계와 과제 : 토론 자료집》(2003), 33~34쪽.

5) 이재승, 〈인권과 과거 청산의 측면에서 본 『4·3 보고서』의 성과와 한계〉, 《제주 4·3 진상 규명의 현 단계와 과제 : 토론 자료집》, 42쪽.

통점은 제노사이드의 핵심적인 특징을 국가 범죄라는 점에서 찾는 데 있다.

그러나 이미 지적한 것처럼, 1948년에 만들어진 유엔 제노사이드 협약을 준거점으로 삼을 경우에는 우리나라에서 일어난 민간인 학살은 제노사이드라고 일컫기 어렵다. 한국전쟁 전후의 민간인 학살에 대한 연구 지평을 넓힌 김동춘이 정치적 학살이라는 개념을 도입한 것[7]도 개념상의 엄밀성 문제를 깊이 의식했기 때문으로 보인다. 국내의 민간인 학살 문제에 깊은 관심을 갖고 있으면서도 제노사이드라는 용어를 사용하기를 꺼리는 전문가들 가운데 일부도 그와 비슷한 생각을 갖고 있을 것이다.

이 책의 첫 번째 부에서 밝힌 것처럼, 나는 유엔의 제노사이드 협약에 너무 얽매이는 것은 문제라고 생각하지만, 그렇다고 해서 제노사이드 개념을 집단 학살 일반과 같은 것으로 보는 것도 학문적 엄밀성 면에서 여러 가지 문제를 불러일으킬 수 있다고 생각한다. 무엇보다도 제노사이드라는 개념을 처음 만들어낸 렘킨 자신이 제노사이드를 집단 학살 일반과는 구분해야 한다고 생각했다. 또한 제노사이드가 집단 학살을 포함하면서도 개념적으로 집단 학살 일반과 구분되는 것은 일차적으로 그것이 국가 범죄이기 때문이다.

---

6) 최정기, 〈5·18에서의 국가 폭력과 민간인 학살〉, 이병천·조현연 엮음, 《20세기 한국의 야만》(일빛, 2001), 233~238쪽. 여기서 그는 시위와 무관하게 자행된 민간인 학살과 잔인한 진압 과정, 비무장 시위대를 향한 군의 발포, 성폭력을 비롯한 여성들에 대한 잔인한 행위, 시위대를 연행하고 구금하는 과정에서 나타난 잔인한 행위 등을 근거로 제시하고 있다.

7) 김동춘, 《전쟁과 사회》, 제4장 후주 17번, 342쪽.

가해 주체가 국가나 그에 준하는 권력을 소유한 집단과 그 대리인일 때 우리는 어떤 집단 학살 사건을 제노사이드라고 볼 수 있게 된다. 아마도 이 점은 서중석을 비롯해 위에서 이름이 제시된 학자들 모두가 공감하고 있을 것이다.

　내가 좀더 생각해보고자 하는 것은 모든 국가 범죄가 제노사이드는 아니라는 것이다. 가해 주체가 국가라는 사실은 어떤 집단 학살이 제노사이드로 인정받는 데 있어서 가장 중요한 필요조건일 뿐, 충분조건이 되지는 못한다. 학살된 사람의 수, 학살의 대상이 되었던 집단 구성원 가운데 실제로 학살된 사람이 차지하는 비율, 학살의 동기, 의도와 계획의 존재 여부, 관련 기관들 사이에 이루어진 공조의 정도, 탄압과 학살에 동원된 방법, 학살이 그 집단에 속한 사람들의 이후 삶에 미친 파괴력 정도 등이 검토된 뒤에야 우리는 그 사건을 제노사이드로 볼 수 있는지의 여부를 결정할 수 있다.

제주 4 · 3

이 대통령의 허락 없이 어느 누가 재판도 없이 민간인들을 마구 죽일
수 있는 권한이 있겠습니까? 이 대통령이 '죽이지 말라'고 했으면 제주
도에서와 같은 학살 사태가 있을 수 있습니까?

—어느 서북청년회 단원의 고백[8]

1948년 12월 9일, 프랑스 파리에서 열린 유엔 총회에서 각국 대
표단의 박수 속에 제노사이드 협약이 통과되었다. 이 협약이 안고
있는 여러 가지 문제점에도 불구하고, 그 자리에 있던 사람들은 인
간의 존엄성이 보장되는 미래를 향한 첫걸음이 시작되었다고 믿었

---

8) 서북청년회원 박형요의 회고. 제민일보 4 · 3취재반,《4 · 3은 말한다》제4권
(전예원, 1997), 153쪽에서 재인용. 그는 1948년 12월 10일경 서울시 공관에서 열린
서북청년회 총회에서 이승만의 연설을 듣고 제주도로 내려온 서북청년회원들 가운
데 한 사람이었다.

다. 그동안 제노사이드 협약의 통과를 위해 혼신의 힘을 기울였던 렘킨이 기뻐했으리라는 것은 말할 것도 없다. 그러나 같은 날 한반도의 남단 제주에서는 '반도(叛徒)'들에 대한 토벌 작전이 대대적으로 전개되고 있었다. 당시 토벌을 지휘하던 제9연대장 송요찬이나 제주에 주둔하고 있던 미군 관계자들에게 유엔 총회 소식이 알려졌는지는 확인되지 않는다. 그러나 그들이 설령 유엔 제노사이드 협약의 내용을 전해 들었다고 하더라도, 그 협약이 자신들이 벌이고 있는 작전과 어떤 관계가 있다고 생각했을 것 같지는 않다. 그들은 자신들이 국가의 명을 받들어 맡은 바 소임을 다하고 있을 뿐이라고 믿어 의심치 않았을 것이다. 제노사이드 협약은 이처럼 지난 반세기 동안 우리와 무관한, 국제 사회의 약속으로만 생각되어 왔다. 그렇지 않았다면 전쟁과 학살이 한창이던 1951년 10월 14일에 이승만 정부가 이 협약에 가입하지는 않았을 것이다.

1. 제주 4·3＝제노사이드?

여러 가지 어려움 속에서도 제주 4·3의 실제 모습을 밝히기 위해 헌신해온 많은 사람들의 노력 덕분에 생존자들과 희생자 유가족들의 기억 속에만 간직되어 있던 제주의 비극이 조금씩 모습을 드러내고 있다. 사건이 발생한 지 51년 만인 1999년 12월 16일 국회 본회의에서 '제주 4·3사건 진상 규명과 희생자 명예 회복에 관한 특별 법안'이 통과되고, 이 법에 따라 '제주 4·3사건 진상 규명 및 희생자 명예 회복 위원회'가 구성되어 2003년 10월 15일 공식적인 《제주 4·3사건 진상조사보고서》(이하 《보고서》)가 작성되기까지는 수많은 난관이 있었다. 그동안 《보고서》에 대한 비판이 여러 곳에서 쏟아져 나온 것이 사실이지만, 제도적인 감시와 억압 때문에 사적 기억 속에 밀봉되어 있던 4·3에 관한 이야기가 사회적 의제로 떠올라 공식화된 기억으로 올라서고, 더 나아가 버젓한 역사의 일부분으로 자리 잡는 데 발판이 마련되었다는 점에서 《보고서》의 의미는 결코 작다고 할 수 없다.

여기서는 《보고서》의 의미를 충분히 인정하는 가운데, 《보고서》의 가장 큰 약점으로 지적되고 있는 문제를 검토해보려 한다. 그것은 곧 《보고서》가 제주 4·3을 제노사이드로 규정하기를 회피했다는 것이며, 이는 이 《보고서》가 비판받는 이유이기도 하다.[9] 《보고서》는 무엇 때문에 4·3을 제노사이드라고 규정하기를 꺼리며, 비판적인 학자들은 어떤 이유에서 그것이 잘못이라고 지적할까?

먼저, 4·3을 제노사이드로 파악하는 학자들의 입장을 보자. 제노사이드의 틀 속에서 제주 4·3을 설명하려는 시도는 김영범의 1999년의 글에서 발견된다. 그는 제노사이드의 배후에 거의 예외 없이 국가나 국가를 대행하는 권위체가 직접적인 실행자나 후원자로 자리 잡고 있었던 점을 환기시키면서, 제주 4·3은 군대와 경찰을 비롯한 국가 기구와 서북청년회 등의 우익 단체가 학살의 실행자였기 때문에 단순한 양민 학살이 아니라 정치적 학살로 보아야 한다고 주장했다.[10] 이 주장은 민간인 학살 문제 연구자들 사이에

---

9) 제주 4·3사건 진상 규명 및 희생자 명예 회복 위원회, 《제주 4·3사건 진상조사보고서》(2003), 539쪽.

서 약간의 반향을 불러일으켜, 제주 4·3사건 진상 규명과 희생자 명예 회복에 관한 특별법에 대한 비판에서도 재연되었다.[11] 이 문제의식을 보다 심화시킨 것은 《보고서》가 작성된 뒤에 발표된 허상수의 글이다. 이 글에서 그는 《보고서》를 비판하는 가운데, 제주 4·3은 유엔의 다른 조약들과 함께 제노사이드 협약까지 위반한 범죄라고 설명한다.[12] 그러나 '인도에 반하는 죄로 처벌되어야 한다'라는 소제목이 말해주는 것처럼, 그는 제주 4·3이 국제법을 위반한 내용을 여러 항목에서 제시하면서도, 이중 어떤 내용이 특별히 유엔의 제노사이드 협약에 저촉되는지에 대해서는 분명하게 설명하지 않았다.

제2부에서 말한 것처럼 우리는, 제노사이드 범죄가 반인도 범죄와 여러 항목에서 중첩되지만 어떤 점에서는 반인도 범죄와 구분된다는 점에 유의해야 한다. 렘킨이 제노사이드 협약의 체결을 위해 힘을 쏟고, 2차 대전 직후 많은 국가들이 렘킨이 제안한 이 협약을 비준할 필요를 느낀 것도, 반인도 범죄와는 차원이 다른 범죄적 요소들을 통제하기 위해서였다. 바로 그 때문에 코소보의 범죄자 밀로셰비치가 반인도 범죄 항목으로 기소되었을 때는 많은 연구자

---

10) 김영범, 〈집단 학살과 집합 기억―그 역사회를 위하여, 냉전 시대 동아시아 양민 학살의 역사〉, 24~27쪽.

11) 양정심, 〈제주 4·3특별법과 양민 학살 담론, 그것을 뛰어넘어〉, 《역사연구》 7(2002), 278쪽. 양정심은 여기서, 특별법이 민간인 학살을 저지른 주체가 국가라는 사실을 적시하지 않았기 때문에 가해자는 온데간데없고 피해자만 남게 되었다고 지적하고 있다.

12) 허상수, 〈정부 보고서를 통해서 본 제주 4·3사건의 진상〉, 32~34쪽.

들이 격렬하게 항의했고, 그 후에 그가 다시 제노사이드 범죄 혐의로 추가 기소되었을 때에야 안도의 한숨을 쉬었던 것이다.

널리 알려져 있는 바와 같이, 어떤 지역에서 일어난 집단 학살이 제노사이드에 해당하는지를 판단할 때 일차적으로 살펴보아야 할 사항은 제노사이드 협약이 규정한 바에 따라 ① 집단 구성원 살해 ② 육체적 · 정신적 위해 ③ 육체적 파괴를 가져올 수 있는 생활 조건의 강제적 부과 ④ 출산 방해 ⑤ 어린이들의 집단적 강제 이송이 있었는가 하는 것이다. 그러나 구 유고슬라비아 법정과 르완다 법정의 경험이 말해주는 것처럼, 어떤 사건이 제노사이드에 해당하는지를 판별하는 데 관건이 되는 것은 이 조항들 자체가 아니다. 왜냐하면 특히 ③항을 비롯해서 이 조건들 가운데 하나라도 확실하게 만족시키지 않는 항목이 있다면 제노사이드를 운운하는 것 자체가 불가능하기 때문이다. 제주 4 · 3의 경우 3만 명 이상의 인명이 희생되었고, 육체적 · 정신적 위해와 불리한 생활 조건의 강제적 부과가 있었기 때문에, 기준 조항들만 가지고 따져본다면 제노사이드라고 말할 수도 있다. 그러나 이런 기준들만 가지고 제주에서 일어난 인위적 참사를 곧바로 제노사이드라고 지칭할 수는 없다. 제주의 비극을 제노사이드라고 말하는 데 있어서 더 중요한 것은 이 다섯 가지 조항에 대한 언급 바로 앞에 나오는 정의, 즉 "국민 · 인종 · 민족 · 종교 집단의 전체 또는 부분을 파괴할 의도로 행해진 아래 행위"라는 문구다. 5개 조항이 제노사이드를 판별하는 평면적 기준이라면, 그 앞에 나오는 정의는 깊이를 측정하는 기준이라고 할 수 있다. 이 두 기준을 모두 고려할 때 우리의 물음은 다음과 같이 구체화될 수 있다.

① 제주도민을 독자적인 국민·인종·민족·종교 집단 가운데 하나로 볼 수 있는가

② 제주도민의 전체 또는 부분이 토벌대의 초토화 작전으로 인해 파괴되었는가

③ 이와 같은 파괴는 처음부터 의도된 것인가

제노사이드 협약이 체결된 배경을 고려할 때, 이 세 가지 질문에 다음과 같은 또 하나의 질문이 추가되어야 한다.

④ 이와 같은 행위가 국가에 의해 의도되고 실행되었는가

《보고서》가 제주 4·3을 제노사이드라고 명시하지 않은 데는 여러 가지 이유가 있었겠지만, 우리가 학문적 관점에서 공감할 수 있는 이유는 두 가지로 보인다. 첫째는, 최고 권력자의 개입을 분명하게 확인할 수 있는 명시적인 증거가 확보되지 않았기 때문이다. 현재까지 입수된 자료만으로는 ④의 질문에 대해 만족할 만한 답을 제시하기 어렵다.[13] 둘째는, 제주 4·3이 위의 네 개 조항 가운데

---

13) 물론 이승만 대통령이 학살을 명령했다고 해석할 수 있는 증거는 여러 곳에서 발견된다. 특히 국무회의록 가운데 담겨 있는 "가혹하게 탄압하라. 그래야 미국의 원조가 적극화할 것이다"라는 이승만의 발언은 이후 전개된 학살과 관련된 중요한 단서로 파악될 여지를 다분히 갖고 있다.

어느 하나도 완전하게 충족시키지 못하기 때문이다. 특히 어려운 것은 ①의 질문이다. 르완다의 경우에는 후투족이 투치족을, 구 유고슬라비아의 경우에는 세르비아 민족이 이슬람교도와 알바니아 민족을 학살했기 때문에 민족이나 종교라는 규정을 완전하게 충족시켰다. 그에 반해 제주 4·3의 희생자는 국민·인종·민족·종교라는 네 개의 범주 가운데 어느 하나도 충족시키지 못한다. 바로 이 점에서 우리나라가 그 법적 구속력을 인정하고 있는 유엔의 제노사이드 협약은 제주 4·3을 제노사이드로 해석하는 것을 어렵게 한다.

그럼에도 불구하고, 나는 《보고서》의 입장을 그대로 받아들일 수 없다. 《보고서》가 판단의 근거로 삼고 있는 제노사이드 협약의 문제점을 깊이 의식하고 있는 사람으로서, 나는 《보고서》와는 또 다른 관점에서 4·3을 해석해보지 않을 수 없기 때문이다.

현행 제노사이드 협약에 대해 비판적인 학자들의 입장은 두 가지다. 첫 번째 입장은 제노사이드 협약이라는 그물의 유효성을 인정하면서, 다만 그 그물에 나 있는 구멍을 메우고, 해진 그물코를 촘촘하게 수선하자고 주장한다. 두 번째 입장은 제노사이드 협약의 구멍을 안타까워하면서, 법률적인 구속력은 없지만 현상에 대한 설명력만큼은 증진시킬 수 있는 학술적 개념들을 만들어내야 한다고 주장한다. '정치적 학살'이라는 유사 개념도 바로 이런 입장에서 만들어졌다.

이 책은 첫 번째 입장에 서 있다. 이 책은 제노사이드 협약의 개정을 요구하면서, 앞으로 개정될 협약은 반드시 정치 집단을 우선적인 보호 대상에 포함해야 한다는 다수 전문가들의 입장을 지지한다. 물론 협약의 개정이 실제로 이루어지기 전까지는, 전문가 집단에 의해 확대 수정된 제노사이드 개념이 법적 구속력을 갖지 못할 것이 분명하다. 그러나 많은 사람들이 제노사이드 범죄의 예방을 위해 줄기차게 요구해왔던 상설 국제형사재판소가 이 협약이 체결된 지 반세기가 지나서 2002년에 탄생했으니, 이 협약의 개정도 멀지 않은 장래에 이루어질 가능성이 높다. 그때까지는 반인도 범죄가 사법적 소추의 근거가 될 수밖에 없다. 이 책의 관심은 다만, 아직 법제화되지는 못했지만 그럼에도 불구하고 제주 4·3의 성격을 이해하는 데 필요한 기준들을 제시하고, 그 기준에 따라 4·3의 모습을 찬찬히 파악해보는 데 있다.

2. 4·3의 시작과 끝

제주 4·3은 1947년 3월을 기점으로 시작되었다. 이해 3월 1일, 제주도 민주주의민족전선의 주도로 개최된 '3·1운동 기념 대회'에 3만 명 이상의 도민이 참가해 모스크바 삼상회의안(案)에 대한 절대적인 지지를 선언하자 경찰은 집회의 해산을 시도했다. 남한에서 친미 성향의 정권 수립을 원했던 군정 당국으로서는 통일 정부 수립을 요구하는 도민들의 집회가 가두시위로 발전하는 것을 결코 용납할 수 없었기 때문이었다. 이 과정에서 기마 경찰의 말발굽에 어린이가 다치는 일이 일어났고, 이에 분노한 군중이 거칠게 항의하는 과정에서 경찰이 총기를 발사해 여섯 명의 사망자가 발생했다. 격분한 도민들은 경찰의 공식 사과와 발포한 경찰의 파면을 강력하게 요구했다. 이 요구가 거부당하자 도민들은 공동 투쟁 위원회를 결성한 뒤, 3월 10일에 총파업에 들어갔다.

기업체뿐만 아니라 관공서와 학교, 심지어 경찰까지 가담하면서 파업이 걷잡을 수 없이 확산되자 당황한 미군정은 사태 해결을 다각도로 모색하기 시작했다. 그러나 사태 해결을 위해 3월 14일 제주를 방문한 경무부장 조병옥의 강경한 자세 때문에 문제는 훨씬 더 심각해졌다. 조병옥 경무부장은 사과의 말을 전혀 하지 않았을 뿐만 아니라, 도청을 방문해 파업 중이던 공무원들에게 "제주도 사람들은 사상적으로 불온하기 때문에 건국에 저해가 된다면 싹 쓸어버릴 수도 있다"는 내용의 발언까지 했다.[14] 이보다 이틀 전에는 경무부 차장 최경진이 기자들과 만난 자리에서 "원래 제주도는 주민의 90퍼센트가 좌익 색채를 띠고 있다"고 밝히고, 3·1사건과 이후 사태의 원인이 제주도민의 정치적 성향에 있음을 강력하게 시사했다.[15] 당시 미군정과 그 밑의 경찰 수뇌부는 모두가 제주도를 '빨갱이들의 섬' 이라고 판단하고 있었다. 이와 같은 인식에서 경찰은 사태를 조속히 마무리 짓기 위해 여러 도에서 차출된 300명 이상의 경찰 병력과 그 이상의 서북청년회 단원들을 제주에 증파했다. 곧이어 대대적인 검거 선풍이 불어 닥쳐 제주도민 2,000명 이상이 체포되고 200명이 구속되었으며, 이로써 제주도민과 미군정은 정면 대결로 치닫게 되었다.[16]

---

14) 《제주 4·3사건 진상조사보고서》, 122쪽.
15) 《제주 4·3사건 진상조사보고서》, 122쪽.

사태는 해가 바뀌면서 더욱더 악화되었다. 1948년에 미군정이 모스크바 삼상회의의 결정을 철회하고, 유엔의 주관하에 남한만의 단독 정부를 수립하는 방안을 적극적으로 추진하면서, 전국에서 단독 선거에 반대하는 투쟁이 조직적으로 전개되었다. 제주도 예외는 아니었다. 그 결과 대대적인 검거 선풍이 섬 전체를 휩쓸었다. 이 과정에서 일어난 몇 차례의 고문 치사 사건은 미군정과 경찰, 그리고 서북청년회를 비롯한 우익 단체들에 대해 도민들이 품고 있던 악감정에 불을 질렀다.

그러나 3월 들어 미군정의 입장이 상당히 유화적으로 바뀌면서 사태는 진정의 기미를 보이는 듯했다. 이 시기에 미군정은 5월 10일로 예정된 남한 지역 단독 선거를 성공적으로 치르는 데 관심을 집중하고 있었기 때문에, 가능한 한 주민과의 갈등과 충돌을 피하려고 했다. 이런 이유에서 미군정은 정치범에 대한 특별 사면까지 단행했다. 그렇지만 사태는 미군정이 바라는 방향으로 전개되지 않았다. 석방된 남로당 지도부는 어떤 수단을 동원해서라도 남한만의 선거를 막고자 했다. 본격적인 무장 투쟁의 길이 준비된 것이다.

1948년 4월 3일 새벽 2시, 한라산의 중허리 오름마다 봉화가 타오르면서 남로당이 주도하는 봉기가 시작되었다. 봉기에 가담한 무장 대원의 수는 500∼1,500명이었던 것으로 보인다. 무장대의 무기는 빈약한 편이었다. 무장대는 도내 24개의 경찰지서 가운데 11

16) 강창일, 〈미군정기 양민 학살과 제주 4·3사건〉, 이병천·조현연 엮음, 《20세기 한국의 야만》, 235∼237쪽.

개를 일제히 공격했다. 경찰과 서북청년회 숙소, 우익 단체 간부들의 집도 습격했다. 이 때문에 도내의 행정과 치안은 순식간에 마비되었다. 선거 업무를 담당하는 면사무소와 선거 사무소가 연달아 습격당하면서, 다가오는 선거를 제대로 치르기 어려울 것이라는 전망이 섬 전체를 휩쓸었다.

심각한 사태에 직면한 미군정은 4월 5일에 제주도에 비상경비사령부[17]를 설치하고, 주민들의 통행을 제한하기 시작했다. 미군정은 육지의 여러 도에서 차출된 경찰 병력 1,700명을 제주에 즉각 파견했고, 서북청년회도 대거 제주로 증파했다. 4·3 기간 동안 제주에 들어온 서북청년회 단원은 적어도 800명을 넘었던 것으로 보인다. 4월 20일에는 제5연대 소속 1개 대대가 제9연대에 투입되었다. 미군정의 관심은 봉기의 원인과 배경을 확인하는 데 있지 않았다. 그들의 관심은 오로지 하나였다. 어떻게든 '빨갱이 섬' 제주도의 반란을 조속하게 평정하는 것이었다. 제주에서 일어난 불씨를 신속하게 끄는 데 실패한다면, 단독 선거는 물론 그 이후의 한반도 전체의 사정이 예측할 수 없는 방향으로 전개될 것이기 때문이었다.

미군정의 기대와 달리, 토벌군의 주축인 제9연대의 지휘관 김익렬 중령은 초토화 작전보다는 협상을 통해 문제를 해결하는 데 주

---

17) '제주도 비상경비사령부'는 1948년 4월 5일에 무장대 토벌을 위해 제주 경찰 감찰청 내에 조직된 경찰 기구였다. 이후 1948년 10월 11일에 창설된 '제주도 경비사령부'는 김상겸 대령이 사령관직을 맡았던 군대 조직이었다. 여순사건으로 김 대령이 해임된 뒤에는 제9연대장 송요찬이 사령관을 겸직했다. '제주도지구 전투사령부'는 국회의원 재선거를 무사히 마무리 짓기 위해 1949년 3월 2일에 조직된 군대 기구였다.

1948년 5월 5일 제주비행장에 도착한 미군정 수뇌부. 이날 개최된 회의에서 조병옥 경무 부장과 김익렬 연대장 사이에 육탄전이 벌어졌다. 《제주 4 · 3사건 진상조사보고서》

력했다. 그의 노력에 힘입어 군과 무장대는 휴전에 합의했다. 그러 나 불안한 휴전 약속은 지켜지지 않았다. 중요한 변수는 미군정의 입장이었다. 미군정의 태도는 군정장관 딘W. Dean 소장이 제주도 를 직접 다녀간 뒤 강경 일변도로 치달았다. 단독 선거를 눈앞에 둔 5월 5일, 미군정 고위 관계자들이 참석한 가운데 열린 대책 회의에 서는 무장대와의 협상을 통한 평화적 해결을 주장하던 김익렬과 강경 진압을 요구하던 조병옥 사이에 충돌이 일어난 뒤, 이튿날인

5월 6일 제9연대의 지휘관이 김익렬에서 강경파인 박진경 중령으로 교체되면서, 곧바로 위기감이 감돌기 시작했다. 무장대는 5월 7일부터 선거 당일인 10일까지 선거 사무소들을 집중적으로 공격했다. 그들은 선거 관련 공무원들을 납치하고 선거인 명부를 탈취하는 일도 서슴지 않았다. 그 결과 제주도의 전체 세 개 선거구 가운데 두 곳에서 투표율 미달로 선거가 무효화되는 큰 일이 벌어졌다.

그렇다고 해서 사태가 곧바로 더 악화되지는 않았다. 토벌대와 무장대 사이에는 한동안 소강 상태가 유지되었다. 8월에 와서 불안한 평형 상태는 깨져버렸다. 8월 초에 김달삼을 비롯한 무장대 지도자들이 해주에서 열리는 인민 대표자 대회에 참석하기 위해 제주를 떠나자, 미군정은 이때야말로 제주도를 완전히 고립시켜 남한 정국의 안정을 꾀할 수 있는 기회라고 생각했다. 이때부터 미군정은 무장대의 투쟁과 제주도민의 항거가 북한과 연계된 체제 전복 음모라고 선전하기 시작했다.

8월 중순에 와서 무장대는 토벌 군경에 대한 공격을 재개했다. 이에 대해 제주도 비상경비사령부는 8월 25일 최대의 토벌전이 펼쳐질 것이라는 내용을 담은 강력한 경고성 성명을 발표했다. 정부의 강경한 대응은 8월 15일에 미군정이 공식적으로 끝나고 남한 단독 정부가 출범하는 순간부터 이미 예고돼 있었다. 새롭게 출범한 정권은 제주 지역 전체를 정권의 정통성에 도전하는 세력으로 인식했다. 10월 5일, 중앙 정부는 그동안 온건한 정책을 고집하던 제주 출신의 제주 경찰청장을 정권의 구미에 맞는 강성 인물로 교체했다. 10월 11일에는 제주도 경비사령부가 설치되면서 병력이 증파되었다. 이로부터 다시 6일 뒤에는 제9연대장 명의로, 해안선에서 5킬로미터 이상 떨어진 중(中)산간 지역과 산악 지역을 허가 없이 통행하는 것을 금지하며, 이 명령을 어기는 사람은 이유 여하를 막론하고 총살에 처한다는 내용의 포고문이 나붙었다.[18] 곧이어 10월 18일에는 해안이 봉쇄되었다. 토벌대의 조치는 이것으로 끝나지 않았다. 제주 유일의 지역 언론사인 〈제주신보〉 사장과 전무가 체포되고, 편집국장은 총살되었다. 제주에 주재 기자를 두고 있던 〈경향신문〉과 〈서울신문〉 지사장도 총살되었다. 이제 언론마저 토벌군에 의해 완전히 통제되는 상황에 처한 것이었다. 이로써 제주는 모든 면에서 완전히 고립되었다. 10월 말부터 11월 초 사이에는 제9연대 장병 100여 명이 군사 재판도 받지 못한 채 처형되었다. 처형된 군인들은 대부분 제주 출신이었다. 11월 1일에는 제주도 경찰 당국이 경찰에 침투한 남로당 프락치를 색출했다고 발표했다. 제주 읍내에 거주하던 도청 공무원, 교육계와 언론계에 종사하던 대부분의 지식인이 제9연대 본부로 끌려가 감금당했고, 이 과정에서 제주중학교 교장과 제주도청 총무국장, 재산관리처와 신한공사 직원들이 살해되었다. 제주 지검 검사를 포함해 법조계 인사들까지 죽음을 당했다. 이제 정부가 어떤 조치를 단행해도 이의를 제기할 사람이 없을 정도로 걸림돌은 완전히 제거된 셈이었다.[19]

바로 이 즈음에 제주의 상황을 악화시키는 중요한 사건이 육지에

---

18) 김종민, 〈제주 4·3 항쟁, 대규모 민중 학살의 진상〉, 《역사비평》(1998년 봄), 29쪽.

19) 김종민, 〈제주 4·3 항쟁, 대규모 민중 학살의 진상〉, 30~31쪽.

제주농업학교 천막수용소. 1948년 가을부터 제주지역 기관장과 유지들도 대거 수용되었다. 《제주 4·3사건 진상조사보고서》

서 일어났다. 제주도 무장대 토벌의 임무를 띠고 출동하라는 명령을 받은 여수 주둔 제14연대가 명령을 거부하고 봉기를 일으킨 것이다. 10월 19일에 일어난 이른바 여순 사건이었다. 이 사건은 이승만 정권과 미군정 관계자들에게 엄청난 위기의식을 심어주었다. 처음에 크게 당황했던 이승만 정권은 차츰 이 위기를 오히려 정권을 강화하고 정국을 안정시키는 기회로 활용하기 시작했다. 집권에는 성공했지만 김구와 김규식을 중심으로 한 통일 운동 때문에 정국의 주도권을 장악하지 못한데다, 9월 1일 반민족행위처벌법이 제정된 이후 최소한의 지지 기반마저 붕괴될 수 있는 위기 상황에 처한 이승만 정권에게 여순 사건은 잘만 활용하면 호재로 작용할 수도 있었다.[20] 이승만은 숙군(肅軍) 작업을 추진하면서 군에 대한 통제력을 강화했고, 12월 1일에는 위기 상황을 이유로 국가보안법을 공포했다. 친일파 처단과 통일을 요구하는 세력 때문에 수세에 몰려 있던 이승만은 정국을 일거에 반공 정국으로 변화시키는 데 성공했으며, 이후 반대파에 대한 대대적 반격을 시도하면서 정권을 강화해나갔다. 바로 이런 일련의 흐름 속에서 1948년 11월 중순에 제주 지역 초토화 작전이 결정된 것이었다. 이승만의 전략은 미국의 이해관계와도 부합했던 것으로 보인다. 미국 역시 12월로 예정된 미군 철수 전에 제주 문제를 빨리 매듭지어 한반도의 상황을 안정시키고자 했으므로 초토화 작전에 반대할 이유가 없었다.[21]

초토화 작전은 11월 중순부터 이듬해 3월까지 약 5개월간 계속되었다. 1948년 11월 13일 새벽 2시, 제주도의 중산간 마을 가운데 하나인 조천면 교래리를 포위하면서 시작된 작전은 엄청난 인명과 재산의 피해를 낳았다. 작전 지역 내에 있던 169개 마을 가운데 130개가 불에 타버렸고, 3만 명 이상의 주민이 목숨을 잃었다. 토벌대는 중산간 마을 주민들이 무장대에게 식량과 은신처를 제공하고 있다고 가정하고 있었다. 이런 가정은 토벌대가 무장대에게 기

---

20) 강성현, 〈4 · 3과 민간인 학살 메커니즘의 형성〉, 《역사연구》 11(2002), 212쪽.

21) 김종민, 〈제주 4 · 3 항쟁, 대규모 민중 학살의 진상〉, 45~48쪽.

군 지프를 타고 제주도를 순시중인 이승만 대통령. 뒷줄은 미8군사령관 밴플리트 대장과 제1훈련소장 장도영 준장(1952년 7월 3일). 《제주 4·3사건 진상조사보고서》

습당할 경우 확신으로 바뀌었고, 따라서 토벌대는 마을 주민을 남녀노소, 무장 여부를 막론하고 살해하는 지경에까지 이르렀다. 무차별 학살을 피해 추운 겨울에 깊은 산중으로 들어간 중산간 마을 주민들은, 굶어 죽거나 무장대의 일원으로 간주되어 살해당했다. 토벌대의 소개 명령에 따라 해변 마을로 내려온 사람들도 학살의 위협을 완전히 피할 수는 없었다. 왜냐하면 토벌대는 가족 중에 한 사람이라도 빠져 있는 경우에는, 특히 젊은이가 빠져 있는 경우에는 '도피자 가족'이라고 확신해서 그 가족 모두를 처형했기 때문이다.

학살에는 뚜렷한 원칙이 없었다. 살아남기 위해서는 일단 토벌대의 명령과 요구에 응해야 했지만, 그렇게 했다고 해서 꼭 살아남으리라는 보장도 없었다. 제주에서 전개된 초토화 작전은 책임 의식과 규율이 없는 집단에게 총과 권력이 주어졌을 때 얼마나 어처구니없는 비극이 일어날 수 있는지를 너무도 잘 보여주었다. 규율이 결여된 군경과 복수심에 찬 서북청년회 단원들은 자신들에게 주어진 '절대 권력'을 공사의 구분 없이 행사하면서, 사태를 걷잡을 수 없이 악화시켰다. 여성에 대한 강간, 유희적인 살인, 무자비한 참수 같은, 인도에 반하는 행위 가운데서도 특히 극악한 유형의 범죄가 도처에서 일어났다. 무장대 일원으로 활동한 사람이나 산 속으로 도주한 사람을 체포하지 못할 경우에 그 가족을 대신 살해하는 대살도 곳곳에서 저질러졌다. 이처럼 전근대적인 범죄는 따로 예시하기 어려울 정도로 많이 일어났다.

초토화 작전 기간 중에서 학살이 정점을 이루었던 시기는 1948년 12월 중순부터 열흘간이었다. 경비사령부의 지휘부가 1948년 말까지 제주 주둔 토벌대를 기존의 제9연대(연대장 송요찬)에서 여수 14연대 반란 진압에 성공한 제2연대(연대장 함병선)로 교체한다는 계획을 확정한 이후, 제9연대 지휘관들이 부대 교체에 앞서 괄목할 만한 전과를 올려야 한다는 부담감 속에서 마지막 토벌 작전에 혼신의 힘을 쏟았기 때문이었다.[22]

12월 29일에 제9연대와 임무를 교대한 제2연대는 잠시 준비 기간을 가진 뒤 다음 해 1월 4일부터 토벌 작전을 시작했고, 2월 4일에는 육해공군이 모두 동원된 합동 작전이 펼쳐졌다. 이미 한겨울이 닥친데다 중산간 마을이 토벌군에 의해 거의 모두 불타버려서 무장대는 보급 투쟁에 큰 어려움을 겪고 있었다. 무장대는 제2연대가 아직 제주 지리에 익숙하지 못한 상태임을 노려 대대적인 기습을 감행했다. 무장대의 기습 공격을 받은 제2연대는, 무장대가 퇴각한 후에 인근 지역 주민들에게 대규모의 보복 학살을 저질렀다. 1월 17일에는 해안 마을인 조천면 북촌리에서 400명 이상의 인명이 희생되는 학살 사건이 일어났다.[23]

　1949년 3월 2일에는 제주도 지구 전투사령부(사령관 유재홍)가 설치되어 마지막 토벌 작전이 이루어졌다. 때 맞춰 이범석 총리가 제주를 방문해 정부의 선무공작(宣撫工作) 방침을 밝히면서, 무장대와 대피해 있던 주민들에게 귀순을 권유했다. 하산하는 사람들이 늘어나면서 마지막까지 버티던 무장대는 급속도로 와해되었다. 5월 15일에는 제주도 지구 전투사령부가 해체되었고, 6월 7일에는 무장대의 구심점 역할을 해왔던 이덕구가 살해되면서 무장 투쟁은 사실상 종지부를 찍고 말았다.

　물론 제주의 비극이 이것으로 끝난 것은 아니었다. 다음 해 6월 25일에 한국전쟁이 발발하면서 학살의 악몽이 다시 제주도를 엄습했다. 전쟁이 발발한 직후 국민보도연맹에 가입했던 사람들과 '통비(通匪) 가족'으로 낙인찍혀 있던 사람들이 예비 검속되어 학살당

---

22) 김종민, 〈제주 4 · 3 항쟁, 대규모 민중 학살의 진상〉, 37쪽.
23) 《제주 4 · 3사건 진상조사보고서》, 314쪽.

했던 것이다. 4·3과 관련되어 육지의 형무소에 수감되어 있던 사람들도 학살의 희생자가 되었다.[24] 한라산 일대에서 게릴라전을 전개했던 무장대는 전쟁 중에 창설된 제100전투경찰사령부와 유격전 특수 부대인 무지개 부대의 소탕 작전으로 궤멸되고 말았다. 한국전쟁이 끝남과 동시에 제주에서의 토벌은 실질적으로 마무리되었고, 1957년에 마지막 무장대원이었던 오원권이 체포됨으로써 지난 10년 동안 엄청난 희생을 가져왔던 저항과 진압, 그리고 학살은 모두 끝이 났다.

3. 해석의 쟁점

지금까지 진행되어온 국제 학계의 제노사이드 연구와 논의에 근거해 4·3을 바라볼 때 제기될 수 있는 중요한 쟁점은 다음과 같다.

(1) 가해자

① 국가의 개입 : 초토화 작전과 그로 인해 발생한 민간인 대량학살이 국가 최고 권력자의 명령에 따라 이루어졌는가.

② 의도와 동기 : 최고 권력자 또는 국가 권력의 중심에 있었던 인물들은 처음부터 절멸의 의도를 가지고 있었는가. 학살의 의도가 있었다면, 그 동기는 무엇이었는가.

③ 계획성과 체계성 : 학살의 집행 과정에 여러 국가 기구들이 참

---

24) 《제주 4·3사건 진상조사보고서》, 471~476쪽.

여했는가. 국가 기구 외에 가담한 세력은 없었는가. 그 기구들 사이에 공조 관계가 있었는가. 계획을 수립하고 집행하는 과정에서 원활한 공조 활동이 이루어지도록 주도한 기관은 어디인가.

④ 국제 사회의 개입 : 미국은 학살과 아무런 관계가 없었는가.

(2) 희생자

① 희생자의 수와 비율 : 얼마나 많은 사람이 목숨을 잃었으며, 희생자들이 전체 집단에서 차지하는 비율은 얼마인가(집단의 전체 구성원 가운데 상당 부분이 희생되었는가).

② 구심점의 파괴 : 엘리트의 희생은 어느 정도였는가.

③ 희생자의 성격 : 대부분의 희생자들이 군사적 저항 능력이 없는 비무장 민간인이었는가.

(3) 이데올로기의 존재

학살을 정당화하는 이데올로기가 있었는가.

(4) 파괴의 방법과 결과

어떤 방식으로 공동체가 파괴되었는가. 파괴의 정도와 영향은 어떠한가.

4. 쟁점 1 : 가해자

가해자 문제에서 가장 큰 관심을 끌면서도 가장 대답하기 어려운 것은 이승만 대통령이 학살에 개입했는지 여부와, 개입했다면 어느 정도였는가 하는 것이다. 적어도 정권 수립 이후에는 제주에서 진행된 일련의 사태가 이승만 정권의 초미의 관심사였음에 틀림없다. 여순 사건 이후에는 아마도 최고의 관심사가 되었을 것이다. 초토화 작전이 진행되었던 1948년 11월부터 1949년 3월까지 이승만 대통령이 제주 사태에 대해 구체적으로 어떤 태도와 행동을 취했는지를 노회한 정치가의 말과 공문서를 통해 완전하게 입증하는 것은 매우 어렵다. 그러므로 우리는 이승만 대통령이 언론과 대중을 상대로 한 발언이나 공식 명령 계통을 염두에 두고 작성한 문서와 함께, 그가 가까운 인사들과 나누었던 대화, 그의 수족과도 같은 인사들의 움직임, 군경을 비롯한 국가 기구의 동향까지 함께 고려해야 한다.

지금까지의 연구들에 따르면, 이승만 대통령은 학살이 최고조에 이르렀던 시기에 사태의 방향을 좌우할 수 있는 위치에 있었으며, 그의 초대 정부가 공식 출범하기 전에도 미군정과 더불어 제주 4·3에 대해 가장 큰 영향력을 행사하는 위치에 있었다. 제주 4·3에 대한 이승만의 인식과 문제 해결의 방향은 1948년 12월 10일에 서울시 공관에서 열린 서북청년회 총회에서 그가 한 연설을 통해 선명하게 드러난다. "사상이 건전한 여러분이 나서야 한다"는 그의 발언은 그의 지위와 시국의 전체 상황 속에서 볼 때 단순히 개인 차원의 격려가 아니었다. 그의 말은 준 군사 단체를 동원해서라도 하루빨리 사태를 종식시키겠다는 국가적 차원의 강력한 의지 표명이었으며, 서북청년회(가 전개할 모든 활동)에 대한 확고한 지지의 표명이었다. "제주도 하나가 없어진다고 해도 대한민국의 존립에는 아무런 이상이 없다"[25]라는 그의 발언을 생각하면, 자신의 수족과도 같은 준 군사 단체 대원들을 상대로 한 이승만의 발언은 특수한 상황에서 이루어진 것이 아니라, 제주에서 벌어지고 있는 사태와 국가 상황 전반을 바라보는 일관된 입장을 반영하는 것으로 읽혀야 한다. 스스로의 취약한 기반을 잘 의식하고 있던 이승만 정권은 공식 국가 기구인 군경 외에 사적인 무력 집단까지 투입해서라도 국내 정국을 자신에게 유리한 방향으로 전환시키고, 38선 이북으로부터의 위협을 약화시키고자 했다. 안정적인 반공적 친정 체제를 구축하는 데에 이미 큰 문제가 된 '빨갱이 섬' 제주도는 희생양으로 삼기에 안성맞춤이었다.[26] 단독 선거와 단독 정부를 외치면서 남한 전역에서 유일하게 두 개의 선거구에서 선거의 무효화를 가져온 제주를, 이승만은 자기 지도력의 위엄과 정치적 생존 여부를 가늠하는 시험대로 간주했던 것으로 보인다.

　이승만 정권의 요직에 있던 인사들의 생각도 크게 다르지 않았다. 정권이 수립되기 전에 미군정하에서 경무부장을 맡아 4·3 발발 직후부터 문제 해결 과정에 깊이 연루되어 있었던 조병옥도 제주를 문제 많은 '빨갱이 섬'으로 간주했다. 이런 인식은 미군정과 경무부 요직에 있던 대다수의 사람들이 공유하고 있었다. 8월의 정권 출범 후에는 이승만의 강력한 후견인이었던 미군의 철수가 예정되어 있었기 때문에, 권력의 핵심부에 있던 인사들은 철군 이전에 제주의 봉기와 저항을 초토화함으로써 불안정한 권력을 공고하

---

25) 양정심, 〈제주 4·3특별법과 양민 학살 담론, 그것을 뛰어넘어〉, 274쪽.
26) 강성현, 〈4·3과 민간인 학살 메커니즘의 형성〉, 219쪽.

게 하려고 했다. 그러므로 제주 4·3은 기본적으로 정치적 동기에서 일어난 정치적 학살이었다. 앞에서 소개했던 하프와 거의 개념을 빌려 이 학살의 성격을 좀더 자세하게 규정하자면, 4·3은 억압적 성격의 정치적 학살이었다고 말할 수 있다.

학살을 계획하고 명령한 사람과 학살의 집행에 직접 참여한 사람들의 행위 동기는 일견 동일한 것 같지만 구체적으로 보면 상이한 면이 발견된다. 토벌대를 이끈 군과 경찰 지휘관의 경우, 대부분이 '제주도민＝빨갱이'라는 논리의 지배를 받은 점에서는 정치인과 같았다. 그러나 그들은 직업적인 이유에서도 사고의 제한을 받아, 제주도민은 '빨갱이'이기 때문에 국민이기 이전에 적이라고 간주했다. 토벌대 지휘부 가운데 상당수는 일본군과 만주군, 그리고 일본 고등계 형사 출신으로서, 식민지 지배 기간 동안 경험한 야만적 토벌 방식을 그대로 답습했다. 그들은 만주에서 보고 배운 대로 제주에서도 집을 태우고 가축과 사람을 죽이는 삼진(三盡) 작전을 실행에 옮겼다. 사람의 목을 베는 행위도 여전히 군인 정신의 표현으로 간주되었다. 그 밑에서 학살에 가담한 군경과 서북청년회 단원 일부에게서는 재산 갈취나 개인적 복수가 학살의 동기가 되기도 했으며, 심지어 재미로 사람을 죽이는 유희적 측면까지 드러나기도 했다. 마지못해 학살에 가담하고 나서 죄의식에 시달리던 민보단(民保團)[27] 단원들과는 대조적인 면이었다.[28] 군경 조직 특유의

27) 민보단은 가장 중요한 경찰 외곽 조직으로서, 그 전신은 향보단이었다. 1948년 4월 16일 딘 군정장관의 발표를 계기로 향토 방위를 명분으로 조직된 향보단은 만 18세 이상 55세 이하의 모든 남성으로 구성되었으며, 운영에 필요한 경비는 지

명령과 복종의 논리도 학살이 이어지는 데 중요한 요소로 작용했지만, 이것은 학살의 동기라기보다는 주저하는 대원들이 스스로를 설득시키는 명분 정도로 작용했다고 보아야 한다.

　전체적으로 볼 때 학살은 체계적이고 조직적인 방식으로 진행되었다. 봉기가 일어난 초기에는 김익렬 중령이 이끄는 제9연대의 경우처럼 토벌보다 설득을 앞세우는 목소리가 상당하게 존재했던 것이 사실이지만, 딘 군정장관이 문제 해결의 방향을 토벌 쪽으로 잡아 제9연대장을 경질하고 제9연대 내에서 토벌을 주저하거나 거부하는 세력을 제거한 뒤에는 가해자 내부의 마찰은 크게 일어나지 않았다. 정부 수립 이후에 시작된 대대적인 토벌 작전에서는 군이 주도하고 경찰이 돕고 서북청년회가 보조하는 식의 역할 분담과 공조 활동이 잘 이루어졌다. 이렇게 토벌 작전이 제주도 내의 특정 지역이 아니라 섬 전체에 걸쳐 이루어진 것은 작전 계획의 수립과 집행에 중앙 정부가 깊숙이 개입했음을 입증한다.[29] 전술적인 면은 현지 토벌대를 이끌던 군 지휘관이 상당 부분을 담당했겠지만, 전략적·정치적 결정은 군 수뇌부와 정치 권력의 핵심부가 담당했으리라고 보는 것이 당연하지 않겠는가?

　학살의 결정과 계획, 집행과 감독이 정권 차원에서 이루어졌음을 드러내는 결정적인 단서는 1948년 11월 17일에 선포된 계엄령이

역 주민들의 의연금으로 충당되었다. 애초에 5·10 선거를 위해 조직되었던 향보단은 총선이 끝난 뒤 해체되었다가, 1948년 10월 말경에 민보단이라는 이름으로 부활되었다. 《제주 4·3사건 진상조사보고서》, 273쪽.

28) 강성현, 〈4·3과 민간인 학살 메커니즘의 형성〉, 221~224쪽.

29) 제민일보 4·3 취재반, 《4·3은 말한다》 제4권, 377~378쪽.

다. 이승만 대통령의 명의로 도 전역에 발동된 계엄령은 마구잡이 학살의 길을 열어주었다. 학살의 집행인들은 이 계엄령을 사람을 마구 죽여도 괜찮다는 뜻으로 받아들였다. 법의 원리와 규정을 내면화하는 데 필요한 충분한 시간이 없었던 상황에서 토벌대는 '사람 죽이는 게 계엄령'이라고 큰소리를 쳤고, 주민들도 마찬가지로 생각했다.[30] 계엄령은 지역의 안정을 회복하기 위해 잠시 동안 감내해야 할 규제로 받아들여진 것이 아니라, 무차별 살인으로 가는 길목에 설치되어 있던 마지막 장애물의 제거로 받아들여졌던 것이다.

계엄령은 집행 과정뿐만 아니라 그 자체로도 탈법적인 성격을 갖고 있었다. 왜냐하면 이 명령의 토대가 되어야 하는 계엄법이 계엄령이 발동된 지 일 년여 후인 1949년 11월 24일에야 제정되었기 때문이다. 그러므로 계엄령이 처음부터 자의적 성격을 강하게 띠고 있었다는 비판을 면하기 어렵다.

학살 현장에 있었던 집행인이나 그 현장에서 학살을 간신히 모면한 생존자의 눈에는 사태의 진행 방향 전체를 결정지었던 중앙의 결정이 잘 보일 리 없었다. 학살의 전체적인 윤곽은 직접적인 명령 계통에 있는 사람들에게만 감지될 수 있었기 때문이다. 이 문제는 1948년과 1949년에 사건의 배후에서 작용했던 미국의 힘을 확인하려 할 때 더 심각하게 드러난다. 막후에서 분주하게 움직인 미군정은 중앙 정부보다도 더 잘 보이지 않는 존재였다. 그러나 그렇다고

---

30) 김종민, 〈제주 4·3 항쟁, 대규모 민중 학살의 진상〉, 37쪽.

해서 미국이 제주의 학살과 무관했다고 말할 수는 없다.

4·3 발발 직후에 이미 미국의 군정장관 딘은 강경 진압을 주장했고, 제주의 문제를 신속히 해결하는 방법은 초토화 작전뿐이라는 의사를 자신의 정치 고문을 통해 제주 지역 책임자들에게 수시로 전달했다.[31] 제주 지역 미군 총사령관이었던 미 제20연대장 브라운Rothwell H. Brown 대령도 "원인에는 흥미가 없다. 나의 사명은 진압뿐"이라고 밝혀, 4·3의 방향이 유혈 진압으로 갈 것임을 명백하게 예고했다.[32] 경찰과 경비대를 돕기 위해 서북청년회 단원을 대규모로 제주도에 파견시키는 데도 미군 장교들의 의지가 강하게 작용했다.[33] 이와 같은 일련의 결정이 가능했던 것은, 미군정 관계자들이 "제주도는 전체 인구의 70퍼센트가 좌익 단체에 동조하거나 관련되어 있는 좌익 분자들의 거점"이라는 인식을 공유했기 때문이었다.[34]

미군의 역할은 이승만 정부가 출범한 후에도 계속되었다. 정권이 수립된 지 9일 만인 8월 24일에 이승만 대통령과 주한 미군 사령관 하지John R. Hodge 사이에 체결된 '한미 군사 안전 잠정 협정'을 통해 미군은 1949년 6월 완전히 철수할 때까지 국군에 대한 작전 통제권을 행사했기 때문이었다.[35] 미군의 작전 통제권은 문서상

31) 김종민, 〈제주 4·3 항쟁, 대규모 민중 학살의 진상〉, 45쪽.

32) 서중석, 《피해 대중과 학살의 정치학》, 689쪽.

33) 서중석, 《피해 대중과 학살의 정치학》, 689쪽.

34) 1947년 3월 20일에 작성된 〈미군정 주간 정보 요약서〉, 《제주 4·3사건 진상조사보고서》, 120쪽에서 재인용.

35) 김종민, 〈4·3 이후 50년〉, 역사문제연구소 외 엮음, 《제주 4·3 연구》(역사비평사, 1999), 365쪽 ; 서중석, 〈제주 4·3의 역사적 의미〉, 《제주 4·3 연구》, 129

의 권리로 끝나지 않았다.[36] 초토화 작전이 전개될 당시 제주에는 임시군사고문단PMAG과 방첩대CIC, 그리고 미군 제59중대가 주둔하고 있었다. 이들은 때로는 제주 해안에 괴선박이 출현했다는 허위 첩보를 유포해서 이승만 정부의 강경 진압을 부추기기도 했다. 남한을 반공의 전초 기지로 상정한 냉전 시기의 미국으로서는 충분히 할 수 있는 일들이었다. 미국 측의 문서를 통해 드러난 몇 가지 사례만 보더라도, 학살 과정에서의 미국의 역할은 도덕적인 것도 아니었고, 상징적인 수준에 머무는 것도 아니었다.

5. 쟁점 2 : 희생자

4·3은 정부의 공식 보고서인 《제주 4·3 사건 진상조사보고서》를 따르더라도 2만 5,000명 내지 3만 명에 이르는 목숨을 앗아갔다.[37] 민간 학자들은 대부분 희생자의 수를 3만 명 이상으로 보고 있다.[38] 당시 제주도

~130쪽.

36) 예컨대 주한 미 군사고문단장 로버츠William L. Roberts 준장은 1948년 9월 29일 이범석 국무총리 겸 국방장관에게 보낸 서신에서, "한국 국방경비대의 작전 통제권은 여전히 주한 미군 사령관에게 있으며, 경비대의 작전에 관한 모든 명령은 발표되기 전에 해당 미 고문관을 통과해야 된다는 사실은 매우 중요하다"고 밝히면서, 작전통제권의 주체와 그 영향력에 대해 분명한 입장을 전달했다(《제주 4·3 사건 진상조사보고서》, 251쪽에서 재인용). 이와 관련하여 이범석은 같은 해 10월 28일 국회보고를 통해 미국의 존재를 거론하면서, 국방장관인 자신조차도 군의 작전 지도를 마음대로 할 수 없다고 밝혔다(《제주 4·3사건 진상조사보고서》, 249쪽).

37) 《제주 4·3사건 진상조사보고서》, 367쪽.

38) 서중석, 〈제주 4·3의 역사적 의미〉, 121~122쪽 ; 김종민, 〈제주 4·3 항쟁, 대규모 민중 학살의 진상〉, 29쪽.

전체 인구의 10분의 1 이상이 목숨을 잃은 셈이다. 이런 양적 비율이 제노사이드 전문가들이 중시하는 '상당한' 수준을 넘어섰는지를 판별하는 것은 법률가들의 몫이다.

그러나 만약 이 정도의 희생자 수가 20세기 제노사이드의 상징으로 일컬어지는 유대인 학살이나 아르메니아인 학살에 비해 약소하다고 생각하는 사람이 있다면, 그 사람은 제주의 학살이 명실상부한 내전이나 국가 간의 전면전 중에 일어난 민간인 학살이 아니라는 점을 다시 한번 기억해야 한다. 누가 최종 승자가 될지 모르는 두 개의 무장 정치 집단이 각각의 확고한 근거지를 바탕으로 격전을 치르는 내전 상황이라면 '상당함'의 기준도 어느 정도 상향 조정되는 것이 당연하다. 그러나 제주의 경우 4·3 봉기를 주도한 세력이 좌익인 남로당이었고, 그 세력의 중핵이 무장을 했다고 해도, 무장대의 수나 무장 수준으로 볼 때 내전을 이야기할 만한 것이 아니었다.

많은 학자들은 최초의 봉기가 일어났을 때 무장대에 참여한 인원이 1,500명을 넘지 않았다는 데 동의하고 있다. 적게 보는 경우는, 그 당시 토벌대 측의 자료를 토대로 500명 정도로 보고 있다.[39] 물론 토벌군이었던 제9연대 병사 가운데 일부가 무장대에 합류하고, 토벌 기간 동안 약간의 주민이 무장대 대열에 가세했던 것은 틀림없는 사실이다. 그러나 미국 측의 G-2 보고서가 증언하고 있는 것처럼, 무장대와 토벌대의 사망자 비율이 150 대 1에 이르렀고, 무장

---

39) 김종민, 〈제주 4·3 항쟁, 대규모 민중 학살의 진상〉, 29쪽.

압수된 무장대의 무기들. 죽창, 도끼 등이 보인다. 《제주 4·3사건 진상조사보고서》

대가 노획한 무기가 매우 적었다는 사실은 토벌대와 무장대 간의 대치를 교전이라는 말로 설명하기 어렵게 만든다. 19세기 초반 식민지 개척기에 오스트레일리아에서 원주민과 영국인들이 충돌했을 때도 희생자 비율이 10 대 1 정도였던 점을 생각하면, 제주의 경우는 교전 상황이었다기보다 일방적 학살에 가까웠다고 말하는 것이 훨씬 더 설득력이 있다.

분명한 사실은, 희생자 대부분이 비무장 민간인이었다는 것이다. 《보고서》에 따르면, 희생자 가운데는 어떤 이유로도 그들에 대한 살인이 정당화될 수 없는, 10세 이하와 61세 이상의 주민이 10퍼센트 이상 포함되어 있었다.[40] 제주의 참사가 대부분의 다른 제노사이드들과 달리 동일한 민족 구성원을 대상으로 벌어졌다는 점, 그리고 집단을 파괴하는 방법 면에서 원거리 강제 이주 같은 방법이 아니라 직접적인 학살이 주를 이루었다는 점을 되새겨볼 때, 이 희생자 비율은 숫자 이상의 의미를 갖고 있다고 할 수 있다. 그러므로 제주 4·3의 본질은 민간인에 대한 무차별 집단 학살이었다고 말하는 것이 타당하다. 토벌대와 무장대 모두 가해자였지만, 통계가 보여주는 것처럼 대부분의 학살은 토벌대에 의해 저질러졌다.[41] 이와 더불어, 학살자가 급증한 시점이 무장대의 저항이 증가한 때가 아니라 오히려 양측 간의 교전이 소강 상태에 접어든 시기 이후였다는 사실도 주목해야 한다. 희생은 저항의 강도가 아니라 국가 폭력의 강도와 비례했다. 이 점 역시 봉기로서의 4·3이 아닌 학살로서의 4·3은 이승만 정권이 반대 세력을 무력화시키기 위해 도모한 국내 평정의 마지막 단계에서 발생한 의도된 희생이었음을 확인시켜준다.[42]

어떤 사건을 두고 제노사이드에 해당하는지를 판별할 때 고려해야 하는 또 하나의 기준은 희생자 집단의 구심점인 엘리트에 대한 제거 기도가 있었는가 하는 것이다. 전체적인 희생의 정도는 미미하지만 지도층에 대한 주도면밀한 절멸이 시도된 경우가 있을 수 있는데, 이 또한 제노사이드로 볼 수 있기 때문이다.

<hr>

40)《제주 4·3사건 진상조사보고서》, 373쪽.

41)《제주 4·3사건 진상조사보고서》, 369쪽. 가해자의 84퍼센트는 토벌대, 11. 1퍼센트는 무장대였던 것으로 파악된다.

42) 박명림, 〈민주주의, 이성, 그리고 역사 이해 : 제주 4·3과 한국 현대사〉,《제주 4·3 연구》, 447~448쪽.

1948년 가을 제9연대 본부가 주둔하고 있던 제주농업학교에는,
"이곳 수용소에 갇히지 않으면 유명 인사가 아니다"라는 말이 떠돌
정도로 제주도를 대표하는 법조·행정·교육·언론계 인사들이
끌려와 감금돼 있었다. 확인된 명단만 보더라도 법조계에서는 제
주 지법 법원장(최원순), 독립유공자인 제주 지법 서기장(송두현),
제주 지검 검사(김방순), 교육계에서는 초대 제주중학교 교장(현경

무장대의 행위로 보이는 도로차단 현장을 한 경찰관이 가리키고 있다. 《제주 4·3사건 진
상조사보고서》

체포된 무장대 대원의 모습. 《제주 4 · 3사건 진상조사보고서》

호)과 현직 교사인 그의 아들(현두황), 제주도 학무과 장학사(채세병), 제주남초등학교 교장(김원중), 언론계에서는 〈제주신보〉 사장(박경훈), 〈서울신문〉 제주 지사장(이상희) 등이 포함되어 있었다. 이들은 이곳에 끌려와 고문을 당했고, 그중 상당수는 살해되었다.[43]

토벌대는 초토화 작전을 전개하는 데 걸림돌이 될 만한 여론 지도층을 제거하거나 최소한 대중에게서 완전히 고립시킴으로써, 앞으로 일어날 수도 있는 저항의 소지를 제거하는 주도면밀함을 보였던 것이다.[44] 당시의 제주 사람들 중에서 어떤 이들을 지도층으로 볼 것이며, 그 가운데 얼마가 죽었는지를 완벽한 자료를 가지고 말하기는 어려운 형편이다. 그러나 학살이 끝난 후 제주도민들 사이에 "몰명(어리석고 우둔하다는 뜻)한 우리만 살아남았다", "똑똑한 사람 다 죽었다"는 믿음이 자리 잡고 있었던 것으로 보아,[45] 엘리트 제거 시도는 어느 정도 성공했던 것으로 보인다.

6. 쟁점 3 : 이데올로기

대규모 집단 학살에는 그 행위를 정당화하는 이데올로기가 깊이 개재된다. 이데올로기는 그것을 확신하는 사람에게 학살의 동기를 제공하고, 학살을 주저하는 사람에게는 양심을 마비시키거나 위안을 줌으로써 학살에 가담하도록 돕는다. 그러므로 이데올로기가 학살의 절대적인 이유가 되지 못하는 경우는 종종 있지만, 이데올로기 없이 벌어지는 학살은 있을 수 없다고 해도 과언이 아니다. 이데올로기의 부정적 효과 가운데 학살과 관련해서 가장 중요한 것은, 특정 집단의 구성원을 인간 이하의 존재로 믿게 만드는 것이다.

그렇다면 제주 4 · 3에서 가해자를 사로잡고 희생자를 공포에 떨

---

43) 《제주 4 · 3사건 진상조사보고서》, 381~382쪽.

44) 서중석, 《피해 대중과 학살의 정치학》, 654~655쪽.

45) 김종민, 〈4 · 3 이후 50년〉, 390~391쪽.

게 한 이데올로기는 무엇이었을까? 그것은 바로 빨갱이 논리였다. 이 논리는 대한민국이 형성되는 과정에서 만들어진 우익의 이데올로기로서, 공산주의자를 포함한 좌익을 인간으로 취급할 수 없다는 의식을 핵심으로 하고 있다.[46] 이 속에는, 혐의만 가지고 특정인과 특정 집단을 좌익으로 몰아 죽이더라도 그것이 범죄로 다루어지지 않고 오히려 애국적인 행위로 용인될 가능성이 충분히 내재되어 있다. 그러므로 빨갱이 논리는 학살의 집행자들을 법적·도덕적 부담감에서 벗어나게 해주는 놀라운 효과를 발휘한다.

빨갱이라는 주술적인 단어로 집약되는 신념 체계는 근본적으로는 민족이나 인종 간의 학살 현장에 어김없이 등장하는 인종주의와 별 차이가 없다. 그런 점에서 빨갱이 논리는 일종의 유사 인종주의라고 할 수 있다.[47] 사실 인종주의는 인종의 차이 그 자체보다는 사람들을 인종으로 구분하는 편견 어린 시선에서 비롯되기 때문에, 이데올로기로서의 인종주의를 바라볼 때 우리가 주목해야 하는 것은 편견의 시선을 가지고 특정 집단을 인간 이하의 존재로 만들어버리는 사회적 관계와 정치적 실천 기제다. 그러므로 인종적 차이가 없는 곳에서도 얼마든지 특정 대상을 증오하고 비인간화하는 유사 인종주의가 횡행할 수 있는데, 제주에서는 그것이 빨갱이 논리로 나타났다.[48]

과거의 공식적 담론에서 제주 4·3은 공산주의와 반공주의의 대

---

46) 김동춘, 《전쟁과 사회》, 280쪽.
47) 김동춘, 《전쟁과 사회》, 280쪽.
48) 강성현, 〈4·3과 민간인 학살 메커니즘의 형성〉, 207쪽.

립에서 비롯된 참사로 이야기되어왔다. 그러나 초토화 작전 시기에 학살당한 제주도민 가운데 대다수는 좌익 사상을 품은 사람이 아니었다. 그들은 공산주의 국가의 수립을 원한 사람들이 아니라, 해방 후에 가중된 미군정의 억압에 맞서 자주적으로 통일 민족국가를 세우고자 한 사람들이었다.[49] 그러므로 희생자들은 일부를 빼고는 공산주의자가 아니었고, 심지어 그보다 폭이 더 넓은 좌익 범주에도 속할 수 없는 사람들이었다. 그러나 미국과 이승만 정권에 반대했다는 바로 그 이유 때문에 그들은 빨갱이로 낙인찍혀 민족과 국민의 범주에서 배제되고, 죽여도 상관없는 인간 이하의 종자로 만들어진 것이었다.

4·3 당시 제주에서 빨갱이는 처음에는 공산주의 이념 성향을 가진 사람들을 가리켰지만, 시간이 지나면서 중산간 마을에 거주하고 있는 사람들까지 포함하는 개념으로 확대되었다가, 마지막에는 토벌대가 장악하고 있는 해안 마을 주민들까지 아우르는 말로 쓰였다. 당시의 분위기에서 누가 빨갱이인지를 결정하는 것은 중앙이요, 권력을 장악한 우익이었다. 경무부장 조병옥은 제주도를 '빨갱이 섬'으로 지칭했고, 서북청년회 제주 지부장 김재능은 제주도를 '작은 모스크바'라고 불렀다. 이들의 영향 아래 있었던 학살 집행인들 역시 제주를 증오의 대상으로, 초토화 대상으로 받아들였음은 물론이다.[50]

빨갱이 논리는 감정적인 애국주의와 짝을 이루는 경우가 많았으

---

49) 강성현, 〈4·3과 민간인 학살 메커니즘의 형성〉, 239쪽.
50) 강성현, 〈4·3과 민간인 학살 메커니즘의 형성〉, 232쪽.

며, 또 그 경우에 엄청난 파괴력을 발휘했다. 제주에서 활동했던 서북청년회가 그 대표적인 사례다. 잘 알려져 있는 것처럼, 서북청년 회원들은 북에서 겪은 쓰라린 경험 때문에 공산주의와 연관된 것처럼 보이는 모든 것에 대해 엄청난 적개심과 증오심을 갖고 있었다. 인간의 여러 가지 감정 가운데 원숙하게 다루기 가장 어려운 것이 적개심과 증오심이라고 할 수 있는데, 서북청년회원들이 개인적으로 갖고 있었을 뿐만 아니라 집단적으로도 공유하고 있었던 이런 감정은 빨갱이 논리를 통해서 표현되고 애국심에 의해 포장될 때 엄청난 상승 효과를 발휘할 수 있었다.[51]

당시에 빨갱이로 지목된 사람은 지위 고하를 막론하고 누구나 큰 위협을 느꼈다. 이런 분위기 때문에 누군가가 자신과 이해 관계나 의견이 상충하는 사람을 빨갱이로 몰아세우는 일도 드물지 않았다. 4·3의 해결을 위해 1948년 5월 5일 제주에서 딘 군정장관 주재로 열린 대책 회의에서 무장대와의 타협을 주장하던 온건론자 김익렬이 조병옥에게 공산주의자라고 공격받은 뒤에 두 사람 사이에 격렬한 몸싸움이 일어났는데, 이는 극단적 반공주의의 위세와 빨갱이 혐의가 초래할 수 있는 가공할 결과를 충분히 이해할 수 있게 해주는 일화다.[52]

의학자 황상익의 말처럼, 4·3이 일어났을 당시 빨갱이는 문둥이와도 같은 존재였다. 빨갱이는 특정 인간을 '죽어야 할 자', 또는 한 걸음 더 나아가서 '죽여야 할 자'로 지목하는 저주의 말이었다.

51) 황상익, 〈의학사적 측면에서 본 '4·3'〉,《제주 4·3 연구》, 316쪽.
52) 서중석,《피해 대중과 학살의 정치학》, 690쪽.

일단 빨갱이라고 낙인찍힌 사람에게는 어떤 만행을 저질러도 용납되었다. 주민들이 지켜보는 가운데 장모와 사위가 성교하게 만들고 살해하는 것도 그들이 빨갱이인 경우에는 가능했다. 제주에서, 그리고 한국전쟁 기간 동안에 빨갱이라는 말이 무서웠던 것은 그 말의 실체가 모호해서 누구에게나 적용될 수 있기 때문이었다.[53] 나치스에게 박해받던 유대인들에게 포피 잘린 음경이 죽음의 표지였다면, 4·3 당시 제주의 주민들에게는 빨갱이임을 지목하는 이웃의 검지가 죽음의 신호였다.

7. 쟁점 4 : 파괴의 방법과 결과

우리나라의 다른 어느 지역보다 공동체적 성격이 강했던 제주는 4·3을 겪으면서 엄청난 파괴를 경험했다. 개인의 삶이 위협받았고, 삶의 토대가 파괴되었으며, 공동체가 붕괴되었고, 공동체 의식도 심각한 훼손을 입었다.

수많은 손실 가운데 가장 큰 것은 인명의 손실이었다. 북촌리 일대에서 일어난 집단 학살은 한 마을 전체를 물리적으로 파괴시킨 대표적인 경우다. 북촌리에 비해 학살 규모는 작았지만, 대부분의 중산간 마을에서 그와 비슷한 일들이 일어났다. 어떤 사람은 하루 동안에 열네 명의 가족과 친척을 잃었고(조천면 교래리), 굴 속으로 피신했던 일가족이 아이의 울음소리 때문에 발각되어 수류탄으

---

53) 황상익, 〈의학사적 측면에서 본 '4·3'〉, 327쪽.

로 몰살당하기도 했다(표선면 가시리). 토벌대가 무장대를 가장해 함정 학살을 벌이기도 했고, 토벌대의 선무공작 선언을 믿고 자수했다가 살해 당한 사람도 있었으며(애월면 하귀리), 입산한 가족 때문에 남은 가족이 죽임을 당하는 대살도 있었다(개수동). 해안 마을이라고 해서 위험을 피할 수 있는 것도 아니었다.

어떤 면에서 보면, 학살 과정에서 가장 큰 피해를 입은 사람은 여성들이었다. 피해자의 가족들이 보는 앞에서 의도적으로 강간을 범하는 만행이 비일비재했던 르완다나 코소보에 비하면, 제주에서 여성들을 상대로 저질러진 성적 가해 행위(젠더사이드gendercide)는 빈도와 강도에서 약간은 덜한 편이었다. 특히 코소보에서 세르비아군에 의해 널리 자행된 강간은, 알바니아계 주민들의 투쟁 의지를 꺾고 그들을 정신적 공황 상태에 빠뜨려 국경 밖으로 몰아내기 위한 한 방편이었다는 점에서 체계적이고 의도적인 것이었다. 제주에서 자행된 강간은 그와 같은 양상은 아니었다. 그럼에도 불구하고 여성을 상대로 한 파괴 행위가 결코 적었다고 할 수 없으며, 그 책임을 가해자 개인에게만 돌릴 수도 없다. 토벌 작전을 지휘한 장교들이 부하 장병들에게 여성에 대해 지켜야 할 군율을 엄격하게 요구했던 것으로는 보이지 않기 때문이다. 마을 단위의 토벌 과정에서 강간은 가내에서 이루어지기도 했지만, 마을 주민들이 피해 여성이 누구인지를 알 수 있도록 공개적으로 이루어지기도 했다. 심지어 임시 수용소에 수감된 여성들에 대한 성적 가해 행위 사례도 발견된다. 강간은 그 자체로 끝나지 않고 살인으로 이어지기도 했다. 다른 나라와의 교전 과정에서도 지켜져야 할 인류의 한계

중산간지대로 피신한 제주사람들. 《제주 4 · 3사건 진상조사보고서》

산에 올라갔다가 하산하는 주민들. 《제주 4 · 3사건 진상조사보고서》

선이 자국민을 대상으로 한 작전 과정에서마저 지켜지지 않은 것이다. 이런 부끄러운 일들은 제주를 '빨갱이 섬'으로, 제주 여성을 '빨갱이 종자'를 생산하는 가임체(可姙體)로 간주하는 위험스러운 무정형(無定型)의 이데올로기가 아니었다면, 그리고 토벌에 나선 군경 개개인에게 인권의 수호와 군율의 준수를 강조하는 의식이 좀더 내면화되어 있었다면 충분히 막거나 줄일 수 있었다.

총살당하는 가족을 보며 박수치기를 강요당하고, 한동네 사람을 찔러 죽일 것을 강요당했던 그 경험은 생존자들에게 몇 세대가 지나도 지우기 어려운 죄책감과 불신감을 남겼다. 이런 악의 씨앗은 그 당시에는 복수를 낳았고, 시간이 흐른 뒤에는 공동체의 정서적 끈과 윤리적 토대를 파괴하는 장기 지속의 효과를 낳았다.

4·3 당시에 전체 인구의 10분의 1 이상을 잃었던 제주는 그로부터 반세기 이상이 흐른 지금, 그때보다 훨씬 많은 인구를 가지게 되었다. 당시에 2만여 호의 가옥이 불탔지만, 이후에 그보다 훨씬 많은 새로운 집이 세워졌다(물론 1950년대와 1960년대에 지속적으로 이루어진 난민 정착 사업에도 불구하고, 원주민들이 복귀하지 않아 폐허가 되어버린 '잃어버린 마을'이 아직도 84군데나 된다는 점도 잊어서는 안 된다). 1949년 5월에 28.8퍼센트에 이르렀던 실업률도 이제는 지역 경제의 발전 덕분에 회상하기조차 어려운 옛일이 되었다.[54]

그러나 홀로코스트를 겪은 유대인들이 전후에 이룩한 엄청난 경

---

54) 《제주 4·3사건 진상조사보고서》, 367~377쪽.

제적 번영에도 불구하고 여전히 혈육을 잃은 데서 오는 개인적인 고통과 집단적 정체성의 파괴에서 오는 혼란에서 벗어나지 못하고 있는 것처럼, 제주도민이 안고 있는 내면적 상흔 역시 몇 세대가 지나도 쉽게 치유되지 않을 것이다. 이스라엘의 보수적·진보적 지식인들이 (각자 상반된 방식으로) 오늘날 이스라엘 정부가 팔레스타인과 주변 아랍국들에 대해 취하고 있는 초강경 정책의 근본적 원인이 홀로코스트에 있다고 설명하고 있는 것을 볼 때, 인구 증가와 경제 발전, 그리고 진상 규명과 기념사업을 위한 법률의 제정만으로 모든 것이 끝났다고 보는 것은 무리다.

홀로코스트 생존자들이 나치 수용소를 떠나 세계 각지에 정착한 뒤에도 그들의 삶 속에서 수용소의 잔영이 사라지지 않고 있는 것처럼, 4·3이 일어난 지 50년 이상 지난 지금도 4·3이 남긴 상처는 여러 가지 모양으로 변형되어 사람들의 정서와 의식과 심성 속에 그대로 남아 있다. 제주 사람들의 뿌리 깊은 레드 콤플렉스, 현실 참여에 대한 냉소와 허무주의, 육지 출신에 대한 배타성, 지역민 간의 불신, 정의와 명분을 따지기보다는 강자의 편에 서야 한다는 기회주의적 논리 같은 것이 혹여 타지 사람들의 눈에 돌출적으로 보인다면,[55] 그때는 제주 사람들이 아니라 4·3과 그 가해자를 탓해야 하리라.

---

55) 김종민, 〈4·3 이후 50년〉, 369~384쪽.

8. 또 하나의 쟁점 : 지역과 민족

어떤 사건이 제노사이드에 해당하는지를 살필 때 중요한 사항 가운데 하나는, 그 사건의 동기에 민족적ethnic 요소가 담겨 있었는가 하는 것이다. 바꿔 말하면, 특정 집단이 파괴를 당한 이유가 그 가해자에게 하나의 민족 집단으로 취급된 데 있는지의 여부가 매우 중요한 판별 기준으로 작용한다.

여기서 민족ethnicity이란 우리가 흔히 말하는 민족nation과는 상당히 다른 개념이다. nation에는 근대 국가의 등장과 더불어 생겨난 국민이라는 의미와 역사적·문화적 전통을 공유하는 혈연적 집단으로서의 민족이라는 의미가 동시에 담겨 있다. 이와 달리 ethnicity는 정치적 의미보다 문화적 의미가 우선하는 개념이다. 이 점은 1998년에 채택된 로마 규약을 보면 어느 정도 명확하게 이해된다. 옛 소련 체제에서 소수 집단을 형성했던 타타르인, 조선인, 독일인 등이 이 ethnicity 개념에 해당한다.

4·3이 일어날 당시 제주에 살고 있던 사람들을 전형적인 하나의 민족ethnicity으로 보는 것은 무리다. 그러나 그 당시까지 제주는 주민들의 자의식뿐만 아니라 중앙 정부의 인식에 있어서도 하나의 지역이나 지방 이상으로 여겨졌다. 제주는 여러 면에서 호남이나 영남, 또는 서북을 생각할 때 연상되는 것 이상의 독특한 요소를 가지고 있었다.

메릴John Merill이 제주의 이러한 특수성을 학살과 연관지어 처음 지적한 이후, 4·3을 연구하는 여러 학자들은 제주의 지역성과 그 지역성의 핵심을 이루고 있는 역사적 전통에 주목해왔다. 역사적으로 제주도에서는 중앙 정부의 통제력이 약했고, 주기적으로 반란이 있어왔다. 제주도의 지리적·문화적 고립과 중앙 정부의 무관심한 태도는 19세기에 여섯 번이나 발생한 반란의 중요한 원인이었다. 이러한 제주의 상황은 일제 강점기는 물론, 해방 이후에도 면면히 이어졌다. 미군정도 이 사실을 잘 알고 있었다. 그 때문에 미군정은 해방 후 처음 1년 동안은 제주도의 권력을 사실상 장악하고 있던 제주 인민 위원회와 우호적인 관계를 유지하면서, 섬 전체를 하나의 독립된 행정 구역으로 만들려고 했다. 제주도 특유의 굳건한 씨족 관계와 주민들의 지방주의에 주목한 세력은 미군정만이 아니었다. 남로당이 제주에서 세력을 크게 키울 수 있었던 것도 이런 점을 충분히 파악하고 활용한 덕분이었다.[56)]

그러나 제주의 독립적 경향은 어디까지나 잠재 요소일 뿐이었다. 중앙 정부의 압력이 주민들이 인내할 수 없을 정도로, 혹은 충격적인 방식으로 가해지지 않았다면, 섬 전체에 깃들어 있던 분리와 독립의 감정은 정서적 수준에서 더 나아가지 않았을 것이다.

미군정의 강제적 곡물 징수와 그 과정에서 일어난 마찰은 제주도민이 공유하고 있던 집단적 감정을 자극하기 시작했다. 1947년 삼일절의 발포 사건 이후 미군정과 산하 경찰의 압박이 강화되고 육지 출신의 경찰과 서북청년회원들이 대거 섬으로 들어오면서 고조되기 시작한 긴장은 제주도민의 집단적 감정을 연대감으로 변모시키기 시작했다. 4·3 봉기가 일어난 뒤 제9연대 소속 장병들이 보

---

56) 존 메릴, 〈제주도의 반란〉, 노민영 엮음, 《잠들지 않는 남도. 제주도 4·3 항쟁의 기록》(온누리, 1988), 19쪽·28쪽·35쪽.

귀순자들을 집단으로 수용했던 제주항 부근의 주정공장. 《제주 4·3사건 진상조사보고서》

인 처신은 이런 연대감을 단적으로 예증해준다. 다수가 제주 출신이거나 그곳 주민과 유대 관계에 있는 사람들이었던 제9연대 장병들은 봉기를 섬 주민과 경찰 간의 싸움으로 봤으며, 진압에 가담하기를 원하지 않았다. 무장대를 토벌하라는 미군정의 압력이 가중되었을 때 대원들이 부대를 이탈하거나 연대장을 살해하는 일이 잇달아 벌어진 것도 같은 이유에서였다.[57] 그러므로 4·3은 미군정 및 이승만 정권 대 제주도민이라는 대립 구도와 중앙 대 지방이라

는 대립 구도가 중첩된 가운데 발생한 사건이라고 볼 수 있다.[58]

　제노사이드 논의에서 중요한 것은 가해자의 시각이다. 왜냐하면 특정 집단을 파괴해야 할 집단으로 규정하고, 그 이유를 제시하는 것이 가해자이기 때문이다. 4·3 당시 중앙 정부가 제주를 어떻게 보았는지는 미군정 치하에서 검찰총장직을 맡았던 이인(이승만 정권이 수립된 후 초대 법무부 장관이 되었다)이 4·3이 시작된 뒤에 했던 다음 발언을 통해 잘 드러난다. "제주도 사태가 이렇게까지 악화된 것은 시정 방침에 신축성이 없었다는 것과 관공리가 부패했다는 것 등을 들 수 있겠다……고름이 제대로 든 것을 좌익 계열에서 바늘로 이것을 터친 것이 제주도 사태의 진상이라 할 것이다."[59]

　만약 이런 현실 진단이 처방에도 그대로 반영되었다면 비극의 규모는 실제보다 훨씬 줄어들었을 것이다. 그러나 미군정은 단기간 내의 진압이라는 강경책을 택했다. 문제의 발단이 된 서북청년회 원들을 증파한 것도 미군정의 방침이었다. 이승만 정권도 마찬가지였다. 4·3 진압의 양대 주체였던 미군정과 이승만 정권은 제주는 변방의 섬, 모반의 섬이라는 역사적 인식을 소재 삼아 제주도는 빨갱이의 섬이라는 정치적 이미지를 만들어냈다. 과거의 중앙 정부는 제주에서 반란이 일어나면 문제를 야기한 지방관과 반란을

---

57) 존 메릴, 〈제주도의 반란〉, 49쪽.
58) 서중석, 《피해 대중과 학살의 정치학》, 653쪽.
59) 〈서울신문〉, 1948년 6월 17일. 서중석, 《피해 대중과 학살의 정치학》, 654쪽에서 재인용.

주도한 장두(壯頭)를 징벌하는 선에서 사태를 수습했지만, 제주를 빨갱이 섬으로 규정한 이승만 정권에게는 토벌의 가능성만이 남아 있었다.

다른 지역에 비해 계급과 계층 구조가 단순한 대신 가족과 친족의 혈연적 유대 관계가 유독 강한 제주의 특수성은 토벌이 시작된 이후 주민들의 입산이나 무장대와의 연대를 촉진하는 요소가 되었고, 결국 학살이 증폭되는 결과를 가져왔다. 무장대의 활동이 꾸준히 이어진 것도 사실은 제주 지역의 계급적 토대나 이념 의식이 유독 강했기 때문이 아니라, 바로 이와 같은 연대와 공동체 의식, 그리고 횡적 평등주의의 전통 때문이었다고 봐야 한다. 무장대를 이끈 김달삼이나 이덕구도 대부분의 제주 주민들에게는 공산주의 이념을 표상하는 지도자보다는, 19세기부터 빈발했던 민란을 이끈 공동체의 지도자, 곧 장두에 가깝게 받아들여졌다.[60]

변방의 섬 제주를 바라보는 이승만 정권의 시각에서는 제주의 특수성이 불온한 모반의 정서로, 반역의 움직임으로 보였을 것이다. 자신이 처한 정치적 위기를 일거에 역전시킬 돌파구를 모색하던 이승만으로서는, 육지인들이 공유하고 있는 제주에 대한 인상과 선입견을 자산으로 삼아 섬 전체를 빨갱이로 모는 것이 거부하기 힘든 유혹이었는지도 모른다. 육지와 동떨어져 있는 섬 제주의 해안을 군사적으로 봉쇄하고 섬 내의 언론마저 완전히 장악한 뒤에는 제주 전체를 이념적으로 고립시키는 일이 얼마든지 가능했기

---

60) 박명림, 〈민주주의, 이성, 그리고 역사 이해 : 제주 4·3과 한국 현대사〉, 450 ~451쪽.

때문이다. 작은 위협이 큰 위협으로 보도되고, 큰 위협은 국가의 존망을 좌우할 수도 있는 위기로 과장되어 보도되는 상황에서는 육지에서도 제주의 초토화 작전에 반대하는 목소리가 클 수 없었다.

육지에서 제주로 파견되어 주민들과 직접적으로 접촉해야 했던 군경과 서북청년회의 입장에서는, 알아듣기 힘든 사투리를 쓰고 자기들만의 독특한 의사소통 구조를 갖고 있는 그들이 대단히 이질적인 집단으로 보일 수밖에 없었다. 멀리서 보면 작아 보일 수 있는 차이도, 가까이서, 그것도 의심하는 가운데 바라보고 경험하면 충분히 위험스러운 것으로 느껴질 수 있었다. 토벌을 하러 온 사람들의 눈에 제주도민들은 동족이나 내(內)집단으로 받아들여지지 않았다. 이런 상황과 빨갱이 논리가 결합되었을 때 폭력 행사는 엄청난 수준으로 정당화되고 강화될 수 있었다.[61]

위기에 몰린 정권이나 현장 토벌대의 눈에 제주는 이중적인 의미에서 타자로 비쳤다. 제주는 그들에게 반란의 섬인 동시에 빨갱이 섬이었다. 안타까운 것은, 이런 인식이 옳은지 그른지 확인할 시간과 여유가 당시의 관계자들에게 거의 없었다는 점이다. 가속화되고 있던 냉전과 대결 국면으로 치닫고 있던 남북 관계 속에서는 이의를 제기하는 것 자체가 공산주의자라는 의심을 살 수 있는 일이었기 때문이다.

---

61) 박명림, 〈민주주의, 이성, 그리고 역사 이해 : 제주 4 · 3과 한국 현대사〉, 452쪽.

9. 4 · 3과 제노사이드

이제까지 살펴본 몇 가지 내용을 요약해보자.

첫째, 제주에서 일어난 민간인 학살이 국가 권력의 정점에 서 있던 이승만 대통령의 '작품' 이었는지를 직접적으로 입증하기는 어렵다. 그러나 중요한 것은, 1948년 8월 정부 수립 이후 남한이 결코 무정부 상태에 있지 않았고, 또 남한의 국가 권력이 몇몇 유력 인사에 의해 과점된 상태에 있지도 않았다는 사실이다. 1948~1949년 당시의 국가 권력의 소재와 대통령 최측근 고위 인사들의 동향, 군경과 일반 관료 기구의 움직임을 종합해보건대, 학살이 국가적 차원에서 이루어졌음을 반증하는 것은 불가능에 가깝다고 보아야 한다.

둘째, 학살이 제주 공동체 전체의 파괴로 귀결되지는 않았지만, 토벌대의 작전 과정에서 제주 공동체가 물리적 · 정신적으로 상당하게(또는 현저하게) 파괴된 것만은 분명하다. 공동체의 파괴 과정에서 공동체의 구심점 역할을 했던 엘리트 집단이 얼마나 파괴되었는지를 입증하는 것은 제주 4 · 3의 성격을 규명하기 위해 앞으로 역점을 두고 진행해야 할 작업이다. 그 중요성에 비해 현재까지의 연구 성과는 매우 부족한 수준이라고 할 수 있다. 그러나 지금까지 해명된 사실들만으로도 분명하게 말할 수 있는 것은, 제주도민 전체가 입은 피해보다 엘리트층의 피해가 훨씬 더 심했던 것으로 보인다는 것이다.

셋째, 제주에서 학살의 명분으로 활용된 이데올로기는 빨갱이 논리였다. 빨갱이 논리는 뚜렷한 형태를 갖고 있지 않았다는 점에서,

'공산주의자'에 대한 계급적 적대 의식보다 훨씬 파괴적인 결과를 가져왔다. 왜냐하면 공산주의자는 위험한 사람으로 여겨졌지만, 빨갱이는 그저 사람이 아닌 흉악한 존재로만 생각되었기 때문이다. 바로 이 점에서 제주도민들을 죽음으로 몰아간 빨갱이 논리는 본질적으로 후투족이 투치족에 대해 갖고 있었던 종족주의적 감정이나 터키인들이 아르메니아인들에 대해 갖고 있었던 인종주의적 민족주의 감정과 크게 다를 바가 없었다.

넷째, 4·3을 통해 제주도민이 입은 물리적·정신적·경제적 파괴의 정도는 제노사이드로 공인된 다른 사례들에 비해 약간 가벼운 것으로 보인다. 그러나 그렇다고 해서 이 점이 4·3을 제노사이드로 보지 못하게 하는 이유가 될 수는 없다. 왜냐하면, 특정 집단들의 엄청난 파괴를 가져온 다른 제노사이드들과 달리 4·3은 전쟁이나 내전 과정에서 일어난 사건이 아니었기 때문이다. 토벌대와 무장대 간의 대치와 교전은 내전과는 거리가 먼 것이었다. 창과 활로 무장한 북아메리카 인디언과 총기를 지닌 백인 개척민이 교전했을 때도 희생자 비율이 제주에서와 같이 일방적으로 나타나지는 않았었다. 백인 개척민들이 인디언들과의 충돌을 '전쟁war'이라고 부른 것에 대해 많은 사람들이 고개를 가로저었던 것과 마찬가지로, 누군가가 4·3을 내전 또는 내전에 준하는 상황이었다고 말한다면 사람들로부터 동의를 얻기 힘들 것이다. 내전도 아닌 상황에서 우리가 지금 알고 있는 그런 피해가 발생했다면, 단지 과잉진압이라는 단어로 4·3의 성격을 규정지을 수는 없다.

다섯째, 4·3 당시 중앙 정부가 제주에 대해 갖고 있던 우려는 일반적으로 변방 지역의 지역 감정에 대해 가질 수 있는 정도의 우려를 훨씬 넘어선 것이었다. 제주도민에 대한 중앙 정부의 시각을 대만 고산족(高山族)에 대한 장제스(蔣介石) 정부의 편향된 시각에 견준다면 지나치다고 말할 수 있을까? 희생자 집단에 대해 가해자 집단이 공유하고 있던 인식이 제노사이드 여부를 판별하는 데 매우 중요한 기준이 되므로, 이 문제에 대해서도 보다 깊이 있는 연구가 요망된다. 현재까지 드러난 사실만 가지고 판단할 때, 제주에 대해 중앙 정부가 갖고 있었던, 지역 감정에 대한 단순한 우려 차원을 크게 넘어선 의구심이 아니었다면 4·3과 같은 엄청난 참사는 발생할 수 없었을 것으로 생각된다.

이상에서 검토한 몇 가지 사항을 고려해볼 때, 제주 4·3이 제노사이드가 아니었다고 말하기는 매우 어렵다. 4·3은 정치적 목적에서 기도된, 억압적 성격의 제노사이드였다고 보는 것이 현실에 더 부합할 것으로 판단된다.

제 3 장

보도연맹원 학살

6·25 사변을 당하고 보니……덮어놓고 보련(보도연맹)에 가입했던
사람은 일률적으로 위험하다고 해서 공산당과 부역하리라는 견해 밑에
우리 편으로부터 죽임을 받았고, 한편 공산당으로부터는 공산당을 이
탈하고 대한민국에 돌아가서 대한민국을 지지했다는 이유하에 역시 학
살을 당했던 것이다.

—조봉암[62]

해방 후 불안하게나마 지속되었던 좌익과 우익의 공존은 1948년
을 고비로 그 가능성이 크게 줄어들었다. 그리고 전쟁의 발발과 더
불어 그 희박한 가능성마저 완전히 사라져버렸다. 1950년 6월 25일
에 시작된 한국전쟁은 전방과 후방의 구분이 전혀 없는 인민 전쟁

---

62) 박명림, 《한국 1950 : 전쟁과 평화》(나남출판, 2003), 343쪽에서 간접 인용.

이었기 때문에, 대대적인 학살이 일어날 소지를 처음부터 다분히 안고 있었다. 전쟁 기간 동안 계속된 학살은 개전 초기에 보도연맹원(保導聯盟員)에 대한 집단 학살과 더불어 시작되었다. 보도연맹원 학살은 제주 4·3과 더불어 우리 현대사에서 가장 많은 희생자를 낸 대표적인 민간인 집단 학살 사건으로 알려져 있다. 몇 달 되지 않는 짧은 기간 동안 엄청난 희생자를 낸 이 사건에 우리는 과연 제노사이드라는 말을 사용할 수 있을까?

1. 보도연맹이란

남한만의 국가 수립 이후 여러 가지 도전에 시달리던 이승만은 1948년 12월 1일 국가보안법을 공포했으며, 1949년 6월 5일에는 보도연맹을 결성케 하여 정권의 안정을 도모했다. 공식적으로 보도연맹의 목적은 "개선의 여지가 있는 좌익 세력에게 전향의 기회를 주겠다"는 것이었지만, 실제로는 좌익 세력을 보호하고 지도하기보다는 좌익 세력을 색출하고, 더 나아가 정권에 반대하는 세력까지 단속하고 통제하는 데 목적이 있었다.

보도연맹이 만들어지던 1949년에는 국가보안법 위반 혐의로 체포되는 사람이 폭증해서, 전국의 형무소가 그들을 다 수용할 수가 없을 정도였다. 검찰과 법원의 업무도 감당할 수 없을 만큼 폭주했다. 1949년부터 1950년 4월까지 국가보안법에 의해 체포된 사람은 모두 15만 명이나 되었다.[63] 바로 이런 이유에서 국가 차원의 실용적인 해법이 필요하기도 했다. 이때 주목을 끈 것이 바로 일제 강점기에 존재했던 전향 제도였고, 이를 본떠 만든 보도연맹은 정권 반대파와 분리파, 그리고 체제 전복 기도 세력까지 동시에 약화시킬 수 있는 매우 효율적인 기구였다.

그러나 보도연맹은, 적어도 표면적으로는 정권이 공식적으로 나서서 조직한 국가적 단체가 아니었다. 조직의 결성에 내무부(김효석)·법무부(권승렬)·국방부(신성모) 장관뿐만 아니라 검찰총장(김익진)과 경찰국장(김태선)까지 깊이 개입하기는 했지만, 보도연맹은 국가가 법령에 근거해서 설립한 공식 조직이 아니었고,[64] 따라서 예산상의 공식적인 지원도 없었다.[65] 그러나, 형식적으로는 민주주의민족전선(민전) 조사부장을 지낸 박우천이 전향자 대표로 간사장 직책을 맡았지만, 실제 조직 운영은 철저하게 관 주도로 이루어졌다. 이것은 중앙뿐만 아니라 지방의 조직들도 마찬가지였다.[66]

공식 출범 이후 보도연맹의 조직은 전쟁 발발 직전까지 계속 확대되었다. 1949년 9월에 서울시 연맹이 세워진 것을 시작으로 각 시도 차원의 지부 설립이 이어져, 1950년 3월까지 전국적으로 1단계 조직 작업이 완료되었다.[67] 이 과정에서 남로당과 인공당 같은 좌익 정당의 당원뿐만 아니라 민청과 농조 같은 사회 단체의 관련

---

63) 박명림, 《한국 1950 : 전쟁과 평화》, 319쪽.

64) 서중석, 《피해 대중과 학살의 정치학》, 596쪽.

65) 한지희, 〈국민보도연맹의 조직과 학살〉, 《역사비평》(1996년 겨울), 297쪽.

66) 김기진, 《끝나지 않은 전쟁 : 국민보도연맹. 부산 경남 지역》(역사비평사, 2002), 21쪽.

67) 김선호, 〈국민보도연맹의 조직과 가입자〉, 《역사와 현실》(2002), 303~304쪽.

자와 수감 중인 좌익 사범까지 포섭 대상이 되었다. 자수 전향 기간
으로 설정된 1949년 11월 한 달 동안에만 전국에서 4만 명에 가까
운 사람들이 보도연맹에 가입했다. 그러나 각 지방에 목표 인원이
할당되는 등 무리한 방법들이 동원되었기 때문에, 실제로는 좌익
사상과 무관한 사람들이 관의 압력과 회유에 못 이겨 대거 가입하
는 부작용이 일어났다. 주민들의 문맹률이 70퍼센트를 넘었던 농
촌에서는 보도연맹이 어떤 성격의 단체인지도 모른 채, 마을 이장
이나 유지들의 감언이설에 넘어가, 혹은 가입을 거부할 경우에는
신분 보장을 해주지 않거나 양식과 비료를 주지 않겠다는 식의 협
박에 못 이겨 어쩔 수 없이 가입한 사람도 있었다.[68] 자수 기간이
끝난 뒤에도 좌익 계열에 대한 대대적인 검거에 나서고 그 밖의 다
양한 방법을 동원한 결과 보도연맹 가입자 수는 1950년 초에 이미
30만 명까지 늘어나 있었고, 전쟁이 발발하기 직전에는 33만 명에
이르렀던 것으로 알려져 있다. 가입자만 있었던 것은 아니다. 완전
한 전향자로 인정받은 사람들의 탈퇴도 동시에 진행되었다. 전국
적인 통계는 없지만, 서울과 경기도의 경우 전체 가입자 가운데 10
퍼센트가량이 사상 전향이라는 소기의 목적을 달성하고 연맹에서
탈퇴했던 것으로 보인다.

---

68) 한지희, 〈국민보도연맹의 조직과 학살〉, 300~301쪽 ; 서중석, 《피해 대중과
학살의 정치학》, 601쪽.

2. 보도연맹원들에 대한 학살

가입 전부터 계속되었던 선전과 달리, 보도연맹 가입자들은 막상 전쟁이 발발하자 국가로부터 아무런 보호를 받지 못했다. 오히려 애초의 약속과 정반대로, 국가는 전쟁 발발 직후부터 아무런 재판 절차 없이 이들에 대한 학살을 대대적으로 전개했다. 학살은, 전선에서 황급히 후퇴하느라 군과 경찰이 아무런 손도 쓸 수 없었던 서울과 경기 일부 지역을 제외하고, 전국에서 자행되었다. 이유는 하나였다. 연맹원들이 적에게 동조할지도 모른다는 의구심 때문이었다. 보도연맹원 학살은 이승만 정권의 입장에서 보면, 국가의 안보를 위해 불가피한 '예방 학살'이었던 것이다.

예방 학살이 꼭 필요한 정당한 일이었을까? 보도연맹 가입자의 일부가 전쟁 초기에 인민군 점령 지역에서 우익 인사를 처형하는 데 협력했던 것은 사실이다. 예를 들어 전쟁 발발 당일에 개성에서 연맹원들이 인민군에게 협력해 우익 인사들을 살해하는 데 가담한 일은 보도연맹원에 대한 기존의 의구심을 강화하는 데 큰 자극제가 되었다.[69] 그러나 좌익 가운데 핵심 세력은 보도연맹에 가입하지 않은 상태였으며, 남한을 점령한 인민군도 보도연맹원을 그다지 신뢰하지 않았다. 인민군이 점령한 지역에서 보도연맹 간부직에 있던 사람들은 처단 대상이 되었고, 보도연맹에 가입한 옛 남로당원들은 정(正)당원으로 받아들여지지 않았다.[70] 보도연맹원은 남한 정부와 북한 정부 모두에게서 의심받는 존재였던 것이다. 또한

---

69) 김동춘, 《전쟁과 사회》, 220쪽.
70) 서중석, 《피해 대중과 학살의 정치학》, 602쪽.

인민군이 노획한 사진으로 추정된다. 사진 뒷면에는 애국자의 가슴에 표적을 달아 사격연습을 하듯 죽였다고 비난하는 글이 실려 있다. 〈부산일보〉 김기진 제공

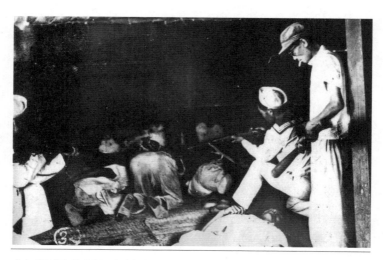

적이 애국자를 학살하는 장면이란 사진설명이 적혀 있다. 미군이 노획한 사진으로 공산국가 신문에도 등장했다. 〈부산일보〉 김기진 제공

전쟁과 후퇴라는 상황의 긴박함을 감안하더라도, 국가가 국가와 사회의 이름으로 보호를 약속했던 국민을 아무런 재판도 없이 처형한 것은 정당화되기 어렵다.

전쟁 초기의 연맹원들의 행동을 보더라도, 공권력에 의한 예방 학살은 설득력이 떨어질 수밖에 없다. 전쟁이 발발하자, 자신들에 대해 남한 정부가 갖고 있던 의구심을 잘 알고 있던 연맹원들은 지역별로 비상대책기구를 구성하고서, 성금과 위문품을 군에 보내거나 자진해서 군에 입대하거나 신문 지면에 충성의 맹세를 발표하는 등 여러 가지 노력을 기울였다.[71]

그렇지만 이런 자구 행위도 다가오는 엄청난 비극을 막지는 못했다. 전선이 붕괴되자, 경찰이 연맹원을 예비 검속하고 후퇴하던 군이 이들을 처형하는 군경 합동 작전이 도처에서 이루어졌다. 군과 경찰에게 상대적으로 시간적 여유가 많았던 영남 일대에서는, 연맹원 소집 통보가 비극의 시작이었다. 매주 한 차례씩의 정례 소집과 수시 소집이 이미 여러 차례 있어왔기 때문에, 막상 예비 검속을 위한 소집이 이루어졌을 때도 연맹원 가운데 다수는 학살을 예견하지 못한 채 순순히 소집에 응했다. 소집이 여의치 않은 지역에서는 경찰이나 군이 직접 연맹원 검거에 나서기도 했다.[72]

대대적인 작전에 따라 검속된 사람은 몇 명이었고, 그 가운데 얼마가 희생되었을까? 불충분한 자료 때문에, 33만 명에 이르렀던[73]

71) 김기진,《끝나지 않은 전쟁 : 국민보도연맹. 부산 경남 지역》, 90쪽.

72) 김기진,《끝나지 않은 전쟁 : 국민보도연맹. 부산 경남 지역》, 94~96쪽.

73) 한지희,〈국민보도연맹의 조직과 학살〉, 290쪽.

보도연맹원 가운데 학살의 희생자가 된 사람이 실제로 몇 명이었는지를 밝히기는 쉽지 않다. 일부 학자들과 유가족들은 학살된 연맹원의 수를 20만 명 이상으로 보고 있지만, 다른 학자들은 3만 명을 넘는 정도로 추산하고 있다. 어떤 학자는 많게 잡아도 10만 명을 넘지는 않았던 것으로 본다.[74]

학살의 피해를 가장 크게 입은 지역은 부산을 포함한 경남 지역이었던 것으로 알려져 있다. 학살은 평택 이남의 전 지역에서 널리 이루어졌지만, 전쟁 발발 2주 만에 전선이 낙동강까지 밀려 내려가는 바람에 다른 지역에서는 학살을 위한 시간이 충분하게 확보되지 않았던 반면, 부산 경남 지역은 시간적 여유가 많았던 것이 그 이유였다. 게다가 중부 지방에서 연맹원 일부가 인민군에 동조해 우익 인사 처형에 앞장섰다는 소문이 퍼진 것도 부산 경남 지역 연맹원의 피해를 증폭시키는 화근이 되었다. 이 지역에서는 연맹원에 대한 군과 경찰의 경계심이 극에 달해 있었기 때문에, 학살된 연맹원의 수가 많았을 뿐만 아니라 학살 과정도 매우 잔혹했다.[75] 마산, 통영, 거제, 부산 등 바다를 끼고 있는 지역에서는 수장 방법이 널리 행해졌다. 손발이 묶인 채 수장된 시신 중 일부는 대한해협을 건너 쓰시마 섬까지 흘러가 그곳 주민들에 의해 건져졌다.[76] 경북 경산의 폐(廢) 코발트 광산에서 이루어진 학살도 보도연맹원에 대한 학살이 끔찍한 방식으로 이루어졌음을 입증하는 중요한 증거로

74) 서중석,《피해 대중과 학살의 정치학》, 607쪽.
75) 김기진,《끝나지 않은 전쟁 : 국민보도연맹. 부산 경남 지역》, 97쪽.
76) 김기진,《끝나지 않은 전쟁 : 국민보도연맹. 부산 경남 지역》, 229쪽.

보도연맹원 학살의 대명사로 알려진 경산 폐 코발트 광산에서 발견된 희생자 유골들
© 〈부산일보〉 김기진

여겨진다. 유가족들은 이 광산 지역 일대에 3,500여 명에 이르는 희생자들의 시신이 매장되어 있다고 증언한다.

　보도연맹원에 대한 학살은 그들만의 희생으로 끝나지 않았다. 희생자 유족 일부는 분노를 억제하지 못해, 인민군이 들어온 뒤에 공무원과 경찰, 우익 인사에 대한 보복 학살에 나섰다. 이것은 다시 국군의 수복 이후 우익과 경찰에 의해 유가족들이 죽임을 당하는 비극을 불러왔다. 보도연맹 학살은 전쟁 동안에 일어난 끔찍한 연쇄 학살의 출발점이었다.

3. 누구의 책임인가

계속 이어지는 패전 소식에 초조해 있던 이승만 정권에게 보도연맹은 엄청난 부담이었음에 틀림없다. 이런 이유에서 정부는 전쟁 초기부터 활용 가능한 모든 공권력을 동원해 보도연맹원들에 대한 예비 검속을 대대적으로 단행했다. 예비 검속은 군이 지휘하고 검찰과 경찰이 집행하는 형식으로 이루어졌다. 소집되거나 검거된 연맹원들은 곧바로 경찰서 유치장과 형무소에 수감되었다. 그 뒤에는 학살이 이어졌다.

대부분의 학살 집행인들은 자신들이 하는 일의 의미와 절차의 정당성에 대해 의문을 품지 않았다. 그저 국가와 안보를 위한 일이라고 생각했을 뿐이다. 그러나 국가의 안보와 국민의 생존 때문에 연맹원들을 처형하지 않을 수 없었다는 학살 가담자들의 주장과 달리, 연맹원 중 다수는 안보의 위협과는 무관한 사람들이었다. 아무런 법적 절차도 없이 희생된 연맹원 가운데 상당수는 만들어진 공산주의자였던 것이다.[77]

그렇다면 이 모든 사태에 대해 책임을 져야 할 사람은 누구일까? 대부분의 제노사이드에서 그런 것처럼, 보도연맹원 학살에서도 권력의 최고위층이 내린 살인 명령을 확인할 수 있는 공문서나 직접

---

77) 박명림, 《한국 1950 : 전쟁과 평화》, 342쪽.

적인 내부 증언은 아직까지 드러나지 않았다. 그러나 그렇다고 해서 이 엄청난 사태가 최고위층의 명령이나 재가 없이 이루어졌다고 이야기하는 것은 상식을 벗어나는 일이다. 또한 이런 대규모 참사가 뚜렷한 계획 없이 지역 수준에서 자연발생적으로 일어났다고 주장하는 것도 인류의 역사 경험에 비추어 설득력이 없다. 민간인 학살을 연구하는 많은 학자들이 지적했고, 구 유고슬라비아와 르완다에서 자행된 민간인 학살을 심판하기 위해 설립된 두 차례의 국제 법정에서 이미 확인된 바와 같이, 의도와 계획을 드러내주는 적극적인 문서 증거가 존재하지 않는다고 하더라도, 공권력이 깊이 개입된 가운데 민간인 학살이 전국적 차원에서 동시다발적으로 진행되었다는 사실 자체가 중앙 정부의 명령이 존재했음을 입증해주는 움직일 수 없는 증거가 된다.

학살의 책임 소재를 파악하는 작업은 현장에서 학살을 집행하는 데 직접 가담했던 사람들과 그들의 상급자를 확인하는 데서 시작할 수밖에 없다. 아직은 전국적 차원의 실증적 연구가 이루어지지 못한 상황이기 때문에, 희생자와 직접 접촉했던 일선 책임자들의 면모를 살펴보는 일은 〈부산일보〉 김기진 기자의 노력을 통해 밝혀진 부산 경남 지역의 사례에 의존할 수밖에 없다.

학살이 진행될 당시 부산과 경남에서는 동원 가능한 일반 군부대가 모두 전방에 투입된 뒤였다. 경찰도 전투 경찰은 모두 전선에 투입되고 치안 유지를 위해 필요한 최소한의 인원만이 남아 있었다. 그러므로 이 지역의 학살은 CIC와 G-2 등 군 특수 부대의 지휘 아래, 잔류하고 있던 군과 경찰에 의해 주로 자행되었고, 서북청년회,

대한청년단, 민보단 등의 우익 단체도 학살에 가담했던 것으로 보인다. 따라서 학살의 책임은 일차적으로 특수 부대의 지역 책임자들과 경찰의 서장 및 지서장, 그리고 군의 하급 지휘관들에게 돌아간다. 지역에 따라서는 지방 공무원들과 유지들의 가담 사례도 발견된다.[78]

그렇지만 전쟁 발발 이전부터 각급 기관의 공조가 아무리 활발했다고 하더라도, 각처에서 일어난 학살이 전적으로 지역 책임자들의 지휘와 협조에 의해서만 이루어졌다고 보기는 어렵다. 학살의 현장에서 방아쇠를 당기도록 지시한 것은 특무대 지구대장이나 경찰서 사찰계장이었지만, 이들이 학살 명령을 내릴 수 있었던 것은 위로부터의 명령이 있었기 때문이다. 물론 중앙에서 내려온 명령에 무조건적으로 복종해야만 하는 것은 아니었다. 지역에 따라서는 소신에 따라 보도연맹원에 대한 학살 명령을 받아들이지 않거나, 학살 대상을 줄여보기 위해 노력한 경우도 있었다. 문경, 사천, 삼천포 지역이 바로 이런 경우에 속한다.[79] 제한적이기는 했지만, 학살을 명령한 국가와 그 명령을 받은 각급 부서의 지역 책임자들 사이에는 일정한 자율적 공간이 있었다.[80] 비록 이 자율적 공간의 크기가 각 지역 책임자가 속한 부서 내의 권위주의의 강도, 지역 정서와의 역학 관계, 책임자 개인의 교육 정도, 사상적 지향, 양심에

78) 김기진,《끝나지 않은 전쟁 : 국민보도연맹. 부산 경남 지역》, 327~333쪽.
79) 서중석,《피해 대중과 학살의 정치학》, 607쪽.
80) 강성현, 〈국민보도연맹 연구의 현황과 앞으로의 과제〉,《한국 제노사이드연구회 창립 기념 심포지엄 자료집》(2004), 45쪽.

따라 다르기는 했지만, 어떤 경우에도 조직의 일원으로서 국가의 강압적인 명령에 복종할 수밖에 없었다는 논리는 받아들이기 어렵다. 지역 책임자 밑에서 활동했던 말단 책임자와 말단 집행인의 경우 자율 공간의 크기는 훨씬 작았을 것이다. 조직 내에서 강제의 정도가 특히 강했던 특무 부대 대원들이나, 구체적인 상황 속에서 군과 의견이 대립될 때면 목숨을 잃는 경우도 있었던 하급 경찰의 경우는 개인의 양심에 따라 행동할 수 있는 여지가 적었다. 어쨌든, 학살 명령을 받은 군경과 우익 민병대 대원들은 대체로 명령에 순응하는 편이었다.

그러나 보도연맹원 학살 사건 전체를 놓고 볼 때, 더 중요한 인물은 현장에서 살인 명령을 집행한 사람들이 아니라 그런 엄청난 결정을 내린 중앙의 고위층이었다. 만약 이들이 보도연맹원들을 국민의 일원으로 생각했다면, 그래서 학살 명령을 내리기 전에 다른 방향을 모색했다면, 각 지역의 사정과 정서가 어떠했든지 간에 대규모 학살은 일어나지 않았을 것이기 때문이다.

그렇다면 학살에 가담한 여러 기관 가운데 가장 주도적인 부서는 어디였으며, 최종 책임은 어디까지 거슬러 올라가야 할까? 보도연맹원 학살의 경우, 나치 시기에 독일에서 힘러가 이끌었던 친위대 및 경찰의 통합 조직과 그 휘하에 있던 제국보안국과 같은 학살 전담 부서가 명확하게 따로 있지는 않았다. 그렇지만 대부분의 제노사이드와 마찬가지로, 학살을 주도하면서 관계 기관 사이의 이견을 조율하고 협력을 이끌어낼 수 있는 중앙의 기관이나 그와 유사한 역할을 수행할 수 있는 최고 권력자 주변의 군소 권력자들이 존재했던 것만은 분명하게 확인된다.

창립 당시부터 보도연맹과 관련되어 있으면서, 조직의 성격상 보안 문제에 직접 개입해 있었던 중앙의 부서는 경찰을 지휘하는 내무부(장관 조병옥), 형무소를 총괄하는 법무부(장관 이우익), 그리고 군을 지휘하는 국방부(장관 신성모)였다. 이 가운데 어느 부서가 전체적인 주도권을 행사했는지를 밝히는 것은 매우 까다로운 일이다. 근래의 연구 결과에 따르면, 국방부보다는 경찰을 지휘 감독했던 내무부의 역할이 더 컸던 것으로 보인다.[81] 제주도 경찰국장이 수신한 보도연맹원 예비 검속 명령의 발신자가 내무부 치안국장(장석윤)이었던 점도 이런 해석에 힘을 실어준다.[82] 그러나 전체적으로 볼 때, 이미 전시 계엄령이 선포된 상황이어서 군이 입법, 사법, 행정 3권을 장악하고 있었으므로, 군과 관련된 국방부가 학살을 주도했던 것으로 여겨진다. 예비검속은 내무부가, 학살은 군이 주도했다고 보는 것이 타당할 것이다.

그렇지만 우리는 이렇게 겉으로 드러난 공식 계통뿐만 아니라, 최고 통치권자의 돈독한 신임 아래 무소불위의 권력을 휘둘렀던 배후 조직에도 주목할 필요가 있다. 건국된 지 얼마 되지 않아 공식적인 행정 기구가 효율적으로 가동되지 않던 상황에서, 그리고 여

---

81) 서중석, 《피해 대중과 학살의 정치학》, 604~605쪽. 최초로 연맹원에 대한 학살이 이루어진 7월 1일에 내무부 장관직은 백성욱이 맡고 있었으며, 조병옥이 이 자리에 새로 취임한 것은 7월 17일이었다.

82) 정병준, 〈한국전쟁기 남한의 민간인 학살의 유형과 성격―국민보도연맹원 수감자 예방 학살의 배경을 중심으로〉, 《제47회 전국 역사학 대회 발표 문집》(2004), 154쪽.

러 세력의 견제와 저항이 존재하던 상황에서, 이승만에게 결정적인 힘이 되어준 조직은 군 내부의 특무대였다. 특무대장 김창룡은 명령 계통상으로는 국방부 장관의 지휘를 받는 일개 부대장에 지나지 않았지만, 실제로는 이승만의 직속 기관처럼 움직이던, 권력의 실세였다. 이런 맥락에서 그의 역할은 터키인의 아르메니아인 학살에서 특수 부대의 최고 책임자가 담당했던 역할에 비견될 수 있다. 김창룡과 더불어 또 하나 주목할 인물은 경남을 비롯한 여러 지구에서 계엄 사령관을 역임한 김종원이다.[83]

이승만, 신성모, 김창룡, 김종원으로 이어지는 명령과 집행의 사슬이 존재했는지, 아니면 단일한 명령 계통 없이 '각하' 주변에서 권력을 위해 서로 경쟁하던 몇몇 개인들로 이루어진 일종의 느슨한 학살의 네트워크 같은 것이 존재했는지를 밝히는 것은 이제까지 드러난 소량의 문서 증거들만 가지고는 불가능해 보인다. 그러나 수많은 학살 사건, 그리고 그 사건들 사이에 존재하는 시간과 양태상의 공통점, 학살 지역의 전국적 분포를 통해 우리는 문서가 말해주지 않는 여러 가지 증거들을 어렵지 않게 발견할 수 있다. 베버Max Weber가 인문사회과학의 토대라고 일컬었던 인간의 '상식'과 역사를 통해 축적된 학자적 '경험률'에 의지할 때, 이런 증거 더미들을 단순히 정황 증거나 간접 증거라고 가볍게 보기는 어렵다. 단일한 명령 계통이 존재했든, 최고 권력자의 개인적 신임을 얻기 위해 몇몇 경쟁자들이 서로 과잉 경쟁을 했든, 아니면 최고 권력자

---

83) 김기진,《끝나지 않은 전쟁 : 국민보도연맹. 부산 경남 지역》, 314~315쪽.

자신이 직접 구상하고 명령하고 감독했든 간에, 서로 갈등하는 여러 기구들로 구성된 군과 전국적 감시망을 갖고 있었던 경찰, 각종 준 군사 조직들과 형무소 관계자들을 비롯한 지방의 관료들을 움직이게 만든 강력한 힘은 분명히 존재했다. 그런 위로부터의 강제가 없었다면, 학살로 인해 얻게 될 혜택에 대한 기대감과 학살을 거부할 경우에 닥쳐올 불이익에 대한 두려움이 없었다면, 아무리 전시 상황이었다 해도 지역의 하급 책임자들과 그 밑의 말단 집행인들이 사상적 확신이나 국가에 대한 충성심, 또는 사적인 증오감 같은 것만으로 과연 그렇게까지 일사불란하게 움직일 수 있었을까? 나치스의 유대인 학살 사례에서 볼 수 있는 것처럼, 엄청난 책임이 뒤따를 집단 학살에 관해서 최고 지도자가 문서를 남겼을 리 만무하다. 어쩌면 측근을 바라보는 잠시 동안의 눈초리, 몇 초간의 고함과 힐책, 선문답 같은 한마디 말로 모든 것이 결정지어졌는지도 모른다. 최고 지도자가 어떤 선택을 했을지는 전쟁이 일어나기 전 5년 동안 해방 공간에서 그가 했던 언행들을 통해, 또 전쟁 기간 동안에 그가 보여준 처신들을 통해 어느 정도 짐작할 수 있다.

전쟁 발발 후 서울과 경기 일부를 제외한 전국에서 대대적으로 이루어진 예비 검속과, 검속된 사람들에 대한 학살 명령의 책임이 궁극적으로 이승만 대통령에게 귀속된다는 주장은 제4대 국회에서 박상길 자유당 의원을 통해 처음으로 제기되었다. 보도연맹원들을 적시한 것은 아니지만, 미국 측의 비밀 문건도 전쟁 발발 직후 수주일 동안 경찰에 의해 자행된 수감자 학살이 남한 정부의 최고위층의 명령에 따른 것임을 밝히고 있다.[84]

4. 보도연맹원 학살은 제노사이드였나

전쟁 초기에 이루어진 보도연맹원 집단 학살은 전쟁 기간 중에 발생한 다른 민간인 학살 사건들과 비교할 때 몇 가지 점에서 두드러진 특징을 보여준다. 첫째, 희생자 수가 다른 어떤 단일 사건보다도 월등하게 많았다. 학자에 따라 추산하는 것이 크게 다르기는 하지만, 아무리 적게 잡아도 3만 명을 넘는다는 데는 특별한 이견이 없다. 서울과 경기 일부 지역 연맹원들이 학살의 직접적 피해에서 벗어난 점을 고려한다면, 최소치로 계산하더라도 전체 가입자 가운데 10퍼센트 이상이 물리적 파괴를 경험했다는 얘기다. 그러나 전체적으로는 이 수준을 훨씬 상회할 가능성이 높다. 왜냐하면 충북 지역의 경우 전체 가입자 1만 명 가운데 3,000명가량이 학살되었다는 추산을 따른다면 희생자의 비율이 무려 30퍼센트를 넘기 때문이다. 제노사이드 협약에서 제시된 '부분'이라는 표현이 '상당한'의 의미로 해석된다는 점은 이 책의 첫째 장에서 이미 언급했다. 한 집단 구성원 가운데 최소 10퍼센트 이상이 살해되었다면, 그것은 '상당한' 정도라고 해석할 수 있다.

둘째, 학살의 규모에 비해 학살에 걸린 시간이 무척이나 짧았다는 것 또한 눈에 띄는 특징이다. 보도연맹원에 대한 학살은 대부분 1950년 7~8월경에 이루어졌다.[85] 부산 경남 지역에서 발생한 학살 가운데 늦게 일어난 사건들도 9월에는 종료되었다. 이처럼 짧은 기간 동안 모든 일이 일어났다면, 그것은 한편으로는 전황의 다급함

---

84) 김기진, 《끝나지 않은 전쟁 : 국민보도연맹. 부산 경남 지역》, 325~327쪽.

85) 허만호, 〈6 · 25전쟁과 민간인 집단 학살〉, 《20세기 한국의 야만》, 268~269쪽.

을 말해주지만, 다른 한편으로는 그런 위기 상황에서도 학살이 체계적으로 자행되었다는 점에서 정권 차원에서 공권력과 동원 가능한 준 군사 집단의 투입을 결정하고 학살의 집행 과정을 어느 정도 통제했다는 증거가 되어준다.

셋째, 또 하나 주목해야 할 것은 학살의 전국성이다. 연맹원에 대한 학살이 약간의 지역을 제외하고 남한 거의 전역에서 일어났다는 점은 국가의 개입을 확인시켜주는 또 하나의 중요한 증거다. 제노사이드를 말할 때 결정적으로 중요한 사항이 가해 '의도'의 존재 여부라고 한다면, 학살의 전국성이야말로 의도의 존재를 확인시켜주는 매우 중요한 증거다.

외양으로라도 근대 국가의 모습을 띠고 있는 국가의 영토 내에서 일어났던 제노사이드들은 한 가지 공통점을 보여준다. 그것은 바로, 대규모 학살에 앞서 그 학살을 정당화하는 모호한 조항으로 가득한 법령이 제정되고 공포되었다는 점이다. 이런 이유에서 오늘날의 제노사이드 연구자들과 시민운동가들은 어느 지역에서 정치적 반대파나 사회적·인종적 소수자의 권리를 박탈하고, 이적 집단을 지나치게 포괄적으로 규정하면서 이들에게 정도 이상의 중형을 부과하는 내용의 법이나 명령이 포고되면, 촉각을 곤두세우고 그 지역에 대한 관찰을 강화한다. 1948년 유엔에서 제정된 제노사이드 협약에 '의도'라는 문구를 굳이 집어넣은 이유 가운데 하나가, 비극이 본격적으로 발생하기 전에 국제 사회가 간섭해서 그 비극을 예방하려는 데 있었다는 것은 제1부에서 밝힌 바 있다. 대상에 대한 모호한 규정과 엄청난 양형 기준을 담고 있는 법령은 전시라는 상황으로도 합리화될 수 없다. 왜냐하면 거의 모든 제노사이드가 국가 간의 전쟁이나 내전, 또는 내전에 버금가는 긴박한 상황에서 발생하기 때문에, 전쟁 상황이라는 논리만 가지고는 그런 법령의 타당성을 다른 나라 사람들에게 이해시킬 수 없다. 아르메니아인들에 대한 학살이 일어나기 직전에 터키에서 이적 행위를 하는 것으로 '여겨지는 자'를 체포, 구금, 처벌할 수 있다는 내용의 법이 반포되었던 것을 대표적 사례로 떠올릴 수 있다. 이 법에서는 특정인이 이적 행위를 하는지 여부를 판단하는 것이 사법 당국이 아니라 지역의 행정 책임자와 군경에 귀속되어 있었다. 이 법이 포고될 당시 터키는 연합국 함대의 터키 상륙으로 패전이 눈앞에 닥친 긴박한 상황에 처해 있었지만, 그렇다고 해서 그런 법을 제정한 것이 정당화되지는 못한다.

보도연맹원에 대한 학살이 일어나기 직전, 이승만 대통령은 서울을 떠나 대전에서 헌법 57조에 근거해 '비상사태하의 범죄 처벌에 관한 특별조치령'을 발동했다. 전쟁이 일어난 지 3일 만의 일이었다. 중요한 사실은 그것이 법이 아닌 명령이었다는 것이다. '골치 아픈' 국회와는 의논할 필요도 없었다. 이 명령 가운데 제3조는 "① 살인 ② 방화 ③ 강간 ④ 군사, 교통, 통신, 수도, 전기 와사(瓦肆), 관공서 기타 중요한 시설 및 그에 관한 중요 문서 또는 도서의 파괴 훼손 ⑤ 다량의 군수품, 기타 중요 물자의 강취 갈취 절취 등 약탈 및 불법 처분 ⑥ 형무소 유치장의 재감자를 탈주케 한 행위 등을 한 자는 사형"에 처할 수 있다고 밝혔다. 포괄적인 형량도 문제지만, 전시라는 특수 상황을 감안해서 이 점은 일단 논외로 할 수 있다. 그러나 사람의 목숨이 오가는 엄청난 문제를 단독 판사가 단심으로 처리하고(9조), 증거 설명을 생략한 채 판결할 수 있다(11조)는 것은 쉽게 수긍할 수 없는 내용이다.[86] 인명의 소중함에 대한 진지한 고민의 흔적이 없는 대통령의 이 명령과 며칠 뒤부터 시작될 보도연맹원 학살이 무관하다고 할 수 있을까? 근대 국민국가의 외양을 취하고 있던 우리나라에서 이 둘이 관계가 없었다고 주장하기 어렵다.

그러나 보도연맹원 학살에 대해 살펴보는 사람들을 정작 놀라게 하는 것은 이 명령조차도 지켜지지 않았다는 사실이다.[87] 학살을 위해서는 국민국가의 외양조차 거추장스러웠던 것일까? 근대식 무기로 무장한 학살 현장의 군경이나 근대적 관료 기구를 이끌던 중앙 정부의 책임자들은 정서와 의식 모두에서 학살 현장에 있었던 우익 민병대만큼이나 근대보다는 전근대적인 사고를 가진 사람들이었다. 그들은 국가를 위해 학살을 한다고 생각했지만, 그 국가는 국가의 구성원들을 국가의 주인으로 생각하는 국민국가가 아니었고, 사람의 목숨을 중히 여기는 법치 국가도 아니었으며, 사상과 표현의 자유를 존중하는 자유주의 국가도 아니었으며 자기 영토 안에 살고 있는 국민 모두를 주인으로 여기는 민주 국가도 아니었다. 그렇다고 해서 여러 왕조를 통해 이상형으로 그려져온 민본주의 국가나 인본주의 국가에 가까운 것도 아니었다. 그들의 국가는 단지 권력 그 자체일 뿐이었다. 국가를 권력으로만 생각하는 사람들

86) 서중석, 《피해 대중과 학살의 정치학》, 605쪽.
87) 박명림, 《한국 1950 : 전쟁과 평화》, 331쪽.

에게 국가 권력이 장악되었을 때, 그 국가는 언제든지 범죄 국가가 될 가능성을 안고 있다.

보도연맹원 학살은 국가의 이름으로 저질러진 범죄였다. 현재까지의 연구 수준으로는 그 범죄를 전형적인 제노사이드로 규정하기 어렵지만, 제노사이드성 집단 학살 수준을 훨씬 넘어선 것으로 해석하는 데는 별 무리가 없어 보인다.

| **나오는 말** | 제노사이드의 예방을 위하여

우리는 흔히 우리가 목격한 지난 20세기를 '제노사이드의 세기'
라고 부른다. 그렇다면 우리가 지금 살아가고 있는 21세기는 과연
'제노사이드 없는 세기'가 될 수 있을까? 불행하게도 우리는 제노
사이드가 과거의 에피소드로 일단락되지 못하고 오히려 지배적 경
향이 될 것만 같은 불안한 전망 속에서 살고 있다. 지금도 아프리카
를 비롯한 세계 각지에서는 유혈 사태가 진행되고 있다. 역사의 경
험과 인류의 지혜는 우리에게 어느 민족, 어느 문화, 어느 문명에서
도 제노사이드가 일어날 수 있다고 말해준다. 제노사이드에 완전
히 면역되어 있는 국가나 민족은 그 어디에도 없다. 1929년 세계
대공황이 일어나기 전, 바이마르 공화국의 수도 베를린의 한복판
에서 바흐Johann Sebastian Bach의 〈브란덴부르크 협주곡〉을 품위
있게 감상하던 교양 시민들Bildungsbürgertum이 10년 후 자기 손
으로 유대인들에게 저지르게 될 일을 전혀 예상할 수 없었던 것처

럼, 지금 우리도 10년 후에 우리가 어디서 무엇을 하게 될지 장담할
수 없다. 정도의 차이는 있지만, 우리는 모두 제노사이드에 감염되
기 쉬운 사회에 살고 있다. 19세기 후반에 유럽 제국주의의 광풍이
전 세계를 휩쓸며 학살의 물결을 일으켰던 것처럼, 현재 진행되고
있는 자본주의의 전 지구화는 다시금 전쟁과 집단 학살의 가능성
을 높이고 있다.

　그렇다면 제노사이드를 예방할 길은 없을까? 예방이 어렵다면,
그 가능성을 현저하게 줄이기라도 할 방법은 없을까?

국제적 수준의 대책　　오늘날에도 지구상에서 제노사이드가 계
　　　　　　　　　　　　속 일어나고 있는 것은 제노사이드를 방
지할 효율적인 국제 기구가 없고, 제노사이드를 방지하기 위한 세
계 지도자들의 정치적 의지가 결핍돼 있기 때문이다. 그러므로 제
노사이드를 방지하기 위해서는 무엇보다 구속력 있는 국제 기구와
제도를 마련하고, 그것을 뒷받침할 정치적 의지를 육성해야 한다.

　제도적 측면에서 본다면, 제노사이드를 방지하기 위해서는 두 개
의 기구(혹은 제도)가 새로 설립되어야 한다. 우선적으로 중요한
것은, 언제 어디서 집단 간의 갈등과 전쟁, 그리고 제노사이드가 일
어날지를 예측하고 적절한 대책을 수립할 수 있는 강력하고 독립
적인 조기 경보 시스템을 구축하는 일이다. 물론 이 시스템은 안전
보장이사회의 주도로 유엔 내에 마련되어야 한다. 이와 병행해서,
세계 각 지역의 비정부 기구들도 각자가 보유하고 있는 전문 인력

과 정보들을 바탕으로 독립적인 조기 경보 네트워크를 구축하고, 이를 통해 공유된 생생한 정보들을 국내외의 정책 입안자들과 언론에 활발하게 공급해야 한다. 동시에, 하루가 다르게 발전하고 있는 인터넷 망을 통해 일반인들에게도 같은 정보를 제공해야 한다. 이렇게 함으로써 주요 사안과 관련해 국내와 국외, 정부와 시민사회 간에 강한 연대가 이루어질 수 있다.

다음으로 필요한 것은 유엔 가맹국들의 정부에 의존하지 않는 항시적 성격의 신속대응군rapid response force을 창설하는 것이다. 유엔 산하에 신속대응군이 필요한 이유는 두 가지다. 첫째, 내정 간섭 불가를 주장하는 국가 주권 논리에 대응하면서 제노사이드에 간섭하기 위해서는 개별 국가의 군사력이 아니라 국제 사회가 공인한 무력이 동원되어야 하기 때문이다. 둘째, 르완다에서의 경험이 말해주는 것처럼, 각국이 필요에 따라 파견하는 임시적 성격의 연합군은 효율성과 신속성 면에서 근본적인 문제점을 안고 있기 때문이다. 신속대응군은 강대국의 상이한 정치적 이해 관계에 휘둘리지 않고 소기의 목적을 달성할 수 있기 위해 유엔 사무총장실의 통제를 받아야 한다.

제노사이드 방지를 위해 마련되어 있는 기존의 제도적 장치들도 여러 면에서 개선할 필요가 있다. 먼저, 1948년의 제노사이드 협약에서 가장 취약한 부분으로 지적되어온 보호 집단에 관한 규정을 현실에 맞게 수정해야 한다. 이 협약의 '구멍' 을 막기 위해서는 무엇보다도 정치 집단을 보호 대상으로 명시하는 것이 필요하며, 경제 집단과 사회 집단에 대한 보호도 공식적으로 표명할 필요가 있다. 궁극적으로 제노사이드의 동기에 관한 세세한 제한 규정은 제노사이드 협약에서 완전히 제거하는 것이 바람직하다.

제노사이드 협약 개정과 더불어 제노사이드를 방지하는 데 중요한 것은 국제형사재판소의 효율적인 운영이다. 1948년 이 협약이 체결될 당시부터 하나의 염원처럼 이야기되어온 국제형사재판소가 설립된 것은 2002년 7월 1일이다. 이로써 국제형사재판소는 꿈이 아닌 현실이 되었다. 그러나 강대국의 힘의 논리 앞에서 이 정의의 기구가 얼마나 순항할 수 있을지 많은 사람들이 벌써부터 걱정하고 있다. 이러한 우려는 이미 1998년 '로마 규약'이 통과될 때부터 시작되었다. 국제형사재판소의 설립을 위해 로마 규약이 체결될 당시, 이 규약에 찬성한 나라는 120개국이었으며, 기권한 나라는 21개국, 반대한 나라는 7개국이었다. 이 7개국 가운데는 미국, 프랑스, 중국, 인도, 이스라엘이 포함되어 있었다. 이 가운데 미국은 클린턴 행정부 때 입장을 바꾸었다가, 부시 행정부에 들어와서는 다시 반대 의사를 반복적으로 표명하고 있다. 국제 사회에서 막강한 영향력을 지닌 미국과 프랑스 정부의 노골적인 반대 의사가 약화되지 않는다면, 앞으로 국제형사재판소의 활동에는 많은 지장이 있게 될 것이다. 미국과 프랑스를 비롯한 각국 정부의 정치적 입장은 궁극적으로 해당 국가의 여론과 직결되어 있으므로, 국제형사재판소의 순항을 위해서는 시민사회의 움직임이 중요할 수밖에 없다.

결국 제노사이드를 예방하는 데 있어서 중요한 것은 여러 가지 제도와 장치가 아니라, 이미 마련되어 있는 제도와 장치라도 효과적으로 운용하려고 하는 정치적 의지라고 말할 수밖에 없다. 르완다에서 80만 명의 목숨이 희생된 것은 평화유지군의 수나 장비가 부족했기 때문이 아니라, 세계의 정치 지도자들에게 르완다인의 목숨을 지키겠다는 의지가 없었기 때문이다. 정치적 의지만 있었더라면, 경무장한 1개 대대만으로도 학살을 더 많이 저지할 수 있었을 것이다. 그러나 제노사이드가 본격적으로 진행되기 직전 르완다에 있던 평화유지군은 마치 '버려진 자식들'과 같았다. 이런 상황은 누구보다도 제노사이드를 주도한 후투족 강경파가 잘 알고 있었다. 어떤 제노사이드 가해자들도 국제 사회의 압력에는 민감하게 반응하기 때문에, 국제 사회가 한 목소리로 개입의 의지를 강력하게 밝히는 일은 제노사이드를 예방하는 데 매우 중요하다.

　세계의 정치 지도자들이 행동하도록 만들기 위해서는 시민사회의 확고한 의지가 선행되어야 한다. 각국의 시민 단체들은 인도의 문제가 국익과 상충되는 것이 아니라는 것을 강조하면서, 정책 입안자들과 결정자들에게 끊임없이 정보를 제공해야 할 책임이 있다. 이런 활동은 국제적인 차원에서도 활발하게 이루어져야 한다. 특히 안전보장이사회 이사국들의 정책 입안자들에게 제노사이드 현황에 관한 정보를 지속적으로 제공하는 활동은 매우 의미 있는 일이다. 왜냐하면 이들은 제노사이드의 혐의가 있는 국가에 직접적으로 압력을 가하거나, 개발 원조의 중단 같은 간접적인 방법을 사용해 상황의 변화를 도모할 수 있는 위치에 있기 때문이다.[1]

　물론 국제 사회의 인도주의적 간섭이 이루어지기 위해서는 언제나 세 가지 전제 조건이 충족되어야 한다. 첫째, 대규모의 만행에 의해 주민들의 기본적인 인권이 심각하게 손상될 가능성이 뚜렷하게 존재해야 한다. 둘째, 영토 침략 같은 국가적 동기는 배제되고, 인도주의적 동기가 지배적이어야 한다. 그러기 위해서는 개입이 유엔 차원에서 결정되어야 한다. 셋째, 직접적인 간섭 외에 다른 수단을 동원하는 것이 불가능할 때, 또 간섭을 통해 현저한 피해가 주민들에게 발생할 것으로 보이지 않을 때에만 국제 사회의 간섭이 시작되어야 한다.[2]

19세기의 세계의 화두가 노예제 폐지였다면, 인권과 평화를 염원하는 21세기의 화두는 제노사이드의 종식이 되어야 한다. 노예제가 그랬던 것처럼, 의지만 있다면 제노사이드도 방지될 수 있다는 믿음이 널리 확산되어야 한다.

우리의 대책   국내적 수준의 대책은 크게 두 가지로 생각될 수 있다. 먼저 제도적 측면에서 제노사이드 협약을 실현하는 데 필요한 이행 입법이 조속하게 이루어져야 한다. 국내 형법을 통해 구체적인 내용이 적시되지 않으면 이 협약의 구속력을 기대하기 어렵기 때문이다. 우리나라는 한국전쟁이 한창이던 1950년 10월 14일에 이 협약에 가입했지만, 이 협약이 요구하고 있

---

1) Christian P. Scherrer, "Preventing Genocide : The Role of the International Community", http://www.preventgenocide.org/.

2) Herbert Hirsch, *Genocide and the Politics of Memory. Studying Death to Preserve Life*, 208쪽.

는 이행 입법은 현재에 이르기까지 제정되지 않고 있다. 이러한 입법부작위(立法不作爲)의 문제를 지적하며 협약의 이행과 관련한 입법 청원이 2004년 9월 7일 국회 법사위에 제출되었지만, 2005년 7월 11일 현재, 우선순위에서 밀려 아직 심의도 되지 못한 상태에 있다. 더구나 대한변호사협회는 국제형사재판소에 관한 이행 입법안이 이미 예고되어 있는 상태이므로, 제노사이드 협약에 관한 별도의 이행 입법은 필요하지 않다는 입장을 보이고 있다. 그러나 제노사이드 협약에 관한 이행입법이 별도로 마련되지 않는다면, 두 개의 중요한 문제가 일어날 수 있다. 첫째, 국제형사재판소 관련 이행입법으로는 로마 규약의 효력발생 후인 2002년 7월 1일 이후에 발생한 범죄에 대해서만 처벌할 수 있다. 둘째, 재판관할권 규정에서도 문제가 생겨날 수 있다. 제노사이드 협약이 해당 범죄자가 체포된 국가(물론 이 국가가 재판관할권을 행사할 수 있으려면 이미 협약에 가입해 있어야 한다) 내의 역량 있는 법정이나 국제형사재판소에 재판관할권을 부여한 반면, 국제형사재판소 관련 입법에 따르면 체포된 해당 범죄자는 국제형사재판소로 인도되어야 한다. 이 두 가지 지적이 괜한 주장이 아니라는 것은, 국내의 파룬궁 관계자들이 천안문 사태의 책임을 물어 우리나라 안에서 장쩌민(江澤民)을 고발하려고 했을 때 이미 드러났다. 관련 법률이 존재하지 않는 상태에서는 고발 자체가 불가능했던 것이다. 우리나라가 가입한 제노사이드 협약의 효력이 발생된 1951년 12월 12일부터 국제형사재판소와 관련된 로마 규약의 효력 발생이 시작되기 전인 2002년 6월 말까지 제노사이드 범죄 처벌에 관한 한 우리나라는

'블랙홀'과도 같다.

이행 입법의 조속한 제정만큼이나 중요한 것은 법안의 내용이다. 우리는 앞에서 미국의 이행 입법을 언급하면서, 제노사이드 협약의 구속력이 현저하게 떨어진 것을 지적한 바 있다. 앞으로 전개될 입법 과정에서 미국의 선례를 준용하는 일이 일어나서는 안 된다. 제노사이드 협약의 정신을 그대로 살리기에 충분한 내용이 법안에 담기기를 기대한다.

다음으로 우리에게 필요한 것은 자기 성찰적인 역사 교육과 정치 교육이다. 제주 4·3과 보도연맹원 학살을 비롯해 한국전쟁기에 일어난 수많은 민간인 집단 학살은 우리에게 두 가지의 상식적인, 그러나 어떤 경우에도 잊어서는 안 될 교훈을 주고 있다. 첫째, 국가의 주인은 국민이며, 국가는 국민의 생명과 자유, 재산을 지키기 위한 수단이라는 점이다. 국가 간의 전쟁이나 내전, 또는 그에 버금가는 상황이 조성되면, 국가의 지도자들은 국가와 개인의 문제를 양자택일의 문제로 몰아가려는 유혹에 빠지기 쉽다. 또한 한 지역이나 집단에 대한 물리적 평정을 통해서 체제 내부로부터의 저항의 소지를 완벽하게 차단하려는 충동에 사로잡히기도 쉽다. 이런 경우 국가는 권력 그 자체로 돌변하면서, 사익을 위한 도구로 전락할 가능성이 높아진다.

둘째, 대규모의 집단 학살은 평시에는 좀처럼 일어나지 않는다. 학살은 보통 전쟁이나 내전, 혁명이나 그 밖의 정치적 소요가 일어나 교통과 통신이 통제되고, 자연발생적인 루머와 조작된 정보가 사람들에게 집단적인 공포감을 갖게 만드는 상황에서 일어난다.

우리가 제노사이드라고 일컫는 정도의 집단 학살에서 집행인은 보통의 경우 군과 경찰이다. 군경이 국가주의, 민족주의, 인종주의, 그리고 명령과 조직의 논리에 강하게 사로잡혀 있을 경우에는, 제노사이드가 일어날 만한 다른 조건들이 강력하게 조성되어 있지 않더라도 제노사이드가 쉽게 일어난다. 반대로 법치주의와 인명 존중의 풍토가 사회 전반에 깊이 뿌리내리고 있을 경우에는, 모든 외적 조건들이 제노사이드가 일어날 만한 방향으로 상황을 몰아가더라도 제노사이드는 좀처럼 일어나지 않는다. 인도에 반하는 상부의 명령을 전하는 지휘관의 얼굴에 확신 대신 당혹감이 역력하게 드러나는 곳에서는, 명령을 듣는 부하들의 흔들리는 눈동자에서 좌절과 분노, 동요와 저항의 기색이 감지되는 곳에서는 결코 제노사이드가 일어날 수 없다. 나치스가 절멸 수용소를 왜 독일 땅에 세우지 않고 폴란드 동부에 세웠던가? 독일 내에 살고 있던 혼혈 유대인들을 동유럽 수용소로 강제 이송하려던 나치스의 작전이 베를린에서 왜 한때 좌절되었던가? 그것은 모두 시민들의 딱딱하게 굳은 표정과 분노에 가득 찬 눈초리 때문이었다. 상황이 아무리 위험하고 국가가 아무리 학살을 명령해도, 시민 사회가 고개를 가로젓는 곳에서는, 시민적 양심을 강조하는 분위기 속에서 자라난 사람들이 군과 경찰에 입문하는 곳에서는, 최소한 절멸을 위한 체계적 학살은 일어나지 않는다. 혹 학살이 일어난다 하더라도, 그것은 군사적 차원에서 발생하는 우발적인 사건일 뿐이다.

제노사이드에 면역된 사회를 만들기 위해 이제 우리가 해야 할 일은 무엇일까? 우리 사회 안에 제노사이드의 유혹과 위협에 저항할 수 있는 항체가 자라나도록 하기 위해서는 먼저 항원 주사를 맞아야 한다. 우리는 이 주사약을 외국에서 수입해올 필요가 없다. 제노사이드 없는 사회, 인간이 인간으로 대접받을 수 있는 사회를 만들어가기 위해서는, 아직도 그 증인들이 살아 있는 한국전쟁 전후의 학살 사건들로 고개를 돌리기만 하면 된다. 곰팡내 나는 관계 기록들이 공개되고, 생존자가 증언하고, 가해자가 참회할 수 있는 사회가 된다면, 그것으로 첫걸음은 충분하다. 이것이 바로 넓은 의미의 역사 교육이다. 과거를 돌아보는 가운데 우리는 객관적 통계 아래 숨어 있는, 죽어간 사람들의 다양한 동기를 이해하고, 유가족들의 잃어버린 세월과 무엇으로도 보상받을 수 없는 상처에 깊이 공감하게 될 것이다. 또한 우리는 우리의 과거를 성찰하면서 여러 명의 괴트Ammon Goeth[3]와 여러 명의 쉰들러Oskar Schindler를 발견하게 될 것이다. 그리고, 인간이 어디까지 추락할 수 있는지를 확인하는 동시에, 그 아득한 가운데서도 어떻게 처신해야 할지를 생각해보는 기회를 갖게 될 것이다.

역사 공부는 궁극적으로 나와 내가 속한 사회를 바람직한 방향으로 변화시키기 위한 것이다. 한국전쟁을 전후한 시기의 피맺힌 과거를 돌아보는 우리의 사고는 이중적인 동일시 과정을 밟아야 한다. 첫째는 내가 희생자의 입장에 서보는 것이다. 철사 줄로 두 손을 뒤로 묶인 채, 울부짖는 가족을 뒤돌아보면서 수장을 위해 마련

---

3) 영화 〈쉰들러 리스트〉에서 플라주프 강제 수용소의 소장으로 나오는 괴트는 실존 인물로, 2차 대전이 끝난 후 체포되어 폴란드로 끌려가 재판을 받은 뒤에 사형 당했다.

된 배에 올라타야 했던 가장의 모습을 생각하며, 우리는 그 혼란의 시기에 죽어갔던 사람들이 빨갱이이기 전에 어떤 아들의 아빠, 어떤 여인의 남편, 어떤 노모의 자식이었음을 깨닫게 될 것이다. 그러나 이것만으로는 부족하다. 희생자와 유가족의 아픔을 가슴으로 이해하는 것도 쉽지 않은 일이지만, 우리의 과거 이해는 여기에 머물러서는 안 된다. 우리는 끌려가는 아빠를 보며 포구에서 울부짖는 아이들을 총부리로 위협하면서 황급히 배를 출발시키던 청년단원의 핏발 선 눈에서 나의 모습을 발견해야 한다. 그러나 여기에서 멈춰서도 안 된다. 살기 어린 지역 특무대장의 눈초리가 자신의 목덜미에 와 닿는 것을 느끼면서도, 무고하게 끌려온 마을 주민들을 풀어주라고 부하에게 소리치던 경찰 책임자의 떨리는 음성도 우리는 기억해야 한다. 한국전쟁기의 경험은 앞으로 우리에게 또다시 닥칠지도 모를 심각한 상황을 생각해볼 수 있게 해주고, 그런 상황이 실제로 닥치게 되면 주어진 짧은 시간 안에 어떻게 행동해야 할지를 생각해보게 해줄 것이다.

진솔한 역사 교육은 건실한 정치 교육으로 이어진다. 우리에게 필요한 정치 교육은 어떤 특정한 가치관을 이식하는 것이 아니라, 개인의 양심과 책임을 강조하는 것이다. 생명이 관련된 문제에서 상황 논리와 조직 논리에 숨지 않고 개인의 양심에 따라 결단하며, 그 결과에 대해서는 개인이 책임져야 한다는 의식이 과거의 경험에 대한 교육을 통해 길러져야 한다. 우리가 자꾸 과거를 이야기하는 이유는 단 한 가지다. 사람이 사람 대접 받는 사회를 만들기 위해서다. 우발적인 사고로 사람이 죽어도 '호들갑'을 떠는 사회, 납득하기 어려운 사유로 공권력에 의해 누군가가 살해되었을 때 공분하는 사회, 국가 범죄의 기미가 조금만 보여도 시민들이 곧바로 저지에 나서는 사회를 만들어가는 데 역사 교육과 정치 교육의 목표가 있다.

파리에서 한 사람이 살해되면 살인이 되지만, 동쪽에서 5만 명의 사람들이 목 잘려 죽으면 문제가 된다.

위고Victor Hugo의 말이다. 한국전쟁을 전후한 시기에 일어났던 민간인 집단 학살을 생각하면, 우리는 이 말에 다음과 같이 한마디를 덧붙여야 한다. '동아시아에서는 몇만 명이 살해되더라도 문제도 되지 않는다.'

이제는 우리 사회가 사람의 목숨에 사람의 값을 매길 줄 아는 사회로 올라서야 하지 않을까. 한 사람의 목숨을 나라보다도, 천하보다도 더 귀하게 여길 줄 아는 사회로 가기 위해서는 꼭 해야 할 일이 하나 있다. 꼭꼭 감추어졌던 과거의 비극이 빛을 보도록 하는 일이다. 어떤 사람들은 불행했던 과거의 진상을 밝히자는 요구를 판도라의 상자를 열었던 여인의 위험스러운 호기심 정도로 생각하는 것 같다. 불신과 저주를 쏟아내는 판도라 상자의 개봉은 인류 불행의 시작이 되었지만, 과거사에 대한 조명은 그 불신과 저주를 씻어내는 첫걸음이 될 것이다. 과거를 이야기하지 않는 사회는 과거의 문제를 극복할 수도 없고, 과거의 유산을 상속받을 수도 없다. 그런 사회에는 미래도 없다.

| 찾아보기 |